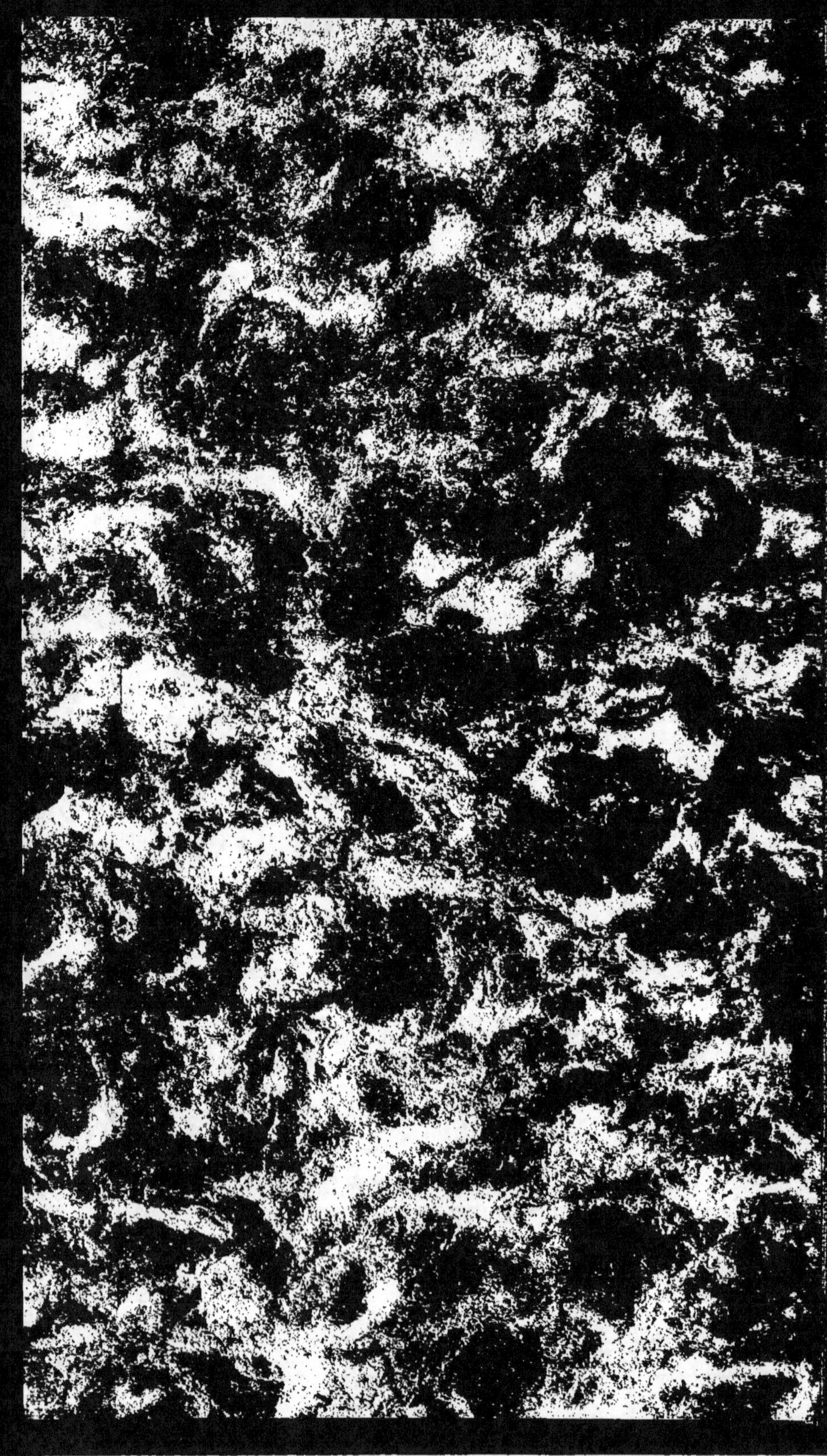

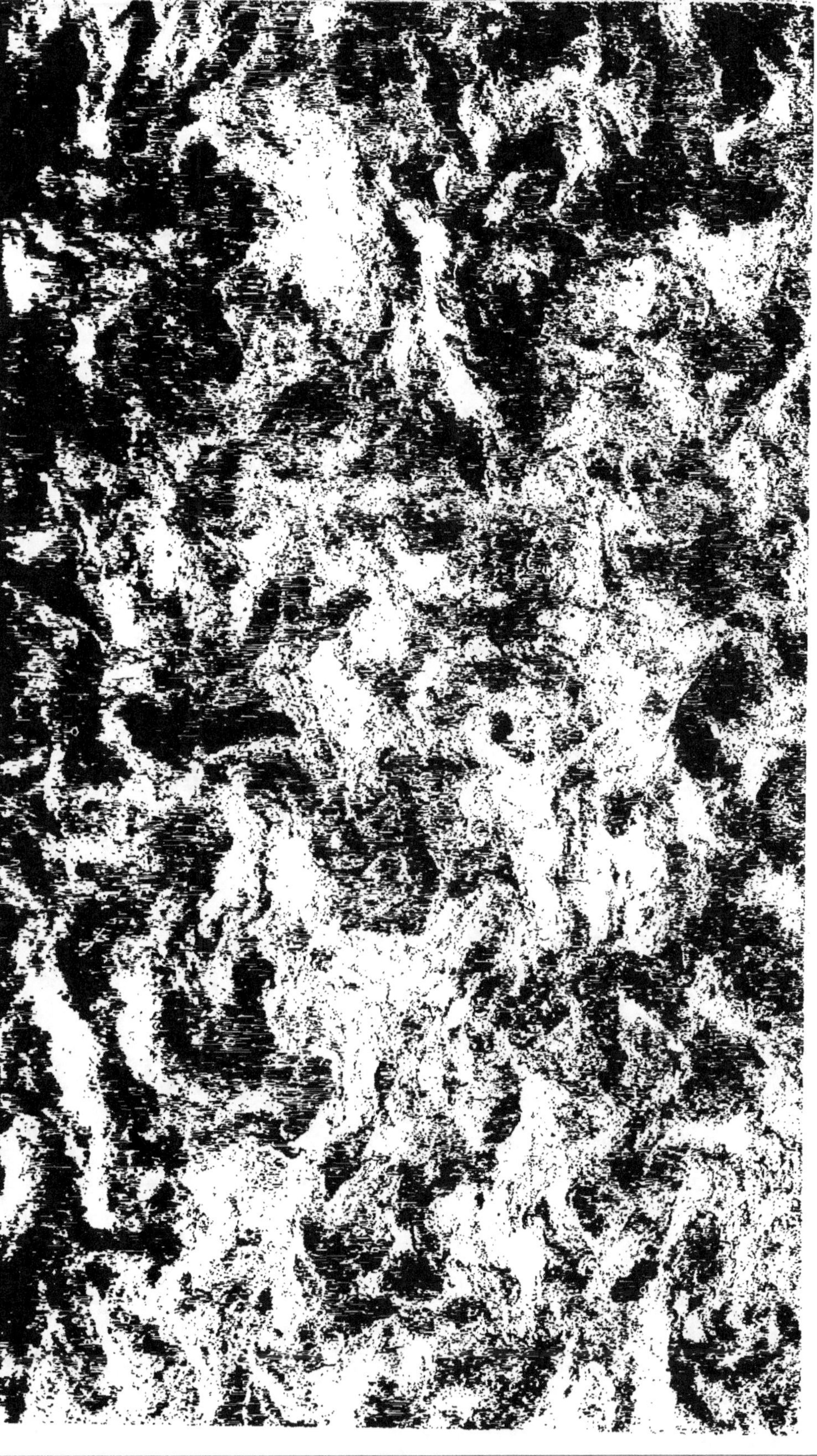

HISTOIRE

DU

DROIT ROMAIN

AU MOYEN AGE,

PAR F. C. DE SAVIGNY,

TRADUITE DE L'ALLEMAND ET PRÉCÉDÉE

D'UNE NOTICE SUR LA VIE ET LES ÉCRITS DE L'AUTEUR,

PAR

M. CHARLES GUENOUX,

DOCTEUR EN DROIT

TOME PREMIER.

PARIS.

CHARLES HINGRAY, ÉDITEUR, 10, RUE DE SEINE.

AUGUSTE DURAND, 3, RUE DES GRÈS.

HISTOIRE

DU

DROIT ROMAIN

AU MOYEN-AGE.

TOME I.

Nota. Le tome Ier renferme les volumes I et II de l'édition allemande.

PARIS. — IMPRIMERIE DE E.-B. DELANCHY,
Rue du Faubourg-Montmartre, 11.

HISTOIRE

DU

DROIT ROMAIN

AU MOYEN-AGE,

PAR M. DE SAVIGNY,

TRADUITE DE L'ALLEMAND SUR LA DERNIÈRE ÉDITION,

ET PRÉCÉDÉE

D'UNE NOTICE SUR LA VIE ET LES ÉCRITS DE L'AUTEUR,

Par M. Charles GUENOUX,

DOCTEUR EN DROIT.

TOME PREMIER.

PARIS,

CHEZ CHARLES HINGRAY, ÉDITEUR,

10, RUE DE SEINE;

ET AUG. DURAND, LIBRAIRE, RUE DES GRÈS.

1839.

NOTICE

SUR LA VIE ET LES OUVRAGES

DE

FRÉDÉRIC-CHARLES DE SAVIGNY.

La famille des Savigny, ainsi que son nom l'indique, est française d'origine, mais établie depuis long-temps en Allemagne. Paul de Savigny, né à Metz en 1622, quitta la France dès l'âge de neuf ans, servit dans l'armée suédoise jusqu'en 1650, devint ensuite gouverneur de la petite forteresse du vieux Linange (Alt. Leiningen), et mourut à Kirchheim en 1685. Son fils, Louis-Jean de Savigny, né en 1652, ne suivit pas la carrière militaire ; conseiller privé du prince de Nassau et président à Weilbourg, il y mourut en 1701. Louis-Jean avait embrassé avec ardeur les intérêts de sa nouvelle patrie, car on a de lui, entre autres choses, un ouvrage (1) où il attaque énergiquement l'esprit conquérant de la France. Quelques pages de cet écrit, citées en 1813, semblaient faites pour la circonstance, tant les griefs de l'Allemagne contre Louis XIV ressemblent aux griefs de l'Allemagne contre Napoléon. Un trait caractéristique de ce petit ouvrage, c'est que l'auteur, tout en accusant Louis XIV de cruauté, de trahison, de perfidie,

---

(1) Voici le titre de cet ouvrage qui manque dans le Dictionnaire des Anonymes et des Pseudonymes : La dissolution de la réunion. Où il est prouvé par les maximes de droit que les seigneurs et sujets de la réunion ne sont plus tenus aux hommages ny aux sermens, qu'ils ont rendus au roy de France à la chambre royale de Metz, et aux conseils souverains d'Alsace et de Besançon. Avec des discours de l'alliance du roy de France avec les Turcs et sur la supposition du prince de Vallis ensemble sur les moyens seurs pour la paix prochaine. Collogne 1692.

professe pour la majesté royale un respect, une vénération qui, depuis long-temps, n'existent plus en France, et dont l'expression embarrasserait de nos jours le plus humble et le plus fidèle sujet. Au reste, ce sentiment n'est pas éteint en Allemagne, et le petit-fils de Louis-Jean pourrait se rendre le même témoignage que l'auteur de l'*Esprit des Lois* : « Je rends grâces au ciel de ce qu'il a voulu que j'obéisse à ceux qu'il m'a fait aimer (1). »

Louis-Jean eut un fils nommé Louis qui naquit en 1684 et mourut, en 1740, directeur de la régence de Deux-Ponts.

Le fils de Louis s'appelait Chrétien-Charles-Louis, et naquit en 1726 à Trabens, petite ville sur les bords de la Moselle. Depuis Maximilien Ier, l'empire germanique était divisé en dix cercles (Kreise). Une assemblée, qui siégeait ordinairement à Francfort, réglait les affaires du cercle du Haut-Rhin, et Chrétien-Charles-Louis de Savigny faisait partie de cette assemblée, comme député de plusieurs princes (Kreisgesandter).

C'est à Francfort que naquit, le 21 février 1779, Frédéric-Charles de Savigny, dont la vie et les ouvrages font l'objet de cette notice. La tendresse de sa mère veilla sur sa première enfance et commença son éducation. Elle lui apprit le français avec les tragédies de Racine et les *Veillées du Château* de madame de Genlis. Il était à peine âgé de trois ans que déjà elle lui lisait la Bible, et, peut-être, doit-on rapporter à ses leçons et à son exemple cet esprit vraiment religieux qui forme un des principaux traits du caractère de son fils.

La secte luthérienne était dominante à Francfort, et les membres de la confession calviniste n'avaient pas même le droit de se réunir dans une salle pour prier ; aussi, se rendaient-ils tous les dimanches en grande pompe à Bockenheim, situé à une demi-lieue de Francfort, pour entendre le service divin. Le père de Savigny était luthérien, sa mère était calviniste, et elle l'emmenait toujours avec elle à Bockenheim. Cette préférence s'explique aisément. Les ministres de la confession calviniste à Francfort, dont deux Allemands et deux Français, étaient aussi distingués par leurs lumières et leurs talents que ceux de la confession luthérienne l'étaient peu. Ce contraste, observé de tout temps, existe encore aujourd'hui, et comme un article de la constitution de 1814 ordonne de prendre exclusivement les ministres du culte luthé-

----

(1) Préface de l'*Esprit des lois*.

rien parmi les habitants de Francfort, et place, pour ainsi dire, les fonctions sacerdotales entre les mains de quelques familles, cette heureuse application du principe de l'hérédité promet à la ville libre de Francfort une longue suite de ministres semblables à ceux qu'elle possède.

Savigny perdit son père en 1791, sa mère l'année suivante ; et, comme ses frères et sœurs étaient morts en bas âge, il se trouva, à l'âge de treize ans, orphelin et sans famille. Si la tendresse et les soins paternels pouvaient se remplacer, il les eût trouvés auprès de son tuteur, M. de Neurath (1), un des meilleurs amis de son père. M. de Neurath fit partager à son pupille l'éducation de son fils qui était du même âge ; et, dès qu'ils eurent quinze ans, il leur fit un cours complet de la science du droit, droit naturel, droit des gens, droit romain, droit germanique, etc., etc., d'après d'énormes cahiers par demandes et par réponses, qu'il leur fallait apprendre par cœur. La sécheresse de cet enseignement désespérait le jeune Savigny ; son esprit était trop bien fait pour se payer de ces abstractions sans ombre de réalité. Plus tard, lorsque le *Traité de la Possession* eut commencé la réputation de son auteur, le bon M de Neurath crut y voir le fruit de ses leçons ; et Savigny, par reconnaissance pour ses soins, lui laissa cette illusion. Les cahiers de M. de Neurath eurent néanmoins un heureux résultat ; ils prêtèrent un charme inexprimable à l'enseignement, d'ailleurs peu distingué, que Savigny trouva à l'université de Marbourg. Pendant le semestre d'été de 1795, il suivit le cours de Pandectes de M. Erxleben, et le cours de Pandectes de M. Weis pendant le semestre d'hiver ; car c'était alors l'usage de recommencer deux fois les mêmes cours. M. Weis, sans avoir laissé une grande réputation comme auteur, avait le don le plus nécessaire à un professeur, l'amour de la science et le talent de le communiquer à ses élèves. Son débit emphatique et déclamatoire pouvait sembler ridicule au premier abord ; mais comme ces formes fausses et exagérées cachaient des sentiments vrais et une instruction réelle, on oubliait bientôt les défauts de l'expression, pour ne s'occuper que des choses elles-mêmes. M. Weis, en mettant

---

(1) M. de Neurath était assesseur à la chambre impériale (Reichskammergericht) qui siégeait à Wetzlar. Ce tribunal avait, concurremment avec le conseil impérial siégeant à Vienne , juridiction suprême sur toute l'Allemagne, et était tribunal de première instance pour les princes et tribunal d'appel pour les particuliers.

sa riche bibliothèque à la disposition de son élève, lui inspira le goût des livres rares, et, le premier, il appela son attention sur l'école des *Glossateurs*. Indépendamment des cours publics, Savigny reçut, avec trois autres élèves, des leçons particulières (privatissimum examinatorium), que M. Weis faisait avec le plus grand zèle, et dont ils retirèrent beaucoup de fruit.

Au mois d'octobre de l'année 1796, Savigny passa à l'université de Göttingue, et il eut le malheur d'y suivre des cours très-médiocres, à l'exception de celui sur l'histoire universelle que Spittler faisait alors pour la dernière fois, car il quitta l'université pour la charge de conseiller privé à Stuttgart. Spittler était surtout célèbre par un talent oratoire bien rare en Allemagne. L'élégance et la facilité de sa parole, la grâce et la noblesse de son expression, donnaient à son enseignement un attrait particulier, et nul n'y fut plus sensible que Savigny.

Au printemps de l'année 1797, une maladie dangereuse obligea Savigny d'interrompre le cours de ses études. Il demeura à la campagne jusqu'à l'automne pour rétablir sa santé, et revint ensuite à Marbourg pendant trois semestres. De 1799 à 1800 il fit des voyages en Allemagne, et visita plusieurs universités, entre autres celles de Leipzig et de Jena. Mais dans ces divers séjours, tous ses moments étaient consacrés à la science. Aucune passion, aucun goût ne vint jamais l'en distraire, et c'est à ce noble but qu'il consacra sans partage sa fortune et son indépendance.

En 1800 il prit le grade de docteur à Marbourg ; la dissertation (1) qu'il fit à cette occasion n'est pas indigne de son auteur. Quoique l'Allemagne soit riche en compositions de ce genre, celle de Savigny se distingue par l'élégance de la latinité, la clarté des idées et l'étude approfondie du sujet.

Dès la même année, il fut *Privat docent* (2) à Marbourg, et enseigna le droit criminel. Les années suivantes (1800 - 1804), il fit successivement, en qualité de professeur extraordinaire (3), des cours sur les

____

(1) Elle a pour titre : Dissertatio inauguralis de concursu delictorum formali. — Lors du jubilé de l'université de Marbourg, en 1827, on conféra à Savigny le grade de docteur en philosophie.

(2) On appelle *Privat docent* celui qui a l'autorisation de professer dans l'université, mais sans autre traitement que ce qu'il reçoit de ses auditeurs.

(3) Les professeurs extraordinaires ne font pas partie de la faculté qui confère les degrés.

dix derniers livres des Pandectes, Ulpien, le droit de succession, les obligations, la méthodologie du droit, et l'histoire du droit romain d'après Hugo. L'Histoire du droit romain de Hugo avait excité vivement l'intérêt de Savigny, et par ses formes souvent énigmatiques, plutôt éveillé que satisfait sa curiosité. Les améliorations de onze éditions successives ont plus que décuplé l'ouvrage original sans faire disparaître entièrement ce caractère. Au reste, Savigny a toujours professé une respectueuse reconnaissance pour les travaux de Hugo, et quoiqu'il n'ait jamais suivi ses cours, c'est peut-être le seul jurisconsulte moderne qui ait eu de l'influence sur son développement.

Nous avons, relativement à cette époque de la vie de Savigny, le témoignage de deux de ses élèves, Jacob et Wilhelm Grimm (1) ; voici comment ils s'expriment : « Que pourrais-je dire des cours de Savigny, si ce n'est qu'ils ont eu pour moi le plus puissant intérêt, et qu'ils ont exercé sur ma vie et sur mes études une influence décisive..... En 1802 et 1803, j'ai suivi ses différents cours sur la méthodologie du droit, les obligations, les institutes, etc... Savigny avait alors coutume de proposer à ses élèves la solution de quelque point de droit difficile ; il examinait les dissertations qu'on lui remettait, et en rendait compte dans la leçon suivante. Une de mes premières dissertations était relative à la *collatio*, et j'eus le bonheur de résoudre complètement la question. On conçoit la joie que j'en éprouvai, et combien je me sentis encouragé au travail. Ces dissertations me mirent en rapport avec Savigny. Dans sa bibliothèque, déjà nombreuse et choisie, je vis plusieurs livres étrangers à la science du droit, entre autres l'édition des Minnesingers allemands de Bodmer, qui, plus tard, devait tant m'occuper. »

...... Grimm compare ensuite l'enseignement de cette époque à l'enseignement actuel, et il remarque qu'en augmentant le nombre des cours obligés, on ne laisse plus de temps aux élèves pour les études de

---

(1) Jacob Grimm est l'auteur d'une grammaire allemande, la plus savante peut-être qui ait été écrite dans aucune langue. Wilhelm Grimm a composé plusieurs ouvrages célèbres en Allemagne. Tous deux ont signé la protestation des professeurs de Göttingue contre les ordonnances insensées du roi Ernest, et ont sacrifié à l'accomplissement du devoir une position acquise par trente ans de travaux, sacrifice d'autant plus noble qu'il a été fait sans emportement, sans orgueil, et sans autre espoir que la certitude d'une bonne conscience.

leur choix, et qu'ainsi la nouvelle organisation favorise plus la culture de la médiocrité que le développement des talents extraordinaires (1).

« J'ai suivi les mêmes cours que mon frère... j'ai partagé avec lui la bienveillance de Savigny, et je ne connais rien qui ait fait sur moi une impression aussi profonde que son enseignement. Il me semble que ce qui attirait et captivait si puissamment ses auditeurs, c'était la facilité et la vivacité de sa parole jointes à tant de calme et de mesure. Les talents oratoires peuvent éblouir quelque temps, mais ils n'attachent pas. Savigny parlait d'abondance et ne consultait que rarement ses notes. Sa parole toujours claire, sa conviction profonde et en même temps une sorte de retenue et de modération dans son langage faisaient une impression que n'aurait pas produite l'éloquence la plus abondante, et tout en lui concourait à l'effet de sa parole.... Savigny interrogeait quelquefois ses élèves et leur donnait à traiter par écrit les questions les plus difficiles... mon frère et moi nous fûmes admis chez Savigny et il nous fut permis de profiter de ses conseils. Il nous fit comprendre la valeur des études historiques et l'importance de la méthode. Ce sont là des obligations que je ne saurais trop reconnaître, car sans lui je n'aurais peut-être jamais donné à mes études une bonne direction. Pour combien de choses n'a-t-il pas éveillé notre intérêt! combien de livres n'avons-nous pas empruntés à sa bibliothèque! avec quel charme ne nous a-t-il pas lu quelquefois des passages de Wilhelm Meister, des poésies de Goëthe! l'impression que j'en ai conservée m'est encore si présente qu'il me semble l'avoir entendu hier (2). »

Savigny, à peine alors âgé de vingt-trois ans, faisait plusieurs de ces cours afin d'apprendre ce qu'il enseignait, et l'on a lieu d'être surpris en voyant la fermeté et l'assurance de ses premiers pas dans la carrière de l'enseignement. Comme il est maître de son sujet! avec quelle promptitude son esprit saisit la science, et avec quelle maturité il la transmet (3)!

(1) Autobiographie de Jacob Grimm dans l'ouvrage intitulé : Grundlage zu einer Hessischen Gelehrten-Schriftsteller-und-Künstler-Geschichte vom Jahre 1806 bis zum Jahre 1830 etc., von Dr. Carl Wilhelm Justi. Marbourg 1831, p. 152-154.

(2) Autobiographie de Wilhelm Grimm ibid. p. 170-171.

(3) Alcuni imitano gli uccellini i quali predano o grano od insetto e nel becco volta per volta lo portano ai lor pulcini senza tastarlo, laddove il buono e ben fondato maestro allattar ci dee non dar la imbeccata.

J'ai suivi trente ans après les cours de Savigny et ils m'ont fait une impression à peu près semblable. Ce qui m'a surtout frappé, c'est la vivacité et la chaleur d'un cours qu'il répétait alors pour la vingt-cinquième fois. Son enseignement offre chaque année un intérêt nouveau, parce que chaque année on y retrouve le fruit de nouvelles études, les découvertes les plus récentes et le dernier état de la science. Aussi Savigny n'est-il pas insensible à l'intérêt qu'il excite dans son nombreux auditoire, et c'est ce qui lui fait continuer ses leçons quand des travaux plus importants peut-être sembleraient demander tout son temps. Sa parole abondante et précise éclaire si bien les matières les plus obscures que ses élèves n'en soupçonnent la difficulté, que si plus tard ils ont besoin de chercher une solution qui leur est échappée. Sa méthode est surtout remarquable lorsqu'à propos de matières controversées, il a occasion d'exposer des doctrines nouvelles. Sa parole, alors plus simple et plus grave, exprime une conviction profonde jointe à une modestie sincère ; bien différent de ces professeurs qui, pour persuader leur auditoire, recourent à tous les artifices de l'avocat comme s'il s'agissait d'un plaidoyer, et font d'une question scientifique une question d'amour-propre et de personnes.

Je ne saurais mieux faire que de citer ici un passage où Savigny, en réfutant ceux qui pensent que le nombre toujours croissant des livres rend les universités de plus en plus inutiles à la science, montre le but qu'il a si bien atteint.... « Pour ses élèves le professeur va personnifier la science. Ces connaissances acquises longuement et avec effort, il doit les transmettre d'une manière aussi vivante que si la science se révélait soudainement à lui. En faisant assister ses élèves à l'enfantement de sa pensée, il éveille en eux la même puissance créatrice. Alors ce n'est pas seulement un enseignement qu'ils reçoivent, mais un travail qui s'accomplit sous leurs yeux et qu'ils reproduisent eux-mêmes. Souvent nous avons éprouvé en étudiant les auteurs que des faits ou des idées nous convainquent sans produire sur nous une impression durable, et qu'une autre fois notre esprit mieux disposé s'empare de ces mêmes idées et se les assimile complètement. Ces heureux résultats, produits tantôt par une disposition accidentelle du lecteur, tantôt par le talent de l'écrivain, l'enseignement oral bien dirigé doit les reproduire constamment. L'influence de l'enseignement oral peut s'exercer en toutes circonstances, mais la recevoir à notre entrée dans la carrière de la science avec toute la fraicheur de la jeunesse, et doublée par l'émotion sympathique produite dans un nombreux auditoire, voilà ce qui recommande les universités, et ce que rien ne saurait suppléer. On peut leur appliquer ce qu'un grand maître (Goëthe) a dit à un autre sujet : Lire, c'est abuser du langage ; la lecture solitaire remplace bien tristement le discours ; c'est par sa personnalité que l'homme agit sur l'homme ; la jeunesse agit sur la jeunesse et lui donne ses émotions les plus fortes et les plus pures. Voilà ce qui conserve la vie physique et morale du monde (1). »

Des succès aussi brillants pouvaient éblouir un jeune homme, mais Savigny, au lieu de s'abandonner au repos, ne vit dans ses succès qu'un encouragement à de nouveaux efforts. Bientôt il sentit le besoin de donner à ses études une base encore plus solide : il ferma tous les commentaires pour se livrer pendant plusieurs années à l'étude exclusive des textes. De même Alfieri, qui à vingt-quatre ans n'entendait pas Arioste, se mit à lire Dante et Pétrarque sans commentaires. Cette méthode ne saurait être celle de tout le monde. Elle veut une énergie et une persistance dont peu d'esprits sont capables, mais elle a des résultats que rien ne saurait suppléer, car elle seule conserve à l'esprit son originalité et son indépendance. En effet, quand on prend un commentaire pour guide, on est forcé de se reposer sur lui et d'y chercher ce qu'avec une attention plus soutenue on eût peut-être trouvé soi-même. Ensuite, comme le génie le plus vaste n'embrasse jamais la science entière, comme l'esprit le plus juste et le plus impartial ne peut s'empêcher de lui prêter sa couleur et d'en altérer la pureté, nous ne savons jamais tout ce qu'une étude directe aurait pu nous apprendre, quand nous avons mis un intermédiaire entre les textes et nous. C'est après nous être approprié les textes, que les commentaires peuvent compléter et rectifier nos vues, sans que nous risquions de nous laisser séduire à leurs systèmes ou imposer par leur autorité. Au reste, on pense bien que plus tard Savigny n'a négligé aucun des interprètes de la science, et surtout les deux plus grands jurisconsultes modernes, Cujas et Doneau.

Le retour à l'étude des sources était un des besoins du temps. L'enseignement du droit en Allemagne était singulièrement déchu de l'éclat dont il avait brillé à la fin du seizième siècle. La petite université d'Altdorf, fondée par la ville libre de Nuremberg, avait eu à la fois

(1) Historisch-politische Zeitschrift herausgegeben von Leop. Ranke. Vol. I, P. 569.

pour professeurs Doneau, Giphane, Nicolaus Rittershusius et Scipio Gentilis. On conçoit à quelle hauteur une réunion de pareils hommes avait placé l'enseignement du droit. Mais il dépérit graduellement entre les mains de ceux qui leur succédèrent, et même dès la fin du dix-septième siècle la méthode de ces grands maîtres était complètement abandonnée. La science, livrée à des transformations arbitraires, allait s'appauvrissant de jour en jour; et l'on peut apprécier les conséquences de l'oubli des textes, en lisant le meilleur ouvrage qu'ait produit cette école, le Commentaire allemand de Hoepfner sur les institutes, publié en 1783, et qui a eu huit éditions. Mais en 1788, Hugo appela l'attention sur Ulpien et commença une réforme semblable à celle que Cujas avait accomplie au seizième siècle. Animé du même esprit que ce grand homme, il replaça la science du droit sur ses véritables bases en lui restituant le secours de la philosophie et de l'histoire. Haubold et Cramer partagent avec Hugo la gloire de cette régénération de la science.

On se figure ordinairement l'Allemagne partagée entre deux écoles rivales, l'école historique et l'école philosophique. Rien n'est plus chimérique que ce tableau. Aucun jurisconsulte en Allemagne ne répudie la philosophie, aucun n'abdique son intelligence et ne se résigne à accepter sans les juger les faits que lui fournit l'histoire. Mais aussi aucun jurisconsulte en Allemagne ne dédaigne les textes et les faits; aucun n'a la prétention d'élever des théories *à priori*, sans s'inquiéter de l'histoire. Ils ne marchent pas tous du même pas, mais ils suivent tous la même voie; ils peuvent différer sur des questions spéciales, celle de la codification par exemple, mais tous sont d'un accord unanime pour ne pas isoler la jurisprudence de la philosophie et de l'histoire. De même, les jurisconsultes du seizième siècle, malgré l'acharnement de leurs querelles, suivaient tous la route ouverte par Cujas. L'école historique, que l'on peut appeler l'école *Cujacienne*, a détrôné l'école dégénérée des glossateurs, et ce sont ses principes qui, renouvelés par Hugo, ont donné une nouvelle vie à la science et règnent sans partage en Allemagne comme ils ont régné en France au seizième siècle.

Des querelles d'amour-propre, des inimitiés personnelles ont fait croire à l'existence de deux écoles rivales, et peut-être on s'attend à trouver ici des détails sur ces petits débats dont on a exagéré l'importance. Mais j'avouerai que je ne m'en suis pas occupé. Tout ce que je sais c'est que jamais Savigny ne s'est posé comme chef de secte, et que loin de se permettre des critiques malveillantes, il n'y a jamais répondu. Et d'ailleurs les inimitiés des savants sont étrangères à la science. Nées de la faiblesse de l'homme, elles passent avec ce qui est périssable en lui. L'impartiale postérité débarrasse les chefs-d'œuvre des injustes critiques, et réunit les grands hommes dans une commune admiration. Si les contemporains ne peuvent prévenir son jugement, ils devraient au moins imiter son indifférence pour ces querelles, au lieu de les entretenir par une indiscrète curiosité.

En 1803, Savigny publia son *Traité de la possession*. On sait que dans ce traité, après avoir passé en revue les quarante-quatre ouvrages qui composent la littérature de cette partie du droit, l'auteur s'est livré à une étude profonde et originale des textes, et qu'à l'aide de la philologie et de l'histoire, il a établi sur cette matière si difficile des doctrines entièrement nouvelles, ou plutôt a retrouvé les doctrines des anciens jurisconsultes romains ; mais ce qu'on ne sait pas, c'est qu'un travail aussi immense a été achevé en cinq mois. Cette heureuse fécondité prouve que malgré sa jeunesse Savigny ne s'était pas trop hâté de produire ; et cette fécondité ne s'est pas tarie, parce que, semblable aux grands fleuves, il avait attendu pour couler que sa source fût pleine (1).

L'histoire et la science du droit ont certains problèmes qui sont éternellement livrés aux disputes des hommes, et dont il paraît impossible de donner une solution définitive. Dans la polémique à laquelle ces questions ont donné lieu, Savigny n'a pas montré moins de sagacité que de candeur et de bonne foi, en rétractant ses opinions dès qu'un de ses adversaires en avançait une plus probable. Mais il est une foule de points où Savigny a eu la gloire de réunir tous les suffrages, et son livre, quoique purement théorique, a déjà eu la plus heureuse influence sur la pratique du droit en Allemagne, influence destinée à s'accroître, car pour la possession comme pour tant d'autres, le droit romain est souvent la raison écrite, la loi véritable, c'est-à-dire l'expression *des rapports nécessaires qui dérivent de la nature et des choses.*

En 1804 Savigny épousa, à sa terre de Trages, Mlle Brentano (2),

(1) Rivers run not till the spring be full.

(2) La famille des Brentano est illustre dans la république des lettres ; ainsi Mme de Savigny est petite-fille de Mme Sophie de Laroche, sœur de

fille d'un banquier de Francfort. Ce mariage, où se réunissaient toutes les convenances sociales, offrait, chose beaucoup plus rare, une harmonie parfaite de goûts et de caractères. Les deux époux n'avaient pas cherché à se connaître pour savoir s'ils devaient s'épouser. Orphelins l'un et l'autre, ils ne dépendaient et n'avaient à s'obtenir que d'eux seuls. Une connaissance de plusieurs années leur permit de s'apprécier mutuellement et leur inspira le désir d'une union où ils trouveraient le bonheur qu'ils s'étaient promis.

Peu de temps avant son mariage, Savigny avait quitté l'université de Marbourg. Sa réputation comme professeur était déjà si bien établie, que l'université de Heidelberg lui offrit de venir organiser la faculté du droit et de faire lui-même ses conditions. Malgré les avantages que lui présentaient des offres aussi honorables, il crut devoir les refuser ainsi que celles de l'université de Greifswald, pour exécuter un voyage scientifique dont il s'était tracé le plan et qui devait durer plusieurs années.

Il visita les bibliothèques de Heidelberg, Stuttgart, Tubingue, Strasbourg, faisant partout des recherches, des copies et des extraits, et vint à Paris au mois de décembre 1804. Un événement bien fâcheux attrista son arrivée. On vola derrière sa voiture une malle renfermant tous ses papiers, c'est-à-dire le fruit de ses recherches dans les diverses bibliothèques de l'Allemagne, et tant de travaux qui ne se recommencent pas, car il faudrait retrouver cette première ardeur de jeunesse et l'heureuse disposition qui les ont inspirés. Le chagrin de cette perte ne le quitta pas de plusieurs mois, mais bientôt il songea à le réparer, du moins en partie, et il appela à Paris un de ses élèves, Jacob Grimm, pour l'aider à exploiter les richesses de la bibliothèque. Dans presque toute l'Europe, sauf de rares exceptions, les bibliothécaires remplissent avec zèle leurs honorables fonctions; ils savent que les trésors dont ils sont dépositaires n'ont de valeur que par l'usage, mais on trouve à Paris un luxe de politesse et de prévenances dont on aime à garder le souvenir quand on en a été l'objet. Cette bienveillance ne manqua pas à Savigny, et il nomme toujours avec reconnaissance MM. Laporte-Dutheil et Dacier, alors conservateurs des manuscrits.

M. Clément Brentano et de Me. d'Arnim dont la corespondance avec Goethe, publiée il y a quelques années, est peut-être le livre le plus original que l'Allemagne ait produit de nos jours.

Savigny demeurait en face de la bibliothèque , il s'y rendait tous les jours avec Jacob Grimm. Madame de Savigny et une de ses sœurs l'accompagnaient également. Elles copièrent pour lui plusieurs manuscrits français , entre autres les lettres inédites de Cujas , et ceux qui connaissent l'écriture du grand jurisconsulte, savent que cette tâche n'est pas sans difficulté. Tous les quatre travaillaient avec la même ardeur, quoique dans un but différent : ils avaient peine à quitter la bibliothèque, et les valets de pied impériaux durent leur répéter plus d'une fois : « Allons, allons, voilà qu'il est deux heures,—tâchons de nous en aller. »

En 1808, Savigny accepta la première place à l'université de Landshut. Là, comme à Marbourg, il sut inspirer à ses élèves un véritable amour de la science , l'affection, le respect, et aussi le sentiment de leur propre dignité. Sa bonté inépuisable lui eût mérité, comme autrefois à Cujas, le nom de père des écoliers. La plupart de ses collègues devinrent bientôt ses amis ; il fut surtout intimement lié avec le célèbre Sailer, alors persécuté par les Illuminés ; Sailer, que Jacobi appelle le théologien philosophe, comme Platon est le philosophe divin. Savigny ne resta qu'un an et demi à l'université de Landshut, il la quitta pour aller à Berlin, mais il peut regarder la Bavière comme une seconde patrie, tant on y a conservé pour lui de vénération et de reconnaissance. Madame d'Arnim habitait alors avec son beau-frère. Dans sa correspondance avec Goëthe, elle lui donne sur son départ de Landshut des détails que l'on aimera à retrouver ici.

« Dans quelques jours nous quittons Landshut. Les étudiants emballent la bibliothèque de Savigny ; on numérote , on étiquète ses livres, on les range dans des caisses que l'on descend avec des cordes par les fenêtres ; tous travaillent gaîment et avec ardeur, malgré le chagrin qu'ils ont de quitter leur professeur. Que Savigny soit savant tant qu'il voudra, la bonté de son caractère surpasse encore ses qualités les plus brillantes. Les étudiants l'adorent, ils sentent qu'ils perdent en lui un bienfaiteur. Les professeurs le chérissent également, surtout les théologiens.............. Les étudiants ne quittent plus la maison de Savigny ; je les vois sous mes fenêtres manger un jambon en faisant les paquets, ils ont voulu emballer aussi ma petite bibliothèque Le soir ils se réunissent pour jouer de la guitare et de la flûte ; ils dansent autour d'une grande fontaine qui est devant notre maison et quelquefois jusqu'à minuit........ On a résolu d'accompagner Savigny jusqu'à Salzbourg ; ceux qui n'ont ni chevaux ni voitures, partent d'avance à pied. Tous se font une fête de ce petit voyage dans les premiers jours du printemps, avec leur cher professeur, à travers ce beau pays...... Nous sommes partis quelques jours après Pâques. L'université s'était réunie chez Savigny, avant de quitter, les uns leur professeur, tous leur ami ; on apporta du vin, et au milieu des vivats, on alla jusqu'aux portes de la ville. Bientôt les professeurs prirent solennellement congé ; ceux qui étaient à cheval ou en voiture nous accompagnèrent. Partout nous trouvions sur la route des étudiants qui nous avaient devancé pour voir une dernière fois Savigny ; la plupart se détournaient pour cacher leurs larmes. Je n'oublierai jamais un jeune Souabe, véritable type de sa nation ; il agitait en l'air son petit mouchoir, et ses pleurs l'empêchaient de nous voir passer.

. . . .

« Freiberg me racontait que Savigny avait donné une vie nouvelle à l'université, qu'il avait su réconcilier les professeurs ou du moins calmer leurs inimitiés, mais que son influence bienfaisante s'était fait surtout sentir aux étudiants dont il avait augmenté la liberté et l'indépendance. Je ne saurais vous exprimer le talent de Savigny à traiter avec la jeunesse. Les efforts, les progrès de ses élèves lui inspirent un véritable enthousiasme ; il se sent heureux s'ils réussissent à traiter les sujets qu'il leur propose ; il voudrait leur ouvrir le fond de son cœur ; il s'occupe de leur sort, il pense à leur avenir, et leur trace la route qu'éclaire son zèle bienveillant. On peut dire de Savigny que l'innocence de sa jeunesse est devenue l'ange gardien de sa vie. Le fond de son caractère est d'aimer ceux auxquels il consacre toutes les forces de son esprit et de son âme, et n'est-ce pas là ce qui met le sceau à la véritable grandeur ! la simplicité naïve avec laquelle sa science descend au niveau de chacun le rend doublement grand (1). »

L'université de Berlin fut fondée en 1810 ; l'intérêt qui s'attachait à cette nouvelle institution, et le désir de fuir l'influence de la domination française, déterminèrent Savigny à accepter les offres de M. Wilhelm de Humboldt, alors chef de l'instruction publique en Prusse, et il commença cette longue carrière d'enseignement qu'il continue encore aujourd'hui. Pendant le semestre d'hiver, il explique ordinairement les Pandectes, sauf la matière des successions, et les Institutes pendant le semestre d'été. Il a en outre expliqué Ul-

(1) Goëthe's Briefwechsel mit einem Kinde. Vol. II, p. 171-188, 2e éd.

pien, deux fois Gaïus, et cinq fois le droit prussien (Landrecht). Ce dernier cours n'existait pas avant lui, et il a puissamment contribué à son institution. Des devoirs importants et nombreux ne lui permettent plus d'entretenir avec les étudiants les mêmes relations qu'à Marbourg et à Landshut; mais sa bonté, son zèle, n'ont pas changé et trouvent toujours la même affection, la même reconnaissance. Sans répéter ce que j'ai dit plus haut sur les leçons de Savigny, j'en ferai un éloge non suspect, je citerai quelques-uns de ses élèves les plus distingués, Hollweg, Klenze, Gœschen (l'éditeur de Gaïus), Blume, Rudorff, Keller, Dirksen, Barkow, Bœcking et Puchta.

Les universités allemandes ne s'occupent pas uniquement de la théorie du droit. Souvent, elles sont appelées à juger les procès comme *Spruch Collegium* (1). Pendant dix-sept ans, Savigny prit une part active aux travaux du collége, quoiqu'il en fût dispensé par un engagement; et ses rapports, au nombre de cent trente-huit, forment trois volumes des archives de la Faculté. Mais, en 1828, des circonstances

---

(1) La participation des universités à l'administration de la justice comme *Spruch-Collegium* a une origine fort ancienne. On en trouve quelques exemples en Italie et notamment à Bologne (voyez l'*Histoire du droit Romain au moyen-âge*, Vol. III, § 86), mais en Allemagne cette institution a pris un grand développement et donné lieu à des abus qui n'ont été reformés que depuis peu. A Berlin le Spruch-Collegium se compose de tous les professeurs ordinaires de la faculté de droit. Dans d'autres universités on y adjoint des membres étrangers. Le Spruch-Collegium n'a pas de juridiction proprement dite, il ne connaît que des affaires dont les pièces lui sont adressées par un tribunal; mais après cet envoi (Acten-Versendung) le tribunal est tenu de publier le jugement qui lui est transmis par le Spruch-Collegium. L'envoi des pièces à une faculté de droit doit-il se faire sur la demande des parties, doit-il être ordonné d'office? Les lois et les usages varient sur ce point dans les diverses parties de l'Allemagne. C'est toujours le tribunal qui désigne la faculté, seulement les parties ont le droit d'en récuser trois (jus eximendi). Les tribunaux pouvaient autrefois saisir indifféremment toutes les facultés de droit de l'Allemagne. L'introduction des législations nouvelles a dû modifier cet état de choses; ainsi, en Prusse, depuis long-temps, les tribunaux ne peuvent plus renvoyer aucune affaire à un Spruch-Collegium, mais les universités prussiennes continuent à juger les affaires qui leur sont adressées par les tribunaux des autres états de l'Allemagne. Enfin, un décret de la diète germanique, du 5 novembre 1835, défend de renvoyer aux facultés de droit les pièces d'aucune affaire criminelle.

particulières l'engagèrent à user de la faculté qu'il s'était réservée et à ne plus exercer d'autres fonctions universitaires que celles de l'enseignement.

A peine arrivé à Berlin, Savigny connut le célèbre Niebuhr. Des cœurs aussi nobles, des esprits aussi élevés, étaient faits pour s'aimer et se comprendre, et bientôt s'établit entre eux une amitié que rien n'altéra jamais, parce qu'ils avaient l'un et l'autre un caractère digne de leur génie. Savigny suivit les cours de Niebuhr, et il a reconnu hautement le bienfait de ses leçons et de son exemple.

Niebuhr, dans la préface de son *Histoire romaine*, parle avec reconnaissance des savants entretiens qu'il eut avec Savigny à Berlin. Heureuse association qui a produit deux chefs - d'œuvre ! Amitié touchante qui oublie ce qu'elle donne pour ne penser qu'à ce qu'elle reçoit !

En 1811, Savigny fut nommé membre de l'académie de Berlin pour la section de philosophie (1). Les académies d'Allemagne ne brillent pas du même éclat que ses universités, et leurs séances sont loin d'offrir l'intérêt de celles de l'institut. Néanmoins, Savigny y a lu plusieurs mémoires qui, comme le disait Voltaire des discours de réception à l'académie française, renferment de trop bonnes choses pour rester cachées dans les recueils de l'académie (2). Je vais indiquer en peu de mots le sujet de ces mémoires où il a su instruire les plus habiles et intéresser les indifférents.

Sur le contrat littéral des Romains. — L'auteur montre dans ce mémoire que, chez les anciens Romains, chaque citoyen tenait un livre de recettes et de dépenses (codex accepti et expensi), que l'inscription d'une dépense sur ce registre était le fondement et non sim-

(1) En 1823, il a été nommé membre honoraire de l'académie de Wilna ; en 1825, membre de l'académie des sciences de Copenhague; en 1827, membre de l'académie d'Herculanum à Naples; en 1831, membre honoraire de l'université de Pétersbourg; en 1832, membre étranger de l'institut des Pays-Bas à Amsterdam ; en 1833, membre étranger de l'académie des sciences à Turin ; en 1837, membre étranger de l'institut de France, section des sciences morales ; en 1838, membre honoraire de l'université de Kiew.

(2) L'académie de Berlin a pendant cinq ans la propriété exclusive des mémoires lus dans ses séances. L'auteur peut ensuite les publier lui-même. Savigny, usant de cette faculté, a recomposé quelques-uns de ses mémoires, et les a insérés dans la Zeitschrift f. gesch. Rechtswiss. Je n'en parle pas ici.

plement la preuve d'une obligation ; mais que, dans la suite, de semblables registres ne furent plus tenus que par les banquiers (argentarii). — A l'aide d'un texte de Gaius, il rectifie un passage de Théophile qui a confondu l'obligation littérale des Romains (litterarum obligatio) avec la *syngrapha* des Grecs. — Enfin, lorsque cette institution fut tout-à-fait tombée en désuétude, on appela litterarum obligatio l'acte écrit (cautio) que l'on joignait ordinairement à la stipulation.

Sur la loi Voconia. — Après avoir caractérisé brièvement les auteurs qui ont traité ce sujet, Gronovius Perizonius, Wieling, Bouchaud et Kind, Savigny fixe la date de cette loi (l'an 585), et examine ses dispositions. — La loi Voconia défend à tous ceux qui, d'après le cens, ont une fortune de 100,000 sesterces, d'instituer une femme pour héritier, prohibition que l'on éluda en ne se faisant pas porter sur les registres du cens. — Mais comment concilier cette loi avec la législation qui admet les filles à la succession de leur père mort intestat, et leur assigne une certaine partie des biens si le père a omis de les déshériter en termes formels dans son testament ? De toutes les explications proposées pour résoudre ce problème, la plus vraisemblable est que la loi Voconia s'applique uniquement aux femmes qui n'eussent eu aucun droit sur la succession ab intestat. — La loi Voconia eût été abolie par les empereurs chrétiens si elle n'eût été depuis long-temps tombée en désuétude. — Quant à la disposition sur les legs, remplacée depuis par la loi Falcidia, elle ne présente aucune difficulté.

Sur l'usure de Marcus Brutus. — L'an de Rome 698, la ville de Salamine, dans l'île de Chypre, envoya à Rome emprunter de l'argent. M. Scaptius et P. Martinius, qui n'étaient que les agents de Brutus, lui en prêtèrent à raison de 48 p. 0/0. L'an 702, Scaptius se fit donner un commandement militaire dans la province, et, pour contraindre la ville de Salamine à payer, tint les sénateurs si longtemps assiégés dans la curie, que cinq moururent de faim. L'an 703, Cicéron, nommé proconsul de la Cilicie et de l'île de Chypre, retira à Scaptius son commandement, d'après une loi qu'il s'était faite de ne confier aucune charge à ceux qui avaient des créances à réclamer dans la province. Mais lorsque Salamine voulut payer le capital de sa dette et l'intérêt légal de 12 p. 0/0, et offrit de déposer l'argent dans un temple, Cicéron, n'osant ni faire justice ni mécontenter Brutus, traîna le procès en longueur, le laissant à juger au futur proconsul. — Savigny nous donne sur toute cette affaire des renseignements très-curieux, et explique plusieurs passages de Cicéron dont aucun commentateur n'avait saisi le véritable sens.

Sur la protection accordée aux mineurs par le droit romain, et particulièrement sur la loi Plætoria. — Comme nous n'avons ni la loi Plætoria, ni l'ordonnance de Marc-Aurèle, et que leurs dispositions sont éparses dans une multitude de textes, ce sujet avait été traité jusqu'ici d'une manière incomplète et souvent erronée. L'intelligence profonde de l'histoire et de la législation romaines, a permis à Savigny de nous tracer un tableau fidèle de la tutelle des femmes et des impubères, de la curatelle des mineurs, et de montrer comment ces distinctions ont survécu aux mœurs et aux institutions qui leur avaient donné naissance, en passant dans le droit de Justinien, et de là dans les législations modernes.

Sur les droits conférés aux créanciers par l'ancien droit romain. — Savigny établit, d'après la loi des Douze Tables, Aulugelle, et la loi de la Gaule cisalpine, que, dans l'ancienne Rome, les créanciers n'avaient de droits sur la personne de leurs débiteurs que pour le prêt d'argent, que ces droits reçurent plusieurs extensions, que ces extensions furent abolies plus tard, notamment par la loi Pœtelia ; mais que l'ancien principe subsista toujours. Au moyen de cette distinction, Savigny concilie des faits regardés comme contradictoires ; puis il montre quels changements cette législation a subis sous les empereurs et dans les temps modernes.

Essai historique sur la noblesse dans l'Europe moderne. — Savigny a traité la question obscure et difficile de l'origine de la noblesse avec sa profondeur ordinaire. Ceux qui voudraient des résultats plus positifs doivent se souvenir qu'on ne peut demander à l'historien une précision rigoureuse que l'histoire n'a pas.

Malgré ses nombreux travaux, Savigny se montra toujours prêt à servir les intérêts de la patrie ou de l'humanité. Ainsi, lors de la guerre de l'indépendance, en 1813, il travailla avec son ami Eichhorn à l'organisation de la Landwehr et du Landsturm de Berlin (1) ; en 1817, il fut membre d'un comité pour soulager la disette dans les

(1) C'est ce qui lui valut la croix de fer en 1816. — Il a reçu en outre l'ordre de l'aigle rouge en 1825 ; celui de la Légion d'Honneur, en 1833, celui de la couronne de Bavière, et celui de saint Stanislas de Russie.

provinces rhénanes ; et, en 1831, il présida une société destinée à secourir les pauvres attaqués du choléra. Quelques années plus tard, en 1835, la fille unique de Savigny mourut à Athènes, après avoir épousé M. de Schinas, alors ministre de l'instruction publique et des cultes. Si j'essayais de peindre toutes les qualités qui la rendaient regrettable, sans doute on n'y verrait que l'innocente flatterie des oraisons funèbres, et néanmoins, combien je resterais au-dessous des souvenirs de ceux qui l'ont connue ! Rien ne manqua à Savigny de ce qui pouvait adoucir son chagrin ; mais cet événement mit à une cruelle épreuve sa résignation chrétienne, sa soumission absolue aux décrets de la Providence, dont souvent la bonté se montre à nous, plus par ce qu'elle nous refuse que par ce qu'elle nous accorde. Déjà, Savigny avait perdu deux enfants en bas âge, et, aujourd'hui, il ne lui reste plus que trois fils, dont l'aîné a trente ans et le plus jeune dix-huit.

En 1814, Savigny donna au prince royal de Prusse, alors âgé de seize ans, des leçons sur le droit et les sciences politiques. Ces leçons furent continuées pendant plusieurs années, et, sans doute, le prince en profita, car il se plut à en reconnaître le mérite par une bienveillance qui ne s'est jamais démentie.

C'est aussi en 1814 que parut le petit ouvrage intitulé : *de la Vocation de notre siècle pour la législation et la science du droit*. La préface de la seconde édition, faite en 1828, explique les circonstances dans lesquelles se trouvait l'auteur, et répond aux diverses réclamations dont ce livre a été l'objet. En voici le résumé. — Au moment où l'Europe venait de secouer le joug de la domination française, un jurisconsulte célèbre proposa de donner à l'Allemagne un corps de lois civiles uniformes, et il espérait que le congrès, alors assemblé à Vienne, réaliserait ce vœu patriotique. Savigny donna une opinion sur cette question importante dans l'écrit qui nous occupe, opinion que, dans un temps plus calme, il eût exposée autrement, mais que la réflexion et l'expérience ont encore affermie, bien loin de la changer. — Il montre ensuite comment on a mal-à-propos entendu de la philosophie en général, ce qui s'appliquait uniquement à la philosophie de Wolf et à celle du dix-huitième siècle. — Il rectifie quelques critiques exagérées sur plusieurs jurisconsultes français modernes, et il rend une justice éclatante au mérite de Merlin ; mais il maintient sa critique du Code civil.

Cette critique l'a fait quelquefois accuser de pédantisme. Jamais reproche ne fut moins mérité. Savigny sait trop et trop bien pour être pédant. Mais si le législateur, croyant adopter les principes de la législation romaine, en établit de tout-à-fait contraires, s'il impose les mêmes noms à des choses différentes, un jurisconsulte a bien le droit de prévenir de fâcheuses méprises en signalant ces fausses analogies. Le style de Savigny est supérieur à celui de tous les jurisconsultes allemands ; ses rivaux eux-mêmes s'accordent à le reconnaître ; mais nulle part il ne s'est montré aussi vif, aussi animé que dans ce petit écrit où abondent les rapprochements heureux, les comparaisons ingénieuses. J'en citerai ici un exemple. La loi, dit-il, doit être l'expression de la raison la plus haute et rester accessible aux gens de médiocre entendement; semblable à ce Christ miraculeux qui, placé à côté de l'homme le plus grand, le dépassait de toute la tête, placé à côté de l'homme le plus petit, ne le dépassait que de la tête.

En 1817, le titre purement honorifique de *Geheimer Justiz-Rath* fut conféré à Savigny, lors de sa nomination au conseil d'Etat (1) ; car, chose singulière, le conseil d'Etat, en Prusse, ne donne ni rang ni traitement. Pendant trois mois, l'assemblée générale (Plenum) examine les lois proposées par les ministres, d'après les rapports préparés par les comités pendant les neuf autres mois. Savigny a montré au conseil d'Etat une merveilleuse facilité de travail, et a tenu ce que promettait sa réputation.

Bientôt une nouvelle carrière s'ouvrit à son activité. En 1819, il fut nommé conseiller à la cour de révision et de cassation de Berlin (2).

(1) Le conseil d'état, institué par une ordonnance du 20 mars 1817, est divisé en sept comités : I. des affaires étrangers, II. de la guerre, III. de la justice, IV. des finances, V. du commerce, VI. de l'intérieur, VII. des cultes et de l'instruction publique. Chaque comité est ordinairement composé de cinq membres.

(2) Un ordre du cabinet, du 21 juin 1819, abolit les cours de révision et de cassation existant à Dusseldorf et à Coblentz et établit à Berlin une cour de révision et de cassation composée d'un président, seize conseillers, etc.— Pour les provinces rhénanes de l'est, qui sont régies par les lois françaises, la cour de Berlin est cour de cassation. Comme la cour de cassation en France elle ne connaît pas du fait, mais après la cassation d'un arrêt, au lieu de renvoyer les parties devant d'autres tribunaux, elle juge elle-même en dernier ressort.— Pour les provinces rhénanes de l'ouest, appartenant auparavant au duché de Nassau, la cour de Berlin forme le troisième et dernier degré de juridiction établi par le droit commun de l'Allemagne.

Si les travaux du jurisconsulte n'avaient été qu'une longue préparation aux devoirs du magistrat, les devoirs du magistrat vinrent soutenir le jurisconsulte. Dans ces moments de défaillance dont le plus puissant génie n'est pas exempt, lorsqu'*il sent ses mains paternelles tomber*, ces devoirs raniment son courage et lui rappellent que la science n'est pas un vain exercice pour l'esprit Aussi, peut-il remplir avec sécurité ces fonctions redoutables, non parce qu'il juge toujours dans la sincérité de son cœur ; ce serait le louer de n'être pas un grand misérable ; mais parce qu'il a consacré à s'instruire tous les moments que n'exigeait pas impérieusement le repos, seule condition à laquelle les erreurs du magistrat ne lui sont pas imputables.

En 1822, Savigny ressentit les premières atteintes d'une maladie nerveuse qui souvent le condamna des jours entiers à l'inaction et à la douleur. Les remèdes de tous genres, les eaux, les bains de mer, les voyages en Italie, augmentèrent le mal plutôt que de le diminuer, lorsqu'au printemps de 1828 il connut le docteur Necher, médecin du duc de Lucques (1). Un traitement homœopathique, continué pendant plusieurs mois, acheva la guérison annoncée par le docteur avec cette sorte de diagnostic que l'on admirait dans Galen.

Il faut sans doute attribuer à cette maladie les retards qu'éprouva la composition de l'*Histoire du droit Romain au moyen-âge*, car le premier volume parut en 1815 et le sixième en 1831. Ce tableau si complet d'une période que les auteurs antérieurs, dans leurs *Histoires du droit*, ne traitaient qu'en peu de pages, prit aussitôt le rang qui lui était dû. Combien de préjugés détruits, d'injustices réparées, de faits rétablis sous leur véritable jour (2) ! Au milieu de l'approbation universelle, Savigny trouva une seule critique peu bienveillante que Goëthe caractérisa d'une manière ingénieuse, en disant : on reproche à l'auteur de n'avoir pas fait ce qu'il n'a pas voulu faire, et d'avoir fait ce qu'il a voulu. Mais les ouvrages auxquels le livre de Savigny a donné l'impulsion, prouvent mieux que tous les éloges son heureuse influence, et je citerai en première ligne l'*Histoire des Novelles*, par Biener, ouvrage excel-

(1) Voué par une conviction profonde au triomphe de la doctrine homœopathique, le docteur Necher n'accepte pour prix de ses soins que la reconnaissance de ceux qu'il guérit, et c'est une dette qu'on n'acquitte pas toujours.

(2) Ainsi, par exemple, les lecteurs de cet ouvrage ne pourront voir sans sourire le tableau placé à la cour de cassation, et qui représente le manuscrit des Pandectes sauvé du pillage d'Amalfi.

lent trop peu connu en France, la *Lex Romana Burgundionum*, de Barkow le *Brachylogus* de Bœcking, le livre sur l'origine des *Libri feudorum* de Laspeyres, les *Dissensiones dominorum* de Hænel, etc.

Lorsque j'entrepris de traduire l'*Histoire du droit Romain au moyen-âge*, ceux qui ont le plus à cœur les progrès de l'étude historique du droit craignirent que certains détails sur des auteurs et des ouvrages aujourd'hui peu connus, ne diminuassent l'intérêt qu'offre la seconde partie, et ils m'engagèrent à ne la publier qu'en extrait. Je soumis ces observations à l'auteur et voici ce qu'il me répondit :

« En analysant la science de la pratique du droit moderne, nous
« voyons que la plupart des principes et des notions qui le composent
« sont d'origine romaine. Mais ces notions et ces principes ne nous sont
« pas tombés du ciel, ils nous sont parvenus par la tradition conti-
« nuelle de six siècles de profonde ignorance et de sept autres siècles
« d'un travail littéraire plus ou moins heureux. Les siècles d'une acti-
« vité régénérée, en nous transmettant le droit romain, n'ont pas laissé
« de le bien modifier. Tout en l'encombrant d'une masse de travaux
« inutiles, ils l'ont aussi enrichi de découvertes judicieuses, et c'est
« dans cette forme bizarre que nous l'avons reçu de leurs mains. Or,
« quelle est notre situation bien entendue? Ignorer ce que les siècles
« intermédiaires ont ajouté au droit romain primitif est absolument im-
« possible, tout ce que nous apprennent nos professeurs et les livres
« modernes en est imbu. Nous naviguons sur cette mer, et ce serait
« une illusion dangereuse de vouloir faire abstraction de l'élément sur
« lequel nous nous trouvons. Il n'y a donc que deux partis à prendre,
« ou de nous laisser dominer par cet élément, ou de le dominer nous-
« mêmes, et de tourner à notre avantage les difficultés de notre posi-
« tion. Pour réussir en prenant ce second parti, laborieux, il est vrai,
« mais seul raisonnable, il faut changer cette masse informe des au-
« teurs de droit en un corps organisé. C'est ainsi qu'on parvient à dis-
« tinguer le bon du mauvais, l'original de l'emprunté, que l'on dé-
« couvre la ramification et la généalogie des idées, la vie créatrice de
« l'esprit dans une région qui d'abord ne nous présente que confusion
« et dégoût.

« Pour atteindre ce but, il faut des recherches de plus d'un genre
« Mais ces recherches diverses ont une base commune, une condition
« indispensable, c'est la connaissance des principaux docteurs, de

« leurs ouvrages et de leurs écoles. Voilà le but de mon ouvrage ; res-
« treint cependant aux temps les plus obscurs, c'est-à-dire aux siècles
« qu'on nomme le moyen-âge. En entreprenant cet ouvrage, j'ai cru
« faire une chose utile, et, depuis les trente ans que je m'en occupe,
« ma conviction n'a pas subi le moindre changement. Je suis persuadé
« que si la jurisprudence est destinée à faire des progrès solides en
« réunissant les lumières du passé à la méditation et à l'expérience,
« mon ouvrage y sera de quelque chose.

« Néanmoins, je ne me suis pas dissimulé que, dans cette carrière,
« je rencontrerais des parties stériles, et auxquelles l'opinion publi-
« que n'est pas favorable ; mais cette réflexion, dont j'ai rendu compte
« dans l'introduction du quatrième tome, ne devait pas me détourner
« d'un travail utile, et auquel je me sentais une vocation particulière.
« Ce n'est pas que j'eusse l'affectation d'être insensible aux applaudis-
« sements de mes contemporains : nos travaux ne peuvent trouver un
« encouragement plus naturel et plus vivifiant que l'intérêt qu'y pren-
« nent ceux avec lesquels nous vivons ; mais enfin cet intérêt n'est
« pas tout, et il ne doit pas l'emporter sur notre conviction de ce qui
« est utile aux véritables progrès de la science. Voilà ma confession
« littéraire que je vous communique avec la même simplicité que je
« serais prêt à le faire à tout le monde.

« Le troisième volume ne me paraît susceptible d'aucun retranche-
« ment. Quant aux quatrième et suivants, rien de plus facile que de
« les réduire, et je vous donnerai volontiers mes conseils là-dessus. »

L'extrait des trois derniers volumes a été fait sous les yeux de l'auteur, la traduction des trois premiers a été revue par lui, on peut
donc compter sur son exactitude. Quant au style admirable de l'original, je n'ose me flatter de l'avoir reproduit, je me reproche même de
lui avoir donné, dans quelques endroits, une apparence d'abstraction
et de sécheresse, mais ce sont là des fautes

Quas *haud* incuria fudit,

et si les critiques daignent songer aux difficultés de l'entreprise, j'espère en leur indulgence.

Parvenu à l'âge de cinquante-neuf ans, Savigny continue ses cours
à l'université, ses travaux au conseil-d'état et à la cour de cassation,

et poursuit sa carrière scientifique dans un grand ouvrage, un système des Pandectes où il déposera les fruits de sa vaste érudition et de sa longue expérience.

Montesquieu a dit quelque part : « Je me souviens qu'en sortant d'une pièce intitulée *Ésope à la cour*, je fus si pénétré du désir d'être plus honnête homme, que je ne sache pas avoir formé une résolution plus forte. » Peut-être aussi cette exquisse bien imparfaite d'une vie si noble et si pleine éveillera dans plus d'un cœur de généreuses pensées.

LISTE COMPLÈTE DES OUVRAGES DE SAVIGNY.

Articles publiés dans le Civilistisches Magazin *de* **Hugo.**

Vol. III. Sur les Authentiques dans les institutes.
——— Sur les papiers de Brenckmann à Göttingue.
——— Sur les rapports des centuries avec les tribus.
——— Détails relatifs à la biographie de Cujas.
——— Sur le droit de la possession par Jupille.
Vol. IV. Sur le manuscrit d'Ulpien à la bibliothèque du Vatican.

Articles publiés dans la Zeitchrift für Geschichtliche Rechtswissenschaft.

Vol. Ier Sur le but du journal.
——— Sur l'histoire des testaments romains.
——— Sur la L. 44. D. (XXIV, 1).
——— Sur le manuscrit d'Ulpien de Duaren.
——— Examen de l'ouvrage de Gönner sur la législation **et la science du** droit, etc.
Vol. II. Pour servir à l'histoire du texte latin des novelles.
——— Sur les *Sacra privata* des Romains, etc.
Vol. III. Voix pour et contre les nouveaux codes.
——— Remarques sur les manuscrits de Vérone.
——— Sur la tutèle des femmes.
——— Remarques sur une notice relative à Domenico **Brichieri Columbi.**
——— Sur la *lis vindiciarum*, etc.
Vol. IV. Sur la loi Cincia de donis et muneribus, etc.
——— Sur la Thémis ou bibliothèque du jurisconsulte.
Vol. V. Sur l'interdit *Quorum bonorum.*
——— Sur Cicéron pro Tullio, etc.
——— Sur l'origine et le développement de la *Latinité*, etc.
——— Sur le *Jus Italicum.*
——— Sur le premier divorce à Rome.
Vol. VI. Sur l'enseignement du droit en Italie.
——— Sur l'interdit *Quorum bonorum.*
——— Sur le coloniat romain.
——— De l'organisation des impôts sous les empereurs **romains.**
Vol. VIII. Sur la décrétale *Super Specula* du pape Honorius III.
Vol. IX. Sur des fragments d'Ulpien nouvellement découverts.
——— Explication de la L. 22 D. (L. 1.)
——— Sur le manuscrit d'Ulpien.
——— Sur les Gesta Senatus de l'an 438.
——— La loi romaine écrite sur la Table d'Héraclée.

Le 10 *mai* 1788 (à l'occasion du jubilé de Hugo).

Articles publiés dans la Historisch Politische Zeitschrift *de* **Ranke.**

Sur le Code municipal prussien.
Nature et mérite des universités allemandes.

PRÉFACE

DE LA PREMIÈRE ÉDITION.

Lorsque j'entrepris l'ouvrage dont je publie aujourd'hui (*) le commencement, je me proposais de faire l'histoire littéraire du droit romain depuis Irnerius jusqu'à nos jours. M. Weis, professeur à Marbourg, mon excellent maître, m'en avait donné la première idée. Son goût extraordinaire pour la littérature du droit, joint à une science profonde, lui avait fait rassembler sur ce sujet une riche bibliothèque. Je me sentais aussi encouragé en voyant le genre d'esprit des glossateurs et le talent avec lequel Sarti a traité cette partie de notre histoire littéraire, dont l'obscurité même double encore l'intérêt.

Je m'aperçus bientôt que ce plan, très-propre à l'enseignement, surtout à l'enseignement oral, ne convenait pas à mon ouvrage. Destiné moins à l'exposition des travaux antérieurs qu'à de nouvelles recherches, les bornes n'en pouvaient être déterminées que par la liaison intime des matières. Cependant je n'aurais pas eu d'autre plan à adopter,

(*) Ce premier volume parut à Heidelberg en 1815.

si les deux opinions suivantes se fussent trouvées vraies.

On croyait autrefois que le droit romain, entraîné dans la chute de l'empire d'Occident, s'était, après six cents années, relevé comme par hasard; fait imaginaire que depuis long-temps on s'accorde à rejeter.

On a cru aussi que l'histoire et la littérature du droit avaient des limites absolument distinctes; que les lois, comme principes du droit, appartenaient exclusivement à l'histoire, et que les travaux scientifiques sur cette matière donnée étaient l'unique objet de la littérature. Mais une étude plus profonde des véritables sources du droit prouve que cette distinction doit être rejetée avec le système d'une longue et totale interruption du droit romain.

Le peu de réalité de ces divisions principales une fois reconnu, il devient nécessaire de faire remonter le commencement de nos recherches à une époque bien plus reculée, afin de montrer comment cette partie du droit actuel, qui doit son origine aux Romains, est sortie de la civilisation de l'empire d'Occident par une suite de modifications et de changements non interrompus.

D'un autre côté, de graves motifs m'imposaient la loi de ne pas conduire cette recherche jusqu'à nos jours, pour lui conserver un caractère d'unité. A partir du seizième siècle, l'influence de la philologie et de l'histoire, la séparation plus profonde des nations, ont déplacé les fondements de la science du droit. Dès lors le travail de l'historien change de caractère avec le théâtre des événements, la na-

ture des sources et la manière de les mettre en œuvre.
J'ajouterai que l'histoire littéraire moderne ne saurait être qu'un fragment, car maintenant encore nous
ne faisons que suivre la route ouverte au seizième
siècle. Ainsi se trouve justifiée la division historique
des temps anciens et des temps modernes, division
qu'il faudrait rejeter comme arbitraire si la nature du
sujet demeurait toujours la même.

Ces motifs m'ont conduit à regarder le moyen-âge
comme un tout et à en faire l'unique objet de mon
ouvrage. J'exclus l'histoire littéraire des temps modernes, mais je compte publier plus tard les matériaux
que j'ai rassemblés sur cette époque, et notamment
sur l'école française. L'unité m'aurait encore échappé
si j'avais réuni dans le même cadre les événements
parallèles de l'empire d'Orient ; aussi ai-je borné mes
recherches à l'Europe occidentale, et cette dernière
division, conforme à la nature des choses, s'accorde
avec l'usage ordinaire de nos auteurs, qui rattachent
l'histoire du droit sous Justinien et ses successeurs à
celle de l'ancien droit romain (a).

L'histoire du droit au moyen-âge, telle que je viens
de la présenter, se compose de deux parties principales entièrement distinctes, et dont chacune peut
être considérée à part. La première renferme les six
siècles avant Irnerius, qui offrent des preuves nombreuses de la durée du droit romain, mais peu de
traces de travaux scientifiques. La seconde comprend
les quatre siècles depuis Irnerius, où la science, répan-
due par l'enseignement et les écrits, occupe la place

____

(a) Hugo civilistische gelehrte Geschichte. p. 53, 3ᵉ éd.

la plus importante ; aussi cette époque de l'histoire du droit sera surtout traitée sous le point de vue littéraire. Je renfermerai la première partie, ou les six siècles antérieurs à Irnerius, dans mes deux premiers volumes, qui formeront ainsi un ouvrage complet.

J'avais d'abord résolu pour ces temps reculés d'exposer successivement l'histoire du droit de chaque peuple ; mais j'en reconnus bientôt l'impossibilité. Il y a certains points généraux qu'on ne peut traiter d'une manière claire et satisfaisante, si on ne les étudie à la fois chez la plupart des peuples auxquels tomba en partage l'empire romain d'Occident. Ces recherches générales qu'il fallait exposer avant tout feront le sujet du premier volume; le second montrera la durée du droit romain chez les différents peuples.

La partie générale, c'est-à-dire le premier volume, a trois objets : les sources du droit en général, la constitution politique, et l'enseignement du droit.

Jusqu'ici les auteurs modernes ont borné au droit civil leurs recherches sur le droit romain pendant le moyen-âge, et cette préférence s'explique aisément ; en effet, le droit civil est le seul dont on ait à marquer historiquement le passage dans les états modernes ; car nous avons beaucoup emprunté au droit civil des Romains, peu à leur droit criminel, rien à leur constitution politique. Des trois objets que je me suis proposés, on reconnaîtra sans doute que les sources et l'enseignement du droit rentrent dans mon sujet ; mais il me reste à montrer quel lien non moins intime et non moins nécessaire y rattache la constitution politique.

Si, conformément à l'opinion générale, on regarde

le droit civil d'un peuple comme le produit d'une volonté arbitraire, au gré de laquelle il puisse à chaque instant disparaître pour faire place à un autre, il ne tient à l'histoire du peuple et de l'état que par un lien bien faible, un caprice, un accident. C'est dans ce sens qu'on a toujours traité la question de la durée ou de la chute du droit romain au moyen-âge. On l'a toujours considéré comme un être à part, indépendant de l'existence et de la condition du peuple qu'il régit. J'ai déjà manifesté ailleurs la conviction que l'origine nécessaire du droit se trouve dans le peuple lui-même, conviction qui doit changer complètement la manière de traiter notre problème historique. La question de la durée du droit romain dépendra nécessairement de la durée du peuple au sein duquel ce droit aurait vécu, et nous ne pourrons reconnaître son existence sans lui donner pour base l'existence de la nation et de la constitution romaines.

Si le peuple romain fut exterminé avec l'empire, la conservation du droit devient inutile et même impossible : si les Romains conquis eussent perdu la liberté personnelle et la propriété, le droit n'aurait plus eu d'objet. En supposant même qu'il restât encore quelque trace de liberté et de propriété, si la constitution politique eût été anéantie complètement, si toute vie publique eût cessé pour les Romains désormais incorporés aux vainqueurs, on aurait encore peine à concevoir que le droit se fût maintenu. En effet, tant de liens l'unissent à la vie publique dont il fait partie, qu'il ne saurait survivre à sa disparition complète et soudaine. J'ajouterai que l'existence du droit suppose une juridiction, et, dans les états germaniques fondés sur le sol romain, l'application du droit antérieur sans juges et sans tribunaux romains est à peine imaginable. Placés sous ce point de vue, il me faudra donner pour base à cette histoire du droit en général, et du droit civil en particulier, l'examen de la situation des Romains dans les états nouvellement fondés ; voir quelle était leur condition sous tous les rapports, comment était partagée la propriété du territoire, et surtout quelle constitution politique ils avaient. Cette dernière question en appelle forcément une autre, celle de la constitution existant avant la chute de l'empire d'Occident ; mais ne l'entreprenant pas pour elle-même, je la réduirai aux seuls traits qu'exige le plan de mon ouvrage.

Il n'y a pas dans l'histoire d'époques plus attachantes que celles où les forces de divers peuples se rapprochent et se confondent pour former de nouveaux corps de nation. L'histoire fondée sur les documents commence à ces temps de renaissance, car elle ne peut remonter à la première formation des peuples. La découverte de semblables rapports a permis à Niebuhr de jeter sur le secret de la grandeur romaine un regard pénétrant, et d'apercevoir ce qui n'aurait pu se révéler aux Romains eux-mêmes, à l'époque où leur littérature avait atteint toute sa maturité (*b*). Le moyen-âge est aussi une époque créatrice, et il a pour nous d'autant plus d'importance et d'intérêt, qu'il

---

(*b*) Ce passage a été critiqué sévèrement dans l'*Edinburgh Review*, N. CII, p. 366. Mais Hare (Philological Museum, n. 1, nov. 1831, Cambridge, 8, p. 196 – 200), a montré que cette critique tombe uniquement sur la traduction anglaise où ce passage a été mal rendu (p. xiv, xv), et que l'auteur de l'article n'a pas consulté l'original.

contient l'origine de notre propre civilisation. La civilisation de l'Europe moderne se compose d'éléments divers dont les Romains et les Germains ont fourni la plus grande partie : ce mélange des deux nations et de leurs langues se retrouve au sud et à l'occident de l'Europe. Jusqu'ici on s'est peu occupé de rechercher la loi de leur fusion et la manière dont elle s'est opérée ; cependant, une semblable découverte serait une source féconde d'instruction.

La partie de ce problème qui fait l'objet de mon ouvrage a été surtout négligée, et l'abandon où je me suis vu a jeté sur ma route de nombreuses difficultés. D'abord, il ne s'agissait pas seulement de travailler d'après les sources ; la plupart, enfouies dans d'immenses collections, étaient encore à découvrir. Le hasard entre pour beaucoup dans de pareilles recherches, et cette circonstance fera sans doute excuser les lacunes que présentent les matériaux dont je me suis servi. On ne peut espérer de les voir se compléter un jour, que quand d'autres auteurs auront joint leurs efforts aux miens. Je n'ai pas eu non plus l'avantage de travailler sur une recherche, objet de l'attention publique et d'un contrôle réciproque, qui rectifie les vues exclusives dont l'esprit le plus impartial ne saurait se défendre. A ce genre de difficulté s'en joignait une toute personnelle : j'avais commencé tard l'étude approfondie des sources et du droit de l'ancienne Germanie.

Cependant, de grands secours m'ont soutenu au milieu de tant d'obstacles et d'entraves. J'ai déjà parlé de l'*Histoire romaine* de Niebuhr ; il est moins facile d'exprimer que de sentir combien l'existence seule d'un pareil chef-d'œuvre inspire de zèle et d'ardeur pour les recherches. Niebuhr a pris encore une part directe à mon livre par ses conseils et les aperçus généraux que l'étude des sources a complètement justifiés. Tout succès dépend de cette étude; mais on ne saurait dire combien de choses on découvre dans les sources, par cela seul que, d'avance, on a été averti de ce qu'il fallait y chercher. Cette remarque s'applique surtout au régime municipal des Romains, dont mon honorable ami m'avait d'abord signalé la conservation. Je dois aussi un témoignage public de reconnaissance à l'amitié d'Eichhorn, dont les savants travaux sur l'histoire du droit en Allemagne sont connus de tout le monde. En ayant recours aux éclaircissements que je tiens de lui, j'aurai soin de le nommer. Enfin, les renseignements que mon ami Jacob Grimm a puisés pour moi dans un grand nombre de bibliothèques, et surtout à Paris, m'ont principalement aidé dans les volumes suivants de mon ouvrage; je le prie d'en recevoir ici mes remercîments. Sa bienveillance a fait tourner au profit de mon livre le soin et l'exactitude que plus tard on a remarqués dans ses propres compositions.

J'ai adopté, pour cette seconde édition, des divisions nouvelles destinées à faciliter les citations. Ainsi, chaque volume est divisé en paragraphes, et les notes, au lieu d'être numérotées par chapitres, forment autant de séries que de paragraphes.

(Préface de la seconde édition.)

PRÉFACE

DE LA DEUXIÈME ÉDITION (*).

On n'a pas oublié (*a*) que les deux premiers volumes de cet ouvrage doivent renfermer l'histoire si obscure du droit romain pendant les six siècles qui s'écoulent depuis la chute de l'empire d'Occident jusqu'à Irnerius. Le tableau général, tracé dans le premier volume, de l'organisation judiciaire, des sources et de l'enseignement du droit au sein des nouveaux états germaniques, nous mène à l'histoire spéciale du droit chez les différents peuples, histoire qui fera l'objet du présent volume.

Le droit romain pouvait se conserver et même s'étendre de deux manières, au moyen des sources écrites ou au moyen de la tradition. Le peu de droit romain enseigné alors dans les écoles n'étant que le commentaire des sources écrites, le mot tradition ne désigne donc pas ici l'enseignement doctrinal, mais les connaissances qui se transmettaient par la pratique dans les colléges de juges et dans les corporations de notaires (*b*). Ces institutions contribuèrent sans

---

(*) La première édition de ce volume parut à Heidelberg, en 1816.

(*a*) Voir la préface du premier volume.

(*b*) Voyez vol. 1ᵉʳ, § 139-140.

doute à conserver et à propager le droit romain, mais l'influence des sources écrites dut être bien autrement puissante ; en effet, le droit romain était déchu comme le peuple romain lui-même, et la pratique réduite au petit nombre de notions générales qu'exigeaient les besoins du moment, tandis que les sources écrites conservèrent aux âges suivants une part plus large et plus précieuse de l'ancienne richesse de la science. J'ajouterai que ces monuments nous offrent des témoignages complets et irrécusables, tels que n'en offrent jamais les traditions historiques. Notre recherche aura donc principalement pour but de découvrir et de coordonner tout ce que le moyen-âge a emprunté aux sources écrites que nous possédons ; recherche qui nous montrera tantôt l'esprit des textes, tantôt les textes eux-mêmes. Or, les emprunts de cette dernière espèce doivent, d'après le plan de cet ouvrage, fixer surtout notre attention ; car, non-seulement ils établissent d'une manière certaine et précise l'usage du droit romain, mais ils présentent encore d'autres avantages, surtout pour l'histoire et la correction des textes.

Les matériaux que j'aurai à mettre en œuvre se partagent en quatre classes : 1° les Codes rédigés depuis la conquête pour les Romains habitant les nouveaux états germaniques ; 2° les Codes des nations germaniques où sont admis quelques principes de droit romain, et où commence la fusion des deux droits ; 3° les documents et autres renseignements historiques, tels que contrats, testaments, décisions judiciaires, etc. ; 4° les commentaires sur le droit romain, écrits pendant le moyen-âge. Ces quatre classes de matériaux existent chez les divers peuples germaniques, quoique nulle part on ne les trouve toutes réunies.

On trouvera (vol. IV, appendice N. III et IV) deux tables contenant le résultat des recherches que renferme le présent volume, et destinées à en faciliter l'usage. On y verra de plus indiqués tous les passages de droit romain cités dans les Capitulaires de Benedictus Levita, et dans plusieurs recueils de droit canon dont je ne parle que d'une manière générale. En rédigeant ces deux tables, je me suis proposé le double but de faciliter l'examen critique des anciens textes d'après les sources du moyen-âge, et de réunir sous un seul coup d'œil tout ce que le moyen-âge a emprunté au droit romain. Déjà plusieurs auteurs avaient entrevu la conservation du droit romain pendant le moyen âge ; aujourd'hui même le fait est reconnu généralement ; mais cette vérité demeure stérile si l'étude des sources ne nous révèle quels éléments ont été conservés. Cette connaissance devient surtout indispensable quand il s'agit de montrer comment le droit du moyen-âge a donné naissance à celui des temps postérieurs. J'ai distingué les passages en deux classes, suivant qu'ils reproduisent le texte ou l'esprit des lois romaines ; cette distinction se retrouve dans les tables (c). La première est divisée en paragraphes, dont le numéro est indiqué dans la se-

---

(c) J'ai distingué les passages dont le sens a été seul reproduit, en les plaçant entre deux parenthèses. Je considère aussi comme textuellement copiés les passages qui n'ont subi que des modifications indifférentes ou arbitraires, et ceux même dont une seule expression indique évidemment l'origine.

conde ; et celle-ci, se référant toujours à la première, ne doit être considérée que comme une table de concordance.

Cependant, on ne verra pas dans ces tables certains ouvrages dont j'ai parlé fort au long, tels que le Recueil appelé *Papien* (ch. VII) ; le *Breviarium* (ch. VIII), *Petrus* (ch. IX), c'est-à-dire tout ce qui n'est pas copié textuellement des anciennes sources ; l'*Édit* de Théodoric (ch. XI), les *Scholies* sur Julien, le *Dictatum de Consiliariis*, la *Collectio de Tutoribus* et le *Corpus finium regundorum* (ch. XII) ; enfin le droit romain lombard et le *Brachylogus* (ch. XIV). Aucun de ces ouvrages, composés exclusivement de droit romain, ne saurait échapper à ceux qui étudient les sources ; il était donc plus utile de signaler les passages de droit romain épars dans des ouvrages étrangers à la matière ; mais cette exclusion se fonde encore sur d'autres motifs particuliers. Comment, en effet, rapporter aux sources que nous possédons le *Papien*, le *Breviarium*, l'*Edit* de Théodoric, et le *Corpus finium regundorum*, quand ces recueils ont puisé à des sources anciennes qui n'existent plus et que sans eux nous ne connaîtrions pas ? Enfin, il eût été impossible et inutile de faire pour le Petrus, la glose de Turin et le Brachylogus, une liste de textes, comme pour les Capitulaires, par exemple, puisque le droit romain est l'objet spécial de ces trois ouvrages ; aussi n'ai-je indiqué que les passages des anciennes sources, cités textuellement dans le Petrus et la glose de Turin.

Sauf les restrictions précédentes, je me suis proposé de ne rien omettre, mais je suis loin d'avoir réussi ; car sans doute on pourra signaler des sources historiques, des documents qui m'aient échappé, et, dans mon analyse même, relever des omissions ou des erreurs. D'autant plus désirable est-il de voir ceux qui s'intéressent à de pareilles recherches, compléter et rectifier mes travaux. Tout juge compétent qui examinera ma position, penchera vers l'indulgence. Si, pour les Capitulaires et Regino, Baluze m'a laissé peu de chose à faire, les autres recueils manuscrits ou imprimés, celui d'Ivo, par exemple, ne m'offraient sur leurs rapports avec le droit romain que des indications inexactes et incomplètes, et la plupart ne m'en offraient aucune.

Il me reste à indiquer les éditions dont j'ai fait usage. J'ai suivi l'édition de Godefroy pour le code Théodosien, et même pour le Breviarium; ainsi, quand je cite ce dernier recueil, les numéros se rapportent au code Théodosien donné par Godefroy, car il n'existe aucune bonne édition séparée du Breviarium. J'ai cité Paul d'après l'édition de Schulting.

Pour le droit Justinien, j'ai adopté l'édition de Gebauer. Au reste, j'observerai que toutes les parties du droit Justinien ont été mises à contribution, excepté celle appelée par les glossateurs *infortiatum*, et qui se trouve au milieu des Pandectes. L'ancienne glose de Turin et le Brachylogus sont les seuls ouvrages qui contiennent des passages de l'Infortiatum. Quant aux trois derniers livres du code, je n'en ai découvert qu'une seule citation, et encore n'est-elle pas certaine (*d*).

Rien n'a été plus souvent cité que l'Extrait latin

(*d*) Voyez plus bas, § 86, *e*.

des Novelles par Julien. Depuis Mirœus (*e*), les éditions présentent une double division, l'une d'après l'ordre des constitutions subdivisées elles-mêmes en chapitres, l'autre d'après un ordre de chapitres non interrompu (*f*). J'ai adopté la première de ces divisions.

Je dois un témoignage public de reconnaissance à M. Barkow, maintenant professeur à Greifswald, qui m'a été d'un grand secours pour cette seconde édition de Petrus, et pour la rédaction des tables des sources.

(*e*) Justiniani Novellæ interprete Juliano. Lugd. ap. Jo. Tornæsium 1561 f. Cette édition a été contrefaite — Les mêmes divisions se retrouvent dans les deux éditions de Pithou : 1° Justiniani Novellæ per Julianum translatæ ex bibl. P. Pithœi Basil. 1576 f. ; 2° P. et Fr. Pithœi Observ. in Cod. et Novellas. Paris, 1689 f. — L'édition de Boerius, de 1512, celle qui existe dans la plupart des éditions du Corpus juris avec la Glose, et celle de A. Augustinus, sont autrement divisées, et ne peuvent servir à vérifier mes citations.

(*f*) L'édition de Mirœus compte 125 constitutions et 564 chapitres; celle de Pithou, 128 constitutions et 588 chapitres. Cette différence vient d'une addition placée à la fin de l'ouvrage, sauf laquelle les deux éditions s'accordent entièrement.

INTRODUCTION.

SOURCES ET AUTEURS

CITÉS DANS LES DEUX PREMIERS VOLUMES.

SOURCES (*a*).

I. LOIS ET LIVRES DE DROIT.

Les recueils généraux dont je me suis principalement servi sont :

1. *Corpus Juris Germanici antiqui*; ed. P. Georgisch. Halæ, 1738. in-4.

2. *Barbarorum Leges antiquæ*, ed. Paul. Canciani. Vol. 1-5, Venet. 1781. 1783. 1785. 1789. 1792. fol. Recueil sans plan et sans ordre, mais où on trouve une foule de pièces importantes, dont quelques-unes étaient inédites, ce qui le rend indispensable.

3. *Corpus Juris Germanici antiqui*; ed. Ferd. Walter. T. 1-3. Berolini. 1824. 8.

(*a*) Comme je me borne à mentionner ici les sources qui se rapportent directement au but de mon ouvrage, je n'ai pas dû porter sur cette liste les histoires générales, telles que Grégoire de Tours, Anastase le bibliothécaire, etc.

Je parlerai des lois spéciales de chaque peuple en traitant de leur histoire particulière.

II. DOCUMENTS (*b*).

A. ITALIE.

4. L. A. Muratori, *Antiquitates Italicæ medii œvi*. Mediolani. 1738-1742. 6. Tom. fol.

Un des ouvrages les plus importants et les plus complets sur l'Italie au moyen-âge. C'est un traité auquel est joint un recueil très-riche de documents. L'ouvrage italien : *Dissertazioni sopra le antichità Italiane;* ed. 3. in Roma 1790. 6 vol. in-8, ne contient pas les documents.

5. Muratori, *delle antichità Estensi ed Italiane*. P. 1-3. ed. 1. 1717. (Je cite d'après ed. Nap. 1776. 4.)

Histoire également mêlée de documents ; le premier volume se rapporte seul à mon sujet.

6. Ughelli, *Italia sacra ;* ed. 2. Venet. 1717, 1722. 10. Tom. fol.

Ouvrage indispensable, quoiqu'il n'y règne aucune critique, et que les documents surtout soient rapportés avec la plus grande négligence, sans aucune distinction entre les documents authentiques et les documents supposés.

(*b*) Il est presque inutile de faire observer que mon intention n'a pas été de donner ici une liste générale de tous les recueils de documents, mais seulement de ceux qui rentrent directement dans le plan de mon ouvrage.

7. *I Papiri diplomatici raccolti ed illustrati dall' Abate Gaetano Marini.* in Roma, 1805. fol.

L'auteur a eu pour but de faire une collection complète de tous les documents écrits sur papyrus. L'exécution fait presque disparaître ce que ce choix a d'arbitraire et de bizarre. En effet, les pièces les plus importantes concernent Ravenne et son territoire, et s'étendent depuis le cinquième jusqu'au septième siècle. Là on ne saurait méconnaître une liaison intime et réelle. Plusieurs de ces documents sont imprimés ici pour la première fois, les autres deviennent plus précieux à cause de leur réunion et de la correction des textes ; enfin cet ouvrage, quoique renfermé par son plan dans des bornes étroites, est un des recueils de documents les plus remarquables et les plus instructifs que nous ayons sur le moyen-âge, et il est même indispensable pour l'ancien droit romain. On trouve une grande érudition dans les notes jointes aux documents ; mais l'étude de ceux-ci présente une difficulté particulière. Le commencement manque presque toujours, tandis que la fin existe souvent en entier. On conçoit que les feuilles extérieures des rouleaux aient péri, et que celles du milieu se soient conservées. Aussi a-t-on souvent de la peine à déterminer le sens et la nature d'un document ou des fragments qui s'en sont conservés. Par exemple, la pièce N. 127 était autrefois regardée comme un contrat de vente, mais Marini a prouvé que le contrat lui-même est perdu, et qu'à présent il ne reste que la souscription du notaire et celle d'un des témoins. Mais ces souscriptions sont très-étendues et renferment un extrait de l'acte entier.

8. *Monumenti Ravennati de' Secoli di mezzo per la maggior parte inedeti.* Venezia. T. 1. 1801. T. 2. 3. 4. 1802. T. 5. 1803. T. 6. 1804. 4. (Par le comte Marco Fantuzzi, en 1806, à Bologne.)

Ce recueil contient huit cent soixante-cinq pièces plus ou moins étendues ; les unes sont des documents détachés, les autres des tables et des extraits d'archives entières. Il commence au septième siècle, devient très-riche à partir du neuvième, et s'étend jusqu'au seizième. On ne saurait croire combien il renferme de choses nouvelles sur l'histoire et les antiquités, mais dont une partie seulement rentre dans le plan de mon ouvrage. Une circonstance ajoute encore à l'utilité de ce recueil, c'est qu'il commence précisément à l'époque où s'arrête celui de Marini. Ainsi, nous possédons pour Ravenne et son territoire une suite de documents depuis l'empire d'Occident jusqu'aux temps modernes, où l'on ne trouve de lacune sensible qu'à la fin du septième siècle et au commencement du huitième, et encore, pour le huitième siècle, le *Codex Carolinus* y supplée en partie. (*Voy.* plus bas, § 109, note (*a*). Chaque volume de Fantuzzi est un ouvrage complet et comprend tous les siècles. Chacun est accompagné d'une préface, où l'on trouve des détails sur ce qu'il contient de plus remarquable, principalement sous le rapport géographique : les tables raisonnées sont fort utiles, mais malheureusement incomplètes (*c*). Un septième volume devait renfermer une table générale (*d*), je ne crois pas qu'il ait paru. Cét

---

(*c*) L'auteur le reconnait lui-même, T. IV, p. 6, et dans d'autres endroits.

(*d*) T. VI, p. 20.

ouvrage, tiré à un petit nombre d'exemplaires, n'ayant jamais été dans le commerce (*e*), est par conséquent fort rare.

9. *Codice diplomatico Sant' Ambrosiano delle carte dell' ottavo e nono secolo illustrate con note da Angelo Fumagalli già abate di S. Ambrogio...... opera postuma pubblicata da Carlo Amoretti bibliot. nell' Ambrosiana.....* Milano, della tipografia di Agnello Nobile. 1805. in-4°.

Cent trente-cinq documents depuis 721 jusqu'à 897, tous tirés des archives du cloître de Saint-Ambroise à Milan (*f*), par conséquent tous lombards. Ce recueil est précieux à cause des documents qu'il renferme, et du soin que Fumagalli a mis à les copier, soin que les éditeurs n'ont pas imité en les livrant à l'impression. Les notes sont peu importantes, et sans aucune utilité pour l'histoire et pour le droit.

10. *Codex diplomaticus civitatis et ecclesiæ Bergomatis a Canonico Mario Lupo ej. eccl. primicerio digestus.... Volumen primum præcedit prodromus historico-criticus... Bergomi,* 1784, *ex. typ. Vinc. Antoine. fol. Volumen secundum opus posthumun, ed. a.*

***

(*e*) T. I, p. 9. T. IV, p. 6. « Dissi già, che non sono venali. Essi sono destinati per la Città di Ravenna, e le altre di Romagna ; per pubbliche librarie ; per Monasteri, a' quali particolarmente appartengono questi studi ; e per qualcuno, che sia decisamente addetto ai medesimi. » Je dois la communication de cet ouvrage, et d'autres secours pour la suite de mon livre, à l'extrême bienveillance de M. Ridolfi, professeur à Bologne, et qui depuis est mort à Padoue.

(*f*) Voy. Blume, Iter Italicum, vol. I, p. 121.

presb. Jos. Ronchetti. Bergomi ex. typ. Vinc. An-
toine. 1799 fol.

Je parlerai plus bas de cet important *prodromus.*
L'auteur de cette collection a eu pour but de réunir
tous les documents existants sur Bergame sans exclure
ceux déjà imprimés. Le premier volume va de 740
à 900, le second de 901 à 1190.

11. *Storia dell' Augusta Badia di S. Silvestro di*
Nonantola… opera del cav. ab. Girol. Tiraboschi…
Tom. 1. 2. Modena 1784. 1785. fol.

Le premier volume de cet ouvrage renferme l'histoire ; le second les documents. Il commence en 753 et
finit en 1492.

B. FRANCE.

12. Une excellente liste de ces documents se trouve
dans Brequigny, *Table chronologique des diplômes,*
chartes, titres et actes imprimés concernant l'histoire
de France. Paris. T. 1. 1769 (a. 142-1031). T. 2. 1775
(a. 1031-1136). T. 3. 1783 (a. 1136-1179). fol.

13. *Diplomata, chartæ, epistolæ et alia documenta*
ad res Francicas spectantia… ed. L. G. O. Feudrix
de Brequigny, F. J. G. la Porte du Theil. Pars 1.
Diplomata, etc. Tom. 1. 1791. fol.

Ouvrage entrepris sur un plan très-vaste, et qui
devait, entre autres choses, contenir tous les documents relatifs à l'histoire de France. Le premier volume de documents (a. 475-751) ayant seul été
publié, les recueils suivants ne sont pas devenus inu-

tiles. Le commencement de la deuxième partie (T. 1. 2. Paris. 1791. fol.) renferme des lettres du pape Innocent III.

14. *Rerum Gallicarum et Francicarum Scriptores;* ed. Martin Bouquet. Paris. 1738, sq. fol. Comme recueil de documents, les tom. 4. 5. 6. 7. 8. 9. rentrent seuls dans mon sujet.

15. *Gallia christiana;* ed. Dion. Sammarthanus. Tom. 1-13. Paris. 1716-1785. fol. Chaque volume est accompagné de documents. Cet ouvrage n'est point terminé, il y manque les archevêchés de Tours, Besançon, Vienne et Utrecht (*g*).

16. *Histoire générale de Languedoc*, par deux religieux Bénédictins (Claude de Vic et Joseph Vaissette). Paris. 1730-1745. 5 v. fol.

Chaque volume est accompagné de documents d'un grand intérêt. Les deux premiers rentrent seuls dans le plan de mon ouvrage.

17. *Capitularia*, ed. Baluzius.
Les Capitulaires eux-mêmes trouveront place dans l'histoire particulière du droit chez les Francs, et alors je reviendrai sur ce recueil. Je n'en parle ici qu'à cause des documents qui servent d'appendice au second volume.

(*g*) Lelong, bibl. hist. de la France, T. 1, p. 541, ne parle que des douze premiers volumes. Le treizième, qui a paru depuis, contient Toulouse et Trèves.

C. RECUEILS GÉNÉRAUX.

18. Mabillon, *de re diplomatica;* ed. 2. Paris.
1709. fol.
Le sixième livre est un recueil de documents.

19. Mabillon, *Annales ordinis S. Benedicti.* Paris.
1703, sq. fol.

20. Steph. Baluzii, *Miscellanea.* Paris. 1678-1715.
7 vol. in-8.

21. Martene et Durand, *Veterum Scriptorum et
Monumentorum amplissima Collectio.* Paris. 1724-
1733. 9 vol. in-fol.

22. Luc. d'Achery, *Spicilegium s. Collectio veterum aliquot Scriptorum, ed. nova.* Paris. 1723. vol. 3.
in-fol.

I. *Auteurs qui ont écrit sur le droit romain au
moyen-âge, c'est-à-dire sur l'objet immédiat du
présent ouvrage.*

23. *Lex romana Antonii Dadini Alteserræ.* Tolosæ, 1641. Le même ouvrage a été publié avec des
additions et des corrections dans *Alteserræ Rerum
Aquitanicarum libri quinque.* Tolosæ, 1648. in-4.
lib. 3. Cap. 5-15.
On y trouve des renseignements précieux pour l'histoire du droit chez les Francs.

24. *Dell' Uso e Autorità della ragion civile nelle*

provincie dell' Imperio Occidentale dal dì che furono inondate da' Barbari sino a Lotario II. di Donato Antonio d'Asti. lib. 1. 2. in Napoli 1720. 1722. in-8. (deuxième édition. Nap. 1751. in-8.)

Cet auteur est le premier qui ait reconnu la conservation du droit romain au moyen-âge, et l'ait défendue dans un ouvrage spécial contre le préjugé alors dominant. Ses recherches se bornent à l'Italie, et les documents les plus importants relatifs à l'Italie n'étaient pas encore découverts. Après Asti viennent immédiatement les nombreux écrits polémiques de Grandi, Tanucci, etc., sur la connaissance des Pandectes et la découverte du manuscrit de Florence. Ces ouvrages traitent aussi des temps antérieurs, mais d'une manière peu satisfaisante.

25. J. G. Heineccii *Antiquitates Germanicæ*. T. 1. 2. Hafn. et Lips. 1772. 1773. in-8.

26. *Mémoires couronnés par l'Académie de Bruxelles.* 1783.

En 1780, l'Académie de Bruxelles proposa la question suivante : « Déterminer à quelle époque le droit romain s'est introduit dans les Pays-Bas autrichiens, et y a eu force de loi. » Sous le titre général de *Mémoires sur les questions proposées en* 1780... Bruxelles, 1783, in-4, on a imprimé quatre Mémoires en réponse à cette question, le Mémoire couronné et trois accessits.

F. Rapedius de Berg. *Mémoire sur la question*, etc. (215 pag. et des tables très-étendues).

A. Heylen. *Comment. ad quæsitum*, etc. (23 pag.)

D'Outrepont. *Discours sur l'autorité du droit romain dans les Pays-Bas.* (38 pag.)

W. F. Verhooven. *Antwoord op de Vraeg.* etc. (62 pag.)

Le premier de ces mémoires a coûté un immense travail, mais on y trouve une ignorance complète de l'histoire du droit romain, et nulle critique historique ; en voici le sommaire. Les Gaulois conservèrent leur droit national sous la domination romaine. Les lois d'administration et de finances étaient seules empruntées au droit romain, sauf un petit nombre de règles de droit privé, avec lesquelles les empereurs cherchaient à compléter le droit des Gaulois. Ainsi, dans les Gaules, le droit romain régissait uniquement les Romains qui s'y trouvaient comme étrangers, par exemple, les soldats et les fonctionnaires envoyés d'Italie (212). Les Francs laissèrent d'abord subister cet état de choses, mais, au dixième siècle, le droit romain tomba en oubli, et même les rois résolurent de l'abolir entièrement ; alors régna sans partage le droit des coutumes qui contenait l'ancien droit gaulois (p. 213). A l'appui de ce système, l'auteur compile laborieusement toutes les constitutions des empereurs qui avaient ou pouvaient avoir les Gaules pour objet. Il examine chacune de ces constitutions et cherche à établir qu'elles ne contiennent rien sur le droit civil, ou ne font que modifier le droit national ; et, si elles résistent à cette double interprétation, il prétend qu'elles concernent uniquement les

Romains étrangers dans les Gaules. Il regarde comme
une circonstance décisive l'impossibilité de citer aucun texte de loi qui établisse le droit romain ou y
soumette les habitants originaires des Gaules. Ou-
blions, pour un instant, que sa recherche n'a rien
d'historique, le système entier tombera devant ce
seul fait. Parmi les nombreuses *professiones* renfer-
mées dans les recueils de documents et de formules
que nous possédons, aucune ne parle du droit gaulois,
quelque nom qu'on puisse lui donner; toutes, au contraire, parlent du droit romain ou de celui d'une des
peuplades germaniques nouvellement établies. Même
en passant à l'auteur ses suppositions gratuites et ima-
ginaires sur les diverses significations du mot *lex romana*, pour ruiner complètement son système, il suffit de la circonstance que nous venons de rapporter.
Quant à l'objet immédiat de la recherche, l'auteur, en
dernier résultat, approche assez de la vérité, car le
droit du Brabant et de la Flandre paraît avoir subi la
même révolution que celui des pays coutumiers en
France, où l'application directe du droit romain cessa
effectivement (*voy*. vol. Ier, § 48); mais je n'attribue
pas ce fait aux mêmes causes que l'auteur du Mé-
moire.

Quant à l'histoire du droit des provinces belges,
pendant les temps modernes, ce mémoire est sans
doute un travail très-utile, seulement l'auteur se
trompe en plaçant à la fin du quatorzième siècle la
renaissance du droit romain dans les Pays-Bas (p. 63,
64). Un fait prouve qu'il y était connu bien auparavant. On voit à l'école de Bologne, fort anciennement, à ce qu'il paraît, une nation flamande ayant un

consiliarius (*h*) de son choix ; cette circonstance montre que les Flamands vinrent de bonne heure et en grand nombre étudier à Bologne.

Le second Mémoire (par Heylen) n'offre rien d'original sur les temps anciens ; mais il est fort utile pour le commencement des temps modernes. On y trouve rassemblés une foule de documents qui établissent la connaissance et l'application du droit romain aux treizième et quatorzième siècle. Cependant, un examen plus approfondi ferait rejeter une partie de ces documents, comme n'appartenant pas au droit romain.

Le troisième Mémoire (par d'Outrepont) est très-superficiel. L'auteur y établit que l'opinion générale sur l'autorité législative du droit romain est fausse, et de cette terrible découverte il conclut que sa patrie n'a pas de *législation propre*. Mais il pense qu'il suffit de dénoncer ce malheur à l'attention de l'empereur Joseph, qu'alors celui-ci rendra de bonnes lois où il sanctionnera sans doute une grande partie du droit romain, en le purgeant des principes de la philosophie stoïque, etc., d'où sortira une excellente législation (p. 1, 2, 38.)

Quant au quatrième Mémoire (de Verhooven), mon ignorance de la langue hollandaise m'empêche d'en rendre compte.

27. Chr. G. Biener, *Commentarii de origine et progressu Legum Juriumque Germanicorum*. P. 1, 2, vol. 1, 2. Lips., 1787, 1790, 1795, in-8.

(*h*) Statuta Juristarum Bonon., p. 2. Dans la liste des étudiants de distinction du treisième siècle (Sarti, P.2 p. 234, sq.), on voit un comte de Flandre et plusieurs autres comtes de Tournai, Lille, etc.

28. K. Fr. Eichhorn, *Deutsche Staats und Rechts-geschichte, Abtheil.* 1, 2. Gœttingen, 1808, 1812, in-8; 3ᵉ éd. Gœttingen, 1821.

II. *Auteurs qui ont écrit sur la constitution des Gaules avant et après la conquête des Francs.*

29. Dubos, *Histoire critique de l'établissement de la monarchie Française dans les Gaules.* Paris, 1742, 2 vol. in-4.

L'idée dominante de cet ouvrage est arbitraire et hasardée ; aussi Montesquieu n'a-t-il pas eu beaucoup de peine à la réfuter. Cependant, on y trouve des renseignements très-utiles.

Les auteurs français qui ont écrit sur ce sujet, quelle que soit la différence de leurs opinions, se ressemblent pourtant en un point. Chacun a un système politique déterminé auquel il soumet toutes ses recherches historiques. Voilà ce qui les distingue des auteurs italiens, dont les travaux n'ont ordinairement qu'un intérêt scientifique. La raison en est sans doute que ces questions n'offraient à l'Italie, dans les temps modernes, aucun intérêt politique.

30. *Les Origines, ou l'ancien gouvernement de la France, de l'Allemagne et de l'Italie.* A La Haye; T. 1-4, 1757, in-12 (par le comte de Buat).

Ouvrage moins solide et en même temps moins original que le précédent.

31. Mably, *Observations sur l'Histoire de France ;* T. 1-4; Kehl, 1788, in-12. Le premier volume rentre seul dans mon sujet.

32. *Mémoire sur les causes de l'abolition de la ser-vitude en France, et sur l'origine du gouvernement municipal* (par Dupuy). On en trouve un extrait dans l'*Histoire de l'Académie des Inscriptions*; T. 38, 1777, in-4, p. 196-215. Il est de peu d'importance.

33. J. N. Moreau, *Principes de morale, de politique et de droit public… ou Discours sur l'Histoire de France*; T. 1-21; Paris, 1777, in-8.

Les douze premiers volumes sont historiques; les quatre premiers rentrent seuls dans mon plan. En gé-néral, l'auteur s'appuie sur Buat; quelquefois il est encore plus faible, quelquefois un peu meilleur.

34. *Théorie des lois politiques de la monarchie française*; T. 1-8. A Paris, chez Nyon, 1792, in-8.

Cet ouvrage commence avec la domination des Francs, et finit à Charles-le-Chauve. Le plan en a été tracé, dit-on, par Brequigny. L'auteur est une demoi-selle de Lézardière. Le plan et l'exécution sont sans contredit plus profonds et plus conformes aux sources que ceux des ouvrages précédents. On le reconnaît, au premier abord, à ses divisions à la vérité un peu incommodes. Chacune se compose de trois parties en-tièrement distinctes: 1° discours, c'est-à-dire l'ou-vrage lui-même; 2° sommaire des preuves, c'est-à-dire énumération des pièces justificatives et indica-tion des preuves; 3° preuves, c'est-à-dire le texte des documents avec une traduction française. On ne peut que louer l'auteur de n'avoir point adopté les préjugés et les vues exclusives de ses devanciers, mais elle-même n'a pu se défendre de l'esprit de système, et le sien, pour différer des autres, n'en est pas moins exclusif.

35. *De la Monarchie française*, par M. le comte de Montlosier. Paris, 1814, in-8. Le premier volume appartient seul à mon sujet.

Entraîné comme ses devanciers par des préjugés et des vues exclusives, il appuie tout son système sur des hypothèses sans fondement. Au reste, ce reproche s'applique surtout à l'époque dont nous nous occupons. Pour les temps postérieurs, des vues profondes, une exposition animée des mœurs et de la civilisation rendent la lecture du livre instructive et attachante.

36. Leber, *Histoire critique du pouvoir municipal;* Paris, 1828; in-8.

L'auteur admet la conservation des municipalités romaines, mais il en expose l'organisation d'une manière très-inexacte, et il n'a pas puisé directement aux sources. Pour les temps postérieurs du moyen-âge, et surtout à partir du règne de Louis XIV, cet ouvrage renferme d'excellentes choses. Au reste, le but de l'auteur est plus politique qu'historique; il a voulu combattre la trop grande indépendance des villes, question alors controversée.

37. Raynouard, *Histoire du droit municipal en France;* T. 1-2; Paris, 1829; in-8.

L'auteur reconnaît avec raison la conservation du régime municipal romain, et il a rassemblé soigneusement les preuves à l'appui. Quant à l'ancienne constitution romaine, ses idées sont tout-à-fait fausses; ainsi il confond l'Italie et les provinces, et reconnaît partout dans les Gaules des municipes ayant des duumvirs, et un sénat différent de l'*ordo*. Plusieurs erreurs de détails rendent suspecte l'exactitude de l'auteur dans l'usage des sources. Ainsi, il traduit *duodevigenti* par vingt-deux, et *quingenta* par quinze cents; T. 1er, p. 11, 63.

III. *Sur la constitution de l'Italie au moyen-âge.*

38. Muratori, *Antiquitates.* (*Voy.* n° 4.)

Si l'on ne considère que les dissertations, cette partie de l'ouvrage de Muratori est encore d'un grand intérêt. Grâce à l'étendue de ses vues, il a soulevé le premier une foule de questions importantes, et il en donne quelquefois la solution avec beaucoup de sagacité. S'il ne réussit pas plus souvent, c'est qu'il semble accablé sous le poids des matériaux qu'il a mis au jour; aussi, sa pensée originale se développe rarement avec liberté ; on le reconnaît à la marche incertaine de ses recherches, et à l'hésitation continuelle que présentent ses points de vue contradictoires. Il a en outre le défaut commun à tous ceux qui ont écrit sur l'Italie au moyen-âge, de se borner à l'Italie ; s'interdisant la comparaison avec les autres peuples, il ne peut remonter aux sources germaniques communes. Cependant, les principaux points de la constitution des Lombards se rattachent à ce grand ouvrage, qui servira de point de départ à toute nouvelle recherche.

39. Le *Prodromus* de Lupi, *Codex diplomaticus civ. et eccl. Bergomatis.* (*Voy.* n. 10.)

Lupi est un des auteurs les plus importants qui aient

écrit sur la Lombardie. Il a traité plusieurs points de la *constitution politique* avec plus de profondeur qu'aucun autre, et quant à la chronologie du royaume des Lombards, nul ouvrage n'est comparable au sien.

40. *Delle antichità Longobardico-Milanesi illus-trate con dissertazioni dai Monaci della congregazione cisterciese di Lombardia.* Milano. Vol. 1. 2. 1792. Vol. 3. 4. 1793. in-4. (Par Fumagalli.) (*k*).

Les deux derniers volumes traitent de la constitution de l'Église, les deux premiers, de la constitution de l'État, mais ils n'offrent qu'un intérêt médiocre en ce qui concerne les temps modernes antérieurs à la régénération des villes lombardes.

41. Gius. Rovelli. *Storia di Como* P. 1. Milano, 1789. P. 2. Milano, 1794. P. 3. T. 1. 2. Como, 1802-1803. in-4.

On trouve en tête de chacun de ces deux volumes une excellente dissertation préliminaire sur la constitution de l'Italie supérieure. La dissertation la plus instructive et la plus profonde est celle du second volume, qui s'étend depuis Charlemagne jusqu'au quatorzième siècle.

42. Sismondi. *Histoire des républiques Italiennes du moyen-âge.* 8 vol. in-8. Le premier a paru à Zurich, en 1807.

Le premier volume renferme la première période du moyen-âge, la seule dont nous nous occupions ici.

(*k*) Sa vie est en tête du Codice dipl. S. Ambroisiano (Voyez plus haut, n. 9.)

Les opinions indépendantes que l'auteur professa courageusement à une époque d'oppression générale lui ont valu des éloges mérités. Considérant les républiques des temps modernes comme des créations entièrement nouvelles et spontanées, les temps anciens ont dû perdre de leur intérêt à ses yeux. Mais dans cette opinion même on souhaiterait qu'il y eût mis un peu plus de soin et d'étendue. Toutes les sources spéciales actuellement connues étaient découvertes quand l'auteur écrivait ; mais il les a trop souvent négligées. Sur la constitution de la Lombardie, Muratori est, pour ainsi dire, le seul guide qu'il ait choisi, encore a-t-il traité certaines parties d'une manière moins satisfaisante que Muratori lui-même. Enfin, les notions qu'il donne sur les commencements du moyen-âge manquent en général d'exactitude.

43. *Sull' antichissima origine e successione dei governi municipali nelle città Italiane, ricerche dell' avvocato Antonio Pagnoncelli di Bergamo.* T. 1. 2. Bergamo stamperia Natali, 1823. in-8.

L'auteur de cet ouvrage montre un jugement sûr et exempt de préjugés, ainsi qu'un grand talent d'exposition historique. J'aurai occasion dans mon cinquième chapitre de signaler ses points de vue principaux. On peut néanmoins lui reprocher une foule d'erreurs de détails et une étude incomplète des sources.

44. *The history of the roman Law during the middle ages translated from the original german of Carl von*

Savigny by E. Cathcart. Vol 1. Edinburgh, Black and Longman, Rees, etc., London. 1829. in-8.

Cette traduction, qui ne sera probablement pas continuée, est enrichie d'un travail sur les municipalités romaines en Angleterre (p. 52-64), dont on trouve un extrait dans *Mittermaier und Zachariæ Zeitschrift für Rechtsw. des Auslandes*, vol. 3. p. 136-146. (*l*).

(*l*) Voyez la traduction littérale de ce morceau, vol. III, appendice, n. 1.

HISTOIRE

DU

DROIT ROMAIN

AU MOYEN-AGE.

CHAPITRE PREMIER.

SOURCES DU DROIT AU CINQUIÈME SIÈCLE.

1. Il est impossible de se faire une idée fixe et invariable du droit d'une nation, car, semblable à sa langue, il n'existe que par une suite continuelle de transformations et de changements. Ce livre ayant pour but d'exposer les destinées du droit romain au moyen-âge, je devrai surtout étudier les formes particulières que le droit romain a revêtues chez les différents peuples, aux différentes périodes de leur histoire, et l'influence qu'il y exerce. Mais ces recherches ont besoin d'une base commune. La création des États qui se forment au moyen-âge des débris de l'empire d'Occident nous reporte à l'époque qui précède la dissolution de l'empire ; et pour reconnaître le caractère du droit romain, au cinquième siècle de l'ère chrétienne, nous sommes forcés de jeter un coup d'œil sur l'histoire des temps antérieurs.

Chez les Romains, comme chez tous les autres peuples, le

droit n'eut, à son origine, d'autre fondement que l'assentiment général et les croyances de la nation, espèce de droit appelé ordinairement droit coutumier. On n'en avait pas encore senti l'insuffisance quand une révolution politique vint introduire une loi fondamentale, où la plupart de ces anciennes coutumes furent écrites à côté de la constitution de l'État (a). C'est dans ce sens que la loi des Douze Tables fut aussi la base du droit civil jusqu'au règne de Justinien. Cependant les décrets du peuple et le simple usage y avaient apporté de grands changements, même sous la république. La pratique et l'application de l'ancien droit consistaient surtout en une suite d'actes symboliques, de formes rigoureusement déterminées. Leur connaissance et leur mise en œuvre faisaient l'occupation la plus importante des jurisconsultes, dont l'état était très-honoré, et les premiers livres sur le droit n'avaient pas d'autre objet. Les jurisconsultes pouvaient donc être considérés comme les gardiens et les conservateurs de la pureté originaire du droit.

Quand les Romains eurent étendu leur domination sur toute l'Italie et au-delà de ses frontières, leur caractère dut perdre quelque chose de sa couleur primitive; une teinte plus générale en effaça l'originalité; le droit subit aussi cette tendance nécessaire. A côté de l'ancien droit national (*jus civile*), on vit bientôt s'élever un droit universel, naturel (*jus gentium*). Né du commerce avec les étrangers, il fut d'abord établi pour eux seuls, et placé à Rome même sous la direction d'un préteur spécial. Dans la suite, les gouverneurs romains l'appliquèrent dans leurs provinces. Mais d'après la modification que nous venons d'observer dans le caractère des Romains, leur droit devait de plus en plus se rapprocher du droit universel; en d'autres termes, le *jus civile* devait tous les jours emprunter davantage au *jus gentium*: l'édit du préteur servait surtout à préparer et à régler ce passage. Aussi, les jurisconsultes

(a) Niebuhr Rœmische Geschichte, P. II, p. 314 de la 2ᵉ édit.

et les préteurs exerçaient sur le caractère du droit une influence toute contraire. Les uns travaillaient à maintenir l'ancien droit, les autres à introduire le nouveau avec circonspection. La loi des Douze Tables et l'édit des préteurs, telles étaient donc à la fin de la république les plus importantes des sources positives du droit.

2. Sous les empereurs, les décrets du peuple ou du sénat continuèrent quelque temps à étendre et à modifier l'ancien droit civil ; mais l'édit devait de jour en jour y occuper plus de place, car tout concourut, dans le nouveau système, à faire disparaître le caractère national. La position des jurisconsultes était surtout changée ; en effet, le droit s'était tellement éloigné de sa forme primitive qu'il fallait un grand art pour réduire cette multitude de sources diverses aux résultats simples et faciles, nécessaires dans la pratique. Les préteurs et les juges, ne pouvant plus puiser directement aux sources, étaient forcés de s'appuyer sur des travaux scientifiques. Une grande ardeur pour la science existant au sein de la nation répondit merveilleusement à ce besoin. Les communications fréquentes avec la Grèce avaient répandu la vie dans toutes les branches de la littérature romaine. Comment la jurisprudence serait-elle restée étrangère à ce mouvement? Rome n'avait pas une mine plus riche à exploiter pour la science. D'un autre côté, les citoyens ne pouvaient manquer de répondre à cet appel. Du temps de la république, l'éloquence et la jurisprudence menaient aussi sûrement que les armes à la faveur du peuple et à la gloire (a). L'éloquence, le premier des arts de la paix aux jours de la liberté, vit tomber avec elle son honneur, sa force, sa puissance (b). De toutes les parties de la vie publique, le droit civil était celle où la vieille Rome se retrouvât davantage. Les cœurs des vrais Romains y reconnaissaient la patrie, et les

(a) Auct. de caussis corr. eloqu., c. 28 : « artes honestas, et, sive ad rem
« militarem, sive ad juris scientiam, sive ad eloquentiam inclinasset...»

(b) La décadence est admirablement peinte dans le traité *De caussis corruptæ eloquentiæ.*

plus nobles forces lui tombèrent en partage. Tout se réunit donc pour élever la jurisprudence à cette hauteur où nous la voyons au second et au troisième siècle ; hauteur qu'elle n'atteignit jamais chez aucun peuple ni dans aucun temps. Mais cette supériorité isolée ne pouvait se maintenir au milieu de la décadence universelle. Après que la jurisprudence fut parvenue à sa plus grande élévation, les progrès et la vie cessèrent bientôt pour elle. Les écrits des fameux jurisconsultes du siècle de Caracalla et d'Alexandre furent presque les derniers ; et cette circonstance, indépendamment de leur propre mérite, dut leur assurer une autorité sans partage. La difficulté de puiser directement aux sources, sans recourir à la théorie et aux écrits scientifiques, s'accrut avec l'impuissance d'en produire de nouveaux.

Aux anciennes sources du droit s'ajoutèrent alors les constitutions des empereurs ; elles n'étaient dans l'origine que des rescrits, c'est-à-dire des réponses sur le droit existant, adressées à des magistrats ou à des particuliers, par conséquent semblables aux réponses des jurisconsultes, et seulement munies de plus d'autorité. Mais, depuis Constantin, la législation prit un nouveau caractère : les édits ou ordonnances des empereurs se multiplièrent, et souvent elles innovaient ; car l'empire du christianisme devait anéantir bien des anciennes idées de la nation. Ces nouvelles sources du droit ne présentaient pas dans leur application les mêmes difficultés que les anciennes. Nées des opinions, des besoins du moment, on pouvait aisément les comprendre et les mettre en œuvre ; de plus elles n'offraient aucune trace de ces transformations subtiles et savantes qui souvent, dans l'édit du préteur, rendaient plus difficile l'application de l'ancien droit.

3. Voici donc quelles étaient les sources du droit au commencement du cinquième siècle : pour la théorie, les anciens décrets du peuple, les sénatus-consultes, les édits des magistrats romains, les constitutions des empereurs et les coutumes non écrites. Les Douze Tables continuaient d'être la base du

droit ; tout venait s'y rattacher comme complément ou modification.

Mais dans la pratique, les écrits des grands jurisconsultes et les constitutions étaient les seules sources dont on fit réellement usage. L'on évitait ainsi les difficultés qu'offraient les anciennes sources dans leur application.

Cependant, les écrits des jurisconsultes et les constitutions firent bientôt naître des difficultés nouvelles et de plus d'un genre. Les jurisconsultes avaient sans doute beaucoup fait en rendant, par leurs travaux, la masse entière des sources anciennes accessible au juge le moins instruit. Dès lors, il n'avait plus à concilier un passage de l'édit avec la loi des Douze Tables. Paul ou Ulpien lui appprenait ce qui s'en était conservé, ce qui était encore applicable. Mais qui se chargeait de fondre en un seul tout ces jurisconsultes si utiles et en même temps si nombreux ? Il eût été difficile, à cause de la cherté des manuscrits, de les posséder tous ou la plupart, et impossible d'en étudier l'esprit dans ces temps d'ignorance. Les grands jurisconsultes étaient souvent divisés d'opinion. Où trouver une règle supérieure pour les juger et les concilier ? L'administration de la justice devait nécessairement devenir très-difficile, ou changeante et arbitraire. La fameuse constitution de Valentinien III sur l'autorité des jurisconsultes vint, en 426, remédier à ces maux. Bornée d'abord à l'Occident, elle fut insérée au code Théodosien, et s'étendit ainsi à l'Orient (a). Tous les écrits des cinq jurisconsultes Papinien, Paul, Gaius, Ulpien et Modestin, reçurent force de loi, excepté les notes d'Ulpien et de Paul sur Papinien. Les autres jurisconsultes n'eurent force de loi que quand leurs écrits, insérés ou commentés dans les ouvrages des cinq précédents, en faisaient partie intégrante. S'ils différaient d'opinion, on comptait les voix ; en cas de partage, celle de Papinien l'em-

(a) L. un. C. Th. de resp. prud. (I. 4.) Sur les différentes leçons, voyez Hugo Rechtsgesch., p. 883, 1023, onzième édit. Cette recherche est hors de mon sujet.

portait ; et s'il n'avait pas traité la question, elle était abandonnée à la prudence du juge. Une chose très-remarquable, c'est que, à l'exception des Pandectes, tous les recueils postérieurs, le Breviarium, le Papien, la Collatio et la Consultatio, ne citent que les cinq jurisconsultes désignés par Valentinien.

Les constitutions offraient les mêmes difficultés, quoiqu'à un moindre degré. Rendues isolément, et pour des besoins accidentels, il était difficile, à cause de leur grand nombre, de les connaître et de les posséder toutes. Il devenait donc indispensable de les recueillir, et l'autorité pouvait le faire aisément. Les premières collections proprement dites, les codes Grégorien et Hermogénien se composaient de rescrits. Le code de Théodose II, en 438, était beaucoup plus important. Cette compilation, renfermant les édits publiés depuis le temps de Constantin, fut rédigée à Constantinople, et obtint force de loi dans les deux parties de l'empire. Cependant les occasions de faire de nouveaux édits ne manquèrent pas aux empereurs, et cette espèce de Novelles s'accrut au point de rendre un nouveau recueil nécessaire.

Mais le droit romain tel que je viens de l'exposer, comment s'appliqua-t-il aux diverses parties de cet immense empire? Destiné dans l'origine aux seuls habitants de Rome, il y fut long-temps concentré. Quand les différents peuples de l'Italie eurent été soumis, et surtout après qu'ils eurent obtenu le droit de citoyens romains, les coutumes locales disparurent, l'organisation de Rome embrassa l'Italie entière, et son droit y régna presque sans partage. C'est également ainsi que le droit romain s'étendit dans les pays étrangers réunis à l'empire sous le nom de provinces. Cependant, on ne doit pas croire que le droit national d'un pays fût anéanti par le seul fait de la conquête, il subsistait au contraire, et le droit romain ne régissait que les Romains habitant la province. Le droit de citoyen accordé par Caracalla à tous les sujets libres de l'empire n'eut pas même pour résultat immédiat l'établissement exclusif du droit romain ; mais le caractère national des di-

verses provinces s'effaçait chaque jour davantage, et la loi de
Caracalla dut sans doute y contribuer. La transformation fut
quelquefois si complète, dans les Gaules par exemple, que les
habitants adoptèrent la langue et les usages des Romains ;
comment alors l'ancien droit gaulois se serait-il maintenu ?
Les pays mêmes qui conservèrent leur langue, tels que les
provinces grecques, adoptèrent néanmoins le droit romain, et
l'existence seule de la législation de Justinien en est une preuve
évidente. On peut donc conclure avec grande vraisemblance
que, long-temps avant Constantin, le droit romain était appliqué dans toutes les provinces et à tous les sujets de l'empire.

Ainsi, lors de la chute de l'empire d'Occident, en 476, les
sources du droit étaient :

A Les écrits des jurisconsultes, d'après les règles établies
par la constitution de Valentinien III ;

B Les rescrits composant les codes Grégorien et Hermogénien ;

C Le code de Théodose II ;

D Les Novelles particulières, suite et supplément de ce
code.

On voit combien est incomplète et peu fondée cette assertion des auteurs modernes, entre autres de Montesquieu (*b*),
qu'à cette époque les sources du droit se bornaient au code
Théodosien. Les écrits des jurisconsultes, au contraire, faisaient la base du droit, le reste n'était que des compléments
particuliers, isolés, n'ayant pas de sens par eux-mêmes ; et
un juge eût été malavisé, s'il eût cherché dans le code Théodosien la seule règle de ses jugements.

4. Cependant les sources, même ainsi réduites, étaient encore trop savantes pour le temps. La constitution de Valentinien III surtout n'avait pas assez facilité l'étude des écrits des
jurisconsultes. Le besoin d'une nouvelle réforme était généralement senti, et, bientôt après la chute de l'empire d'Occi-

(*b*) Montesquieu, Esprit des Lois, XXVIII, 4.

dent, on vit, en moins de trente années, quatre essais indépendants les uns des autres, tentés dans quatre états différents :

A L'édit de Théodoric, roi des Ostrogoths (500) ;

B Le Breviarium d'Alaric II, roi des Visigoths (506) ;

C Le Papien, chez les Bourguignons (au commencement du sixième siècle) ;

D Les compilations de Justinien, destinées surtout à l'empire d'Orient (528— 534).

Les trois premiers de ces ouvrages rentrant directement dans mon sujet, j'en parlerai plus bas. Cependant, la comparaison de ces quatre recueils entre eux ne sera pas déplacée, après l'exposition que j'ai faite ici des temps antérieurs.

Les trois premiers de ces recueils ont abrégé, autant qu'on pouvait le désirer, une masse aussi immense de matériaux. Mais on a peine à concevoir tant de pauvreté comparée à tant de richesse. Chacun de ces recueils renferme, dans un seul volume de peu d'étendue, le droit romain tout entier, jurisconsultes et constitutions.

L'édit de Théodoric a cela de particulier, qu'il transforme les sources en un nouvel ouvrage, où ce ne sont plus les anciens jurisconsultes ni les empereurs qui parlent, mais les auteurs de l'édit. Les sources y sont tellement défigurées, qu'on a peine à reconnaître qu'il s'agit de droit romain. Cet édit, recueil le plus barbare et le plus mauvais des trois, est en même temps le moins instructif pour nous.

Le recueil appelé Papien, aussi pauvre que celui dont je viens de parler, forme également un nouvel ouvrage divisé par ordre de matières. Mais les fragments tirés des sources y sont ordinairement rapportés sans altérations ; et, sous ce rapport, il est bien supérieur à l'édit des Ostrogoths.

Le Breviarium, beaucoup plus riche que les deux recueils précédents, ne présente, dans la distribution des matières, aucun ordre particulier. Ce n'est qu'une suite de fragments tirés des jurisconsultes et des constitutions, transcrits le plus souvent sans aucune addition, mais avec des omissions nombreuses. La plupart sont accompagnées d'un commentaire ; et cette circonstance donne au plan et à l'exécution un caractère original que n'ont pas les édits ostrogoths et bourguignons.

5. Si l'on fait entrer dans ce parallèle les recueils de Justinien, on ne peut se défendre d'un sentiment d'admiration ; cependant, considérés en eux-mêmes, ils mériteraient encore notre estime et notre reconnaissance. Sans doute, la force créatrice était refusée au siècle de Justinien ; ceux qui travaillaient sous ses ordres durent en outre aller chercher les sources dans une littérature savante, étrangère à celle de leur pays. Au milieu de tant de circonstances défavorables, leur choix fut si heureux et si habile, qu'après treize cents années, malgré les lacunes de l'histoire, leurs recueils représentent presqu'à eux seuls l'esprit du droit romain tout entier, et aucun siècle libre de prévention ne devra désormais repousser l'influence de cet excellent et profond développement du droit. Dira-t-on que ce choix est l'effet du hasard, non du savoir et de l'intelligence ? Je renverrai, pour toute réponse, aux recueils que nous avons trouvés chez les Goths et les Bourguignons. On ne peut, sans contredire l'histoire, objecter que le code Justinien est l'ouvrage des Romains, et que les autres codes sont l'ouvrage des barbares ; car, dans l'empire d'Occident, à Rome et dans les Gaules, les lois ont été rassemblées par des Romains, non par des Goths ou des Bourguignons.

Je viens d'envisager le droit Justinien sous le point de vue littéraire ; cependant son but était purement pratique, et c'est sous ce rapport qu'il faut considérer les constitutions de Justinien lui-même. Sans doute, leur mérite est inégal, mais plusieurs présentent une vue complète du sujet, et répondent parfaitement à leur but. Quand elles nous paraissent bouleverser l'ancien droit, souvent elles ne sont que l'expression raisonnable des changements qui s'étaient introduits d'eux-mêmes sans l'intervention du législateur. Ici encore la comparaison est à l'avantage de Justinien. En effet, ses constitutions, celles du

Code en particulier, rapprochées des édits du code Théodosien, et surtout des Novelles qui l'accompagnent, leur sont
bien supérieures pour la forme et le fond des choses.

Le plan de Justinien consistait à renfermer dans deux ouvrages principaux l'extrait des fragments des jurisconsultes et des
constitutions. Le premier, c'est-à-dire les Pandectes, devait,
comme de raison, renfermer les bases du droit. C'était, depuis les Douze Tables, le premier ouvrage qui, seul et indépendamment de tout autre, pût servir de centre commun à
l'ensemble de la législation. En ce sens il est permis de regarder, après les Douze Tables, les Pandectes comme le seul
code vraiment complet, quoique la législation y occupe moins
de place que le dogme et la décision de cas particuliers. Au
lieu des règles insuffisantes de Valentinien III, nous trouvons
rangés par ordre de matières les extraits empruntés littéralement aux écrits d'une foule de jurisconsultes. Le Code était
fait aussi sur un plan plus large que les précédents. Justinien
y avait réuni les rescrits et les édits. Son but était rempli par
ces deux ouvrages. On ne doit pas regarder les Institutes
comme un troisième ouvrage indépendant des deux premiers,
mais bien comme un livre élémentaire destiné à leur servir
d'introduction. Enfin, les Novelles renferment des compléments postérieurs, des additions isolées, et les circonstances
ont seules empêché qu'il ne parût à la fin du règne de Justinien une troisième rédaction du Code, où auraient été insérées
les Novelles d'un intérêt durable.

CHAPITRE II.

6. L'ancienne république romaine, si l'on cesse un instant de considérer Rome comme centre de l'État, se composait de deux parties distinctes différemment organisées, l'Italie et les provinces. Cette division s'étant conservée sous les empereurs, quoique avec de grandes modifications, devra servir de base à nos recherches.

I. L'Italie se composait d'un grand nombre de républiques, dont les citoyens avaient été incorporés au peuple souverain après la guerre d'Italie. Ces petites républiques, soumises au peuple romain, s'administraient cependant elles-mêmes, et ce libre régime des cités est le caractère fondamental de l'Italie. Je parlerai seulement ici des deux classes principales, les municipes et les colonies, me réservant d'indiquer plus bas ce qui distingue les préfectures. On ne doit voir dans les *fora*, *conciliabula*, *castella*, que de petites communautés d'une organisation imparfaite (*a*). Il s'agit d'examiner quelle part prenaient à l'administration de la justice le peuple, le sénat et les magistrats de ces républiques (*b*).

Dans les municipes, comme à Rome, le souverain pouvoir résidait incontestablement dans l'assemblée du peuple. Non-

---

(*a*) Les villages sans organisation municipale (*vici*) étaient censés faire partie de la cité dans le territoire de laquelle ils se trouvaient. L. 30. D. ad munic.

(*b*) Sur la constitution des cités en général, voir J. Gotho'r. d. paratit. ad C. Th. XII, 1. Roth ; de re municipali Romanorum. Stutgart, 1801, 8. Pour les temps anciens, les sources les plus importantes sont : 1° La Table d'Héraclée (éd. Mazochi Neap., 1754, f., et dans Hugo's cir. Mag. B. 3 n. 19.

seulement le peuple nommait ses magistrats (c), mais encore il rendait des lois (d) et des décrets (e).

L'influence du peuple diminua par la suite (f), et le sénat usurpa ses droits ; changement conforme à celui qui s'accomplit au centre de l'empire. Sous Tibère, les élections, même à Rome, avaient passé au sénat, et peu à peu ce corps s'attribua la connaissance exclusive de toutes les affaires que le peuple décidait autrefois. Le cours naturel des choses devait produire les mêmes effets dans les villes de l'Italie.

7. Le sénat des cités, qui, auparavant, expédiait les affaires courantes, se trouva dès lors en possession de toute l'administration intérieure ; fait bien digne d'être observé, car il nous servira à reconnaître la constitution romaine aux temps les plus reculés du moyen-âge.

Le nom donné au sénat des cités changea suivant les époques. On l'appela d'abord *ordo decurionum*, puis simplement *ordo*, puis enfin *curia*, et ses membres *curiales* ou *decuriones* (a).

Fragm. L. Rom. ed. Marezoll. Gott., 1816. Dirksen civil. Abhandl. II, 2. et Dirksen obss. ad tab. Heracl. Berol., 1817.) 2° La loi de la Gaule cisalpine (dans Hugo l. c. B. 2. n. 20, et dans Obss. ad selecta L. Galliæ cisalp. cap. auct. Dirksen, Berol., 1812, 4. et P. de Lama tavola legislativa, Parma, 1820, in-4.) ; pour les temps modernes, le code Théodosien.

(c) Cicero pro Cluent., 8. « Quatuorviros quos municipes fecerant, sus-« tulit. « Tabula Heracleensis lin. 84. (acris Neap. lin. 10.) « suffragio eo-« rum qui cujusque municipii... erunt » lin. 98, 99 (24, 25.) « quicunque « in municipio... comitia duumviro... rogando subrogandove habebit » lin.,. 132 (58) « neve quis ejus rationem comitiis consiliove (habeto).»

(d) Par exemple : La loi tabellaire de M. Gratidius à Arpinum, à laquelle l'aïeul de Cicéron s'était toujours opposé. Cicero de Legibus, III, 16.

(e) Ainsi, à Pise, du temps d'Auguste « universi decuriones colonique.... « inter sese consenserunt,» et plus bas : « hoc quod decurionibus et univer-« sis colonis placuit. » Noris Cenotaph. Pisana tab., 2. et diss., 1. C. III, p. 45, où il cite d'autres exemples semblables. Comparez Gruter Inscr., p. 363 et p. 431, num. 1, p. 475, n. 3.

(f) J'en parlerai plus bas à l'occasion des défenseurs. Voir, dans Roth, l. c., p. 62, d'autres traces des municipes et de leurs droits.

(a) *Decurio* et *Curialis* sont synonymes. Isidor. etymol., IX, 4. Le code

C'est pourquoi *curia* et *senatus* sont souvent opposés l'un à l'autre ; *curia* s'applique à une cité ; *senatus* sans désignation particulière, à Rome ou au sénat de l'empire (*b*). Cependant les noms de *senatus* et de *senator*, employés pour une cité, ne se trouvent pas seulement dans les historiens et dans les inscriptions ordinaires (*c*), ce qu'on pourrait attribuer à l'impropriété du langage ou à la vanité ; ils existent encore dans un décret du peuple romain, la Table d'Héraclée (*d*). Quant à d'autres noms, tels que *municipes*, *principales*, j'en expliquerai plus bas la signification.

Le sénat était principalement appelé à l'administration intérieure de la cité, conjointement avec les magistrats ; mais il ne faut pas voir dans le sénat et les magistrats deux corps en présence, se balançant mutuellement, car un double lien les unissait entre eux. Les magistrats devaient être pris exclusivement parmi les décurions (*e*), et nommés par les décurions

Théodosien emploie alternativement ces deux expressions, l'une pour l'autre ; par exemple : dans la loi 6. C. Th. de decur. (XII, 1.) Il n'y aurait pas là matière à une remarque si des auteurs français n'avaient pas bâti des systèmes sur la signification différente de ces deux mots. *Curialis* est le plus moderne. Voir Roth, l. c. p. 66. — Plus tard, *Curialis* fut pris dans un tout autre sens. Voyez, plus bas, § 111 , 129.

(*b*) Par exemple : L. 74. C. Th. de decur. (XII, 1.) « In his, qui ex *curiis* « ad *senatus* consortia pervenerunt », et L. 85, cod. « decurionem, et suæ, « *si sic dici oportet* curiæ senatorem. »

(*c*) Otto de ædil. colon., c. 2, § 4, cite une foule de passages semblables.

(*d*) Tabula Heracl. lin. 85, 86 (æris Neap. lin. 11, 12.) « ne quis... in eo « municipio, colonia, præfectura, foro, conciliabulo senatum, decuriones « conscriptosve legito. » Plus loin, lin. 87, 88 (13, 14.), « se senatorem, « decurionem, conscriptumve ibi hac lege esse non licere » ; et dans beaucoup d'autres passages de la même loi.

(*e*) L. 7, § 2. D. de decur. (Paulus), « Is qui non sit decurio, duumvirato « vel aliis honoribus fungi non potest, quia decurionum honoribus plebeii « fungi prohibentur. » — Antérieurement, les plébéiens étaient admissibles aux magistratures, ce qui leur donnait l'entrée du sénat. Gruter inscript., p. 408, N. 1. : « absque censu per ædilitatis gradum in curiam nostram admitteretur. » Tabula Heracleensis (10), 84.

eux-mêmes. J'entrerai dans quelques détails sur ce dernier point, souvent méconnu. Les candidats pour une magistrature étaient d'abord présentés (*nominatio*), ensuite avait lieu dans le sénat l'élection proprement dite (*creatio*). Comme les sources qui nous restent ne parlent, pour la plupart, que de la nomination (*f*), quelques auteurs modernes n'ont pas remarqué l'élection elle-même (*g*). Cependant plusieurs passages attribuent ce droit d'élection au sénat, et le distinguent expressément de la nomination (*h*). La présentation d'un successeur appartenait au magistrat en exercice, mais c'était plutôt une charge qu'un privilége; car il devenait responsable de la gestion du candidat qu'il avait proposé (*i*). Aussi renonçait-il très-volontiers à son droit, si, ce qui arrivait souvent, le gouverneur de la province intervenait et proposait lui-même un décurion qu'il favorisait (*k*). En Afrique il existait certainement une coutume particulière. La chose n'est pas très-clairement expliquée; mais sans doute elle se passait ainsi : le magistrat présentait le candidat suivant la coutume, ensuite l'élection, au lieu d'appartenir aux décurions seuls, était l'ouvrage du peuple tout entier, c'est-à-dire des corporations,

(*f*) Par ex. : L. 11, § 1. L. 13. L. 15, § 1. D. ad municip. L. I. C. de peric. nominatorum (XI, 33), L. 2. cod.; L. 3, C. quo quisque ordine (XI, 35). Dans ces deux derniers passages *creare* est employé au lieu de *nominare*, et réciproquement dans plusieurs autres *nominare* au lieu de *creare*. On ne doit pas s'attendre à trouver ici une phraséologie rigoureuse.

(*g*) Par ex : J. Gothofred. ad. L. 1, C. Th. quemadm. munera (XII, 5.); — Roth. l. c. p. 76, a remarqué cette erreur et l'a savamment réfutée.

(*h*) L. 1, § 3, 4. D. « Quando appellandum (Ulpian.) « Solent plerumque « præsides remittere ad ordinem *nominatum*, ut Gajum Sejum *creent* ma- « gistratum... magis enim consilium dedisse præses videtur, quis sit *crean-* « *dus*, quam ipse constituisse... Sed et si præses in ordine fuerit, ut fieri « adsolet, *cum ab ordine crearetur quis*, rel. — L. 45, C. de decur. (X, 31.) L. 8, C. de suscept. (X, 70.)

(*i*) Voir les citations de la note (*f*).

(*k*) Voir note (*h*).

du sénat et des tribus. Chaque corporation avait une voix, et les deux tiers au moins de ses membres devaient avoir assisté à la délibération (*l*).

8. Les citoyens, sous la république libre, étaient partagés en deux classes : l'une qui participait à la puissance souveraine, l'autre qui en était exclue (*optimo jure*, *non optimo jure cives*). Ceux de la première classe pouvaient seuls voter dans les tribus et parvenir aux honneurs (*suffragium et honores*). Si on applique la même distinction et les mêmes termes à la constitution des villes, telle que je viens de l'exposer, on voit dans les seuls décurions les citoyens véritables, *cives optimo jure*, et dans le reste des habitants (*plebeii*) les *cives non optimo jure*. Auguste prépara cette innovation, lorsque, ayant permis aux *Municipes* d'envoyer leurs suffrages écrits pour les élections de Rome, il n'étendit pas ce droit à tous les habitants, mais le restreignit aux décurions (*a*). Cette distinction dut cesser, il est vrai, quand, sous Tibère, toutes les élections passèrent du peuple au sénat; mais le principe du privilége des décurions dans leurs cités n'en subsista pas moins. Dès lors le nom de *Municipes*, donné dans l'origine à tous les habitants, fut presque toujours réservé pour les décurions, usage qui convenait merveilleusement aux nouvelles circon-

(*l*) L. 1, C. Th. quemadm. munera (XII, 5.) L. 84, 142. C. Th. de decur. (XII, 1.) Tous ces passages nous montrent l'expression indéterminée de *nominatio*. Dans le second : « In nominationibus a singulis quibusque *ordinibus* celebrandis, » s'applique à toutes les corporations de chaque cité, non au sénat seulement. Cette signification du mot *ordines* est connue ; par ex. : omnium ordinum consensus. Cic. ad Brutum cp. 3, et Cenotaph. Pisan. Tab. 2. — Noris Cenotaph. Pisan. diss. 1, C. III, p. 46, prétend à tort que le premier de ces passages donne, il est vrai, l'élection au peuple, mais que les autres l'attribuent aux seuls décurions.

(*a*) Sueton. August. C. 46. D'après la leçon des manuscrits, et non d'après une correction inutile et arbitraire. Noris cenotaph. Pisan. diss. 1, C. 3, p. 33, a mal entendu le passage ; il applique à l'élection des duumvirs ce qui se rapporte évidemment aux *magistratus populi Romani*.

stances (*b*). Je reviendrai sur cette remarque en exposant l'état des cités dans les temps postérieurs.

Ainsi la condition des cités de l'Italie en général, et celle des décurions en particulier, loin d'offrir rien d'avilissant ou de servile, ne réveillait au contraire que des idées d'honneur, de dignité et de considération. S'il s'élevait le moindre doute à cet égard, la Table d'Héraclée le dissiperait aisément.

Mais quand le despotisme eut anéanti toute vie publique, le sort des décurions fut déplorable, et le principe destructeur qui minait Rome sous les empereurs chrétiens ne se revèle nulle part plus clairement que dans les nombreuses constitutions du code Théodosien statuant sur les décurions. Les plébéiens refusaient d'entrer dans cet ordre, et les décurions tentaient tous les moyens de se soustraire à leur dignité. En vain plusieurs cherchaient un refuge dans le service militaire et même dans l'esclavage ; on les en arrachait pour les rendre à la curie (*c*). On condamnait les criminels à entrer dans l'ordre des décurions, bien que les lois impériales l'eussent d'abord défendu (*d*). Les juifs et les hérétiques y étaient admis ; ce ne fut que depuis Justinien qu'ils furent soumis aux obligations de cette charge sans en avoir les prérogatives (*e*).

Des priviléges de toute espèce étaient offerts à ceux qui entraient volontairement dans la curie : l'enfant naturel, par exemple, acquérait ainsi les droits de la légitimité On ne doit point accuser la législation d'un état de choses si misérable, quoiqu'elle fût souvent oppressive pour les cités. Les magis-

---

(*b*) J. Gothofred. parat. ad C. Th. XII. 1. Roth. l. c. p. 139. Marini papiri diplomat. p. 338.

(*c*) Cod. Th. lib. XII, tit. 19, sur le service militaire ; voir les lois 10, 11, 13, 22. C. Th. de decur. (XII, 1.) et une foule d'autres passages.

(*d*) L. 66, 108. C. Th. de decur. (XII, 1.) D'autres lois infligent cette espèce de peine, par exemple : aux ecclésiastiques indignes, et aux soldats qui, par lâcheté, se dérobent au service militaire. Roth. l. c. p. 42, 46, 52, 53.

(*e*) L. 99, 165, 157. C. Th. de decur. (XII, 1.) Nov. 45.

trats et les décurions étaient employés à la perception des tri-
buts impériaux. La constitution, en les rendant responsables
de leur infidélité ou de leur négligence, ne faisait rien que de
naturel et de juste (*f*). Mais on ne pouvait, sans quelque
dureté, déclarer chaque magistrat garant de ses collègues et
du successeur qu'il avait présenté (*g*), ni contraindre les
décurions à prendre les immeubles abandonnés par leurs
possesseurs hors d'état de payer l'impôt ; au reste , cette
dernière obligation s'étendait à tous les propriétaires de la
cité (*h*).

Cependant le plus grand mal n'était pas dans la loi, mais
dans le despotisme et l'arbitraire qui présidaient à son exécution ; car, sous le règne des empereurs, rien ne s'était mieux
conservé du régime républicain, que l'injustice et la tyrannie
des gouverneurs. En voici quelques exemples. Les décurions,
même sans que l'on pût leur reprocher la moindre faute,
étaient forcés de remplir avec leurs propres biens le montant
de l'impôt ; rigueur intolérable et que les lois ont à plusieurs
reprises proscrite comme un abus (*i*); encore, une apparence
d'ordre et de règle couvrait alors l'iniquité! Mais combien de
fois ne se montra-t-elle pas insolemment au grand jour! L'oppression accablait de préférence la tête de la société, et la sécurité n'existait qu'à l'abri d'une condition obscure.

Ces tristes conséquences d'un pareil bouleversement social
nous apparaissent surtout dans le remplacement des sénateurs.
On demandait autrefois comment on parvenait à cette dignité;
maintenant sur qui tombait ce fardeau. On était sénateur par

<hr>

(*f*) On trouve des détails sur cette responsabilité dans Roth. l. c. p. 139,
seq.

(*g*) Voir ci-dessus § 7, n. *f*. Conf. Cod. quo quisque ordine. (XI, 35.)
L. 2, 8. C. de susceptor. (X, 70) et L. 8, 20. C. Th. cod. (XII, 6.)

(*h*) L. 1. C. De omni agro deserto (XI, 58.)

(*i*) L. 18, § 26, D. de muner. L. 186. C. Th. de decur. (XII, 1.) L. 17
C. Just. De omni agro deserto (XI , 58.) Nov. Majoriani Tit. 1. Roth. l. c.
p. 79, 71.

droit de naissance; on le devint par l'élection du sénat (*k*). En effet, la place de sénateur était héréditaire, et le sénat pouvait choisir parmi tous les citoyens les membres qui lui manquaient. Les décurions étaient exempts de leur service après avoir passé par tous les emplois et tous les honneurs de la cité, ou s'ils obtenaient quelque charge à la cour ou dans l'État, pourvu qu'ils ne les eussent pas brigués dans la seule vue de cette exemption (*l*).

On croit généralement que les *principales* formaient au sein des décurions un conseil plus restreint. Cette question, ainsi que la classification des décurions, ne pourra être traitée avec clarté qu'après l'organisation des provinces.

9. L'administration directe des affaires de la cité était confiée aux magistrats : leur nombre et leurs titres variaient suivant les localités. Les magistrats qui prenaient part à l'administration de la justice, ou dont il reste des traces après la dissolution de l'empire d'Occident, c'est-à-dire les *duumviri*, les *prefecti*, les *quinquennales*, les *defensores* et les secrétaires de l'administration, sont les seuls dont je doive traiter. Indépendamment de la juridiction proprement dite, ou juridiction contentieuse (*jurisdictio contentiosa*), je parlerai de la juridiction volontaire (*jurisdicto volontaria*). La justice criminelle ne rentre pas aussi directement dans mon sujet, car elle fut bientôt enlevée aux cités, et on n'y trouve que peu de traces du droit romain. Outre les magistratures municipales, j'aurai à examiner la juridiction supérieure du lieutenant impérial qui, à partir du deuxième siècle, existe même en Italie.

(*k*) L. 6, § 5. D. de decur. L. 66. C. Th. eod. (XII, 1.) Voir surtout J. Gothofred. parat. ad C. Th. XII, 1. Roth. l. c. p. 68, 76. Nieburh ad Frontonem, p. 218.

(*l*) Relativement à ces exemptions, les constitutions ont souvent changé le droit d'une manière incroyable. Pour les temps anciens, voir L. 5, C. Th. de decur. (XII, 1.) Pour les temps modernes, L. 66, C. Just. eod. (X, 31.) l'auteur le plus important est J. Gothofred. ad. L. 5, cit. et parat. C. Th. XII, 1.

La magistrature suprême des cités d'Italie peut se comparer au consulat romain avant la création de la préture. Elle
embrassait l'intendance suprême de toutes les parties du gouvernement, la présidence du sénat, et l'administration de la
justice. Ceux qui en étaient investis s'appelaient *duumviri* ou
quatuorviri, selon qu'ils étaient au nombre de deux ou de quatre (*a*). Les duumvirs se trouvent dans la plupart des villes (*b*).
Une foule d'inscriptions portent *duumvir* J. D. (*juri dicundo*),
quatuorvir J. D. (*c*), donnant ainsi pour caractère spécial de
cette magistrature l'administration de la justice. Mais ces
noms, uniquement tirés du nombre des personnes, loin d'être
réservés à la magistrature suprême, lui sont communs avec
plusieurs autres (*d*). En effet, le nom de *magistrat*, le plus
général de tous dans l'origine, reçut par la suite une signification toute spéciale, et s'appliqua aux premiers magistrats des
villes, duumvirs ou quatuorvirs. Dans les Pandectes et dans
les Constitutions, *duumviri* et *magistratus* sont pris indiffé-

(*a*) Dans la Table d'Héraclée et dans la loi de la Gaule cisalpine, ces noms
nous apparaissent comme désignant la magistrature suprême. Il faut en excepter la préfecture, dont je parlerai plus bas. En fait, ils occupaient la première des magistratures légales ; c'est ce que prouve directement la L. 1. pr.
D. de albo scrib. et la L. 77 C. Th. de decur. (XII, 1.) Dans la même ville
on trouve, tantôt des duumvirs, tantôt des quatuorvirs ; en effet, la vanité
des citoyens faisait souvent multiplier les dignités. Noris Cenotaph. Pisan.
diss. 1, C. III, p. 31.

(*b*) Cicero in Rullum, II, 34. « cum ceteris in coloniis duumviri appel-
« lentur. »

(*c*) Par exemple : dans Doni class. 5. N. 42, 83, 84, 228. — Marini fratelli arvali, p. 780, prétend à tort que le premier *quatuorvir* est distinct des
quatuorvirs J. D. L'administration de la justice est l'attribut constant de la
magistrature suprême. Le nom de *magistratus* en est la preuve, car il désigne sans contredit le premier magistrat, et c'est précisément au *magistratus* qu'appartient la juridiction.

(*d*) Dans les municipes, par exemple, on trouve des *duumviri* et des *quatuorviri quinquennales*. (Voyez plus bas) *quatuorviri ædiles* Doni Inscr.
class. 5, N. 83 ; et à Rome des *duoviri viis extra urbem Romam*, *quatuorviri viis in urbe purgandis* Tab. Heracl. lin. 50, Conradi parerg. p. 395.

remment l'un pour l'autre (*e*), et dans les documents de Marini, c'est-à-dire à propos des magistrats d'une ville déterminée, on trouve toujours cette dernière expression (*f*).

Les magistrats suprêmes sont quelquefois appelés consuls, principalement dans les inscriptions, soit par vanité, soit par un reste d'ancienne indépendance, de même que, dans plusieurs cités, les titres de dictateur et de préteur se conservent jusque sous l'empire (*g*). En traitant des décurions, j'ai parlé de l'élection des duumvirs; ils étaient nommés pour un an (*h*).

10. La juridiction des duumvirs est ce qu'il y a d'intéressant pour nous dans leurs fonctions. Le nom seul rapporté précédemment (*duumviri juri dicundo*) établit l'existence de leur juridiction, mais il est très-difficile d'en déterminer les limites. Un auteur moderne a prétendu que cette juridiction était presque nulle du temps de la république, et que son importance date du règne des empereurs (*a*). Il est vraisemblable,

(*e*) L. 1, pr. D. si quis jus dic. (« Omnibus magistratibus, non tamen duumviris... concessum est » etc.) L. 4, § 3 , 4. D. de damno infecto. L. 16. C. Th. de decur. (XII, 1.) et L. 18. C. Just. eod. (X, 31.) — L. 1. C. Th. quemadm. mun. (XII, 5.)

(*f*) Par exemple : N. 115. « *Defensori Magistratibus, Quinquennalibus, cunctoque ordini curiæ civitatis Faventinæ,* » et dans les autres passages on trouve toujours *magistratus dixerunt*, jamais *duumviri*, quoique certainement il s'agisse des duumvirs, par exemple : dans le N. 74. Voyez plus bas § 22, *b*.

(*g*) Voir les passages dans Gruter, Inscript. Index p. XV Otto, diss. de consulibus qui extra Romam, C. I, Otto de ædil. colon. C. II, § 5, 6, 7, et Noris cenotaph. Pisan. diss. 1. C. III, p. 41—43. Depuis la loi Julia, *duumvir* était peut-être le titre légal, mais il est certain qu'il n'était pas toujours employé.

(*h*) L. 13. D. amunic. L. 16. C. Th. de decur. (XII, 1.), et L. 18. C. Just. eod. (X, 31.). L. 1. C. Th. quemadm. mun. (XII, 5.) Voyez plus bas § 22, *b*. Il paraît que, sous Auguste, cette règle n'était pas généralement établie. Noris cenotaph. Pisan. diss. 1, C. III, p. 34. Pour les temps modernes, voir J. Gothofred. ad L. 16, C. Th. cit.

(*a*) Roth. l. c. p. 23, 24, « *jurisdictio exigua et pæne nulla.* » Add. p. 91. Il cite pour preuve des passages de Juvénal et de Perse qui parlent avec

au contraire, que, illimitée sous la république, les bornes où les sources du droit nous la montrent circonscrite ne lui furent imposées que plus tard. Des faits généraux et des témoignages particuliers conservés jusqu'à nous déposent en faveur de cette opinion.

La première preuve s'en trouve dans la marche progressive de l'histoire romaine tout entière. Quand Rome encore faible attirait sous sa dépendance les peuples de l'Italie en leur accordant le droit de citoyen, on conçoit qu'il existât entre eux et Rome une sorte d'égalité. Tel est le véritable fondement de la libre constitution des villes. Mais quand Rome eut étendu son empire dans les trois parties du monde, toute égalité cessa, et, dans les derniers temps, l'indépendance des cités dut nécessairement périr. Le gouvernement impérial tendait à effacer peu à peu les différences existant entre les deux parties de l'empire, l'Italie et les provinces, pour les réduire à une commune obéissance. Ce nouvel état, en abaissant l'Italie, jadis privilégiée, dut relever un instant les provinces, jusqu'à ce que l'empire tout entier tombât dans une défaillance incurable. Quant à Rome, on ne peut y méconnaître le discrédit des anciennes magistratures. Au-dessus du préteur, déchu du premier rang, vient d'abord se placer l'empereur, plus tard son lieutenant, et la juridiction prétorienne finit par descendre à un avilissement complet. N'est-il pas naturel qu'à la même époque, l'influence des duumvirs ait diminué au lieu de s'accroître? On sait en outre que l'Italie fut elle-même soumise à un lieutenant, comme l'étaient auparavant les provinces.

Après avoir vu l'état des curies dans la Table d'Héraclée, si on se reporte au code Théodosien, on est frappé de leur abaissement. Comment donc imaginer que les duumvirs aient gagné en honneur et en puissance, quand le sénat auquel ils

---

mépris de cette juridiction. Mais ces passages se rapportent aux édiles chargés de la police, et non aux duumvirs ; et d'ailleurs ces poètes pouvaient bien trouver les duumvirs ridicules en les comparant aux magistrats de Rome.

appartenaient tombait dans la déconsidération et le mépris ?

Enfin, on voit que toute autre institution eût été impraticable. Depuis la guerre italique, les habitants de l'Italie étaient devenus citoyens romains. Si l'on refuse aux duumvirs l'administration de la justice, elle appartenait nécessairement au préteur urbain, et alors un seul homme aurait eu à Rome et dans l'Italie la direction immédiate de tous les procès. Or, la chose étant impossible, Rome aurait dû envoyer des lieutenants pour les différentes parties de l'Italie ou des magistrats pour chaque cité. Mais ces lieutenants n'ont existé que depuis Hadrien, et les envoyés de Rome ne se rencontrent que comme exceptions dans un petit nombre de préfectures : ainsi donc, pour l'administration habituelle et régulière de la justice, il ne reste que les duumvirs.

11. Dans l'origine, leur juridiction n'était pas limitée. Voici probablement comment elle le devint. Quand la Gaule cisalpine, aujourd'hui la Lombardie, cessa d'être une province, et que son territoire fut réuni à l'Italie, on crut dangereux de précipiter ce changement. On accorda aux cités le droit de juridiction, mais réduite à une somme déterminée, au-delà de laquelle les affaires étaient portées devant le préteur de Rome. Hadrien partagea entre quatre consulaires toute l'Italie, à l'exception d'un district qui demeura sous la juridiction immédiate du préteur urbain (a). Sous Marc-Aurèle, des *juridici* remplacent les consulaires avec la même puissance, mais un rang moins élevé (b). Les cités ne perdirent pas leurs constitutions, néanmoins, elles passèrent sous la dépendance du préteur ou des lieutenants dont j'ai parlé, et l'espèce de juridiction limitée que nous avons reconnue dans la Gaule peut alors s'être introduite dans la vieille Italie, et même avec des bornes plus étroites. Telle fut sans doute la mar-

(a) Voir plus bas, § 13, *f.* les passages qui nous montrent au-dessous du préteur plusieurs magistrats municipaux.

(b) Spartian. Hadr. C. 22, Capitolin. Antonin. P., C. 2. Marcus, C. 11. — Dodwell prælect. Camden. præl., IX, § 8. seq.

che des choses, et la vraisemblance augmente quand nous
trouvons un *juridicus* nommé avec l'addition : de *infinito* (c).
Les lieutenances d'Italie souffrirent encore plusieurs changements, avant d'être tout-à-fait assimilées à celles du reste de
l'empire, telles que nous les voyons au code Théodosien.

Voici donc l'ensemble de l'organisation judiciaire. Les
duumvirs jugeaient en première instance les affaires ordinaires; l'appel était porté devant le lieutenant de l'empereur (d).
Ce dernier jugeait aussi en première instance les affaires réservées, telles que les différends entre plusieurs villes, ou entre
les diverses autorités d'une même ville, et toutes les affaires
qui s'élevaient au-delà d'une certaine somme. On pourrait
douter que cette dernière distinction se soit conservée, car il
n'existe dans les compilations de Théodose et de Justinien
aucun texte qui établisse directement le montant de la somme,
mais nous trouverons plus bas des motifs suffisants pour expliquer ce silence.

12. Je vais maintenant produire les témoignages particuliers qui établissent la juridiction des duumvirs, et confirment
le point de vue historique que je viens de présenter. Je pars de
l'établissement de l'empire, époque à laquelle se rapporte vraisemblablement la loi de la Gaule cisalpine, qui organise la
juridiction dans cette nouvelle partie de l'Italie. Les fragments
qui nous restent de ce décret du peuple, donnent pour la Lombardie les résultats suivants (a) : le magistrat peut en général
nommer un *judex* et organiser un *judicium* (XX); dans
certaines affaires, sa juridiction est illimitée (b); mais il en

(c) Gruter. Inscr. p. 1090. N. 13. « M. Ælio Aurelio Theoni. Aug. « *Ju-*
« *ridico de infinito* per Flam. et Umbriam, Picenum. Sodali Hadrianali, »
etc., etc.

(d) L. 1, 3, C. Th. de reparat. appell. (XI, 31.)

(a) Je cite les chapitres d'après les numéros qui se trouvent sur les bords
de l'inscription même. — Voyez sur l'explication de cette loi mon *Abhandlung über das altromische Schuldrecht*, dans les *Mémoires de l'Académie
de Berlin*, 1833.

(b). C. 22, dans Dirksen, l. c. p. 12 : « si ea res erit, de qua re omni pe-

est d'autres, le prêt d'argent, par exemple, dont il ne peut connaître si elles excèdent quinze mille sesterces (xxi-xxii) ; il peut, *remittere operis novi nuntiationem* (xix) ; en cas de *damnum infectum*, enjoindre de fournir caution, et si son décret n'est pas exécuté, donner immédiatement une action en réparation de dommages (xx) ; il peut prononcer dans un *judicium familiæ herciscundæ* (xxiii).

L'exécution est réglée de la manière suivante : quand il s'agit d'un prêt d'argent qui n'excède pas quinze mille sesterces, si le débiteur reconnaît la dette en présence du magistrat *(confessio in jure)*, ou s'il refuse de comparaître, le magistrat peut, comme si jugement avait été rendu, et à plus forte raison dans ce dernier cas, adjuger le débiteur au créancier *(duci jubere)*. Il peut aussi ordonner un *judicium recuperatorium*, si le débiteur veut soutenir le procès. Dans tout autre genre d'affaires de sa compétence, en cas d'aveu ou de non-comparution du défenseur, le magistrat peut, comme le préteur à Rome, ordonner l'exécution sur les biens. Dans les cas déjà mentionnés, l'exécution sur la personne ou sur les biens peut en outre être poursuivie devant le préteur de Rome, si le défendeur habite Rome ou s'il y possède des biens (xxii).

Nous voyons occasionellement l'*imperium* attribué aux magistrats (c), ce qui s'accorde avec un passage d'Apulée (d), et avec le fait incontestable qu'anciennement les magistrats avaient un tribunal comme signe de leur dignité (e). Quant à la juri-

« cunia ibi jus dici, judiciave dari ex hac lege debebit oportebit. » Ces mots indiquent déjà que la distinction est nouvelle et locale. »

(c) Col. I, lin. 50, 51. « neve quis magistratus..... pro quo imperio potestateve erit. »

(d) Apuleji metamorph. lib. 1, c. XVIII, p. 77. éd. Ruhnk. « Quem confestim pro ædilitatis imperio acerrime increpans, » etc.

(e) Sueton. de clar. rhetor. C. 6. « C. Albutius Silus, Novariensis, quum ædilitate in patria fungeretur, quum forte jus diceret, ab iis, contra quos pronunciabat, pedibus e tribunali detractus est. » Cf. Otto de ædil. colon. c. XIII, § 2.

diction criminelle, elle avait été depuis long-temps restreinte (*f*).

13. Voici ce que l'on trouve dans les Pandectes et dans Paul,
c'est-à-dire aux temps de la jurisprudence classique. Les magistrats municipaux ont, sans contredit, une juridiction ; ils
peuvent donc constituer un juge qui applique le droit sous
leur autorité (*a*). Cependant leur compétence est limitée à une
certaine somme que nous ne connaissons pas ; mais les parties
peuvent proroger leur juridiction (*b*). Appelés à cette époque
magistratus minores, sans *imperium* et sans *potestas*, ils
n'ont aucun des droits que donne l'*imperium* (*c*), tels que la
restitution en entier, l'envoi en possession de biens (*d*), la
caution et l'envoi en possession en cas de *damnum infectum* (*e*).
Mais cette dernière affaire, dont la connaissance est également interdite aux magistrats municipaux, peut, s'il y a
urgence, leur être spécialement renvoyée par les magistrats
supérieurs, c'est-à-dire le préteur ou le consulaire dans la juridiction desquels se trouve leur cité. Tout le reste, par exemple la *missio ex secundo decreto*, l'*actio in factum*, est hors de
l'attribution des magistrats municipaux (*f*). Ils peuvent être
attaqués en justice pendant la durée de leurs fonctions (*g*), et
ils n'ont pas, comme les magistrats supérieurs, le pouvoir de
punir ceux qui méconnaîtraient leur juridiction (*h*). Le droit

(*f*) Noris cenotaph. Pisan. diss. 1, C. III, p. 32.

(*a*) L. 3, in f. L. 13, pr. § 1. D. de jurisdict. L. 26, pr. L. 28. L. 29. D.
ad munic. Paul. lib. V, tit. 5. A. § 1. Fragmenta Vaticana, § 113.

(*b*) L. 28. D. ad munic. Paul. lib. V, tit. 5. A. § 1.

(*c*) L. 26. pr. D. ad munic. l. 32. D. de injur. Paul. lib. V, tit. 5. A. § 1.
La L. 53, C. de decur. parle de *fasces* ; mais ce n'est sans doute là qu'une
figure de rhétorique.

(*d*) L. 26, § 1. D. ad munic.

(*e*) L. 4. D. de jurisdict.

(*f*) L. 1, L. 4, § 3, 4. D. de damno infecto.

(*g*) L. 32 D. de injur.

(*h*) L. 1, pr. D. si quis jus dicenti.

d'amende et de *pignorum capio*, qui n'est qu'une amende d'une espèce particulière, leur fut conservé (*i*). La nomination des tuteurs leur appartient également (*k*); ils n'ont pas de tribunal (*l*). Enfin, leur juridiction criminelle est tellement restreinte, qu'ils ne peuvent infliger, même aux esclaves, que de légers châtiments (*m*).

Si l'on compare la Gaule cisalpine et l'Italie, on voit que les restrictions du régime de la Lombardie sont étendues à l'Italie entière; et même la condition de l'Italie est empirée, car ses municipes n'ont que des *magistratus minores* sans *imperium* et sans *tribunal*. Le petit nombre de cas où nous pouvons comparer directement la législation de la Gaule cisalpine à celle des Pandectes, nous montre qu'outre les noms et les formes, la juridiction des magistrats municipaux avait été restreinte et avait perdu plusieurs de ses droits. Ainsi la loi de la Gaule cisalpine, en cas de *damnum infectum*, donne aux magistrats la connaissance de l'*actio in factum*, et les Pandectes la leur refusent.

Pour les temps postérieurs, nous n'avons sur leur juridiction que bien peu de renseignements, mais ils nous la représentent toujours comme pouvoir subordonné et comme tribunal de première instance (*n*).

14. La seconde magistrature des cités d'Italie est celle des préfets; on ne les trouve jamais à côté des duumvirs, mais ils en tiennent lieu dans quelques cités, par exception à la règle.

(*i*) L. 131, § 1. D. de V. S. L. 1, § 1, 2. D. de via publ. Roth. l. c. p. 92. — L. 29, § 7. D. ad L. Aquil. L. 3, § 1. D. de rebus eorum. — La L. 15, § 39, D. de inj., autorise les magistrats municipaux à sévir contre les esclaves qui porteraient atteinte à leur dignité.

(*k*) L. 3. D. de tutoribus datis.

(*l*) Otto de œdil. colon. C. XIII, § 2.

(*m*) L. 12. D. de jurisdict. Roth. l. c. p. 95.

(*n*) L. 1, 3. C. Th. de repar. appel. (XI, 31.) Les constitutions sont de 364 et 368. Une constitution de Constantin permet de s'adresser aux duumvirs pour obtenir la possession de biens, L. 9, C. qui admitti (VI, 9.). Non que l'importance des magistrats se fût accrue, mais celle de l'acte était diminuée. En effet, la même constitution le dépouille de ses formes anciennes et de ses solennités.

En effet, l'administration de la justice appartenait régulièrement aux magistrats élus par les cités. Mais quelquefois elle
était confiée à un *præfectus juri dicundo*, nommé à Rome et
renouvelé tous les ans (*a*). Hors ce seul point, une préfecture
ressemblait entièrement aux autres cités. Ainsi, elle avait un
sénat (*b*) et des magistrats de son choix, excepté les duumvirs
remplacés par le *præfectus* (*c*). Les préfectures étaient tantôt
des municipes, tantôt des colonies; ainsi quand la même cité
est appelée préfecture ou municipe, on ne doit voir là ni contradiction ni expression impropre (*d*). Il est certain que la
condition de leurs habitants n'était pas inférieure à celle des
municipes ordinaires, autrement Cicéron, citoyen d'Arpinum,
n'aurait pu devenir consul du peuple romain (*e*).

La loi Julia *de Civitate* n'apporta donc aucun changement
à la constitution des préfectures; mais il paraît que, sous l'empire, elles disparurent successivement (*f*). Des auteurs modernes ont prétendu que les préfectures n'avaient pas d'organisation propre comme les villes des provinces; et que la
condition de leurs habitants, inférieure à celle des autres
peuples de l'Italie, fut pour la première fois améliorée par la loi

(*a*) Festus v, præfectura. Livius xxvi, 16. Cicero ad famil. xiii, 11.

(*b*) Tabula Heracleensis lin. 85, 86 (æris Neapol. lin. 11, 12.), lin. 96
(22), 105, 106 (31, 32), 108, 109 (34, 35). C'est ainsi qu'il est parlé d'un
decurio Fundanus dans Sueton. Calig. C. 23; car, d'après Festus, Fundi
était une préfecture; sur la præfectura Peltuinas, Voyez Mazochi, p. 396 et
Gruter. Inscr., p. 443.

(*c*) Tabula Heracleensis lin. 83, 84, 85, 130 (9, 10, 11, 56). Cicero ad
famil. xiii, 11, sur Arpinum qui, d'après ce passage et d'après Festus, l. c.
était une préfecture. Voir l'inscription de la préfecture Peltuinas, dans Mazochi, p. 396.

(*d*) Par exemple : Arpinum et Puteoli, qui, d'après Festus, étaient des
préfectures. Cicero ad famil. xiii, 11 et pro M. Cœlio, C. 2. La loi de la
Gaule cisalpine, lig. 6, tranche la question : « duumvir, quatuorvir, præfec-
« tusve ejus municipii. »

(*e*) On en trouve un autre exemple dans Cicéron pro Plancio C. VIII.

(*f*) Festus en parle en divers endroits comme d'une chose tombée en désuétude.

Julia (*g*). Cette erreur a une double source : d'abord l'exemple de Capoue condamnée à perdre sa liberté pour un temps (*h*), et que l'on a considérée à tort comme type de toutes les préfectures, ensuite une expression trop générale de Festus (*i*).

15. Une autre magistrature municipale est celle du *censor*, *curator* ou *quinquennalis,* expressions que je regarde comme synonymes et désignant un même emploi, dont le nom change suivant les temps et les localités. En Italie, les inscriptions nous montrent le nom de *censor* (*a*); on le trouve plus souvent dans les provinces : *curator* est les plus usité des trois. Cette charge répond à la censure de Rome, en y ajoutant peut-être quelques-unes des fonctions du questeur (*b*). Le *curator* avait l'inspection des édifices et des travaux publics; il affermait les immeubles de la cité et administrait ses revenus. Dans les constitutions il est nommé avant les magistrats, c'est-à-dire avant les duumvirs (*c*). Pour être *curator*, il faut avoir passé par tous les emplois (*d*), ce qui est, comme à Rome, le caractère de la magistrature suprême (*e*). Une constitution semble, il est vrai, jeter des doutes sur ce point. Dans l'ori-

(*g*) Sigon. de jure Italiæ II, 11, 12. Otto de ædil. colon. C. VIII, § 7. Mazochi, Tab. Heracl. p. 392, 397, 467.

(*h*) Livius xxvi, 16, Cic. in Rullum, I, 6.

(*i*) Festus v. præfectura « neque tamen magistratus suos habebant. » *Magistratus* est ici au lieu de duumvirs, *magistratus juri dicundo,* ce qui d'ailleurs est conforme au langage des temps plus récents.

(*a*) Gruter. Inscr., p. 366, N. 1, pour Naples. Olivieri renferme d'autres passages dans les notes jointes aux Marmora Pisaurensia, p. 68 et 72. Les colonies latines avaient aussi leurs censeurs particuliers. Liv. xxix, 15. Il est à remarquer que, dans la Table d'Héraclée, lin. 142 (æris Neap. lin. 68), le cens n'est pas attribué à des censeurs spéciaux, mais aux premiers magistrats, c'est-à-dire aux duumvirs, peut-être pour ce cas seulement.

(*b*) J. Gothofred ad L. 20. C. Th. de decur. (XII, 1.) Roth. 1, c. p. 98-100.

(*c*) L. 5. C. Th. de exhib. reis (IX, 2.). L. 3. C. Th. de donat. (VIII, 12.) L. fin. C. Th. de superexact. (XI, 8.) L. 5. C. Th. de reparat. appell. (XI, 31.)

(*d*) L. 20. C. Th. de decur. (XII, 1.)

(*e*) L. 11, pr. L. 14, § 5. D. de muner. Roth. 1. c. p. 89.

gine, il était permis de faire l'insinuation des donations en présence du *curator* (*f*). Plus tard, on le défendit (*g*), *ne tanta res eorum concidat vilitate*, c'est-à-dire au premier abord, parce qu'ils étaient au-dessous d'une fonction aussi importante. Mais une semblable interprétation contredit tout ce que nous avons vu jusqu'ici, et d'ailleurs l'insinuation d'une donation ne présente ni grandeur ni importance. Aussi, *tanta res* ne se rapporte pas aux donations, mais aux fonctions de *curator*, et *vilitas*, au lieu de s'appliquer à la charge elle-même, ne s'applique qu'à la cupidité des fonctionnaires. L'insinuation des donations qu'ils recherchaient par avidité, à cause du salaire, leur est interdite, afin qu'ils ne négligent pas les parties plus importantes de leur emploi.

Le caractère des *quinquennales* a été surtout méconnu (*h*). Ces magistrats portent tantôt le nom de duumvirs, tantôt celui de quatuorvirs (*i*). Ils étaient, a-t-on dit, identiques aux duumvirs, et ceux-ci prenaient le nom de *quinquennales* dans les villes où la magistrature suprême durait cinq années, au lieu d'une suivant l'usage. Ce ne pouvait non plus être une magistrature censoriale, car l'empereur était quelquefois *quinquennalis* d'un municipe (*k*), circonstance qui repousse toute idée d'une magistrature inférieure, telle que la censure l'était devenue à Rome et dans les municipes (*l*). Mais cette supposition est sans fondement. On ne peut établir aucune comparaison

(*f*) L. 3. C. Th. de donat. (VIII, 12.)

(*g*) L. 8. C. Th. de donat. (VIII, 12.)

(*h*) L'auteur qui a le mieux traité ce sujet est Olivieri dans *Marmora Pisaurensia*. Pisauri, 1738 *f*., notæ p. 67 seq.

(*i*) Par exemple : Doni Insc. class. 5, N. 15, 16, 42, 84, 228. Dans les documents et dans les inscriptions on les désigne souvent par *q* ou *qq*. ou *ql.*, ce qu'on a traduit par *quæstor laudabilis*.

(*k*) Spartian. Hadr. C. 19.

(*l*) Florez Medallas de Espana P. I, p. 50. Eckhel doctr. num. vet. P. I, vol. IV, p. 476. Cette opinion est celle de J. Gothofred. ad L. 16, C. Th. de decur., ad L. 1. C. Th. de medicis, et de Roth. l. c., p. 90.

immédiate entre le consul et le censeur à Rome; ils ne sont pas collègues, ils ont des auspices différents (*m*). Si cependant l'on voulait subordonner l'un à l'autre, le censeur passerait avant le consul; car il fallait avoir été consul pour parvenir à la censure, dernier degré des dignités légales.

On peut aisément prouver que le *quinquennalis* était distinct du magistrat, c'est-à-dire du duumvir consulaire, *duumvir juri dicundo*. En effet on voit dans quelques inscriptions les deux titres de *duumvir* et de *quinquennalis* donnés à la même personne (*n*). Un des documents de Marini nous montre dans le même acte, par conséquent dans la même ville, un *quinquennalis* à côté des magistrats. Sur une liste de décurions (*o*), les *quinquennalicii* sont distingués des *duumviralicii* et les précèdent. Le *quinquennalis* était précisément la même chose que le censeur à Rome; dans d'autres municipes, il s'appelait *censor* ou *curator* (*p*).

A l'appui de cette opinion se présente : 1° l'analogie existant entre le cens à Rome et en Sicile, qui avait lieu tous les cinq ans (*q*); 2° les *quinquennales* occupent précisément la place où nous avons vu les curateurs, et où l'on peut à peine imaginer d'autre dignité que celle de censeur; car le *quinquennalis*, élevé au-dessus de tous les fonctionnaires, au-dessus des duumvirs (*r*), devait avoir passé par tous les em-

(*m*) Gellius XIII, 15.

(*n*) Doni Inscr., class. V, N. 84. « II. vir J. D., II. vir **quinq. N. 42 et** « 228. IIII. vir. Jur. Dic., IIII. vir. quinq. »

(*o*) Fabretti Inscr. C. IX, p. 598. Je ferai encore par la suite **usage de cet** album remarquable.

(*p*) Otto de ædil. Colon., C. VIII, § 4. Mazochi in Tab. Heracl., p. 405. **Ma-**rini papiri diplom. p. 250, not. 15.

(*q*) Cicéron le dit de la Sicile, in Verrem lib. II, C. 56.

(*r*) D'après l'album dans Fabretti. On trouve aussi dans les **documents de** Marini, N. 74, les mots *defensor, quinquennalis* et *magistratus*, **comme on** rencontre, d'après l'ordre suivi dans les constitutions, defensor, curator et magistratus. L. 5, C. Th. de exhib. reis. (IX, 2.) L. fin. C. Th. de super-exact. (XI, 8.)

plois (*s*) ; 3° ainsi s'explique aisément pourquoi dans aucun passage on ne trouve un curateur nommé à côté d'un *quinquennalis*; 4° la liste de décurions que rapporte Fabretti est faite par les *quinquennales*, alors en exercice (*t*) ; et il est probable que dans les municipes comme à Rome la composition des listes du sénat rentrait dans les attributions des censeurs. Enfin, l'autorité du *quinquennalis* est expressément appelée censoriale (*u*). Les *quinquennales* étant nommés pour un an (*v*), leur charge restait vacante pendant les quatre autres années, ce qui explique pourquoi ils sont plus rarement nommés que les autres magistrats. Les *quinquennales* devaient, concurremment avec les duumvirs, garantir aux médecins et aux professeurs l'exemption des charges municipales (*w*). On voit, dans un document de la fin du cinquième siècle, la même personne réunir les titres de *quinquennalis* et de *duumvir* (*x*).

16. Quoique les défenseurs aient existé en Italie, nous les renvoyons à l'article des provinces, car c'est pour elles qu'ils avaient été institués, et c'était là qu'ils exerçaient leur princi-

(*s*) Apuleji metamorph., lib. X, C. ccxxiii, p. 711. ed. Ruhnken. « Thia- « sus... gradatim permensis honoribus, quinquennali magistratui fuerat de- « tinatus. »

(*t*) Fabretti l. c., p. 598. « M. Antonius Priscus, L. Annius Secundus. II. « vir. quinquenn. nomina decurionum in ære incidenda curaverunt. » Les quinquennales exercent encore d'autres fonctions censoriales. Olivieri l. c., p. 73.

(*u*) Inscription dans Olivieri, l. c., p. 70. D'après Doni et Gudius : P. Lucius Decurio, pontifex II, vir. censoriæ pot. quinquennal. — On trouverait à l'appui de mon opinion une preuve encore plus forte dans Festus, v. *Quinquennales*; mais la restitution de ce texte repose uniquement sur les conjectures des éditeurs.

(*v*) « Anno Quinquennalitatis Petini Prisci », inscription dans Gruter. Inscr., p. 332, num. 8, et Noris cenotaph. Pisan. diss. 1, C. 5, p. 73. Ce dernier prétend à tort que tel n'était pas le sens de l'inscription. Le meilleur texte est celui donné par Olivieri, l. c., p. 12, qui, dans les notes p. 63-91, l'a parfaitement expliqué.

(*x*) L. 1, C. Th. de medicis (XIII, 3).

(*x*) Marini papiri diplomat., X. 84.

pale autorité. La même observation s'applique aux lieutenants de l'empereur (*rectores*).

Les magistrats des cités pouvaient, dans certains cas, déléguer leurs pouvoirs à une personne privée, qui s'appelle *agens vices* (*a*), mais ne doit pas être considérée comme un magistrat d'une espèce particulière.

Je n'ai plus maintenant à parler que des fonctionnaires employés à transcrire les jugements et les actes. Il est nécessaire d'exposer les différents noms qu'ils reçurent chez les Romains, puis au moyen-âge (*b*). Du temps de la république, et jusqu'au siècle des grands jurisconsultes, *scriba* était le nom donné généralement à ceux qui transcrivaient les actes publics (*c*). Le copiste esclave ou salarié, travaillant pour un particulier, s'appelait *exceptor* (*d*). *Actuarius* et *notarius* (*e*) ont le même sens, excepté que *notarius* désigne une espèce d'écriture particulière (*f*). Aux quatrième et cinquième siècle le langage avait complètement changé. *Exceptor* était le nom donné en général à tous les secrétaires pour les actes publics (*g*). La *Notitia dignitatum* nous montre des *exceptores* dans tous les bureaux (*officia*) (*h*). Le sénat de chaque cité a

(*a*) Marini papiri diplom., N. 74, et dans les notes qui y sont jointes. Marini fratelli arvali, p. 547. — On les appelle aussi *agentes magisterium*. Marini papiri, N. 83. Dans d'autres cas, les mots *agens magistratum* semblent désigner le magistrat lui-même. Marini papiri, p. 272.

(*b*) Voir surtout Pancirolus in Notitiam orientis. C. 14, 19, 85. J. Gothofredus ad Cod. Theod., VIII, 1, paratit., et ad L. 2. Marini papiri diplom., p. 298.

(*c*) L. 18. § 17. D. de muner., L. 4. C. de appellat (VII, 62).

(*d*) L. 19. § 9, D. locati.

(*e*) L. 1, § 6, D. de extraord. cognit.

(*f*) On trouve de bons renseignements sur cette matière dans « J. Andr. Schmid de notariis ecclesiæ tum orientalis tum occidentalis diss. triga ed. 2. Lips., 1756, 4. »

(*g*) Cramer suppl. ad. Brisson. Kilon. 1813. 4. p. 22. not. 8.

(*h*) On ne sait pas précisément si les *exceptores* étaient au service de l'État et salariés par lui. Cela varia sans doute suivant les temps et les loca-

son *exceptor* (*i*), et les secrétaires des tribunaux portent le même nom (*k*). Le titre de *notarius* fut alors réservé pour les secrétaires de l'empereur, classés entre eux par leur rang et par leur emploi : les principaux étaient les *tribuni* et *notarii*, qui rédigeaient les listes des fonctionnaires et tenaient les comptes (*l*). Enfin les *tabelliones* étaient les notaires des temps modernes*, c'est-à-dire des personnes qui, sans être officiers publics, rédigeaient les transactions, les testaments, etc. Au commencement du sixième siècle, on les appelait *amanuenses* ou *cancellarii* (*m*).

17. II. La première organisation des provinces dut présenter beaucoup de variétés, car sans doute elles conservèrent en grande partie le régime antérieur à la conquête (*a*). Mais sous les empereurs l'organisation des diverses parties de l'Empire devint chaque jour plus uniforme. Aussi on voit en général les curies organisées de la même manière, sauf quelques légères modifications tenant aux localités. La plupart des con-

lités. L. 17. C. Th. de div. off. (VIII. 7). L. 5. C. J. de numerar. (XII. 50). Pancirol. in Notit. orientis. C. 19. Gutherius de off. domus Augustæ II. 14.

(*i*) L. 151. C. Th. de decur. (XII. 1). Nov. Theod. T. 23. Pour les temps postérieurs, voir plus bas, ch. V.

(*k*) L. 12. § 1. C. de prox. sacr. scrin. (XII. 19).

(*l*) Vales. ad Ammian. XVII. 5. Pancirol. ad notit. orientis. C. 92. Guther. de off. domus Aug. III. 9. Sur ces *notarii* voir Cramer l. c. et sur le *Ab Actis* de cette époque, la dissertation savante contenue dans le même écrit, p. 12-30.

(*) Cela doit s'entendre de l'Allemagne et de l'Angleterre, où les actes notariés ne sont pas authentiques. En France, avant la révolution, les notaires exerçaient la juridiction volontaire comme délégués du pouvoir judiciaire, mais aujourd'hui leur autorité émane directement du pouvoir exécutif, c'est ce qu'exprime la formule : Louis-Philippe, etc. Mandons et ordonnons, etc. (*Note du traducteur.*)

(*m*) Interpr. L. 1. C. Th. ad L. Corn. de falsis (IX. 9). « Tabellio vero ; « qui amanuensis nunc vel cancellarius dicitur. »

(*a*) La continuation de l'Histoire romaine de Niebuhr devait éclaircir cette matière difficile et jusqu'ici presque entièrement négligée. L'espoir de voir terminer ce chef-d'œuvre est malheureusement perdu !

stitutions relatives aux décurions sont rendues pour tout l'empire, ou si d'abord elles étaient bornées à un territoire, le code Théodosien les érigea en lois générales. Ce que j'ai dit sur le sénat des cités d'Italie, sur ses fonctions, sa composition et sa décadence, s'applique presque entièrement aux provinces. Là aussi, les noms de curie et de décurion sont quelquefois remplacés par ceux de sénat et de sénateur (*b*).

Les cités des provinces avaient un sénat comme celles d'Italie, mais leurs magistratures offraient une grande différence. Il faut d'abord observer que les Romains reconnaissaient deux sortes de fonctions publiques, celles qui conféraient une dignité, une distinction personnelle (*honor*), et celles qui n'en conféraient pas (*munus*) (*c*). Les places de cette dernière classe étaient indispensables aux cités des provinces; ainsi l'on trouve des *munera* dans les Gaules (*d*), et ce sont précisément ces charges qui rendaient le sort des décurions si déplorable. Peut-être les cités avaient-elles quelques *honores*, ceux surtout relatifs au service divin, on en rencontre même des exemples dans les Gaules (*e*); mais une magistrature qui répondît à celle des duumvirs en Italie, embrassant à la fois l'administration de la cité, la présidence du sénat et l'autorité judiciaire, voilà ce que les provinces n'avaient certainement pas, du moins à l'époque dont je parle, c'est-à-dire du temps où la monarchie avait pris racine. L'établissement des défenseurs confirmera bientôt mon opinion, j'en fournirai encore d'autres preuves à l'occasion des Gaules. Cependant je dois poser d'abord une exception qui limite la règle précédente, et qui s'est maintenue jusque dans les derniers temps.

(*b*) Otto de ædil. colon. C. 2. § 4. qui a recueilli les preuves, tant pour l'Italie que pour les provinces.

(*c*) L. 10. 12. 14. pr. D. de muner. (L. 4). L. 5. C. Th. de decur. (XII. 1).

(*d*) L. 140. 148. C. Th. de decur. (XII. 1).

(*e*) Gruteri Inscript. p. 425. n. 1. p. 476. n. 4. « Q. Julio Severino Sequano omnibus honoribus inter suos functo. »

18. Il y avait dans les provinces certaines cités qui, par une faveur spéciale, partageaient le *jus italicum*, c'est-à-dire le droit qui, selon la règle, ne devait appartenir qu'à l'Italie (a). Ce droit, que l'on a cru faussement concerner l'état personnel des citoyens, s'appliquait au corps de la cité, et avait trois objets :

A. Le domaine quiritaire des immeubles et par conséquent la capacité de la mancipation, de l'usucapion et de la vindication, toutes choses qui n'avaient pas lieu dans les provinces non privilégiées, quoique les possesseurs y eussent une sorte de propriété;

B. L'exemption de l'impôt direct (*capitatio*). Les habitants des provinces, possesseurs d'immeubles, étaient soumis à un impôt foncier; les non possesseurs, à un impôt personnel. Les uns formaient une classe à part, sous le nom de *possessores;* les autres s'appelaient *tributarii*. Ces deux expressions servaient à distinguer les débiteurs de l'impôt foncier des débiteurs de l'impôt personnel. L'exemption de tout impôt était le droit commun des cités italiennes, le privilége des cités provinciales ayant obtenu le *jus italicum;*

C. L'organisation indépendante des cités italiennes, c'est-à-dire des duumvirs, des quinquennales, des édiles, et surtout une juridiction.

Ulpien (b) nous montre clairement que cette organisation faisait partie intégrante du *jus italicum*, mais en voici un monument encore plus certain. On trouve un Silène debout sur les monnaies de plusieurs cités des provinces ayant le *jus italicum* (c). Or cette figure est précisément le symbole de

<hr>

(a) Les preuves sur lesquelles reposent cette théorie du *Jus italicum* sont rassemblées dans mes deux traités, l'un sur le *Jus italicum*, l'autre sur l'organisation des impôts chez les Romains. Zeitschrift für geschichtliche Rechtswissenschaft. v. V. p. 242, v. VI. p. 356.

(b) L. I, § 2. D. de censibus : « Est et Heliopolitana, quæ a D. Severo « per belli civilis occasionem *Italicæ coloniæ rempublicam* accepit. »

(c) Meckhel doctrina num. veterum. P. I, vol. IV, p. 493-496.

l'indépendance municipale (*d*). Mais quelles étaient ces villes ayant le *jus italicum ?* Nos renseignements à cet égard sont très-bornés. Pline en nomme quelques-unes en Espagne et en Illyrie (*e*), les Constitutions parlent de Constantinople (*f*), et les Pandectes, d'un grand nombre de villes jouissant de ce privilége (*g*). L'Occident était sans intérêt pour les compilateurs, et c'est par hasard que nous connaissons trois cités dans les Gaules investies du *jus italicum*, Lyon, Vienne et Cologne (*h*). Mais beaucoup d'autres peuvent avoir partagé ce privilége. Les habitants de la Sicile obtinrent la latinité sous César ; après sa mort, le droit de citoyens romains (*i*) ; il ne serait pas improbable que les cités de la Sicile eussent alors reçu le *jus italicum*. Quand dans les inscriptions d'une ville provinciale on trouve le titre d'une magistrature italique, du duumvirat par exemple, je regarde cette circonstance comme une trace certaine du *jus italicum*.

Ces cités favorisées sont les seules où l'on voie jusque dans les derniers temps des magistrats ayant une juridiction. C'est ce que je prouverai bientôt en parlant des Gaules, qui, pour les siècles suivants, feront, après l'Italie, l'objet principal de mes recherches.

19. Quant la Gaule transalpine (*a*) passa sous la domina-

(*d*) Servius ad Virgil. Æn. IV, 58. ed Paris, 1600 f. p. 316 : « Patrique Lyæo : qui... urbibus libertatis est deus, unde etiam Marsyas minister ejus per civitates in foro positus libertatis indicium est : qui erecta manu testatur nihil urbi deesse. » et Aen. III. 20, p. 263. Sur l'identité de Silène et de Marsyas, voir Eckhel, l. c., qui, d'ailleurs, partage l'erreur ordinaire sur le *Jus italicum*, et rejette le témoignage de Servius.

(*e*) Plinius hist. nat. III, 3 et 21.

(*f*) Cod. Th. XIV, 13, et Cod Just. XI, 20.

(*g*) Tit. de censibus (L. 15).

(*h*) L. 8. § 1. 2. D. de censibus (L. 15).

(*i*) Cicero ad Atticum XIV. 12.

(*a*) Il ne doit pas être ici question de la Gaule cisalpine qui fut de bonne heure réunie à l'Italie.

tion romaine, elle se composait de districts indépendants
(*civitates*), dont plusieurs comprenaient un grand nombre
de villes (*b*) ; et tous étaient soumis à un régime aristocratique
fortement constitué (*c*). Le souvenir de leurs noms et de leurs
limites se conserva long-temps (*d*), peut-être même leur existence politique ne fut-elle pas tout-à-coup anéantie par les Romains. Mais quand l'institution des décurions, parvenue à
son entier développement , s'étendit à tout l'empire, on
peut à peine concevoir que cette organisation se soit conservée.

En effet, il aurait fallu que dans chaque *civitas* , la capitale ayant seule un sénat et des décurions, gouvernât les autres
villes ; ou que le sénat des capitales , supérieur aux curies des
villes, fût autrement constitué. La première de ces hypothèses
est formellement contredite par le témoignage de Salvien, qui,
au cinquième siècle, donne des décurions aux plus petites
localités (*e*), et par le testament de Widrad, qui nous montre
une constitution municipale existant du temps des Francs
dans un simple *castrum* (*f*). Le code Théodosien tout entier
dépose contre la seconde hypothèse. En effet, dans les nombreuses constitutions que ce code renferme sur les décurions,
ceux des Gaules en particulier, il les considère toujours comme
égaux. Or, s'il eût existé une telle inégalité entre les décu-

(*b*) Cæsar de bello Gallico I. 2. 4. 5. II. 4, VIII. 2. La civitas des *Helvetii*,
et celle des *Suessiones* avaient chacune douze *oppida*. Il se passa bien long-
temps avant que les capitales portassent le même nom que les peuples ; jusque-là elles en avaient eu de différents.

(*c*) Cæsar l. c. VII. 11-20 et II, 5. (Senatus Remorum).

(*d*) La Notitia Galliæ (sec. 5) dans Dubos Hist. critique, compte 113 *civitates*, 5 *castra* et 1 *portus*. Les *Notitiæ* que l'on trouve dans Bouquet T. 2. p. 1-
11 ne donnent pas tout-à-fait les mêmes résultats.

(*e*) Salvianus de gubernatione dei lib. 5. C. 4. « Quæ enim sunt non modo
urbes, sed etiam municipia atque vici, ubi non quot curiales fuerint, tot
tyranni sint ?....... Quis ergo, ut dixi, locus est ubi non a principalibus
civitatum viduarum et pupillorum viscera devorentur....?

(*f*) Voyez plus bas Ch. V.

rions (g), le code Théodosien n'aurait pu en parler sans la faire ressortir. Probablement, l'ancienne noblesse gauloise se conserva, surtout dans les curies des capitales; et de fait, ces dernières peuvent avoir obtenu jusque dans les temps postérieurs une considération supérieure à celle des autres curies. Mais il n'y avait aucune différence légale entre leurs constitutions, partout la même dépendance du lieutenant de province, partout les mêmes priviléges, le même genre d'administration. Ce qui le prouve, c'est que l'on voit, du temps des Francs et durant plusieurs siècles, la curie d'Angers, capitale d'une *civitas*, ayant un défenseur, des curiales, enfin une constitution pareille à celle des moindres cités (h).

20. J'ai dit plus haut que les provinces n'avaient pas de magistrats que l'on pût assimiler aux duumvirs. Pour les Gaules, nous en avons directement la preuve.

Parmi les fonctions des duumvirs, il en est une qui doit nécessairement se retrouver dans les cités des provinces, la présidence du sénat. Nous possédons par bonheur à ce sujet un document qui s'applique à toutes les Gaules.

(g) La supériorité des capitales est déjà établie par le seul fait qu'elles portent les noms des peuples. Grégoire de Tours applique souvent à l'ancienne noblesse et au sénat des capitales les expressions de sénateur et de race sénatoriale, par ex. : lib. II. 33. III. 9. 15. X. 31 etc. Cf. Ducange, v. senatores, T. VI, p. 356, et le passage d'Avitus cité plus bas Chap. v. Ces distinctions factices du langage ont peut-être donné lieu à l'opinion hasardée de Dubos (Histoire critique, l. 2 et 3) sur laquelle des auteurs modernes français ont bâti comme sur la véritable histoire. Il y avait, dit-il, dans chaque *civitas*, 1° les patriciens d'où était tiré le sénat ; 2° les *curiales* ayant voix délibérative dans la curie, c'est-à-dire l'assemblée du peuple, et d'où était tiré un sénat inférieur, les décurions ; 3° les *possessores* ; 4° les *opifices*. Chaque *civitas* avait aussi ses troupes, et malgré tant de prérogatives, de grandeur et de puissance, elle obéissait à un *comes* de l'empereur ! Il ajoute que cet état de chose se maintint sous les Francs. — Raynouard, hist. du droit municipal, p. 96, est moins éloigné de la vérité. Sa principale erreur est d'appliquer aux sénats des cités gauloises, des passages qui se rapportent aux sénateurs de l'empire (Clarissimi).

(h) Voyez plus bas Ch. V.

« Placuit, principales viros e curia in Galliis non ante dis-
« cedere, quam quindecennium in ordinis sui administratione
« compleverint... Sane quoniam principalem locum et guber-
« nacula urbium probatos administrare ipsa magnitudo de-
« poscit, sine ordinis præjudicio, consensu curiæ eligendos
« esse censemus, qui contemplatione actuum omnium possint
« respondere judicio. Eum vero, qui usque ad secundum
« evectus locum, administrationem aut ætate implere aut de-
« bilitate nequiverit, suffragium meritorum et transactæ tes-
« timonium vitæ, tanquam primus constituto tempore curiam
« rexerit, obtinere conveniet (a). »

Ce passage nous montre que, dans les Gaules, le premier
des décurions (le premier sur l'*album*), présidait la curie, et
se trouvait par conséquent à la tête des affaires de la cité (*ordinis administratio, gubernacula urbium, curiam regere*). Il
s'appelle *principalis*. Mais sa place venant à vaquer, il pouvait se faire que son successeur naturel, le second décurion
(*usque ad secundum evectus locum*) fût incapable de la remplir à cause de son âge ou de ses infirmités. Alors Honorius ordonne que le sénat élira le *principalis*, mais sans préjudicier
aux droits du successeur naturel (*sine ordinis præjudicio*), qui
demeure toujours le premier de la curie, et jouit de toutes les
prérogatives attachées à ce titre. Le *principalis* reste en fonctions toute sa vie ; cependant, après quinze ans d'exercice, circonstance sans doute fort rare, il a droit de se retirer.

Ce texte remarquable jette un grand jour sur plusieurs autres passages où sont énumérés les honneurs indiqués ici. Nous
y voyons que le *principalis* avait le titre de comte avec différents grades déterminés par le nombre d'années passées dans
son emploi (b). On ne saurait concevoir l'existence simultanée

---

(a) L. 171. C. Th. de decur. (XII. 1) de l'année 409.

(b) L. 75. 127. 189. C. Th. de decur. (XII. 1). Dans le dernier passage,
les mots *per quinquennium dignitate præstita* prouvent que les mêmes
fonctions étaient attachées à ce poste, à Alexandrie et dans les cités gauloises.

du *principalis* et des magistrats; car ces derniers rendent inutile et même impossible la présence du *principalis*; d'un autre côté, l'institution des magistrats implique l'élection du sénat, et ici l'élection ne doit avoir lieu que dans un cas déterminé. On pourrait croire que le *principalis* était un véritable magistrat, et qu'il ne différait du duumvir que par son titre et le mode de sa nomination. Mais pour les Romains la différence était bien autrement essentielle. La charge du *principalis* répondait à l'idée que nous nous formons du directeur d'un collége ou d'une corporation; le magistrat avait une dignité propre et personnelle. Ainsi, le *principalis* entrait en charge sans élection, et par droit d'ancienneté il pouvait y rester toute sa vie; deux choses incompatibles avec les fonctions du magistrat. D'un autre côté, la juridiction des cités était tellement liée au caractère de la magistrature, que cette seule conséquence m'autorise à refuser au *principalis* toute juridiction sans en avoir aucune preuve directe.

21. Un autre monument, également relatif aux Gaules, est la constitution d'Honorius sur la diète tenue à Arles en 418 (*a*). Tous les ans, une diète des provinces gauloises devait s'assembler dans cette ville, et la constitution y appelait les *judices provinciarum*, c'est-à-dire les lieutenants de l'empereur, les *honorati*, les *curiales*, les *possessores*; et même, en cas de non-comparution, les membre des trois premières classes étaient soumis à une amende. Maintenant que faut-il entendre par *honorati?* On pourrait croire que ce mot désigne les magistrats des cités, dont l'existence serait ainsi prouvée dans les Gaules, interprétation conforme au sens primitif du mot *honor*.

(*a*) Cette constitution remarquable, attribuée quelquefois à Constantin, existe dans plusieurs manuscrits d'un recueil canonique, la *Collectio Arelatensis*, cf. Ballerini de ant. coll. can. P. 1. C. 13 § 4. 5. Themis T. 9. p. 155. not. 4. Haubold opuscula vol. 2. pref. p. LXXXV, où l'on voit les variantes de six manuscrits différents examinés par Hænel. voyez aussi le **Ms.** Paris. 3880. (Biener). La meilleure édition de cette constitution, accompagnée d'une excellente notice littéraire, se trouve dans Wenck Codicis Theodosiani, libri V priores Append. III, p. 371-384.

Mais la question est de savoir ce que *honorati* a réellement si-
gnifié dans les derniers temps de l'empire. Une foule de passages décisifs ne laissent là-dessus aucun doute. Les *honorati*
sont ceux qui ont passé par les hautes charges, telles que les
lieutenances impériales. Lorsqu'ils habitent une ville des provinces, ils forment une classe à part, supérieure aux *curiales*, et
sont toujours nommés avant eux (*b*). Cette explication admise,
on voit appelés à la diète les fonctionnaires de l'empire actuels
et anciens, les *curiales* et les *possessores*. Quant aux magistrats des cités, il n'en est pas question, et ce silence, dans une
occasion où il eût été si naturel de les nommer, prouve sans ré-
plique qu'ils n'existaient pas.

Je citerai enfin comme troisième preuve l'organisation des
temps postérieurs, où l'on trouve fréquemment des défenseurs,
et jamais des duumvirs (*Voy*. chap. V, n. 3).

Cependant une difficulté se présente. On trouve dans plusieurs villes gauloises de véritables magistratures; la plus
célèbre est le consulat de Bordeaux, dont Ausone fait mention (*c*). On trouve aussi un duumvir de la cité des Séqua-

---

(*b*) J. Gothofred. ad C. Theod. I. 8, en traite spécialement. Brisson, et
dans les additions Heineccius, ont confondu les époques. Voici quelques-uns
des passages les plus concluants : L. 3. C. de off. div. jud. (I. 48). «..... ho-
noratis viris, quibus etiam consistorium nostrum ingrediendi facul-
tas præbetur ». (Cela pourait-il s'entendre des magistrats municipaux ?)
L. un C. de honorat. vehic. (XI. 19). « Omnes honorati, seu civilium,
seu militarium, vehiculis dignitatis suæ, id est carrucis, intra urbem
sacratissimi nominis semper utantur. » Les lois 1. 2. 3. C. Th. ne quid publ.
læt. (VIII. 11), ont toutes le même objet, et ceux que les deux dernières appellent *honorati*, sont nommés dans la première, « viri per provincias eme-
rito jure jam honore pollentes.» Enfin, Nov. Theod. tit. 48. — Raynouard
hist. du droit municipal T. 1. p. 90 - 94 entend par *honorati* les magistrats
municipaux émérites, les *duumviralitii*. Mais comment ces derniers se-
raient-ils nommés quand les magistrats en exercice ne le sont pas ?

(*c*) Ausonius de Claris urbibus, dans les deux derniers vers :

> Diligo Burdigalam ; Romam colo : civis in hac sum,
> Consul in ambabus. Cunæ hic, ibi sella curulis.

On a voulu lire : *Consul in hac sum, civis in ambabus*. Les consuls de

niens ; mais peut-être ce titre a-t-il une signification particulière (*d*). Au reste, si le sens des passages précédents était mis hors de doute, si l'on était certain qu'à aucune époque ces villes n'ont eu le *jus italicum*, leurs magistratures pourraient être considérées comme des vestiges isolés de la supériorité des anciennes capitales. En tout cas, ce ne seraient que des exceptions, comme le montre la généralité des termes dont se sert Honorius dans les Constitutions que j'ai citées.

22. L'administration régulière de la justice dans les provinces appartenait donc aux lieutenants de l'empereur, qui l'exerçaient tantôt par eux-mêmes, tantôt par leurs légats, et parcouraient la province dans ce double but. Ainsi s'explique le titre de *judex ordinarius* donné dans les derniers temps au lieutenant de l'empereur (*a*). Les villes ayant le *jus italicum*, n'étaient pas soumises à ce régime. Elles avaient de véritables magistrats ; mais sans doute l'appel de leurs jugements fut porté de bonne heure devant le lieutenant impérial. Quand par hasard il est question de duumvirs dans les provinces (*b*), cela doit s'entendre seulement des villes ayant le *jus italicum*. La loi de Ca-

Reims et Poitiers offrent peu d'importance. Voir les monnaies et les inscriptions dans Otto de ædil. colon. C. 2. § 6.

(*d*) Gruteri Inscr. p. 13. N. 15. «Q. Adginnius..... Flamen II. vir in civitate Sequanorum.» Mais peut-être faut-il réunir Flamen et II. vir., et au lieu de consulat ou de duumvirat ne voir là qu'une dignité sacerdotale. D'autres exemples confirment cette opinion : Gruter. p. 489, n. 9. 10. «L. Voconio... II. vir. II. vir. Flam.,» et « C. Voconio. Aed. II. viro. II. Flamini II. quæstori Saliorum magistro, » et p. 376. n. 1. « L. Blandius...... IIIIII. vir. et Augustalis et Flaminalis.»

(*a*) Nov. Theod. T. 23. « Consularem et præsidem, qui vetustatis privilegio ordinariorum judicum nomen obtinent. » L. 3. C. Th. de reparat. appell. (XI. 31). On trouve souvent *judex* tout seul dans les deux recueils de constitutions.

(*b*) Ainsi, en Espagne, Concil. Eliberitanum a. 305, C. 56, dans Mansi, T. II, p. 15. « Magistratum vero uno anno, quo agit duumviratum, prohi- « bendum placuit, ut se ab ecclesia cohibeat. » En Illyrie, L. 177, C. Th. de decur. (XII, 1.). Dans ces deux pays, nous savons les noms de plusieurs villes qui avaient le *jus italicum*. Voir ci-dessus § 18.

racalla, qui étendit le droit de citoyen à tous les habitants de
l'empire, ne fit aucun changement à cet égard ; en effet nous
ne voyons pas qu'elle ait eu d'autre résultat que de modifier
l'état personnel des individus.

Les jurisconsultes classiques parlent, il est vrai, des magistrats municipaux comme d'une institution générale; mais il
faut se souvenir qu'ils vivaient en Italie où le régime municipal était généralement établi. Alors, on comprend aisément
pourquoi nous possédons sur les décurions des renseignements
si exacts, et de si pauvres sur les magistratures municipales.
En effet, le code Théodosien, quoique ayant force de loi dans
les deux parties de l'empire, avait été composé à Constantinople et pour l'empire d'Orient. Quant à Justinien, la conquête
projetée de l'Italie ne dut avoir aucune influence sur le choix
des matériaux de sa législation. Les sources du droit que nous
possédons ne furent donc rédigées que hors de l'Italie, dans
des provinces où les décurions étaient la règle générale, les
magistrats une exception rare. Cette circonstance inexplicable
de toute autre manière sert précisément à confirmer mon
opinion.

23. L'institution des défenseurs apporta à l'organisation des
cités provinciales un changement essentiel (*a*). Nous voyons
dans les Pandectes que, jusqu'au temps de Constantin, ce
mot ne désigna pas une charge permanente, mais un mandat
temporaire donné pour une affaire de la cité (*b*). C'est en 365
qu'on trouve pour la première fois cette charge ainsi transfor-
mée (*c*). Son institution se rapporte donc à la première moitié
où au milieu du quatrième siècle. Celui qui en est revêtu est

(*a*) Sources : C. Th. 1, 11. Nov. Major, T. 5. Cod. Just., I, 55. Nov. Just.
15. Auteurs J. Gothofred. paratit. C. Th. I, 11. J. Chr. Schmid. diss. de civitatum defensoribus. Lips., 1759, 4. Leur histoire y est conduite jusqu'au
temps de Justinien.

(*b*) L. 1, § 2. L. 16 , § 3. L. 18, § 3. D. ad munic. Le premier passage est d'Hermogenien, le second, d'Arcadius Charisius.

(*c*) L. 1, C. de defensor. (1, 55.)

appelé *defensor civitatis, plebis, loci* (*d*). Son élection n'est pas faite par les seuls décurions, mais par la cité entière (*e*). Les décurions étaient exclus de cette magistrature, tandis qu'ils étaient seuls admissibles à toutes les autres (*f*). Les fonctions du défenseur durèrent d'abord cinq ans, elles furent réduites à deux depuis Justinien (*g*). Les défenseurs, ainsi que l'indique leur nom, étaient spécialement chargés de défendre la cité contre l'oppression du lieutenant impérial (*h*). Ils avaient en outre une juridiction civile restreinte dans l'origine à 50 *solidi*, et élevée à 300 depuis Justinien (*i*), qui leur donna un *exceptor* et deux *officiales*. L'appel de leurs jugements était porté devant le lieutenant impérial (*k*). Ils ne pouvaient infliger des amendes (*l*), mais ils nommaient les tuteurs (*m*). Quant à leur droit de faire des actes, j'en parlerai plus bas.

Au criminel, ils n'étaient chargés que de l'instruction. Justinien leur permit de juger les affaires de peu d'importance (*n*). On voit, d'après le mode de l'élection des défenseurs, que

(*d*) Il faut bien distinguer l'emploi spirituel et l'emploi temporel des défenseurs des églises. Lupi, cod. dipl. Bergom., p. 411.

(*e*) L. 1, C. Th. de defens. (I, 11.) L. 8, pr. C. Just. eod. (I, 55.) L. 19. C. Just. de ep. aud. (I, 4.) Nov. XV, C. 1.

(*f*) L. 2. C. de defens. (I, 55.). Plus tard, cette loi fut changée par Justinien, Nov. XV, C. 1.

(*g*) L. 4. C. de defens. (I, 55.) Nov. XV, C. 1 et epil.

(*h*) L. 4. C. de defens. (I, 55.)

(*i*) L. 1. C. de defens. (I, 55.) Nov. XV, C. 3, 4. — 300 *so'idi* font 30,000 sesterces, c'est-à-dire le double de la somme que j'ai mentionnée pour les magistrats de la Gaule, § 12. La parité établie par la Nov. XV entre les défenseurs et les magistrats peut faire croire que, dans les temps antérieurs, la juridiction des magistrats municipaux était bornée à la même somme. — En comptant le solide depuis Constantin à 12 fr. 50 c., 300 solides font 3,750 francs. (Voyez Zeitschuft. f. geschichtl, Rechtswiss. v. VI, p. 392.)

(*k*) Nov. XV, C. 5.

(*l*) L. 2. C. Th. de defens. (I, 11.)

(*m*) § 5, Inst. de Atil. tut. L. 30. C. de episc. aud. (I, 4.)

(*n*) L. 1. C. de defens. (I, 55.) Nov. XV, C. 6.

leurs fonctions se bornaient, dans l'origine, à protéger les particuliers, et qu'ils n'étaient appelés ni à la présidence du sénat, ni à l'administration de la communauté qu'ils auraient représentée. Voilà pourquoi la constitution de l'an 409, citée plus haut (§ 20), donne au *principalis* la présidence du sénat dans les cités gauloises, et ne parle pas de défenseurs, bien qu'à cette époque ils existassent depuis long-temps. Par la suite les défenseurs envahirent les droits des magistrats, et se placèrent même à la tête de la curie, comme je le montrerai en exposant la pratique de la juridiction. Justinien les éleva à la dignité de magistrats véritables (o), et créa ainsi par le fait des magistrats dans tout l'Orient. Mais les défenseurs n'exerçaient les droits de la magistrature qu'à défaut de magistrats. Les lois le disent expressément pour la nomination des tuteurs (p) et pour les actes municipaux ; implicitement pour la juridiction, car après avoir nommé les défenseurs à côté des lieutenants, elles ne parlent pas des magistrats (q), omission impossible dans des cités où ces derniers eussent existé.

On a voulu expliquer ce fait en disant que les défenseurs avaient peu à peu dépossédé les magistrats (r) ; mais ce langage est celui des premières lois où il soit question des défenseurs (s), et nous voyons encore au sixième siècle les défenseurs exister paisiblement à côté des magistrats. Ces lois me fournissent une preuve nouvelle que régulièrement les cités des provinces n'avaient pas de magistrats. En effet, on y voit ces derniers suppléés en partie par les défenseurs, et depuis Justinien ils le furent complètement. Ainsi, l'importance des défenseurs s'accrut

(o) Il le dit lui-même, Nov. XV, præf. et C. 1.

(p) § 5, J. de Atil. tut.

(q) L. 1. C. de defens. (I, 55.) Nov. XV, C. 3, 4. Les lois 22. pr. L. 34, § 5, 6. C. de ep. aud. (I, 4.) ne parlent aussi que du lieutenant et des défenseurs.

(r) Roth. l. c., p. 105.

(s) L. 1. C. de defens. (I, 55.) de l'année 365.

dans les provinces; mais en Italie, où partout il y avait des magistrats, ils ne sortirent probablement pas des limites de leurs fonctions primitives. On sait qu'ils existaient en Italie, d'après Cassiodore (t), et plusieurs documents de Marini (u), où on les voit nommés à la tête de la curie, et même avant les magistrats. Cette dernière circonstance s'explique par l'importance qu'on aura donnée à cette dignité nouvelle de la création des empereurs.

24. Après avoir exposé la constitution des cités en Italie et dans les provinces, je passe à l'organisation intérieure de leurs sénats. Il paraît que légalement un sénat était composé de cent membres (a), quoique cette règle ne fût pas rigoureuse ni généralement suivie. Sur la liste des décurions (*album*) figurent d'abord les membres honoraires (*patroni*), ensuite les membres en exercice. Il y avait deux sortes de *patrons* : 1° les décurions que de hautes dignités dispensaient du service effectif (b); 2° les personnes d'un rang élevé étrangères à la curie, et que le sénat y faisait entrer dans l'intérêt de sa propre vanité ou de celle du nouveau membre (c). Les décurions en exercice sont ainsi classés : d'abord les anciens fonctionnaires par ordre de rang, ceux du même rang par ordre d'ancienneté; ceux qui n'ont encore rempli aucunes fonctions, par ordre d'ancienneté dans la curie (d). Quand la cité n'avait pas de magistrats, l'ancienneté marquait le rang des décurions, et désignait le prési-

(t) Cassiodor, var., VII, 11.

(u) Marini papiri diplomat. Par ex. : N. 74. defensor quinquennalis et magistratus.

(a) Par exemple : à Capoue, Cic. in Rullum, II, 35. Voir aussi dans Fabretti, Inscr., C. III, p. 170, les Centumviri municipū Augusti Vejentis.

(b) Voir plus haut, § 8. Voyez aussi, L. 61, C. Th. de decur. (XII, 1.) et L. 2. D. de albo scribendo. (L, 3.)

(c) L. 46. C. Th. De cursu publico. (VIII, 5.) « si... per suffragium ad « curiarum honorarium patronatum... adspirasse doceantur. »

(d) L. 1. D. de albo scrib. (L. 3.)

dent du sénat (*principalis*) (*e*). L'album de la cité de Canusium de l'an 223 après Jésus-Christ, qui s'est conservé jusqu'à nous (*f*), explique et confirme ces règles. Les décurions y sont tous nommés dans l'ordre suivant :

30 patroni C. C. V. V. (c'est-à-dire clarissimi viri, sénateurs romains).
2 patroni E. E. Q. Q. R. R. (equites romani).
7 quinquinnalicii.
4 allecti inter quinquennales.
22 duumviralicii.
19 ædilicii.
9 quæstoricii.
21 pedani.
34 prætextati.

——————

148.

════════

Je ne saurais déterminer la différence existant entre les *pedani* et les *prætextati*. Suivant Fabretti (*g*), les *prætextati* sont ceux qui ont l'expectative d'une charge. Alors cette classe se composerait de tous ceux qui, possédant la fortune requise

(*e*) Voir plus haut § 20.

(*f*) Fabretti, Inscr., C. IX, p. 598. Cette inscription, sur bronze, faisait autrefois partie du musée Ricardi à Florence ; elle est maintenant à la galerie de Médicis, dans la salle qui précède celle des bronzes modernes; Mazochi, p. 406, a fait de bonnes remarques sur cette inscription. On trouve dans Grœvii, thes. Italiæ, t. IX, p. 5, un commentaire diffus et des explications hasardées (Abb. Damadeni æs redivivum); ainsi, par exemple, p. 60, 84, 105 , l'auteur prend les décurions pour des magistrats annuels, ayant la prétexte pour insignes. — Saxe onomasticon P. VI, p. 491, 492, donne une notice littéraire sur cette inscription.

(*g*) L. c., p. 658. Il prétend aussi qu'abstraction faite des *patroni* et des *prætextati*, la curie se trouve justement composée de cent membres ; ce qui est matériellement faux. Sur les *senatores pedarii* voyez Gellius III , 8. La robe prétexte était aussi dans les municipes réservée au ...agistrats et aux enfants, liv. XXXIV, 7.

pour le cens de décurion (*h*), n'étaient pas encore portés sur la liste. Niebuhr voit dans les *prætextati* les fils des décurions qui n'avaient pas atteint l'âge fixé pour siéger dans la curie (*i*). Il y a un grand nombre de villes où les premiers sénateurs en exercice, ordinairement les dix premiers (*decemprimi*), sont distingués sur la liste. On ne les trouve pas mentionnés avant l'an de Rome 550, époque à laquelle le sénat romain manda les magistrats et les dix premiers citoyens des villes latines révoltées (*k*). Plus tard, on les rencontre dans plusieurs cités telles que Amérie, Centuripe, Pise (*l*), et même vers la fin du cinquième siècle à Syracuse (*m*). Ils étaient également séparés de leurs collègues sur les listes du sénat (*n*). Tantôt ils étaient seuls responsables, tantôt ils étaient exempts des peines corporelles, mais soumis à de plus fortes amendes (*o*). Dans d'autres cités, ou pour des circonstances particulières, on trouve aussi des V, VI, VII, XV *primi* (*p*). Cette distinction des premiers décurions n'était pas établie généralement, elle n'existe pas dans l'album rapporté par Fabretti, et peut-être n'avait-elle lieu que rarement. Au reste, les *decemprimi* formaient une classe particulière de décurions, mais non un collége distinct, un conseil supérieur ayant la connaissance exclusive d'une partie des affaires.

(*h*) Noris cenotaph. Pisan. diss. I, C. III, p. 44, 46.

(*i*) Mazochi, p. 407, fait la même supposition.

(*k*) Livius, XXIX, 15. « magistratus denosque principes. »

(*l*) Cicero pro Rosc. Amer. C. 9. in Verrem lib. II, C. 67. Cenotaph. Pisan. Tab. 1.

(*m*) Marini papiri diplom. N. 83. Ils y sont désignés d'une manière singulière, XI ; c'est-à-dire X (*decem*) I (*primi*).

(*n*) Dans Gruter. Inscr., p. 302. On voit d'abord les *clarissimi viri*, en suite item X *primi*, enfin item ordo. cf. Ritter præf. C. Th. T. 4.

(*o*) L. 39. C. Th. de epis. (XVI, 2.) L. 2, C. Th. de quæst. (IX, 35.) L. 54. C. Th. de hæret. (XVI, 5.)

(*p*) Frag. vaticana, § 124. L. 190, C. Th. de decur. (XII, 1.) L. 10, C. Just. de professor. (X, 52.) Noris Cenotaph. Pisan. diss. I, C. III, p. 41.

On croit communément que ce conseil supérieur existait dans la personne des *principales*, qui, suivant quelques auteurs, nommés par leurs collègues, étaient seuls chargés d'une partie spéciale de l'administration (*q*). L'erreur vient de ce que l'on a confondu les diverses significations du mot *principalis*. Tantôt il désigne celui qui a la présidence de la curie, ordinairement par droit d'ancienneté, quelquefois par l'élection du sénat (*r*). Tantôt il s'applique aux duumvirs (*s*), tantôt aux décurions ordinaires pour les distinguer des plébéiens (*t*). Enfin, dans quelques passages, opposé aux décurions ordinaires, il désigne évidemment les *decemprimi* (*u*). Cette expression est si vague que souvent on ne peut lui imposer avec certitude un des sens que je viens d'énumérer. Mais toujours est-il que les *principales* n'ont jamais formé un conseil supérieur, et que nulle part il n'en existe de traces.

25. Après avoir examiné l'organisation intérieure des cités, je vais donner quelques détails sur les lieutenants impériaux dans la dépendance desquels étaient placées les cités. Les lieutenants ne furent d'abord institués que pour les provinces ; ils s'introduisirent peu à peu en Italie ; et la constitution de Constantin, qui fut en vigueur jusqu'à la chute de l'empire d'Occident (*a*), ne fait aucune distinction à ce sujet. Cependant on a vu plus haut que leur position variait suivant que la cité

(*q*) J. Gothofred. parat. C. Th. XII, 1. Roth. l. c., p. 71, 79.

(*r*) Voir plus haut § 20.

(*s*) L. 77. C. Th. de decur. (XII, 1.) Isidor. origines, IX, 4.

(*t*) Fabretti Inscript. C. 2, N. 250. « primo principali. » Salvian. de gubernatione dei V, 4. (Voir plus haut, § 19, c.) Conf. les passages cités dans la note de Baluze, p. 400. — L. 4, C. Just. de nat. lib. (V. 27.) L. 189, 128. C. Th. de decur. (XII, 1.) L. 2. C. Th. de prædiis (XII, 3.). — Sur la loi qui ordonne de passer les actes en présence de trois *principales*, voyez plus bas, § 28, et les documents de Marini. (Voyez ch. V, n. 5.)

(*u*) L. 52, rapprochée de la loi 54. C. Th. de hæret. (XVI, 5.)

(*a*) La *Notitia dignitatum* est une des sources les plus importantes sur l'organisation intérieure de l'empire à cette époque.

avait ou n'avait pas de magistrats ; elle n'était donc pas la
même en Italie que dans les provinces. Le principe fondamental de la constitution de Constantin était la division du
pouvoir civil et du pouvoir militaire, division qui se maintint
jusqu'à la chute de l'empire d'Occident. Justinien la conserva
d'abord en Orient, mais il y dérogea souvent par la suite, en
réunissant les deux pouvoirs (*b*).

L'autorité civile était dans les mains d'un lieutenant (*rector,
judex, judex ordinarius*). Sous ces lieutenants venaient se
placer trois classes de fonctionnaires, les *consulares*, les *cor-
rectores* et les *præsides* (*c*). Quel que fût le rang ou l'importance des provinces soumises aux lieutenants, leurs pouvoirs
étaient partout les mêmes. L'autorité militaire dans les diverses parties de l'empire, placée sous l'inspection supérieure des
magistri militum, se partageait entre un grand nombre de
duces, dont plusieurs s'appelaient *comites*. En effet, *comes*
dans l'origine n'était qu'un titre servant à marquer les rangs
(*comes primi ordinis*, etc.) ; employé pour tous les fonctionnaires, il s'appliquait aussi aux *duces*. Mais comme, dans
l'usage, ce titre se trouva régulièrement joint à des comman-
dements importants, le nom de *dux* tomba en désuétude, et
comes désigna l'emploi lui-même (*d*). Cela se voyait surtout
aux frontières, par exemple sur les bords du Rhin (*e*). Dans
la hiérarchie militaire, le *comes* passe toujours avant le
dux (*f*). Il paraît que le principe de Constantin ne fut pas toujours rigoureusement suivi, et que les pouvoirs civil et militaire se trouvèrent quelquefois réunis dans les mêmes mains (*g*).

(*b*) Cod. Just. I. 45. 46. 49. Nov. 24-31. Je parlerai plus bas de ses institutions en Italie.

(*c*) Du temps des anciens jurisconsultes le lieutenant s'appelait ordinairement *præses*. Digest. I. 18.

(*d*) Cod. Th. VI. 14

(*e*) L. 9. C. Th. de re milit. (VII. 1).

(*f*) L. 11. C. Th. de div. officiis (VIII. 7).

(*g*) Maffei Verona illustrata T. 1. lib. 8. p. 340. 348. ed. in-8. et dans les

Au reste, les chefs militaires avaient certainement part à l'administration de la justice, mais les constitutions ne s'accordent pas à ce sujet. 1° Il était de règle que toutes les affaires civiles, même celles des soldats, fussent, sans exception, portées devant le lieutenant de la province. Le commandant militaire connaissait des affaires criminelles quand l'accusé était soldat (*h*). Dans la suite, les affaires civiles furent abandonnées au *magister militum*, si les deux parties ou seulement le défendeur appartenait à l'armée ; dans ce dernier cas, il paraît que le consentement du demandeur était indispensable (*i*). En effet, trois ans plus tard, il fut interdit sous peine d'amende de contraindre un citoyen, soit demandeur, soit défendeur, de comparaître devant la juridiction militaire (*k*). La première de ces trois constitutions est passée dans le code Théodosien ; la seconde et la troisième, dans le code Justinien ; et non seulement Justinien confirma, par une de ses constitutions, la juridiction militaire sans en poser les bornes (*l*), mais il a dans la suite appliqué à l'Italie les règles de la seconde constitution (*m*).

26. Après cette revue des autorités publiques, nécessaire au but que je me propose, il me reste à présenter sur l'administration de la justice elle-même les détails que je n'ai pas donnés en parlant des fonctionnaires. Cette administration comprenait, comme je l'ai déjà observé, deux sortes de juridictions, la contentieuse et la volontaire.

La juridiction contentieuse était ainsi réglée : en Italie et

inscriptions imprimées N. 47. 48. Ammian, XXVI. 8. Cassiodor. VI. 12. 21. V. 14 ,sur la division régulière des pouvoirs ; VII. 1, sur leur réunion comme exception.

(*h*) L. 2. C. Th. de juridict. (II. 1) de l'année 355. — La L. 9. eod. de l'année 397 sanctionne cette disposition par une peine.

(*i*) L. 6. C. Just. de jurisdict. (III. 13) de l'an 413.

(*k*) L. 17. C. Just. de off. mil. jud. (I. 46) de l'an 416.

(*l*) L. 17. C. Just. de judiciis (III. 1) de l'an 350.

(*m*) Sanctio Pragmatica pro petitione Vigilii, C. 23. de l'an 554.

dans les villes privilégiées des provinces, les magistrats jugeaient en première instance ; l'appel était porté devant les lieutenants impériaux. Ceux-ci exerçaient une juridiction de première instance sur les personnes exceptées, et connaissaient des affaires dépassant une somme qui nous est inconnue. Dans les villes ordinaires des provinces, jusqu'au milieu du quatrième siècle, les lieutenants furent juges de première instance; alors le défenseur connut d'une partie des affaires, mais d'abord sa juridiction fut réduite à une somme plus restreinte que celle des magistrats des cités italiennes ; de sorte que la compétence des lieutenants dut rester plus étendue qu'en Italie (*a*).

La procédure reposait, dès les premiers temps de la république, sur le principe suivant. Le magistrat instruisait le procès, examinait le point de droit, rendait une décision conditionnelle, et renvoyait devant une personne privée (*judex*) qui examinait le point de fait, et transformait en jugement définitif la décision conditionnelle du magistrat (*b*). Voilà ce qu'on entendait par *ordo judiciorum privatorum*. On appelait affaires *extra ordinem* celles où le magistrat prononçait directement sans l'intervention du *judex*. La même organisation se retrouve dans les municipes. Ainsi les magistrats nommaient un *judex* pour chaque affaire, et ce droit faisait partie intégrante de leur juridiction (*c*).

Sous les empereurs, plusieurs genres d'affaires exceptées successivement durent être vidées par le magistrat lui-même et sans *judex* (*extraordinariæ cognitiones*) (*d*). Une constitution de Dioclétien abolit, pour les tribunaux des lieutenants,

(*a*) En Orient, ces sommes furent augmentées par Justinien. Voir plus haut, § 23. *i.*

(*b*) L'instruction des procès devant un seul juge est la forme primitive, l'instruction devant les centumvirs ou recuperatores n'a été introduite que plus tard. voyez Gaius lib. IV. § 104.

(*c*) Lex Galliæ cisalpinæ C. 20. Pour le siècle des jurisconsultes classiques, voy. plus haut, § 13. *a.*

(*d*) Digest. L. 13.

l'*ordo judiciorum* (e). Le lieutenant dut connaître lui-même de toutes les affaires, avec la faculté, néanmoins, de nommer des juges si elles étaient trop nombreuses. Ainsi la règle devint l'exception. Plus tard, il fut autorisé à nommer des juges pour les affaires de peu d'importance (f). Tout porte à croire que l'*ordo judiciorum* fut aboli, à la même époque, à Rome et dans les municipes. Justinien dit expressément qu'il n'existait plus (g). Dans les municipes, il n'y avait pas même lieu aux exceptions que j'ai indiquées en parlant du lieutenant. Mais cette institution nouvelle demande une explication.

Sans le *judex*, on ne concevrait pas qu'à Rome deux préteurs aient expédié tous les procès des citoyens et des étrangers ; il faut en dire autant de chaque ville ayant une juridiction étendue. Comment des lieutenants, des magistrats suffisaient-ils à cet immense travail? L'exception introduite par Dioclétien, dans le cas où les affaires seraient trop nombreuses, ne lève pas la difficuté ; car ce n'est qu'une exception, et elle suppose qu'ordinairement le lieutenant pouvait se passer de juges.

La solution du problème se trouve dans un usage qui, dès le commencement de l'empire, paraît s'être établi dans toutes les juridictions. Déjà, sous la république, les préteurs avaient des conseillers, surtout s'ils n'étaient pas eux-mêmes jurisconsultes. Quand l'administration tout entière se concentra dans les mains des empereurs, ils furent bientôt obligés de créer un conseil pour expédier les affaires, et notamment les procès portés en dernier ressort devant eux (*consistorium, auditorium*) (h). L'institution passa de la cour aux provinces, et

(e) L. 2. C. de pedan. jud. (III. 3).

(f) L. 5. C. Just. de pedan. jud. (III. 3). La même constitution existe dans plusieurs manuscrits du code Théodosien. Voyez ed. Ritter T. 1. p. 46.

(g) § 8 Inst. de Interdictis « quoties extra ordinem jus dicitur, qualia sunt hodie omnia judicia. »

(h) Voyez l'important travail de Haubold : de Consistorio principum spec.

les lieutenants se formèrent, à l'imitation de leur maître, un conseil d'assesseurs (*i*). Dès cette époque, les affaires furent, il est vrai, traitées dans un conseil comme dans nos cours de justice, mais avec cette différence que le président seul décidait. La nomination d'un *judex* devint alors inutile, et cet usage ne s'accordant plus avec le nouvel état de choses, dut nécessairement disparaître (*k*). Il est probable que les changements introduits dans les mœurs, dans les institutions, influant sur les municipes et sur les cités des provinces, le magistrat et le défenseur eurent aussi leurs assesseurs, et ils les trouvèrent naturellement dans les décurions, leurs adjoints ordinaires ; ainsi s'explique l'absence du *judex*, qui, pour les grands municipes, offrirait des difficultés.

La curie devint en quelque sorte une cour de justice (*l*). Du temps de la domination romaine, il est impossible d'en donner aucune preuve directe (*m*), mais cette circonstance ne

---

1 et 2. Lips. 1788. 1789. in-4, et opusc. acad. ed. Wenck. vol. 1. p. 187-314.

(*i*) Tit. D. de officio assessorum (I. 22).—Du temps de Justinien chaque lieutenant avait un assesseur (L. 2 § 19. C. de off. pr. pr. afr., N. 15., N. 24, N. 6., N. 25. C. 6., N. 28. C. 3. 7., N. 29. C. 2., N. 30. C. 6). Peut-être y avait-il autrefois plusieurs assesseurs formant un collége, et n'a-t-on réduit leur nombre que pour diminuer les dépenses. Mais même avec un seul assesseur, le lieutenant devait se trouver très-soulagé, à cause du grand nombre d'affaires qu'il pouvait lui renvoyer.

(*k*) D'autres motifs purent contribuer à ce changement. D'abord la division toujours croissante des provinces rétrécissait le cercle des affaires portées devant chaque lieutenant ; et l'extension donnée à *l'officium*, qui, attirant à lui la plus grande partie des formalités de la procédure, préparait la décision des affaires.

(*l*) Ce n'était pas une cour de justice en ce sens que la curie dût être consultée, et voter sur toutes les affaires. Mais chacun de ses membres participait au pouvoir judiciaire des magistrats ; soit que cette participation fût soumise à des règles ou variât suivant les besoins.

(*m*) A l'époque de la domination des Visigoths nous en avons un témoignage positif dans Int. L. 1. c. Th. de denunciat. (II. 4), d'où l'on peut conclure avec vraisemblance que la même organisation existait antérieurement.

suffit pas pour légitimer les doutes, car ce que nous savons sur la juridiction des magistrats municipaux se réduit à quelques renseignements accidentels. On pourrait citer comme un argument en faveur de cette opinion sur la participation des décurions à la juridiction contentieuse, la certitude qu'à la même époque ils prenaient part à la juridiction volontaire, et la dépendance qui exista toujours entre les deux juridictions. Par là, on expliquerait naturellement pourquoi les défenseurs, depuis qu'ils partageaient l'administration de la justice, durent se trouver constamment mêlés à la curie, tandis que dans l'origine ils n'avaient avec elle aucun rapport. Pour les temps postérieurs, j'en fournirai la preuve en traitant de la juridiction volontaire (*n*).

27. La juridiction volontaire comprend deux classes d'affaires entièrement distinctes : les actes solennels de l'ancien droit (*legis actiones*) et les actes de la procédure nouvelle. La première classe, regardée comme supérieure, comprenait les *vindiciæ* et les actes qui s'y rapportent, la manumission, l'adoption, l'émancipation. Elle entrait dans les attributions de tous les magistrats du peuple romain ; les magistrats municipaux ne l'avaient que par une exception spéciale (*a*). Mais cette restriction, comme toutes celles de la juridiction contentieuse, était probablement étrangère aux anciens municipes. Il est certain que les défenseurs ne participaient pas à ce droit.

La procédure nouvelle fut introduite sous les empereurs (*b*). On avait coutume, à cette époque, de faire transcrire les actes sur des registres (*gesta* ou *acta*) en présence de l'autorité. La loi assujettissait à cette formalité les donations importantes et les testaments pour leur confection et leur ouverture. D'après

(*n*) Les colléges judiciaires des temps modernes me paraissent sortir plus naturellement de cette organisation de la curie, que si on voulait les rattacher aux *recuperatoria judicia* des temps anciens.

(*a*) Paulus II. 26. § 4. L. 4. C. de vindicta libertate (VII. 1). L. 1. 6. C. de emanc. (VIII. 49). cf. L. 4. D. de. adopt. (I. 7) et L. 1. c. eod. (VIII. 48).

(*b*) Le sujet est profondément traité dans Conradi parerg. p. 439. seq.

l'ancien droit (la loi *Cincia*) les donations excédant une certaine somme devaient être accompagnées de la mancipation ou tradition, de sorte que la simple promesse, même avec stipulation, eût été sans effet. Depuis Constantin, l'ancienne formalité fut remplacée par la nouvelle. Les donations importantes, sans distinction de tradition ou de simple promesse, durent être transcrites judiciairement sur les registres (c).

Autrefois les testaments étaient assujettis à l'une de ces deux formalités : la mancipation d'après le droit civil ; la présence et le cachet de sept témoins d'après l'édit. Ces testaments étaient appelés solennels. Sous les empereurs, l'usage donna la même valeur aux déclarations de dernière volonté sur les registres judiciaires (d). Cujas prétend que pour plus de sûreté on y transcrivait aussi les testaments solennels (e). Alors l'omission des formalités antérieures expliquerait naturellement l'origine des testaments judiciaires. Mais cette prétendue transcription, dont il n'existe aucune trace, n'est pas même possible. Une foule d'exemples qui se sont conservés jusqu'à nous montrent que les actes portés sur les registres étaient transcrits en entier. Or, pour lire le testament solennel, il eût fallu briser les cachets et détruire ainsi toute la solennité de l'acte. Les testaments judiciaires dérivent évidemment des testaments nuncupatifs. En effet, sept personnes, ou un plus grand nombre, présentes à la curie, écoutaient la lecture du testament, et la

(c) L. 1. C. Th. de spons. (III. 5). L. 1. C. Th. de donat. (VIII. 12.) ibique J. Gothofred.

(d) On ignore à quelle époque ce droit a commencé. Il est représenté comme établi dans la L. 4. C. Th. de test. (IV. 4) ou L. 28. C. Just. eod. (VI. 23), dans la L. 19. eod. et Nov. Valent. T. 4. Const. 1. On a cru trouver son origine dans la L. 19. C. de test. (VI. 23); mais cette loi dit seulement que les déclarations de dernière volonté faites en présence de l'empereur sont aussi valables que celles faites en justice dans la forme depuis longtemps usitée.

(e) Cujac. ad Paulum IV. 6. § 1. Les auteurs modernes ont adopté son opinion.

mancipation, seule formalité qui lui manquât, était suppléée par la dignité du magistrat et de la curie.

Quant, à une époque plus reculée du moyen-âge, toutes les idées de droit se confondirent, cette forme également valable pour les donations, dut prendre faveur. On n'eut plus à s'occuper des distinctions subtiles entre un testament et un codicille, entre un acte de dernière volonté et une donation, car la forme extérieure était toujours la même.

L'ouverture des testaments exigeait aussi l'intervention de la justice. Cinq jours au plus après la mort du testateur, les testaments solennels devaient être portés devant le juge; là ils étaient lus, cachetés de nouveau, mis au rang des archives, et un procès-verbal constatait toutes ces opérations (*f*). Les testaments ainsi ouverts étaient les testaments solennels, c'est-à-dire ceux qui n'avaient pas été faits en présence du juge. Les modernes confondent souvent ces deux formalités judiciaires appliquées aux testaments, et qui n'ont entre elles rien de commun (*g*). Dans ces trois cas, l'intervention de l'autorité judiciaire était indispensable; mais on y avait volontairement recours pour un grand nombre d'actes, tels que la vente, l'échange, le paiement, la tradition, etc., afin sans doute d'en conserver la mémoire, car un acte privé pouvait être aisément égaré ou dénié.

28. Pour recevoir ces différents actes, il fallait un magistrat. D'abord, on pouvait se présenter devant le lieutenant de la

---

(*f*) Paulus IV. 6. Digest. XXIX. 3. C. Just. VI. 32.

(*g*) L'erreur vient de ce qu'on a mal compris les expressions techniques. Ainsi on entend par *publicatio* l'ouverture et la lecture du testament après la mort du testateur; mais les Romains appelaient *publicatio* la déclaration de dernière volonté faite par le testateur devant le juge, et *recitatio* les formalités qui avaient lieu après la mort. Cependant la phraséologie des constitutions n'est pas toujours rigoureuse. Le sens que je donne ici aux mots *publicare* et *recitare* est fondé pour le premier sur les L. 18. 19. C. de test. (VI. 23); pour le second sur la L. 6. D. test. quemadm. aper. (XXIX. 3) et Paulus IV. 6. § 1. 2.

province (*a*) : mais il était aussi légal et beaucoup plus commode de s'adresser à la curie d'une ville. D'après une constitution d'Honorius, il fallait, pour recevoir un acte, trois *principales*, outre le magistrat et l'*exceptor* (*b*); d'après une Novelle de Valentinien III (*c*), trois *curiales* et l'*exceptor*. Les variantes des manuscrits portent à croire que *principales* est ici synonyme de *curiales*. D'ailleurs, les *decemprimi*, auxquels il faudrait appliquer cette expression, n'existaient pas dans plusieurs cités (*d*), et la constitution parle en termes généraux. La Novelle semble uniquement rappeler les dispositions précédentes ; à la vérité, elle ne parle pas du magistrat, mais sa présence s'implique d'elle-même, et l'omission est purement accidentelle. Les défenseurs avaient aussi le droit de recevoir les actes (*e*), c'est-à-dire dans les villes où il n'y avait pas de magistrats (*f*), comme on l'a vu pour la juridiction contentieuse. Le défenseur remplaçait alors entièrement le magistrat, et sans doute il avait besoin comme lui du concours des trois *curiales*. Les lois sont muettes sur ce point, mais la liaison intime des matières suffit pour l'établir ; et les recueils de formules chez les Francs nous montrent toujours dans de semblables circonstances, le défenseur à la tête de la curie. Le *curator* ou *quinquennalis* semble avoir eu les mêmes préroga-

(*a*) «Actis cujuscunque judicis» L. 19. C. de test. (VI. 23).

(*b*) L. 15§. C. Th. de decur (XII. 1). «Municipalia gesta non aliter fieri « volumus, quam trium principalium presentia, excepto magistratu et ex- « ceptore publico.» D'autres manuscrits portent *curialium* au lieu de *principalium*.

(*c*) Elle se trouve dans la Nov. Theod. Tit. 23 : «in municipalium confec- « tione gestorum sit firmitas, si apud tres curiales publico fuerint exceptore « perscripta.»

(*d*) Voyez plus haut, § 24.

(*e*) L. 9. § 1. C. de defens. (I. 55) Nov. 15.

(*f*) L. 8. C. Th. de don. (VIII. 12) L. 30. C. Just. eod. (VIII. 54). Cela explique pourquoi dans les documents de Marini, lors même que les défenseurs sont nommés avec ou avant les magistrats, ces derniers sont cependant les seuls qui parlent et qui agissent.

tives que les magistrats, il partageait avec eux l'insinuation des donations ; j'ai déjà dit pourquoi plus tard on la lui a ôtée (*g*).

Je vais, pour plus de clarté, jeter ici un coup d'œil sur le droit des temps postérieurs. Justinien établit d'une manière générale les droits des magistrats et des défenseurs (*h*), sans nommer les *curiales* et l'*exceptor*; non que leur présence ne fût nécessaire, elle est seulement sous-entendue. La description de ces formalités est remarquable dans l'édit de Théodoric (*i*). Pour l'insinuation des donations d'immeubles, il exige « tres curiales, aut magistratus, aut pro magistratu « defensor civitatis cum tribus curialibus, aut duumviri, vel « quinquennalis. » Ce passage est corrompu et ne présente aucun sens ; mais on peut aisément le rétablir : « tres cu- « riales *et* magistratus, aut pro magistratu defensor civitatis « cum tribus curialibus, aut *duumviri quinquennales*, » à l'égard des duumvirs, la présence des trois *curiales* est sous-entendue. Alors le passage s'accorde parfaitement avec le droit antérieur, si ce n'est que l'on voit pour la première fois le *quinquennalis* recevant les actes de donations. Les forma-lités de la tradition sont moins rigoureuses : « si magistratus, « defensor, duumviri aut quinquennalis forte defuerint... tres « sufficiant curiales. » Mais il faut lire : « si magistratus de- « fensor *aut duumviri quinquennale* forte defuerint. »

29. Nous avons beaucoup d'exemples de ces actes après la chute de l'empire d'Occident : pour l'Italie, les documents de Marini ; pour les Gaules, les recueils de formules chez les Francs. Toujours la partie intéressée comparaît en personne, et le procès-verbal est un dialogue entre elle et le magistrat ou défenseur, s'il s'agit d'un acte unilatéral ; par exemple,

(*g*) Voyez plus haut § 15.

(*h*) L. 2. C. de mag. munic. (1, 56.) Comparez les passages cités dans les notes *e, f*.

(*i*) Ed. Theoderici, art. 52, 53.

de la confection, de l'ouverture d'un testament, ou de l'expédition authentique d'un acte antérieur. Mais pour les contrats, l'agrément de l'autre partie est indispensable. Tantôt elle comparaît, tantôt elle exprime son consentement par une lettre adressée au juge. Souvent le juge envoyait des députés qui s'assuraient du consentement, vérifiaient la signature et faisaient un rapport verbal de leur mission. La tradition d'un immeuble éloigné exigeait quelquefois un voyage; ainsi des députés allèrent de Syracuse à une terre dont Odovacar faisait donation (*a*). Justinien prescrivit pour tous les actes deux formalités nouvelles également observées ici. 1° Les actes devaient porter l'année du règne de l'empereur, le nom des consuls, l'indiction, le mois et le jour; 2° et être faits en présence d'un notaire et de cinq témoins, si l'une des parties ne savait pas écrire (*b*).

(*a*) Marini papiri diplom. N. 82, 83.
(*b*) Nov. 47, C. 1. Nov. 73. C. 8. Conradi parerg., p. 451, 460.

CHAPITRE III.

SOURCES DU DROIT DANS LES NOUVEAUX ÉTATS GERMANIQUES (*).

30. Lorsque les Goths, les Bourguignons, les Francs et les Lombards fondèrent de nouveaux États où les Romains ne conservèrent plus ni domination ni influence, ces barbares pouvaient traiter les vaincus de différentes manières. Ils pouvaient anéantir la nation en exterminant ou en asservissant tous les hommes libres; ils pouvaient encore se l'incorporer en lui imposant les mœurs, la constitution et les lois de la Germanie. Cependant, rien de tout cela n'arriva; car si une foule de Romains furent tués, chassés, ou réduits en esclavage, ces rigueurs n'atteignirent que les individus, et ne furent jamais dirigées contre la masse de la nation, d'après un plan uniforme. Loin de là, confondues sur le même territoire, les deux nations conservèrent des mœurs et des lois distinctes qui engendrèrent cette espèce de droit civil appelé *droit personnel* ou *loi personnelle*, par opposition au droit territorial. C'est un principe des temps modernes que le droit se détermine par le territoire, et qu'il régit les propriétés et les contrats de tous ceux qui l'habitent; sous ce rapport, les citoyens diffèrent peu des étrangers, et l'origine nationale n'a aucune influence (*a*).

(*) Sur le sujet de ce chapitre et du chapitre suivant, il faut consulter Grimm deutsche Rechtsalterthümer, Goettingen, 1828. 8, ouvrage aussi distingué par la science philologique que par l'immense richesse des matériaux historiques, et leur savante mise en œuvre.

(*a*) Il faut toutefois en excepter les Juifs; mais, dans les temps modernes, cette exception a presque entièrement disparu.

Mais au moyen-âge il en était autrement : dans le même pays , dans la même ville , le Lombard vivaitd'après la loi lombarde, le Romain d'après la loi romaine. L'esprit des lois personnelles régnait également parmi les individus des diverses tribus germaniques, et les Francs, les Bourguignons, les Goths, vivaient sur le même sol, chacun d'après son droit. Ainsi s'explique le passage suivant d'une lettre d'Agobardus à Louis-le-Débonnaire (*b*) : « On voit souvent converser ensemble cinq « personnes dont aucune n'obéit aux mêmes lois (*c*). »

Cependant le principe des lois personnelles souffrit une exception dès l'origine. Seuls, entre tous les peuples germaniques, les Ostrogoths suivirent un plan scientifique et raisonné, qui appartient exclusivement à leur histoire et est étranger aux vues générales qui m'occupent en ce moment.

Lorsqu'on voit ce régime des droits personnels établi d'une manière uniforme chez tant de tribus différentes, on peut conclure d'avance qu'il n'est pas l'effet du hasard, mais qu'il a sa source dans des idées et des besoins généraux ; c'est cette source commune que je vais d'abord tâcher de découvrir.

31. On croit communément que le système des droits personnels régna de tout temps au sein des tribus germaniques (*a*), et on l'explique par l'amour des Germains pour la liberté. Néanmoins il est difficile d'attribuer à l'amour de la liberté de pareils effets. Chaque tribu pouvait bien désirer de conserver son droit national chez les tribus étrangères ; mais la ques-

(*b*) Agobardi ep. ad Lud. P., dans Bouquet, T. VI, p. 356.

(*c*) Ce principe, mais plus compliqué, existait dans l'ancienne Rome ; car il y avait deux droits, l'un pour les citoyens, l'autre pour les étrangers. Mais d'abord on donna le droit de citoyen aux étrangers individuellement , puis à des villes et à des pays entiers, et comme d'ailleurs les affranchis, quelle que fût leur origine, devenaient citoyens, les distinctions fondées sur la nationalité furent remplacées par des distinctions politiques et arbitraires.

(*a*) Montesquieu, xxviii, 2, et plusieurs auteurs allemands partagent cette opinion. Voyez, pour la confirmation de la mienne, Rogge Gerichtwesen der Germanen. Halle, 1820, p. 53.

tion est de savoir comment les tribus étrangères auraient été déterminées à y consentir. Des sentiments humains, hospitaliers, expliqueraient cette tolérance plutôt que l'amour de la liberté; mais cette humanité hospitalière, peut-on la supposer chez les anciens Germains, qui peut-être regardaient un étranger comme la proie du premier occupant (*b*). Au reste, on ne devait guère sentir le besoin d'un pareil ordre de choses dans un pays dépourvu de commerce, et où l'on trouvait à peine quelques étrangers de loin en loin; d'ailleurs il aurait été impossible de le mettre à exécution. Supposons en effet un Goth isolé au milieu des Bourguignons, comment le droit goth lui aurait-il été appliqué? Les Bourguignons l'ignoraient, et sans doute on eût vainement cherché le nombre de Goths nécessaire pour rendre un jugement (*c*).

Ainsi donc le besoin et la possibilité d'une semblable institution ne commencèrent que quand les nations se furent mêlées davantage; car alors chaque État y trouva son intérêt, tandis qu'il est de toute invraisemblance que l'humanité due à des étrangers isolés l'ait fait établir auparavant. Cette supposition une fois admise, le système des droits personnels dans les États germaniques fondés sur le sol romain ne dut comprendre d'abord que deux espèces de droit, le droit romain et celui de la tribu conquérante, à l'exclusion du droit des autres tribus allemandes. Mais si ce même État étendait sa domination sur une nouvelle tribu, aussitôt il en admettait le droit national, comme il avait admis le droit romain, et la tribu conquise reconnais-

(*b*) Möser Osnabr. Gesch. Th. I, Abschn. I, § 41.

(*c*) Je présente ici mon système d'une manière absolue. Cependant il se pourrait que, dans l'intérieur de l'Allemagne, entre peuples voisins et de la même origine, le principe des droits personnels eût été quelquefois admis, ce que nous verrions bien par les compositions, si nous avions l'histoire de ces temps-là. Grimm, p. 398, incline à cette opinion. Ainsi le principe des droits personnels, qui ne fut établi, comme règle générale, qu'après la conquête des provinces romaines, aurait eu auparavant quelques applications accidentelles et isolées. Il n'y a rien là qui modifie d'une manière essentielle l'explication que je donne.

sait à son tour les différents droits en vigueur dans la tribu conquérante.

Voici les résultats que donnerait cette hypothèse. — Pour la France septentrionale, d'abord le droit romain aurait été seul admis à côté du droit franc : plus tard, lorsque les Carlovingiens eurent soumis les Visigoths, les Bourguignons, les Allemands, les Bavarois et les Saxons, le droit de ces diverses tribus aurait été reconnu dans l'empire franc dont elles faisaient partie ; mais comme l'Italie ne fut jamais province de l'empire franc, le droit lombard en aurait toujours été exclu. — Pour l'Italie, sous les rois lombards, le droit romain eût été seul en vigueur à côté du droit lombard, et les Francs par leur conquête y auraient introduit les différents droits qu'ils avaient déjà reconnus. Or, l'histoire s'accorde merveilleusement avec ces résultats, et les inductions que j'avais tirées de la nature des choses sont confirmées par les faits.

32. Parlons d'abord de la France. La loi salique, dont la rédaction est évidemment antérieure aux autres lois que nous possédons (*a*), règle la composition due par le meurtrier, d'après diverses gradations qui toutes se rattachent à deux classes principales de personnes, les Francs (y compris les autres tribus germaniques) et les Romains. Voici les termes de la loi (*b*) : « Si quis ingenuus Francum, aut hominem barbarum occide- « rit, qui lege Salica vivit, VIII M. den. qui faciunt sol. CC. « culp. jud.... Si quis Romanum hominem, convivam regis, « occiderit, etc. » Le sens le plus naturel de ce passage me paraît être : si un homme libre tue un Franc ou un autre Germain (vivant aussi d'après la loi salique), etc. (*c*). Cependant

(*a*) Eichhorn deutsche Rechtsgesch. Th. J, § 35, 143.

(*b*) Lex salica emend. Tit. XLIII, § 1, 6, dans Baluze et Georgish. Ce texte est aussi celui du manuscrit de Paris, Tit. 68, dans Canciani, T. V, p. 387. On le retrouve avec de légères variantes dans le manuscrit de Wolfenbüttel. Tit. 40 ; dans Canciani (d'après Eccard), T. V, p. 401 ; Si quis ingenuus Franco aut barbarum , qui legem Salicam vivit , occideret, etc.

(*c*) En effet, on pourrait entendre par *barbarum* le Germain admis à vivre

une autre rédaction de la loi salique, connue sous le titre de
Lex Salica antiquior ou *Pactus legis Salicæ*, présente une
leçon bien différente (*d*) : « Si quis Ingenuus Franco, aut Bar-
« barum, aut hominem qui Salica lege vivit, occiderit, etc. » ;
ce qui comprendrait trois classes de personnes, les Francs, les
autres Germains, et ceux (les Romains) qui ont choisi la loi
salique (*e*) ; et alors le passage deviendrait étranger au fait que
je prétends établir, savoir : que la loi salique régissait tous les
Germains.

Je parlerai plus tard du choix libre du droit, choix sur
lequel reposent entièrement cette dernière leçon et l'interprétation qu'on lui donne ; mais deux puissants motifs me font
dès à présent préférer la première leçon. D'abord, le texte où
elle se trouve est en général le plus pur (*f*) ; ensuite, un autre
passage de la loi distingue seulement les Romains et les Francs
sans parler des autres Germains (*g*) : argument favorable à
mon hypothèse, et contraire aux partisans de la seconde leçon.
Il faut donc reconnaître que, dans l'origine, les Francs n'ad-
mettaient que deux espèces de droit ; la multiplicité des droits
admis par la suite, et dont je m'occuperai bientôt, n'a jamais
été contestée. A cette dernière époque je rapporte la loi ripuaire,
qui reconnaît expressément les lois salique, bourguignonne
et allemande (*h*), mais dont la date est certainement plus
récente (*i*). Aussi la loi ripuaire fixe-t-elle pour les Germains

d'après la loi salique, par exception à la règle générale (Rogge, p. 54.),
ou le *homo denarialis* suivant la supposition de Eichhorn.

(*d*) Pactus L. Sal. Tit. 44, dans Georgisch, p. 80.

(*e*) Eichhorn deutsche Rechtsgesch. Th. 1, § 46. Peut-être est-il encore ici
question du *homo denarialis*.

(*f*) Wiarda Geschichte des Salischen Gezetzes § 19-22.

(*g*) L. Sal. emend. T. XV, § 2, 3. Si Romanus homo Francum expoliaverit..... Si vero Francus Romanum expoliaverit..... L'autre rédaction (Tit.
16.) présente ici une légère variante : Si vero Romanus, Barbarus, Sa-
lecum Francum expoliaverit.... Si vero Francus Romanum expoliaverit....,

(*h*) L. Ripuar., Tit. XXXI, § 3, 4.

(*i*) Eichhorn deutsche Rechtsgesch., Th. 1, § 38, 143.

des tribus étrangères une autre composition que pour les Francs (*k*), distinction qui n'existe pas dans la loi salique.

33. L'Italie présente absolument le même spectacle. Du temps des rois Lombards, les notaires doivent rédiger les actes d'après la loi lombarde ou d'après la loi romaine, sous peine d'être condamnés à une amende (*a*). Tous les étrangers, c'est-à-dire tous ceux qui ne sont pas Lombards Germains, suivent le droit Lombard, à moins qu'ils n'aient obtenu du roi l'autorisation spéciale de conserver le droit de leur nation (*b*). Aussi voit-on dans un placitum de cette époque (la première moitié du huitième siècle) des Lombards jugés d'après la loi Lombarde par plusieurs échevins Allemands d'origine (*c*), mais devenus

(*k*) L. Ripuar., Tit. XXXVI, § 1, 2, 4.

(*a*) L. Luitprandi, VI, 37. De scribis hoc prospeximus, ut qui chartam scripserit, sive ad legem Langobardorum, quæ aptissima (al. quoniam apertissima), et pene omnibus nota est, sive ad legem Romanorum, non aliter faciant, nisi quomodo in illis legibus continetur. Nam contra Longobardorum legem aut Romanorum non scribant, etc.

(*b*) L. Rotharis 390. Omnes gargangi (al. guargangi warengangi), qui de exteris finibus in regni nostri finibus advenerint, seque sub scuto potestatis nostræ subdiderint, legibus nostris Langobardorum vivere debeant, nisi legem suam a pietate nostra meruerint, etc. Il est fait encore mention des Wargengi dans le Cap. III. a. 813. C. 8, et dans ces deux passages, ce sont des étrangers et non des vagabonds ou des bannis, comme l'ont cru Muratori et d'autres auteurs. Mais sans doute le sens du mot changea, et plus tard on a donné tantôt à des vagabonds, tantôt à des bannis, les noms de Vargi, Wargi, Warengangi. L. Sal emend. T. 57. § 5. L. Ripuar. T. 85. § 2. Capit. Radelchisi § 12. (Canciani, vol. 1. p. 271.) Sidonius Apollinaris, lib 6. epist. 4. Voir sur ce passage la note de Savaro, qui a fait beaucoup de recherches dans les anciens Glossaires. — Grimm, p. 396. traduit Wargangus par vagabond, étranger, et vargus par banni.

(*c*) Ce document très-important se place entre les années 721 et 744. Fumagalli l'a rapporté cod. dipl. Num. 4. p. 18, et il en a donné ailleurs une excellente explication (Antichità long. Milan, vol. I. p. 291). On y reconnaît évidemment le droit lombard, car il y est fait mention de *l'Édectum du Domnus Luitprand*. Voici la souscription de l'acte : hec nostrum judicatum emisemus ivi mecum stante idoneis homenis Toto de Geperanzo Leonace et Placemunus Austremunus Gumipert et Alto alamanni.

Lombards à cause de leur résidence en Lombardie. J'exposerai bientôt comment le droit des diverses tribus germaniques s'introduisit plus tard en Italie.

Tant que dure cette première période, on peut, à la rigueur, considérer le droit romain comme un droit personnel, et le droit germanique de la tribu conquérante comme un droit territorial, parce que son empire s'étendait à tous les étrangers habitant le territoire (*d*).

34. Je passe maintenant à la seconde période, où plusieurs tribus mises en présence réclament leur droit national comme un droit personnel. D'après le plan de mon ouvrage, la conservation du droit romain doit occuper ici le premier rang. Je n'emploierai que les lois et les sources générales, réservant les documents particuliers relatifs aux différents peuples pour l'histoire spéciale dont les présentes recherches ne sont que l'introduction.

Quant aux Visigoths, tant qu'ils régnèrent sur une grande partie de la France, l'existence seule du Breviarium prouve d'une manière irrécusable la conservation du droit romain. L'histoire des provinces qu'ils occupèrent rentre dans celle de la France dès qu'elles y sont réunies. Plus tard, les Visigoths abandonnèrent le droit romain, mais cet événement, sans influence hors de l'Espagne, appartient à l'histoire particulière de ce pays.

En Bourgogne, l'autorité du droit romain est expressément établie dans les lois du royaume (*a*) : nous verrons même qu'on y fit une rédaction du droit romain. Plus tard, la Bourgogne incorporée à la France se confond avec elle.

35. Chez les Francs, une constitution de l'an 560 est le

_____

(*d*) Wiarda Geschichte des Salischen Gesetzes S. 132. 133, a établi ce point historique, mais il en a fait une fausse application.

(*a*) L. Burgund. prolog. «Inter Romanos.. Romanis legibus præcipimus « judiciari.» Tit. 55. § 2. »....jubemus.... causam Romanis legibus ter- « minari... licebit ei seu pulsatus fuerit, seu ipse pulsaverit, Romano jure « contendere.»

premier monument authentique que nous ayons de la durée du droit romain. Cette constitution établit d'abord en termes généraux l'autorité du droit romain, et s'y réfère ensuite pour un cas particulier (*a*). Le principe des droits personnels est posé d'une manière plus explicite dans les formules de Marculfe (660) ; une instruction adressée à un *dux patricius* ou *comes* porte que les Francs, les Bourguignons et tous les autres peuples doivent être régis d'après leur droit (*b*). Plusieurs capitulaires de Charlemagne (*c*) et de Louis-le-Débonnaire (*d*) reconnaissent également le droit romain et quelques autres droits. On trouve même dans les manuscrits du Breviarium une confirmation expresse de cette compilation renouvelée par Charlemagne (*e*). On a cru voir une confirmation semblable du Breviarium dans le passage suivant des décrétales : « quod Theodosius statuit Imp. et Carolus innovavit (*f*). » Ce passage ne renferme aucune preuve de l'autorité du droit romain en général ; il se rapporte non au Breviarium, mais à une constitution probablement supposée du code Théodosien trans-

(*a*) Const. Chlotarii (Baluz. T. I. p. 7. Georgisch p. 465). Cap. 4. « Inter Romanos negotia causarum Romanis legibus præcipimus terminari. » Le Cap. 13. fait l'application de la prescription trentenaire aux ecclésiastiques et aux *provinciales*. et il ajoute : « nec quidquam aliud agere aut judicare quam « ut hæc præceptio secundum legum Romanorum seriem continet... præ- « sumant. »

(*b*) Marculfi form. I. 8. « et omnis populus ibidem commanentes, tam Franci, Romani, Burgundiones, quam reliquas nationes sub tuo regimine et gubernatione degant et moderantur, et eos recto tramite secundum legem et consuetudinem eorum regas. »

(*c*) Capit. 6. a. 803. art. 2. (Georgisch, p. 675. Baluz. I. p. 401.). « lege Romanam legem, et sicut ibi inveneris, exinde facias. Si autem ad salicam pertinet legem, » etc.—Capit. 2 a. 813. (Georgisch, p. 775, Baluz. I. 505.) « Karolus... constituit ex lege Salica, Romana atque Gundobada. »

(*d*) Ludovici P. divisio imp. a. 817. art. 9. (Baluz. I. 606.) « Proprium autem suum... secundum suam legem unusquisque absque injusta inquietudine possideat. » — Cf. Capit. 1. a. 819. art. 4. 9. Capit. 2. a. 819. art. 8. (Georgisch, p. 838. 839. 848).

(*e*) Voyez plus bas vol. II. § 13.

(*f*) Cap. 13. X de jud. (II. 1.) Struv. hist juris, p. 368.

crite dans les Capitulaires (*g*). Une lettre citée précédemment (§ 30) montre la multiplicité des droits en vigueur sous Louis-le-Débonnaire. Plus tard, en 858, on lit dans le serment prêté par le roi : « unicuique competentem legem et justitiam servabo (*h*). » Mais le capitulaire le plus remarquable sur la durée du droit romain est l'*edictum pistense* dont je parlerai à la fin du présent chapitre. Les capitulaires nous offrent également une foule de témoignages de la conservation du droit des Goths (*i*).

Outre ces preuves que fournissent les Capitulaires, nous voyons encore la loi ripuaire reconnaître la validité des droits personnels en général et du droit romain en particulier (*k*). On a rangé à tort parmi les monuments de la conservation du droit romain un passage d'Eginhard, où il est parlé du double droit des Francs; expression qui ne désigne pas le droit romain et le droit franc, mais plutôt le droit salique et le droit ripuaire (*l*). Un passage des capitulaires ferait croire à l'abolition du droit romain (*m*). Je renvoie l'examen de ce passage à l'histoire particulière du droit chez les Francs.

(*g*) L. 1. C. Th. de episc. jud. insérée dans le Capit. lib. 6. C. 366. Mais le pape semble l'avoir tirée de l'extrait qu'en a fait Gratien, c. 35. 37. C. XI. q. 1. Au reste, ce passage des Capitulaires est celui qui offre l'énumération la plus complète des différents peuples, et leurs droits y sont expressément reconnus ; mais son authenticité me paraît douteuse. 1° Il n'existe que dans le recueil incertain de Benedictus Levita, où ont puisé ensuite tous les auteurs ; 2° il range parmi les autres peuples les Lombards et les Bénéventins comme sujets d'un seul et même empire. Cependant on pourrait répondre qu'il est seulement question ici des Lombards ou des Bénéventins vivant isolés en France.

(*h*) Baluz. II. p. 100.

(*i*) Cap. a. 844. art. 3. (Baluz. II. p. 27). Capit. a. 878., ou Synodus Tricassina (Baluz. II. p. 277).

(*k*) L. Ripuar. Tit. 31. § 3. 4. Tit. 58. § 11. Tit. 66. § 1. 2. Tit. 87.

(*l*) Eginhardi vita Caroli M. Cap. 29 (Bouquet T. 5. p. 100.) « nam Franci duas habent leges plurimis in locis valde diversas.» Le véritable sens de ce passage se trouve dans la note de Bouquet. Ritter l'a appliqué au droit romain, prolog. C. Theod. p. ccxxvii. not. c.

(*m*) Cap. lib. 6. C. 343. voyez plus bas Vol. II. § 35.

36. Les lois lombardes renferment les mêmes dispositions. J'ai montré plus haut (§ 33, *a*), que le droit lombard et le droit romain étaient seuls reconnus par Luitprand. La conquête des Carlovingiens introduisit les autres droits en Italie. Les lois de Charlemagne et de Pépin ordonnent que les Francs et les Allemands aurontcomme les Lombards la jouissance de leurs droits nationaux (*a*), quoique les Lombards et les Romains dussent sans doute l'emporter de beaucoup par le nombre (*b*). D'autres lois confirment, en termes généraux, le principe des droits personnels (*c*). Mais ce qui jette un grand jour sur l'état du droit, c'est l'étude des documents, qui nous montre une bien plus grande diversité de droits et de nations différentes pour l'Italie que pour la France.

37. Presque toutes les lois précitées qui reconnaissent le droit d'une nation lui donnent le nom de *Lex*, *Lex Salica*, *Lex Romana*, etc. Le même langage se retrouve dans les documents qui contiennent l'application du droit à des cas particuliers. Il est donc nécessaire de déterminer la signification précise du mot *Lex*. En voyant le mot *Lex Salica*, par exemple, les modernes se reportent ordinairement au livre désigné sous ce titre dans les recueils. Mais un examen plus profond nous fait voir que cette expression désigne l'ensemble du droit en vigueur chez les Francs Saliens. Or, le texte imprimé appelé Loi Salique n'est qu'un extrait incomplet où ne sont même pas mentionnées les matières les plus importantes de ce

(*a*) L. Long. Caroli M. 89. Pipini 8 et 43.

(*b*) L. Long. Caroli M. 157 (ou prolog. Capit. a. 801. Baluz. I. p. 345.), « pleraque statuta recitata ex Romana, seu Langobardica lege competenti sententia terminata sunt ; » passages où le droit romain et le droit lombard ne sont pas considérés comme les seuls droits en vigueur. Voir aussi L. Pipini 46.

(*c*) Capit. Pipini a. 793. art. 37. (Baluz. I. p. 542.) « Domno Regi dictum est quod multi se complangunt legem non habere conservatam, et quia omnino voluntas Domni Regis est ut unusquisque homo suam legem pleniter habeat conservatam... Et per singulos inquirant qualem habeant legem ex nomine. » cf. L. Long. Lud. Pii. 1. L. Lotharii seu. 14.

droit (*a*). Au reste, si le texte que nous possédons n'était pas tout le droit salique, du moins il en faisait partie, et c'est en ce sens qu'on pouvait l'appeler loi salique. *Lex* doit donc en général se traduire par droit et non par loi.

La même question appliquée au mot *Lex Romana* voudrait dire droit romain, les lois de Justinien, le *Breviarium*, etc., s'appelleraient toutes *Lex Romana*, et cette expression, employée par un auteur, désignerait le recueil dont il aurait eu connaissance. Mais ici l'analogie ne suffit pas, car chaque langue a ses caprices. D'illustres savants ont soutenu que le nom de *Lex Romana* s'applique exclusivement au *Breviarium*, et même Brenkmann avertit de ne pas étendre « imprudenter » l'expression de *Lex Romana* aux compilations de Justinien (*b*). On aperçoit au premier coup d'œil la portée de ce système. Vainement tout conspirerait à prouver que le droit Justinien était en vigueur dans un pays, la seule mention du mot *Lex Romana* y établirait l'usage exclusif du *Breviarium* tel qu'on le voit en Italie depuis Charlemagne. Mais le système s'appuie sur un argument bien futile, sur ce fait, que plusieurs manuscrits donnent réellement au *Breviarium* le titre de *Lex Romana*.

Or, cette circonstance ne prouve rien contre mon opinion, car je ne nie pas que le titre de *Lex Romana* n'ait appartenu au *Breviarium*, mais qu'il lui ait appartenu exclusivement. Dès lors, à défaut de preuves directes, l'analogie devrait faire prononcer en ma faveur. Mais l'histoire du moyen-âge offre peu de questions où les preuves directes se trouvent en plus grand nombre. Je vais rapporter les passages où *Lex Romana* ne s'applique pas au *Breviarium*.

(*a*) Wiarda Geschichte des salischen Gesetzes. S. 124, 140, a reconnu ce fait ; mais quelques-unes de ses opinions me semblent erronées. Je les examinerai plus bas.

(*b*) Ducange, v. Lex romana, T. IV, p. 155, ed. Bened. — Brenkmann, hist. Pandect., p. 55. — Ej. append. ad Relandi fastos, p. 859. — Ritter præf. T. 2. C. Th. p. penult.

Le plus ancien de ces passages est tiré du Papien, dont le rédacteur n'avait pas le *Breviarium* sous les yeux, mais puisait directement aux sources. Dans son langage, *Lex Romana* ne désigne aucun recueil en particulier, mais le droit romain en général (c). Ajoutons ici le témoignage des copistes. Trois fois le manuscrit d'Ottobon, le plus ancien de tous, donne au Papien, recueil si différent du *Breviarium*, le nom de *Lex Romana*, deux fois au commencement et une fois à la fin (d). Brenkmann nous offre ici un singulier exemple de préoccupation : tout plein de son système, il a, sur le titre seul, rangé ce manuscrit parmi ceux du *Breviarium*, quand pour se détromper il lui eût suffi de l'ouvrir (e). Louis-le-Débonnaire ordonne que les emphytéoses préjudiciables au clergé seront abolies conformément aux dispositions de la loi romaine; or, ces dispositions se trouvent dans les Novelles de Justinien et non dans le *Breviarium* (f). Dans un document de 816, Louis-le-Débonnaire s'appuie sur la *Lex Romana*, et par là il entend le droit Justinien, d'après lequel la prescription de trente ans ne peut pas être opposée à l'Église (g). De même, un capitulaire bourguignon de Charles-le-Chauve (865) astreint l'échange des biens du clergé à certaines formalités de la loi romaine, également tirées des Novelles (h). Le décret synodal de Troyes (878), rangé parmi les capitulaires de Louis-

(c) Papiani respons. Tit. 2. « de pretio occisorum nihil evidenter lex Romana constituit. »

(d) Amaduzzi leges Nov. præf. p. LI. Voyez plus bas, vol. II, § 8.

(e) Brenkmann hist. Pand. p. 55. Ej. append. ad Relandi fastos p. 859.

(f) L. Long. Lud. Pii 55 : « ut emphyteuseos contractus unde ecclesia damnum patitur non observentur, sed secundum legem Romanam destruantur. » Cela se rapporte à la Nov. 120, C. 8, ou plutôt à la constitution suivante, Julian. Const. III, C. 4.

(g) (Vaissette.) Hist. de Languedoc, T. I. Preuves, p. 49. — Voyez vol. II, § 38, où je reviens sur ce sujet.

(h) Cap. a. 865, art. vi, (Baluz. II, p. 198.) « signatis ipsis præceptis sicut lex Romana præcipit. » Les sources dont probablement il est ici question sont Julian. Const. VII, C. 2. et Const. XLVIII, C. 2. J'en parlerai plus bas.

le-Bègue, donne expressément le nom de *Leges Romanæ* aux compilations de Justinien (*i*). Le pape Jean VIII cite un passage de Julien qu'il désigne sous le titre de *Lex Romana* (*k*). Le célèbre recueil manuscrit de droit canon, composé en Italie vers la fin du neuvième siècle et dédié à Anselme, archevêque de Milan, emploie le même langage (*l*). On y voit souvent les Novelles appelées *Novella Lex Romana*, ou *Novella Regis Lomanæ*, et une suite d'extraits des Institutes et du Code y est intitulée *Capita Legis Romanæ*. Au milieu du dixième siècle, Otto, évêque de Vercelli, parle du Code comme faisant partie de la *Lex Romana* (*m*). Dans un *placitum* d'Otton III (999), on cite expressément le droit Justinien quand il est question de *Lex Romana* (*n*). — Les *Quæstiones ac Monita* de la Lombardie se rapportent à la même époque. Le régime des successions ab intestat, établi par la Novelle 118, y est intitulé : *Supercessio* (au lieu de *successio*) *lege Romana*; et dans le texte on lit : « *sic præcepit Lex Romana in libro qui nominatur Novella, quem egit Justinianus Imp. temporibus suis.* » Là encore, le droit romain statuant sur les trésors est appelé loi romaine; et plus loin se trouvent ces mots : « *Dicitur in lege Romana, in libro qui nominatur Instituta*, etc. (*o*). » Le livre connu sous le nom de *Petri excep-*

(*i*) Cap. a. 878. (Baluz. II, p. 277.) « inspectis legibus Romanis... invenimus ibi a Justiniano Imp. legem... constitutam. »

(*k*) Joannis VIII, epist. 129. (Mansi, T. XVII, p. 98.) : « Nonne Joannes Papa Romanus et Justinianus inclitus *legem Romanam facientes* scripserunt ita : Capitali crimine damnatorum bona non ad lucrum præsidis sed cognatis punitorum reddi opportet ? » (Julian. XXI, c. 10.)

(*l*) Voyez plus bas ch. XV.

(*m*) Attonis epist. ad Azonem episc. (D'achery spicil. ed. I, T. viii, p. 113. éd. II, T. i, p. 435, 436.) « legitur etiam in libro Codicum, quod est Romanæ legis, ita : Nihil aliud sic inducere potest, etc. » Ce passage est la L. 26, in f. C. de nupt.

(*n*) Mabillon Annal. Benedict. T. IV, p. 129, 130. « sicut lex præcipit Romana » et plus loin « quia Justinianus Imp. præcepit.

(*o*) Muratori Script. It. T. I, P. 2, p. 163, seq. Cancianni, vol. I, p. 221, seq. Voyez plus bas ch. XIV.

tiones legum Romanorum n'est qu'un extrait du droit Justinien (*p*). Enfin, l'expression de *Lex Romana* est reproduite au douzième siècle dans la préface des Statuts de Pise, où l'on ne parle que du droit Justinien (*q*).

38. D'après certains passages on pourrait aller encore plus loin, et prétendre que le titre de *Lex Romana* a été donné à des lois rendues par les empereurs de France et d'Italie. Un manuscrit de Modène appelle *Lex Romana* une constitution de Lothaire (*a*), et dans un manuscrit de Paris on lit : « *Item ex legibus Romanis à Domino Lamberto Imp. pro-* « *mulgatis cap. XI* (*b*). » Mais ces expressions peuvent se rapporter à la dignité impériale dont le législateur était revêtu, ou bien à des circonstances particulières. Ainsi la première de ces lois aurait été rendue à Rome ; la seconde, qui appartient au synode de Ravenne en 904, émanerait de l'église romaine, et l'empereur l'aurait seulement promulguée. Du reste, c'est une locution inusitée, contraire au sens véritable du mot *Lex Romana* qui toujours désigne le droit romain quelle que soit la forme qu'il emprunte, ou la source dont il sort.

Certains auteurs appliquent l'expression de *Lex mundana* au droit romain, et particulièrement au *Breviarium*. Mais elle embrasse les droits des différents peuples opposés aux lois canoniques (*leges ecclesiasticæ* (*c*),) ou aux capitulaires des rois francs. Précisément en ce sens, l'*Edictum Pistense* de Charles-le-Chauve distingue *leges mundanas, ecclesiasticas*, des *Capitula avi vel patris nostri et nostra* (*d*). Le droit ro-

---

(*p*) Voyez plus bas ch. IX.

(*q*) Valsechi de vet. Pisanæ civitatis constitutis (Hoffman hist. j. vol. I, p. II, p. 193.) «Pisana itaque civitas à multis retro temporibus vivendo lege Romana retentis quibusdam de lege lomgobarda, etc. »

(*a*) Canciani, vol. V, p. 11.

(*b*) Baluz. capit. præf. § 18.

(*c*) Ducange a établi cette opposition, mais d'une manière trop exclusive. Il cite cependant un grand nombre de passages ; voyez Lex mundana, T. IV, p. 154, ed. Bened.

(*d*) Ed. Pistense, art. 3, 4, 5. Baluz., II, p. 209, 210, 211.)

main est aussi une *lex mundana*; mais il a cela de commun avec le droit des Visigoths (*c*) et celui des autres peuples.

Ce que j'ai dit jusqu'ici établit d'une manière générale l'existence simultanée de plusieurs droits personnels ; il reste maintenant à faire l'application du principe, 1° aux individus , 2° aux espèces.

39. Lupi (*a*) est le meilleur auteur qui ait écrit sur la première question, et sur la *professio* de droit dans les documents. Il a réfuté si savamment les erreurs de ses devanciers, que je me bornerai à exposer sa doctrine, sauf quelques preuves nouvelles et quelques rectifications. Voici les principes généraux de la matière.

Dans la règle, chacun vit d'après le droit de sa nation. + Cependant la femme suit le droit de son mari ; les clercs, l'église, et chez certains peuples les affranchis suivent le droit romain. Ces exceptions n'avaient rien d'obligatoire , et souvent les privilégiés y renonçaient pour s'en tenir au droit de leurs pères. Je vais développer successivement les propositions précédentes.

Chaque individu suivait le droit de sa nation. Ce point est établi par une foule de lois où les Romains, les Lombards , les Francs, etc., ainsi qualifiés par leur naissance, sont considérés comme naturellement soumis aux droits de ces diverses nations. On a vu ce principe admis dans les lois des Bourguignons, des Francs et des Lombards (*b*). Un passage des lois lombardes suffit pour prouver l'usage de désigner le droit personnel d'un individu par le nom de sa nation (*c*) : « Sicut consue-

(*c*) Ainsi, par exemple : dans le Capit. Ludov., II, a. 878. (Baluz. II, p. 277.)

(*a*) Lupi Codex diplom. Bergom. Diss., IV, p. 213-232. Avant lui on était presque réduit à Muratori antiqu., T. II, diss. xxii, et Script. Ital. T. I, P. ii, præf.

(*b*) J'ai cité plus haut, § 34 *a*, § 35, *a*, *b*. les passages les plus remarquables.

(*c*) L. Pipini, 46. Les autres passages sont L. Long. Luitpr. IV, 1. Caroli M. 89. Pipini, 8, 43. Lotharii sen. 14.

« tudo nostra est, ut Longobardus, aut Romanus, si evenerit,
« quod caussam inter se habeant, observamus, ut Romani
« successiones justa illorum legem habeant, etc. » L'origine
du père et non de la mère déterminait le droit de l'enfant,
règle d'autant plus raisonnable que la femme adoptait le droit
de son mari. Les lois lombardes sont formelles à cet égard (d).
En conséquence, chez les Lombards et probablement aussi chez
les autres peuples, un enfant naturel choisissait le droit qu'il
voulait, n'ayant pas de père reconnu (e). Au reste, le droit
dont il s'agit ici est celui déterminé par la naissance du père ;
ainsi un Lombard, en se faisant prêtre, pouvait renoncer au
droit lombard, mais ses enfants nés auparavant continuaient
d'y obéir (f).

40. Passons maintenant aux exceptions. Les femmes suivaient le droit de leurs maris (a). Devenues veuves, elles repre-
naient leur droit d'origine (b). Les lois lombardes sont les
seules que l'on puisse citer, mais sans doute il en était de
même chez les autres peuples, excepté chez les Visigoths, où
les mariages des Goths et des Romains, absolument défendus,
ne devinrent licites qu'après l'entière abolition du droit romain (c). Toutefois les femmes étaient autorisées et non con-
traintes à abandonner leur droit. Je le montrerai plus tard en
parlant des *professiones*.

Les églises, considérées comme personnes juridiques, suivaient naturellement le droit romain. D'abord elles l'avaient
toujours suivi, et le maintien de leurs droits était alors pour
les peuples article de foi ; en outre, il leur était indispensable

---

(d) L. Luitprand, VI, 74.

(e) Questiones ac monita. (Canciani, Vol. I, p. 224.) « Justum est, ut
« homo de adulterio natus vivat qualem legem voluerit. » *Adulterium* a ici
le sens étendu qu'il recevait en droit romain.

(f) L. Luitprand, VI, 100.

(a) L. Luitprand, VI, 74. Lothar. sen. 14.

(b) L. Lothar. cit. Cette loi de Luitprand semble établir le contraire, mais
elle ne parle que des droits existant durant le mariage.

(c) Voyez plus bas vol. II, § 27.

à cause des règles qu'il contenait sur leurs nombreuses prérogatives et sur tant de manières spéciales, étrangères au droit
germanique. Les mêmes motifs existaient pour les droits personnels des clercs, quelle que fût leur origine. Le clergé
formait une nation nouvelle dont les membres étaient engagés
par une foule de priviléges à adopter le droit romain. Aussi,
en général, les églises et les clercs étaient considérés comme
Romains.

Dès l'an 560, Clotaire, roi des Francs, déclare que les
églises, les ecclésiastiques, et les *provinciales* (c'est-à-dire
les Romains), obéissent au même droit (*d*). Cette règle est
aussi reproduite dans la loi ripuaire et dans les auteurs Francs
des neuvième et onzième siècle (*e*); on la retrouve dans les
lois des anciens rois lombards (*f*), et dans les lois et les auteurs
depuis la conquête des Francs (*g*). En Lombardie, les églises
et les ecclésiastiques renonçaient souvent à leur privilége, et
préféraient suivre leur droit national, mais cette exception ne
s'étend pas hors de la Lombardie. On en trouve une foule
d'exemples aux dixième et onzième siècle pour les clercs (*h*).

(*d*) Const. Chlotarii art. 13. (Baluz., I, p. 9. Georgisch., p. 468.)

(*e*) L. Ripuar. tit. LVIII, § 1. « secundum legem Romanam qua ecclesia
vivit. » Adrevaldus de miraculis S. Benedicti Lib. I, P. II, C. 2. num. 8,
p. 308. Act. sancti Martii, T. 3. « quod Salicæ legis judices ecclesiasticas res
sùb Romana constitutas lege dicernere perfecte non possent. » Ivonis epist.
N. 280. « instituta legum Novellarum quas commendat et servat Romana
ecclesia. » Voyez encore d'autres passages dans Ducange, v. Lex romana
T. IV, p. 155.

(*f*) L. Luitprand, VI, 100.

(*g*) L. Long. Ludov. Pii 55. « ut omnis ordo ecclesiarum lege Romana vivat. » Attonis epist. (voyez plus haut § 37, *m.*) « Romani quoque principes..... quorum legem etiam nobis Sacerdotibus in multis convenit observare.» Lupi, cod. dipl. Bergom., p. 220, prétend à tort que la L. Pipini, 46,
établit le contraire.

(*h*) Fumagalli cod. dipl. Ambros. Num. CXXIV, p. 502, a. 885. « Ego
Teotpertus archipresbiter ecclesie S. Juliani qui professo sum legem vivere
Langubardorum. » En 1072, Atto, évêque de Bergame, fait la même profession. Ughelli, T. IV, p. 447. Ces exemples se retrouvent si fréquemment à
Bergame, aux dixième et onzième siècle, que l'exception pourrait presque

Ils sont plus rares pour les églises et les cloîtres, cependant on sait que le cloître de Farfa reconnaissait le droit lombard (*i*).

A l'égard des affranchis, le droit des différents peuples n'est pas aussi uniforme. Chez les Bourguignons, l'affranchi suivait le droit de la nation où il était né même dans l'esclavage (*k*). Il suivait le droit de son patron chez les Lombards (*l*). D'après le droit ripuaire, le patron pouvait soumettre l'affranchi au droit ripuaire ou au droit romain, selon qu'il choisissait l'affranchissement ripuaire ou l'affranchissement romain (*m*). Les autres recueils de lois ne parlent pas de cette matière.

Aux exceptions précédentes on pourrait ajouter le cas où le roi autorisait un Romain ou tout autre étranger à adopter le droit du peuple conquérant; fait des plus vraisemblables quoiqu'on n'en ait aucune preuve directe. On l'établit par analogie avec une ancienne loi lombarde, rendue à l'époque où les droits romain et lombard étaient seuls en vigueur. Dans cette loi, le roi se réserve d'accorder aux Germains étrangers la jouissance de leur droit national (*n*), contre la règle qui les soumet au droit lombard.

41. J'ai déjà dit que la multiplicité des droits personnels concurremment reconnus n'avait été nulle part aussi grande qu'en Italie. Cet état de choses amena naturellement l'usage

être regardée comme la règle. Lupi, p. 225. — Il existe sur ce sujet un ouvrage intitulé : De usu juris Langobardici apud ecclesiasticos mœdii ævi diss. inaug., ed. Ant. Franc. Pieri Florent., 1744, 4.

(*i*) Dans un placitum tenu à Rome en 999, le cloître de Farfa demanda le combat en champ-clos, « secundum suam Langobardorum legem.» (Mabillon annal. Bened. T. IV, p. 129.) Dans la relation d'un procès soutenu par le même cloître, en 1014, on lit : « quoniam venerabilis locus ad Langobardorum permanebat legem. » (Mabillon, l. c., p. 705.)

(*k*) Papiani respon. T. III.

(*l*) L. Rotharis, 229.

(*m*) L. Ripuar. T. LVIII, § 1. T. LVII, § 1 et T. LXI, § 2, conf. T. XXXVI, § 3. (Voyez plus bas § 47, *h*.)

(*n*) Voyez plus haut § 33, *h*.

d'indiquer dans les documents le droit que suivaient les parties et les témoins (*a*). Cette mention fut d'abord réservée pour les Francs, les Allemands, les Bourguignons et les autres peuples que la domination des Francs introduisit en Italie. Une semblable déclaration était inutile à l'égard des Romains et des Lombards, dont l'origine et le droit ne pouvaient être ignorés dans leur patrie. Néanmoins l'usage s'étendit par degrés jusqu'à eux. D'abord on se borna à rapporter le nom de la nation comme désignant suffisamment son droit (par ex. : *N. Alemannus* ou *ex genere Alemannorum*). Plus tard, on jugea convenable d'ajouter la désignation même du droit (par ex. : *legibus vivens Langobardorum*, ou *qui professus sum legibus vivere Langobardorum*). Ce changement ne touchait qu'à la forme, et non au fond des actes.

Cependant *natio* et *lex*, rapprochés l'un de l'autre, exprimaient quelquefois un double rapport, le droit d'origine (*natio*), et le nouveau droit reçu par le mariage ou la prêtrise (*lex*). Ainsi par ex. : « qui professa sum ego ipsa Ferlinda ex « natione mea legem vivere Langobardorum, sed nunc pro ipso « viro meo legem vivere videor Salicam; » ou : « Landulfus « et Petrus clericus germani..... qui professi sumus ex natione « nostra legem vivere Langobardorum, sed ego Petrus clericus « per clericalem honorem lege videor vivere Romana (*b*). » On en trouve d'autres exemples dans plusieurs documents relatifs à la comtesse Mathilde, fille de Boniface III, duc de Toscane; par son mariage avec un Franc, Gottfried de Lorraine, elle avait adopté le droit salique; aussi dit-elle dans un document de 1079 : « qui supra Matilda Marchionissa professa « sum ex natione mea legem videor Lantgobardorum; sed « nunc modo pro parte suprascripti Gottifredi qui fuit viro

---

(*a*) Muratori et Lupi (Voyez plus haut § 39, *a*.) sont les meilleurs auteurs qui aient écrit sur les *professiones*.

(*b*) Lupi, p. 223 seq. On en trouve d'autres exemples dans Ughelli, T. I, p. 814, 815. Muratori antiq. T. I, p. 345, 387. Wiarda Geschichte des Salischen Gesetzes, p. 138, 139.

« meo legem vivere videor Saligam , » et dans un document
de 1078 : « Matilda ex genere Langobardorum... quia ego ex
« parte supradicti viri mei qui fuit Salichus lege vivere Sa-
« liga (c). »

Mais outre cette signification restreinte, le mot *natio* présente dans plusieurs documents le sens général de *lex*, et les
femmes s'en servent pour désigner le droit qu'elles tiennent
de leur mariage (d).

Maintenant que faut-il entendre par ces mots si souvent répé-
pétés dans les formules , *qui professus sum?* On y voit ordinairement une déclaration actuelle que le comparant fait du
droit de sa naissance, du droit sous lequel il vit et qui doit
régir l'acte. Mais l'emploi constant du parfait *professus sum*
dément cette supposition ; d'ailleurs le droit dont parle la profession est souvent étranger à l'acte où elle se trouve ; il paraît
beaucoup plus vraisemblable que chacun , à l'époque de sa
majorité , par exemple , déclarait sa nation et le droit qu'il
adoptait. C'est cette déclaration inscrite sur des registres publics, et faite une fois pour toujours, mais que l'on changeait
quelquefois , par exemple, lors de son mariage ; c'est cette
déclaration que les documents désignent sous le titre de *professio (e).*

(c) Fiorentini memorie della gran contessa Matilda, ed. 2. Lucca, 1756, 4.
Documenti, p. 7-10. Dans un document antérieur à son mariage, on lit
(p. 267) : « quæ professa sum ex natione mea lege vivere Langobardorum. »
Dans plusieurs documents postérieurs, elle se contente de dire : « Matilda...
lege Salica vivens (par exemple : p. 259), mais on trouve aussi quelquefois :
« quæ professa sum *ex natione mea* lege vivere Salicha. » (p. 96, 97, 129.)
Peut-être les notaires ont-ils copié ces dernières formules sans réflexion ;
peut-être aussi le mot *natio* , pris dans un sens plus étendu, était-il synonyme de *lex*. Conf. Lupi, p. 227, 228.

(d) Voyez la note précédente.

(e) Falck (Eranienzum deutschen Recht, III° livraison , Heidelberg, 1828,
p. 44-46) a le premier donné cette heureuse explication. Mais il ajoute que
les professions n'avaient lieu que dans des cas exceptionnels, et qu'ainsi
elles ne désignent jamais le droit appliqué dans le document, mais celui
que l'on exclut. La plupart des documents démentent cette hypothèse , car

42. Tels sont les traits caractéristiques des *professiones*, usage dont l'histoire ne nous offre aucune trace hors de l'Italie. En France, on voit des échevins francs, goths, romains, concourir à un jugement (*a*) ; mais je crois sans exemple que la nation ou le droit d'une partie contractante, d'un testateur ou d'un témoin, ait jamais été indiqué, et le mot *professio* employé dans un document. En Italie, au contraire, on peut suivre les *professiones* pendant cinq siècles, ainsi que je vais le montrer.

Dans un document cité § 33, *c*, et dont la date se place entre 721 et 744, on voit des échevins désignés comme Allemands, sans doute pour plus d'exactitude, car probablement à cette époque le droit de lombard régissait les Allemands établis en Italie (§ 33). Je ne pense donc pas que l'origine des *professiones* soit antérieure aux Carlovingiens. On trouve, il est vrai, une *professio* dans un testament de 742 (*b*), et dans une donation de 753 (*c*), mais ces deux pièces sont supposées. Les premiers actes de ce genre, dont l'authenticité ne soit pas douteuse, font partie des documents milanais de Fumagalli ; ainsi, en 807, « accepi ad te Verohacheri *ex Alamannorum genere* ; » et plus explicitement, en 839, « ego qui supra Teutpaldo.... *legibus vivens Langobardorum* (*d*). » Divers recueils imprimés renferment une foule de *professiones* du neuvième siècle (*e*). Elles se multiplient même pen-

---

ordinairement le droit que désigne la profession est le droit d'origine, et souvent aussi celui appliqué dans l'acte.

(*a*) Voyez plus bas, ch. IV, V.

(*b*) Mabillon annales Bened. T. II, p. 704. Sur la fausseté de ce document, voir Muratori antiq. T. II, p. 239.

(*c*) Tiraboschi Storia di Nonnatola, T. 2. p. 19. «ego..... Ariprandus..... qui professi sumus ex natione nostra legem vivere Langobardorum.» Sur sa fausseté, cf. T. I. p. 340.

(*d*) Fumagalli, N. 39. 49.

(*e*) Les exemples qui se rapportent à cette époque et aux temps postérieurs se trouvent dans les œuvres de Muratori et de Lupi, dans les recueils généraux de documents tels que Ughelli, etc., et surtout dans Fumagalli.

dant les dixième et onzième siècle, mais elles diminuent au douzième. Muratori a cru qu'à partir de cette époque il n'en existe plus de monument certain. Cependant un testament fait à Côme, en 1297, contient une *professio* du droit romain (*f*). Les archives de Crême renferment une multitude de professions du quatorzième siècle ; la plus récente (pour le droit lombard) est de 1334 (*g*). A Bergame, où les professions n'étaient pas moins communes, la dernière date de 1388 (*h*).

43. Parmi les principes établis ici sur l'application du droit aux personnes, il en est un directement contraire à l'opinion de la plupart des auteurs. En effet, ils prétendent que chacun, sans aucun égard au droit de sa nation, pouvait choisir le droit qu'il voulait. Ce système, principalement soutenu et propagé par Muratori (*a*), a subi diverses modifications. Les uns pensent que l'élection du droit était arbitraire et sans règle (*b*) ; d'autres admettent la liberté du choix, mais ils en regardent avec raison l'usage comme une exception rare, et croient qu'ordinairement l'origine déterminait le droit. Je reviendrai sur ce sujet, car après avoir examiné le système dans son ensemble, on en comprendra mieux toutes les variétés. Lupi (*c*) a le mérite de l'avoir combattu le premier, néanmoins quelques-unes de ses opinions ont besoin d'être rectifiées. Voici en résumé les véritables principes sur la matière. La naissance détermine le droit, et l'élection est interdite, sauf, comme on l'a vu à l'égard des femmes mariées, des clercs, et, chez quelques nations, des affranchis. Mais il leur était permis de renoncer

(*f*) (Sarti) de claris archigymnasii Bononiensis professoribus, P. 2. p. 144.

(*g*) Canciani, Vol. II. p. 462.

(*h*) Lupi, p. 230. 231.

(*a*) Muratori Antiq. Ital. T. 2. p. 261. antichità Estensi, P. 1. C. 10. in f.

(*b*) Par exemple : Montlosier T. I. p. 21, 25, 367, 386. Suivant lui tous les hommes libres étaient Francs d'origine ; la plupart n'habitaient pas les villes et étaient nobles campagnards.

(*c*) Voyez plus haut § 39, *a*.

⚹ à l'exception pour retourner au droit d'origine, non pour en embrasser un autre.

Je fonde mon opinion sur les raisons suivantes : les lois rapportées ci-dessus (§ 39) désignent souvent le droit d'une personne par le nom de sa nation (ainsi *Alemannus* au lieu de *qui lege Alemannorum vivit*). Ces expressions supposent l'identité des deux rapports, car dans le système de l'élection libre du droit elles seraient vagues et insuffisantes. Une loi lombarde de Pépin, déjà citée (§ 36 *c*), porte que le droit de chaque personne se reconnaît *ex nomine*. Les noms Germains et Romains étaient alors trop mêlés pour distinguer les nations ; on ne doit donc pas entendre par là le nom de l'individu, mais celui de sa nation. Ainsi, le titre de Romain ou de Lombard, donné à une personne, indique qu'elle est régie par le droit romain ou par le droit lombard. Ajoutons la règle tirée d'un écrit lombard (§ 39 *c*), et qui autorise les enfants naturels à choisir leur droit. Si l'élection eût été généralement permise, cette remarque sur les enfants naturels n'aurait pas eu d'objet. Une circonstance encore plus décisive, c'est que l'élection n'existe dans aucun document particulier. Une déclaration si importante et si nécessaire eût passé avant tout, et l'on en retrouverait des exemples, car le cas entièrement semblable où les femmes mariées et les ecclésiastiques renoncent à leur privilége est rapporté dans une foule de documents.

Je ne connais aucun fait inexplicable dans mon système, et pour lequel il faille avoir recours à l'élection libre du droit. Il en est un cependant qui, au premier abord, semble me contredire. En 1104, Oddo Blanco fait profession de droit romain ; et en 1119, ses fils reconnaissent le droit lombard (*d*) ; mais la première mention est évidemment une erreur de copiste : le document lui-même parle du *Launechild*, preuve qu'il se rapporte uniquement au droit lombard. De plus on lit dans le premier document, *ex natione mea lege vivere Romana* ;

____

(*d*) Lupi, p. 228.

dans la seconde, *ex natione nostra lege vivere Langobardorum*, expressions dont l'une est nécessairement impropre, puisque le père ou les enfants auraient abandonné leur droit national pour en adopter un nouveau. Enfin, ma dernière preuve est l'orgueil des nations germaniques et leur mépris pour les Romains subjugués. Cet orgueil n'aurait pas souffert que la nation conquise s'incorporât à la nation conquérante. D'ailleurs une pareille faculté se conçoit difficilement chez des peuples où la composition due pour un délit etait réglée d'une manière très-inégale, suivant la nation de l'offensé.

44. La fausseté du système ressortira encore davantage de l'examen critique des méprises qui lui ont donné naissance. La première est le sens faussement attribué au mot *professio* rapproché du mot *lex*. On a opposé les deux mots de *lex* et de *natio*, et l'on a cru que l'un désignait l'élection libre du droit, l'autre, l'origine nationale. Le privilége accordé aux prêtres et aux femmes mariées de renoncer à l'exception établie en leur faveur, a fortifié l'erreur; et l'on n'a point réfléchi que l'autorisation de renoncer à ce privilége n'implique pas la faculté de se soustraire au droit régulièrement déterminé par la naissance. La seconde méprise vient d'un passage de la loi salique rapporté plus haut, passage qui donne lieu à plusieurs modifications du système. Les uns ont pensé que, dans les premiers temps du moins, les Romains pouvaient choisir leur droit, mais non les Germains (*a*). D'autres, contre toute vraisemblance, ont adopté les deux leçons et les ont expliquées par la différence du droit à des époques différentes. Ainsi on a dit que d'abord les Germains s'étaient réservé l'élection du droit, et qu'ensuite ils l'avaient accordée aux Romains. La première de ces hypothèses s'appuie sur la loi *emendata*, la véritable leçon, la seconde sur la loi *antiquior* ou la fausse leçon (*b*).

Une source d'erreurs encore plus grave a été la loi lombarde

(*a*) Eichhorn Deutsche Rechtsgeschichte, Th. I. § 46.

(*b*) Mably, Observations sur l'Histoire de France, T. I. liv. 1. ch. 2. note 7.

de Luitprand (VI, 37), déjà cité (§ 33 *a*). « De Scribis hoc
« prospeximus, ut qui chartam scripserit, sive ad legem Lan-
« gobardorum..., sive ad legem Romanorum, non aliter fa-
« ciant, nisi quomodo in illis legibus continetur... Et si unus-
« quisque de lege sua descendere voluerit, et pactiones at-
« que conventiones inter se fecerint, et ambæ partes consen-
« serint, istud non reputetur contra legem, quod ambæ partes
« voluntarie faciunt. Et illi, qui tales chartas scripserint,
« culpabiles non inveniantur esse. Nam quod ad heritandum
« pertinet, per legem scribant, etc. » Entraîné sans doute
par ce passage, Wiarda ne voit pas dans les *professiones* une
déclaration générale d'un droit personnel, mais une indication
particulière du droit applicable à une espèce. Dès lors, à ce
qu'il prétend, toute la matière des *professiones* s'explique
aisément et rentre dans le droit moderne (*c*). Lupi lui-même,
qui le premier a découvert la vérité, s'est trompé sur le sens
de cette loi. Il prétend que Luitprand permet l'élection du droit
pour chaque affaire, et il voit là un nouvel argument contre
l'élection générale du droit faite pour toute la vie (*d*).

L'explication du passage repose sur une distinction qui existe
dans les lois romaines et qui doit se retrouver dans celles de
tous les peuples. Il y a des lois dont l'exécution n'intéresse pas
directement l'État, aussi leur autorité n'est que secondaire et
les citoyens peuvent s'en écarter. On doit ranger dans cette
classe les règles sur les obligations conventionnelles, en distin-
guant toutefois, comme Paul le fait avec raison : «*pacta quæ
ad jus*» et «*quæ ad voluntatem spectant* (*e*).» Mais il y a

(*c*) Wiarda Geschichte des Salischen Gesetzes S. 140. Il s'appuie sur
Form. Lindenbrog. 66. (Marculf. II. 12). Mais dans le passage cité, il ne
s'agit pas de *professio* ; c'est un acte de dernière volonté dont le but est
naturellement de changer l'ordre de succession légale que le testateur appelle
cruel et impie.

(*d*) Lupi, p. 215. 216. 218, prétend qu'une loi de Pépin (L. Pipini 46)
rétablit l'ancien système, second changement aussi imaginaire que le
premier.

(*e*) L. 12. § 1. D. de pactis dotal.

d'autres lois supérieures à toutes les volontés, inviolables comme l'intérêt public qu'elles protègent. Elles font partie du *jus* ou *jus publicum*, et l'on sait que, « *jus publicum privatorum pactis mutari non potest,* » ou, comme le dit Pomponius, « *Nec ex prætorio, nec ex solemni jure, privatorum conventione quicquam immutandum est, quamvis obligationum causæ pactione possint immutari* (f). » Au *jus publicum* appartiennent les actes solennels, les testaments, par exemple, dont la forme ne peut être changée arbitrairement, et les rapports qui dérivent de la parenté (g).

Or, si on examine la loi de Luitprand, on verra qu'elle se borne à dire que les notaires doivent suivre scrupuleusement le droit des parties, et par là il faut entendre les règles du droit absolu, du *jus publicum*, la forme des testaments, par exemple (*quod ad hereditandum pertinet*), et non pas ces règles subsidiaires des obligations conventionnelles dont chacun peut s'écarter impunément. Ainsi toute la partie de la loi de Luitprand, relative aux conventions, ne renferme aucune disposition spéciale sur les droits personnels, elle reproduit une distinction générale écrite dans les lois romaines, où certes il n'était pas question des droits nationaux personnels ni de l'élection du droit.

45. Le plus puissant argument en faveur de l'élection libre du droit est la fameuse constitution de Lothaire, de l'an 824.

Cette constitution, indépendamment de la question qui nous occupe, mérite un commentaire historique, car elle est la seule de ce genre.

Le pape Eugène II était en querelle avec le peuple romain; Louis-le-Débonnaire envoya à Rome son fils Lothaire pour rétablir la paix; « cum novo pontifice atque Romano populo sta-

---

(f) L. 27. D. de reg. Jur. L. 45. § 1. cod. L. 38. D. de pactis L. 13. C. de testamentis.

(g) L. 3. D. qui test. fac. « Testamenti factio non privati sed publici juris est. » L. 34. D. de pactis. Voyez encore L. 42. 61. D. de pactis. Paulus I. 1. § 6. et passim.

tueret atque firmaret. » Lothaire accomplit sa mission, et, au rapport d'Éginhard, « statum populi Romani... pontificis benevola assensione... correxit (a). » La loi dont parle Éginhard s'est conservée jusqu'à nous ; mais il y en a deux textes différents (b). L'un, que j'appellerai le texte romain, se trouve dans la collection canonique du cardinal Deusdedit, de l'an 1086 ou 1087 (c), et a été publié pour la première fois par Holstenius (d) ; l'autre, le texte lombard, fait partie de tous les recueils de droit lombard (e), et a deux chapitres de moins que le texte romain. La relation de cette loi à l'événement dont parle Éginhard est établie par l'acte lui-même, et, de plus, les manuscrits portent expressément la date de 824 (f). Un chapitre de cette loi, le cinquième du texte romain, le quatrième du texte lombard, statue de la manière suivante sur les droits personnels :

(a) Eginhardus, de gestis Ludov. Pii ad a. 824. ap. Bouquet T. VI. p. 184. 185.

(b) Pertz (Ital. Reise., p. 87.) prétend que le texte de Deusdedit n'étant qu'un extrait libre, n'a aucune valeur historique. Plusieurs passages semblent confirmer cette opinion. Je ferai toutefois observer que les chapitres IV et VII n'existent pas dans le recueil des lois lombardes.

(c) Voyez sur ce recueil, Ballerin. de antiquis can. collect., P. IV, C. 14. Zaccaria de duabus antiquis canonum collectionibus, P. 2. Dans la seconde partie du recueil de Galland. Le recueil lui-même se trouve à la bibliothèque du Vatican Cod. MS. 3833, et la loi dont je parle. Lib. I. C. 242. sq.

(d) Lucæ Holstenii collectio Romana bipartita veterum aliquot hist. eccl. monum. Romæ 1662, 8. P. 2, p. 208-211. réimprimé dans Baluz. II, p. 317. (cf. Baluz. præf., § 24.) Bouquet, T. VI, p. 410. Canciani, vol. V, p. 24. (Le texte de ces diverses éditions n'offre que de légères variantes.)

(e) L. Long. Lotharii sen. 34-40. L'analyse de la loi Lombarde en reproduit toutes les dispositions, mais dans un ordre différent.

(f) MS. Thuan. dans Baluz. præf. Capit. § 24, et dans l'édition de Holstenius, sans doute d'après un manuscrit, mais non d'après celui du Vatican, n° 3833, car, au rapport de Gaupp, le manuscrit 3833 n'a pas de date et on y lit seulement en marge : ex const. Klotarii Imp. sub II, Eugenio P. gestis in atrio B. Petri Ap. Par là se trouve détruite la conjecture des correcteurs romains du décret qui (C. XIII, Dist. 10.) supposent que cette loi fut faite à la prière de Léon IV, car la lettre de Léon (C. XIII, Dist. 10) est de l'an 847. Voyez Baluz. l. c.

<table>
<tr><td>

TEXTE ROMAIN.

C. 5.

Volumus etiam ut omnis Senatus et populus Romanus interrogetur quali vult lege vivere, ut sub ea vivat ; eisque denuntietur quod procul dubio, si offenderint contra eandem, eidem legi quam profitebantur dispositione Domni Pontificis et nostra omnimodis subjacebunt.

</td><td>

TEXTE LOMBARD.

Georgisch., *p.* 1224. *L. Lothar.* 37. (*Lombarda II, 57, al. 58.*)

Volumus ut cunctus populus Romanus interrogetur, quali lege vult vivere : ut tali lege, quali vivere professi sunt, vivant. Illisque denuntietur, ut hoc unusquisque, tam judices quam duces, vel reliquus populus sciat. Quod si offensionem contra eandem legem fecerint, eidem legi, qua profitentur vivere, per dispensationem (al. dispositionem) pontificis ac nostram subjaceant.

</td></tr>
</table>

D'après l'exposition historique qui précède, on voit que cette loi concerne uniquement Rome et le duché de Rome. L'élection libre du droit se borne donc à Rome et à son territoire. Or, la situation politique du pays explique comment l'élection du droit n'était possible que là. Le système des droits personnels régnait en France, en Espagne, en Italie, où les Romains conquis étaient mêlés aux tribus germaniques conquérantes, et où l'orgueil du vainqueur eût repoussé l'élection du droit. Rome, au contraire, depuis les Hérules et les Ostrogoths, n'avait été soumise par aucune tribu germanique, et tout porte à croire que jusque-là le droit romain y régna sans partage. Mais quand elle se trouva confondue avec une foule de tribus germaniques sous l'empire d'un maître germain, le système des droits personnels dut naturellement s'introduire. Alors il devint indispensable que chacun fît une *professio* particulière, car le souvenir de l'origine, entretenu ailleurs par l'application continuelle des différents droits personnels, avait dû s'effacer à Rome où ces droits n'étaient pas reconnus. Ajoutons que là seulement, l'élection du droit ne trouva pas d'obstacle dans

l'orgueil du vainqueur. En effet, Rome passa sous la domination des rois francs, mais ne fut envahie par aucun peuple
étranger.

Voici, selon moi, comment dut s'exécuter l'élection. D'a-
bord elle ne fut pas l'œuvre d'une délibération générale (g).
Contraire au système des droits personnels, cette délibération
n'eût produit qu'un droit territorial, et un semblable résultat
pouvait s'obtenir sans rien innover. D'ailleurs, il était probable que l'opinion se déclarerait en faveur du droit romain, et
l'on ne croira jamais que les Francs eux-mêmes eussent consenti à suivre un droit étranger. Je pense donc que chaque citoyen fut consulté sur le droit qu'il voulait adopter, mais que
son choix lia ses descendants, et que l'élection, une fois faite,
ne dut pas être renouvelée.

Aussi, Otton Iᵉʳ, dans un édit de 962, où il reproduit textuellement une grande partie de la constitution de Lothaire,
ne parle pas de l'élection du droit (h). Le plus grand nombre
adopta probablement le droit romain, ce qui, dans la suite,
put lui donner l'apparence d'un droit territorial. Cette hypothèse expliquerait aussi une glose ambiguë d'un manuscrit de
Paris : « Non est putandum populum romanum ulterius esse
« interrogandum, quandoquidem romana lege confessi sunt
« se vivere eo tempore (i). » On pourrait encore expliquer
ainsi la constitution suivante de Conrad II : « Imp. Con-
« radus A. Romanis judicibus. Audita controversia, quæ hac-
« tenus inter vos et Longobardos judices versabatur, nulloque
« termino quiescebat, sancimus ut quœcunque admodum ne-
« gotia mota fuerint, tam inter Romanæ urbis mænia, quam
« etiam de foris in Romanis pertinentiis, actore Longobardo
« vel reo, a vobis duntaxat Romanis legibus terminentur,

____

(g) Cette opinion est celle de Lupi, p. 220, 221.

(h) Goldast. consist. Imp. T. II, p. 44-46. (Conf. ch. V. num. vii.) Les
chapitres III, I, IV de la constitution de Lothaire sont répétés presque
mot pour mot dans les chapitres IX, XI et XII de la constitution d'Otton.

(i) Baluz, T. II, p. 1291.

« nulloque tempore reviviscant (*k*). » On pourrait, dis-je, expliquer ainsi cette constitution, quoique son authenticité me semble fort douteuse pour les idées et pour le style, et à cause de l'incertitude des témoignages extérieurs qui l'établissent.

Si l'on reconnaît que le droit romain prit ainsi à Rome le caractère d'un droit territorial, il faut reconnaître également que le Germain qui devenait citoyen romain adoptait, par là même, le droit romain comme droit personnel. Cette supposition très-naturelle est confirmée par le formulaire remarquable de la collation du droit de cité, formulaire qui remonte sans doute au dixième siècle, et qui existe dans deux manuscrits de Paul Diacre, à la bibliothèque du Vatican. Ce formulaire nous montre la collation du droit de cité et l'adoption du droit romain, comme choses identiques (*l*).

On regarde en général la constitution de Lothaire comme une preuve de l'élection du droit. Quelques-uns l'ont restreinte à l'Italie, où elle aurait donné naissance aux *professiones* (*m*); d'autres ont pris la constitution dans un sens si étendu, qu'ils l'appliquent à l'Europe entière. D'après les détails historiques exposés précédemment, il est hors de doute que cette constitution ne fut faite que pour le duché de Rome.

(*k*) Nous n'avons d'autre autorité que Senckenberg. Methodus jurispr. append. III, § xvii, p. 109, qui dit l'avoir tirée « ex codice Bosiano Lipsiæ. » Ce manuscrit, qui ne se trouve pas à Leipzig, ne serait lui-même qu'un extrait de la Lombarda emprunté à un manuscrit romain dont l'existence n'est pas mieux prouvée. (On sait maintenant que cette constitution existe dans un manuscrit du mont Cassin. (Pertz Ital. Reise., p. 297.)

l Ce formulaire est rapporté par Blume (Rheinisches Museum für Jurisprudenz, vol. V, p. 125, 126.) Voici les passages qui rentrent dans mon sujet. « Qualiter Romanus fieri debeat. Si quis Romanus fieri desiderat, humiliter ad imperatorem, fideles suos mittat qui postulent, ut liceat cum *legi Romanæ succedere, Romanorum ur ci em adscribi...* Imperator e contra : Ut amplificetur numerus Romanorum. Illum, quem vos hodie mihi denunciatis, *romanæ legis jubemus.* » (Le reste manque.)

(*m*) Muratori antiq. Ital. T. II, p. 239. Tiraboschi Storia di Nonant, T. I, p. 341.

Mais on pourrait croire que, mise au rang des lois lombardes, elle régit également la Lombardie ; et, à l'appui de cette opinion, on citerait les variantes des deux textes. Ainsi le mot *senatus*, uniquement applicable à Rome, n'existe pas dans le texte lombard.

Cependant ce système me semble tout-à-fait erroné. Il n'est aucune disposition de la loi de Clothaire, même dans le texte lombard, qui ne se rapporte exclusivement à Rome. En effet, dans le passage cité, il est question du pape ; et certainement les lois lombardes ne lui reconnaissent aucun pouvoir temporel. Une nouvelle preuve se tire de l'expression collective de *populus romanus*, toujours réservée pour les habitants de Rome, quoique les habitants des provinces s'appelassent aussi *Romani*. Enfin, et cette circonstance est décisive, aucun des passages de la loi lombarde, empruntée à la constitution de Lothaire, n'est accompagné de la glose habituelle de Carolus de Tocco. On explique aisément pourquoi ces passages existent dans la loi lombarde sans appartenir au droit lombard. D'abord, les limites des deux gouvernements n'étaient pas assez certaines pour que les compilateurs ne pussent confondre leurs lois dans les recueils. Ensuite l'élection du droit à Rome ne concernait pas seulement la juridiction du duché de Rome, elle offrait encore un grand intérêt aux Lombards limitrophes.

46. Jusqu'ici, j'ai considéré le droit dans son application aux personnes : dans son application aux espèces, il présente des difficultés particulières à cause du conflit des différents droits. Les renseignements historiques sont ici fort incomplets. J'ajouterai que les règles ont dû varier suivant les temps, suivant les lieux, et que peut-être la question n'a jamais été posée ni résolue complètement. Je vais tâcher de réunir ces matériaux épars et d'en former un tout.

La composition due pour un délit se règle d'après la qualité de l'offensé (*a*). Il paraît que dans les procès civils on suivait le

(*a*) L. Long. Papini 28, 16. (Baluz. 1, 259 et 538.) Peut-être tout ce qui

droit du défendeur (*b*). Ce principe est reconnu dans une constitution de Clothaire, qui ordonne qu'après trente ans de possession, les églises, les clercs et les *provinciales* seront à l'abri de toute revendication (*c*). Ainsi donc, la prescription établie par les lois romaines s'applique au défendeur romain, quelle que soit la nation du demandeur. De même, encore en 707, des échevins romains jugèrent, d'après le droit romain, le roi des Francs qui avait intenté un procès à l'abbaye de Prüm (*d*). Plus tard, le principe semble avoir été abandonné. Parmi les nombreux exemples de cette innovation, on cite les procès du cloître de Farfa, de 900 à 1014. Non-seulement chacune des parties invoqua son droit national, le droit romain ou le droit lombard, mais les échevins se firent représenter les deux lois, et y conformèrent leur jugement (*e*). Au reste, le principe avait, dès l'origine, souffert plusieurs exceptions ; néanmoins, je ne voudrais pas garantir qu'elles aient été adoptées généralement. La validité des actes unilatéraux, qui exigeaient la présence du juge, se réglait d'après le droit de la partie comparante : cela s'appliquait aux serments, aux actes recognitifs d'une obligation (*f*) et aux testaments. De même, la succession ab intestat se réglait d'après la personne du défunt (*g*). Seulement, chez les Bourguignons, pour les donations et les

n'était pas offense purement personnelle, par exemple le vol, rentrait-il dans la règle suivante ?

(*b*) L. Ripuar. Tit. XXXI, § 3, 4. Long. Papini, 29. (Baluz, l. c.) « De statu vero ingenuitatis, aut aliis querelis, unusquisque homo secundum suam legem *se ipsum defendat*. » L'ancienne glose sur ce passage (Georgisch, p. 1184) entend aussi par là le droit du défendeur.

(*c*) Const. Chlotarii a. 560, art. XIII ; dans Georgish. p. 468.

(*d*) Voyez ch. V, num. III.

(*e*) « Collatis Justinianæ et Langobardorum capitulis legis... dederunt sententiam. » Mabillon ann. Bened., T. IV, p. 129, 239, 704.

(*f*) L. Long. Luitp., VI, 37. Pipini, 46. La distinction relative au *jus publicum* exprimée dans le premier passage ne se retrouve pas dans le second. Mais cette omission est purement accidentelle et on aurait tort d'y voir une disposition contraire ; voyez plus haut, § 44, *d*.

(*g*) L. Long. Luitp., VI, 37. Pipini, 46.

testaments, on pouvait suivre le droit bourguignon ou le droit romain (*h*). De même, les Ripuaires pouvaient affranchir leurs esclaves conformément au droit romain (*i*). Les mariages se faisaient selon le droit du mari, droit qui devenait immédiatement celui de la femme (§ 40). On annulait un mariage contracté selon le droit national de la femme, et même le concile, qui interdit cet usage, ne s'appuie sur aucune loi temporelle, mais uniquement sur des motifs religieux (*k*). Le possesseur d'un immeuble dont la propriété était contestée, suivait le droit de son auteur (*l*). La revendication d'un esclave se jugeait suivant le droit du maître revendiquant, et la prescription n'avait lieu que si le maître était Romain ou Lombard (*m*).

47. Jusqu'ici je me suis borné à examiner les dispositions spéciales des différents droits, il me reste maintenant à montrer les restrictions que subissait le régime des droits personnels. Dans tous les temps, et chez tous les peuples où ce régime fut admis, il y eut des lois générales également obligatoires pour les Romains et pour les Germains. A cette classe appartiennent d'abord les lois par lesquelles une tribu conquérante statue expressément sur le droit d'une autre tribu. Il semblerait que chez les Francs le vol fait à un Franc aurait dû être jugé d'après la loi salique, le vol fait à un Romain d'après la loi romaine, sans égard à la nation du voleur (*a*). Cependant l'amende établie par la loi salique est de soixante-deux solides et demi contre le Romain qui vole un Franc, de trente

(*h*) L. Burgund. T. LX, § 1. On a cru voir une disposition semblable sur les affranchissements, T. LXXXVIII, § 2. Mais dans ce passage il n'est pas question du droit romain.

(*i*) Voyez plus haut, § 40, *m*.

(*k*) Concil. Triburiense a. 895. Cap. 39 (Mansi T. 18. p. 151) et avec de nombreuses variantes dans Burchard. Lib. 9. C. 76. ed. Paris. 1549. (cf. Mansi l. c. p. 162.)

(*l*) L. Burgund. T. 55. § 2. Capit. II. a. 819 art. 8. (Baluz. I. p. 606).

(*m*) L. Long. Caroli M. 89.

(*a*) Voyez plus haut. § 46. a.

solides contre le Franc qui vole un Romain (*b*). Dans ce dernier cas, une loi étrangère, la loi salique, réglait la composition due au Romain, et la loi romaine n'était applicable qu'au voleur romain. Nous trouvons un exemple semblable dans la loi lombarde, où le roi Aistulphe règle d'une manière toute nouvelle la matière des usucapions entre les églises et les Lombards. Pour ce cas seulement, les églises renoncent à leur droit ordinaire, le droit romain, et adoptent le droit lombard (*c*). De même, Charlemagne règle la composition pour les délits commis contre les ecclésiastiques (*d*). Ici encore on renonce à suivre le droit de l'offensé, car le droit romain ne reconnaît pas de compositions. Une loi du roi de Danemarck Edgard renferme une disposition semblable (*e*).

C'est par extension de ce principe que nous voyons, chez les Francs, le droit général de l'empire (*capitularia*) opposé aux lois des différents peuples (*leges*). En effet, les lois émanées des rois, surtout dans les temps plus modernes, s'appellent *capitularia* ou *capitula*. Ces rois réunissaient en leurs mains un double pouvoir, comme chefs de chaque peuple en particulier, et de l'empire en général. Il y avait donc deux espèces de capitulaires : ceux qui réglaient le droit d'un peuple (par exemple : les *capitula addita ad legem Salicam*), et ceux qui régissaient l'empire tout entier (*f*). Chez les Francs qui avaient conquis tant de nations différentes, du temps des Car-

(*b*) L. Sal. emend. T. 15. (pactus T. 16) § 1, 2. 3.

(*c*) L. Long. Aistulph. 9.

(*d*) L. Long. Caroli 101.

(*e*) «Deinde volo, ut in usu sit apud danos quam optima eligi possit Lex.» (Canciani IV. 275). Cette loi parle de la composition à payer pour un délit déterminé, circonstance qu'il ne faut pas perdre de vue. Autrement on pourrait croire que d'après ce texte le choix libre de droit était admis en Danemark.

(*f*) Cependant la plupart de ces capitulaires, particuliers à certains peuples, sont tirés des capitulaires généraux et n'en diffèrent que par le titre. Quand il s'agissait d'améliorer une loi particulière, on n'avait pas recours à des capitulaires isolés, on révisait le texte même de la loi. Eichhorn deutsche Rechtsgesch. Th. I. § 112. 119.

lovingiens, les capitulaires généraux se multiplièrent beaucoup ; et l'on doit regarder comme tels ceux qui ne portent aucun signe caractéristique du contraire. Mais dans la Lombardie, où il n'y avait que deux peuples en présence, les Lombards et les Romains, la plupart des lois de Charlemagne et de ses successeurs appartiennent au droit lombard ; aussi, les retrouve-t-on dans toutes les collections de l'ancien droit lombard, qui certainement ne régissait pas les Romains.

L'autorité des capitulaires généraux est très-importante à déterminer. En effet, on conçoit difficilement que les Carlovingiens aient fait des lois générales pour tout l'empire. Chefs de trois États distincts, la France, la Lombardie et l'ancien territoire grec (Rome et l'exarchat), leurs capitulaires généraux régissaient l'un de ces États, et n'en dépassaient pas les limites. Le petit nombre de lois ecclésiastiques, que l'on pourrait citer pour preuve du contraire (*g*), doivent être attribuées soit à l'unité de l'Église, soit à l'ancienneté des sources qui sont la base du droit canon. Mais aucune loi civile n'a ce caractère d'universalité (*h*). La distinction des *capitularia* et des *leges* est établie sur les passages suivants. D'abord une loi de Pépin, qui règle l'application des droits personnels aux Romains et aux Lombards, et finit ainsi : « de ceteris « vero caussis communi lege vivant, quam dominus Karo- « lus excellentissimus rex Francorum et Langobardorum in « edictum adjunxit (*i*). » Mais cela ne veut pas dire qu'outre les cas énoncés spécialement, tout le droit privé doive sortir des capitulaires, d'ailleurs très-pauvres sur ce sujet. Au contraire, les cas énumérés paraissent embrasser l'ensemble du

(*g*) Par exemple : Un concile tenu à Aix-la-Chapelle, Cap. 16. renferme des dispositions spéciales aux évêques Lombards. Baluz. T. I. p. 566.

(*h*) Cette opinion avancée par Muratori, Script. T. I. P. 2. præf. p. 2. se trouve confirmée dans Canciani, vol. III. p. 129, 130, 134, 135. J'ai déjà expliqué, § 35. g. la contradiction apparente qu'offre un passage des capitulaires (Cap. VI. 366).

(*i*) L. Long. Pipini. 16.

droit privé ; alors les *ceteræ caussæ* désigneraient le droit politique , et l'observation des capitulaires ne serait recommandée qu'accidentellement. On cite encore un capitulaire de Louis-le-Débonnaire, rendu à Thionville en 820, où il est dit que les *capitula* ajoutés , l'année précédente, à la loi salique ne doivent plus s'appeler *capitula* : « *sed tantum lex* « *dicantur, immo pro lege teneantur* (*k*). » Je ne saurais voir dans ce passage, comme l'ont fait la plupart des auteurs, une extension des capitulaires de 819. En effet , il avertit de ne pas se laisser tromper par le nom de *capitula*, et de ne pas regarder comme loi de l'empire une loi particulière aux Francs-Saliens.

Lothaire Ier ordonna que les capitulaires de son père et de son aïeul auraient tous l'autorité des *leges* (*l*). J'ai déjà fait remarquer plus haut la distinction établie par Charles-le-Chauve entre les *leges mundanas , ecclesiasticas ,* et les *capitula* (*m*). Enfin Otton II décida que ses *capitula* sur le combat judiciaire seraient obligatoires pour tous ses sujets Lombards , ceux même qui suivaient le droit romain (*n*). On cite encore à ce propos le passage où Hincmar accuse la mauvaise foi de ceux qui invoquent tantôt les capitulaires, tantôt les lois, selon l'intérêt du moment (*o*). On a voulu rapporter ce passage à l'élection du droit, quoiqu'une *professio* des capitulaires n'existe nulle part et soit contre toute vraisemblance. Hincmar désigne évidemment ici le droit général de l'empire et les

(*k*) Baluz. T. I. p. 623. Ce passage est attribué à Charlemagne (L. Carol. 143) dans les lois lombardes , mais il paraît ne s'y trouver que par erreur. Wiarda Gesch. des Sal. Gesetzes S. 123. , a contesté son authenticité.

(*l*) L. Long. Lotharii sen. 70.

(*m*) Voyez § 38. *d*.

(*n*) L. Long. Ottonis II. 10.

(*o*) Hincmari epist. 15. ad episcopos pro Carolomanno , Cap. XV. Opp. T. II. p. 224. ed Paris , 1645 f. « Quando enim sperant aliquid lucrari , ad legem se convertunt : quando vero per legem non æstimant acquirere , ad capitula confugiunt : sicque interdum fit , ut nec capitula pleniter conserventur , sed pro nihilo habeantur , nec lex.»

droits personnels dont l'application, étant souvent douteuse, devait favoriser la mauvaise foi et faire naître plus d'un abus.

48. J'exposerai dans la suite de cet ouvrage la chute du système des droits personnels. En Italie, on verra l'abolition de tous les droits germaniques, le triomphe du droit romain et l'établissement des statuts locaux. En France, au contraire, le droit des temps anciens a des rapports si nombreux avec celui des temps modernes, que je ne puis séparer leur histoire.

On sait que jusqu'à la promulgation du Code Civil, le nord et le midi de la France suivaient un droit différent : l'un suivait les coutumes, l'autre le droit écrit ; c'est-à-dire que dans les provinces du nord le droit romain perdit l'autorité qu'il avait eue sous les Francs à titre de droit personnel, et qu'il la conserva dans les provinces du midi. Une décrétale de 1220 dépose de ce changement (*a*). « In Francia et nonnullis pro- « vinciis laici Romanorum imperatorum legibus non utun- « tur. » Un autre monument du même genre est l'édit de Charles-le-Chauve de 864 que j'ai déjà cité (*b*). On y trouve aussi le passage remarquable qui établit expressément qu'aucune loi n'avait porté atteinte à l'autorité du droit romain (cap. 20) : « super illam legem (Romanam) vel contra ipsam « legem, nec antecessores nostri quodcunque capitulum sta- « tuerunt, nec nos aliquid constituimus. » Mais en même temps, une foule de passages confirment la distinction des pays de droit écrit et des pays de droit coutumier. Ainsi, par exemple : « in illa terra in qua judicia secundum legem Ro- « manam terminantur, secundum ipsam legem judicetur. Et « in illa terra in quá judicia secundum legem Romanam non « judicantur, etc. » (cap. 16, 23, 13, 20, 31.) Montesquieu (XXVIII, 4) explique ce double fait de la manière suivante : L'injustice et les mépris des Francs portèrent les Romains à em-

(*a*) Cap. 28. X. de privilegiis (V. 33).

(*b*) Edictum Pistense ap. Baluz.. T. II. p. 173.

brasser le droit du vainqueur, tandis que la domination plus douce des Bourguignons et des Goths permit aux vaincus de conserver leur droit national. Cette explication est inadmissible pour deux motifs : d'abord elle suppose l'élection libre du droit que j'ai déjà réfutée; ensuite on ne conçoit pas comment les Goths, les Bourguignons et les Romains des provinces méridionales, soumises plus tard par les Francs, auraient été insensibles à l'attrait d'une composition supérieure, si puissant sur les Romains du nord.

49. Mais, à vrai dire, la distinction des droits territoriaux ne date pas de ces temps reculés, et elle ne semble pas contenue dans l'édit de Charles-le-Chauve. Les expressions de certains passages que l'on a remarquées se rapportent non aux territoires mais aux personnes (cap. 28, 34), observation très-importante, suivant moi. Toujours il est question de désigner ceux qui suivent les différents droits, mais souvent un pays n'était peuplé que de Romains et alors le nom du territoire désignait les habitants. On ne saurait donc voir ici le système des droits territoriaux, mais un état qui s'en rapproche. Au reste, il ne faut pas croire que le droit franc ait été seul reconnu dans les pays que l'édit de Charles-le-Chauve oppose aux pays romains. La généralité de ses expressions embrasse peut-être d'autres territoires où subsistait encore le mélange des droits personnels. Si l'on veut remonter plus haut et chercher comment s'est introduit ce système imparfait de droits territoriaux, on en découvrira la source dans les circonstances diverses qui accompagnèrent les divers établissements des Francs. Dans le nord, théâtre de la première invasion, les anciens habitants et les riches surtout furent écrasés par le nombre et la cruauté des conquérants. Mais lorsque plus tard ceux-ci ne firent que reculer les frontière de leur empire, la rigueur envers les vaincus diminua avec le nombre des vainqueurs. L'influence des Francs ou celle des anciens habitants domina selon les pays, et ainsi s'explique l'état imparfait des droits territoriaux que nous trouvons dans l'édit de Charles-le-Chauve.

Mais comment un pareil droit s'est-il transformé plus tard
en véritable droit territorial. Cette transformation paraît inexplicable dans mon système, car les Romains, malgré leur petit
nombre, auraient dû conserver leur droit national, et le sacrifice fait à la convenance, comme l'adoption du droit franc, ne
s'accorde qu'avec l'élection libre du droit. Cet établissement
du véritable droit territorial et la disparition des anciens
droits germaniques concoururent à la révolution complète que
subit alors le droit, et ces deux événements simultanés sortirent de la même cause. En effet, quand les peuples auxquels
s'appliquaient les droits personnels eurent disparu, et que
leur mélange eut enfanté de nouvelles nations, les droits personnels des anciens peuples durent aussi disparaître. Or, voici
comment la chose arriva : le système féodal confondit les diverses tribus et en fit une nation composée de serfs et de vassaux. Le droit féodal avait emprunté la plupart de ses dispositions aux droits personnels qu'il remplaça, mais l'origine
perdit toute influence quand chacun devint en naissant vassal
d'un seigneur, et non membre d'une nation. Aussi le droit
germanique, qui régnait au nord de la France, y composa presque exclusivement le droit des cours des seigneurs, et l'on vit
disparaître entièrement les traces de droit romain qu'avaient
conservé jusqu'alors un petit nombre de Romains isolés. Le
contraire arriva dans la France méridionale où les Romains
avaient la supériorité du nombre. Ainsi disparut en Allemagne
le droit romain qui, aux sixième et septième siècle, régnait
encore sur les bords du Rhin (a).

50. Le nord et le midi de la France présentent un autre contraste bien plus frappant. Dans les provinces du nord la forme
des anciens droits personnels fut complètement anéantie par
les statuts locaux ou coutumes. Dans les provinces méridionales,
au contraire, le droit romain conserva sans interruption sa
forme et son unité, quoique les Romains aussi bien que les
Francs se fussent changés en une nation nouvelle. Cette diffé-

(a) Je dois cette explication à mon savant ami Eichhorn.

rence a une double cause. D'abord la langue prouve que l'élément romain dominait dans la nation nouvelle. Ensuite les anciens droits germaniques étaient trop restreints, trop individuels pour que leur forme primitive pût convenir au nouvel état de la nation. Le droit romain au contraire avait, du temps des Romains, reçu d'immenses développements, et pouvait, par sa perfection et sa généralité, s'appliquer dans les circonstances les plus diverses. Droit national et personnel, sa sagesse le constitua droit général et droit commun, titre que l'Europe lui a reconnu dans la suite (*a*).

51. L'histoire de la Lombardie, sauf quelques différences, nous offre le même spectacle. Comme les villes furent puissantes de bonne heure, des sociétés nouvelles ne purent, ainsi qu'en France et en Allemagne, y faire des révolutions complètes et soudaines. Les statuts n'avaient pas ce pouvoir, aussi le droit lombard y subsista à côté du droit romain, plus longtemps qu'aucun droit germanique dans les États fondés sur le sol romain.

L'existence du droit romain, loin de rester dans l'obscurité, brilla d'un éclat nouveau ; ce fut l'effet de l'état florissant et

(*a*) Berriat-Saint-Prix hist. du droit Romain p. 218-231 , émet sur les pays de coutume et de droit écrit une opinion toute nouvelle, et qui réduit singulièrement le nombre des pays coutumiers. D'abord il en retranche tous ceux dont les coutumes reconnaissent le droit romain comme droit commun, ou l'adoptent pour base, ou renvoient à ses dispositions. Il ne resterait donc plus que les coutumes de Paris , de Bretagne et de Normandie. Mais là encore le droit romain était le droit commun , car les établissements de saint Louis reconnaissent son autorité, et d'ailleurs, il n'y avait pas d'autre droit subsidiaire. Seulement dans ces provinces , comme aujourd'hui dans toute la France , la violation du droit romain ne donnait pas ouverture à cassation. Ce système anéantit complètement la distinction des pays de droit écrit et des pays coutumiers , établie historiquement , du moins depuis l'edictum pistense. Au reste il faut reconnaître que les universités et les praticiens qui s'y formèrent augmentèrent peu à peu l'influence du droit romain dans le nord de la France. Mais l'auteur a confondu les époques en parlant pour les temps anciens de l'influence des universités , et surtout des principes de la cassation , dont l'origine est très-moderne.

prospère des villes que leurs besoins et les circonstances ral-
lièrent à ce droit. Il devait refleurir dans les villes et pour les
villes, aussi n'est-ce pas le hasard. mais le cours nécessaire des
choses, qui plaça le renouvellement du droit romain dans les
villes d'Italie, d'où il se répandit en France et en Allemagne,
appelé par les mêmes besoins. J'exposerai dans la suite de mon
ouvrage cette renaissance du droit romain, dont l'influence est
encore sentie de nos jours.

CHAPITRE IV.

ORGANISATION JUDICIAIRE DES GERMAINS (*).

52. Avant d'exposer l'organisation judiciaire des états germaniques fondés sur le sol romain, il est indispensable d'entrer dans quelques détails sur l'organisation judiciaire de l'ancienne Germanie; mais je ne m'en occuperai que dans ses rapports avec l'organisation judiciaire romaine. Ainsi, par exemple, la matière si vaste et si compliquée de la servitude, chez les Germains, n'a pour moi qu'un intérêt secondaire, et l'on ne devra pas conclure de mon silence que je méconnaisse l'importance de cette partie du droit germanique.

Si l'on se représente l'état des tribus germaniques conquérantes d'après les peintures qu'en font les auteurs modernes, entre autres Sismondi, cet état n'a pas d'exemple dans l'histoire. Les Germains étaient une horde de brigands qui se proposèrent de détruire l'empire romain, et, après l'avoir détruit, fondèrent sur ses ruines des établissements convenables à leur état de brigandage. Sans doute ils n'avaient pas de patrie, car on en retrouverait le souvenir dans leurs mœurs, dans leurs institutions nouvelles, tandis que tout y est spontané, arbitraire, créé pour le besoin du moment. Mais un examen sérieux et impartial fait aussitôt rejeter cette peinture comme une fable.

(*) Indépendamment de l'ouvrage célèbre de Grimm dont j'ai parlé au commencement du troisième chapitre, on peut consulter J. D. Meyer, *Esprit, Origine et Progrès des Institutions judiciaires des principaux pays de l'Europe*, tome I, (partie ancienne), à La Haye, 1818, 8. et Maurer Geschichte des... Gerichtsverfahrens, Heidelberg, 1824, 4.

D'un autre côté, si l'on est convaincu qu'antérieurement à la conquête les Germains avaient une organisation nationale, de grandes difficultés se présentent quand il s'agit de la déterminer. D'abord nous n'avons le témoignage d'aucun Germain contemporain ; ensuite, indépendamment du vague et de l'incertitude, inséparables d'un pareil sujet, se joint, chez les auteurs romains, l'ignorance du langage si intimement lié à l'histoire d'une nation. D'ailleurs, comment un étranger aurait-il pu connaître les noms, l'origine et les limites de tant de tribus différentes? Cependant il existe, selon moi, une source de renseignements certains. Depuis l'invasion des Germains, nous possédons sur leur constitution une foule de documents importants. Si, dans les divers pays où ils s'établirent, quelques traces de leur ancienne organisation se reproduisent constamment les mêmes au milieu de tant de nouveaux rapports, il faudra y reconnaître la constitution originaire qui réunit autrefois sous son empire toutes les tribus germaniques.

Or, ce caractère d'uniformité se retrouve précisément dans l'organisation judiciaire, dont l'origine et l'ancienneté sont ainsi mises hors de doute. Je vais d'abord en exposer l'ensemble, puis j'examinerai les diverses parties qui la composent.

53. La nation se composait de l'universalité des hommes libres : en eux résidait la souveraineté. La division du territoire en cantons et les rapports qui unissaient étroitement les hommes libres d'un même canton formaient toute l'organisation politique. Chaque canton était gouverné par un comte investi à la fois du commandement militaire et de la juridiction civile ; des lieutenants, placés sous ses ordres, le suppléaient dans ses diverses fonctions. Quant à l'administration de la justice, le comte ou son lieutenant présidait le tribunal, mais sans voix délibérative. La décision des procès appartenait à tous les hommes libres du canton, convoqués tantôt en masse, tantôt individuellement ; ils jugeaient le fait et appliquaient le droit. Cet état de choses fut modifié du temps de Charle-

magne. On désigna expressément pour juges un certain nombre d'hommes libres, qui dès lors formèrent une classe à part. Mais cette nouvelle institution ne porta aucune atteinte aux droits des hommes libres ; ils continuèrent à prendre part aux jugements comme dans les temps antérieurs. J'appelle échevins les juges en général, sans distinguer les époques ni le mode de convocation , car on peut distinguer les échevins indépendants des échevins désignés. Dans les lois et les documents, ces derniers portent le nom de scabins.

Je vais ajouter quelques observations à cette exposition sommaire de la constitution germanique. La noblesse existait chez les Germains, et l'on ne doit pas croire que ce fût un titre donné indistinctement aux riches et aux principaux citoyens. La noblesse était héréditaire, et les nobles formaient une classe à part (*a*). Était-ce un patriciat religieux, un privilége réservé aux familles des comtes jouissant d'un droit héréditaire? Je l'ignore; mais il me paraît certain que la noblesse était une distinction toute personnelle (*b*), ne donnant aucune prépondérance dans le gouvernement ou dans l'administration de la

(*a*) Sur l'ancienne noblesse nationale des Germains, voyez Grimm Reschts-alterthümer, p. 185 seq. 226-228, 265, 269, 272, 281.

(*b*) Ainsi , les cinq familles nobles de la Bavière avaient une composition double ; la famille du duc en avait une quadruple. Les noms de ces familles , avec les différentes leçons des manuscrits , se trouvent dans Leges , Bajuv. ed. Mederer III, 1, § 1, p. 99-101. (Georgisch II, 20. § 1.) Les lois des Frisons, des Anglais et des Saxons donnent aussi à la noblesse une composition plus élevée. — Dès les temps les plus anciens, les nobles ne pouvaient contracter mariage avec les hommes libres, ni les hommes libres avec les esclaves. L'égalité de naissance exigée pour les mariages de la haute noblesse en Allemagne , est un reste de ce principe. — Ces preuves positives d'une noblesse fondée sur la naissance contredisent les assertions vagues des auteurs modernes, qui prétendent que, d'abord, les nobles étaient les juges suprêmes héréditaires ; plus tard, que ce furent les familles qui se distinguaient par l'exercice de certaines fonctions, par leurs richesses en fonds de terre, par leurs alliances, etc. (Cf. Schrader die alteren Dynastenstamme zwischen Leine , Weser und Diemel B. I. Goettingen, 1832. Einl. § 1, B. I. § 21, B. II, § 18.) Cette institution a plutôt de profondes racines, qu'un caractère bien déterminé.

justice, car les nobles n'y figurent jamais que comme les hommes libres et seulement à ce titre (c). Quoique la royauté ne fût pas généralement établie chez les peuples germaniques, cependant on la trouve dans tous les États qu'ils fondèrent sur le sol romain. Autrefois les fonctions du duc étaient temporaires ; elle finissaient avec la guerre dont on l'avait chargé. Le duc était un général ayant sous lui des comtes qui peuvent être comparés aux colonels commandants des régiments (d). Lorsque plus tard les ducs furent nommés pour gouverner une province, leur emploi ne changea pas de nature, et s'ils réunirent quelquefois la juridiction civile, peut-être ne faisaient-ils que cumuler régulièrement les pouvoirs de duc et de comte (e). Mais quand un peuple se trouvait sous la dépendance d'une autre nation, comme les Allemands et les Bavarois dans l'empire franc, alors le duc du peuple conquis était en effet un roi, mais un roi vassal relevant d'un autre roi.

Je passe maintenant à l'exposition des parties les plus importantes de l'organisation judiciaire, et je traiterai d'abord des hommes libres, puis des échevins, enfin du comte et de ses lieutenants. Je suppose lés ouvrages de Möser, entre autres son histoire d'Osnabrück, connus de tous mes lecteurs, aussi passerai-je légèrement sur les divers points qu'il a mis hors de doute.

(c) Voyez Tacitus Germ., C. II. « De minoribus rebus Principes consultant, *de majoribus omnes* : ita tamen, ut ea quoque, quorum *penes plebem arbitrium est*, apud Principes pertractentur. » Ainsi, la souveraine puissance appartenait à la réunion de tous les hommes libres, qu'il nomme *plebs.*

(d) Möser Osnabrückische Gesch. Th. I, Abschn. IV, § 6. Dans Tacite, de mor. Germ. les *Duces* (C. VII.) sont distincts des *Principes* (C. XII) — Witichindus Corbei. Lib. I, annal. (Meibom. script. rer. germ. T. I, p. 634.) « A tribus etiam principibus totius gentis ducatus administrabatur.... Si autem universale bellum ingrueret, forte (leg. *sorte*) eligitur cui omnes obedire oporteat, ad administrandum imminens bellum. Quo peracto, æquo jure ac propria potestate unusquisque contentus vivebat. »

(e) Eichhorn Deutsche Rechtsgeschite, Th. I, § 24.

LES HOMMES LIBRES.

54. Je regarde la classe des hommes libres comme la base de l'organisation germanique (*a*); et par là il ne faut pas entendre un état négatif, la liberté opposée à l'esclavage, mais au contraire quelque chose de positif, la capacité et l'exercice complet de tous les droits. L'expression de *dignité* dont s'est servi Moser rend parfaitement cette idée. Ainsi il y avait une dignité commune à tous les hommes libres, et une dignité supérieure restreinte aux nobles seulement (*b*). Les mots de dignité et d'homme libre répondent à ceux de *caput* et de *civis optimo jure* chez les Romains. Je parle ici du temps où la constitution de la république avait reçu tout son développement, où les patriciens se distinguaient des plébéiens, plutôt par l'ancienneté de leur origine que par l'importance de leurs priviléges, et où le nom de *civis* s'appliquait aux citoyens de toutes les classes. Il existait pour les hommes libres Germains une sorte de propriété parfaite, semblable au *Dominium (ex jure Quiritium)* des Romains. Les recherches sur la condition des hommes libres sont intimement liées aux recherches que je ferai sur les échevins ; mais on peut établir d'avance que les hommes libres pouvaient seuls être échevins, c'est-à-dire juges ou témoins dans un procès (*c*). J'examinerai plus tard la question de savoir si ce droit était commun à tous les hommes libres, ou le privilége d'un petit nombre.

55. *Arimann* est le nom donné, chez les Lombards, aux simples hommes libres, nom qui les distingue également des serfs et des vassaux, et des magistrats auxquels ils doivent

(*a*) Grimm Rechts alterthümer, p. 281. « Les hommes libres forment la « partie principale et le corps de la nation. Les nobles ont les mêmes pri- « viléges que les hommes libres, seulement avec plus d'extension. Aussi les « nobles et le prince lui-même portent le titre d'hommes libres. »

(*b*) Moser Osnabrüchische Geschichte, Vorrede.

(*c*) Moser. Th. 1, Abschn. 1, § 22. Abschn. iv, § 10.

obéissance. Aussi dans les lois de Rachis (L. 2) les femmes libres sont appelées alternativement *liberæ fœminæ* et *Arimannæ (a)*. Louis-le-Débonnaire, se référant à la loi de Rachis, en a emprunté les expressions, et un autre document du même empereur porte : « videlicet feminis liberis, quas Itali *Heri-* « *mannas* vocant (b). » Une contestation sur la qualité de *Al-* *dii* ou *Liberi* fut jugée dans un placitum de Milan en 901, et la relation de ce procès nous montre le mot d'*Arimanni* employé comme synonyme de *Liberi* (c). En 967, Othon Ier fait à un cloître donation d'un bourg, « cum liberis hominibus qui « vulgo *Herimanni* vocantur (d). » Henri IV, dans un document de Vérone (1074), s'explique ainsi : « donamus insu- « per… monasterio…. liberos homines, quos vulgo *Ariman-* « *nos* vocant, habitantes in castello S. Viti (e). »

Peut-être objectera-t-on un diplôme de 808, où Charlemagne attribue à l'évêque de Plaisance « omnem judiciariam, « vel omne teloneum de curte Gusiano, *tam de Arimannis,* « *quam et de aliis liberis hominibus* (f). » Ici le titre d'Arimann ne semble pas appartenir à tous les hommes libres. Mais dans ce passage les Arimann sont les hommes libres lombards qui composaient l'assemblée de la nation avant l'établissement des fiefs, et il faut entendre par *alii liberi homines* opposés aux Arimann, d'abord les Romains, puis les Germains étrangers, les Francs, par exemple, et enfin les vassaux libres qui reconnaissaient un seigneur et ne faisaient pas simplement partie du Heerbann sous le comte.

Ainsi, quand on trouve dans les documents *liberi homines*

(a) Conf. L. Long. Rotharis 222. Luitprand, IV, 6.

(b) Ces deux documents sont rapportés par extrait dans Ducange; V° Herimanni, T. III, p. 1120, 1121.

(c) Muratori ant. It. T. I, p. 717.

(d) Muratori l. c. p. 735.

(e) Muratori l. c. p. 739.

(f) Muratori l. c. p. 741.

sans aucune autre désignation (*g*), ces mots sont synonymes d'Arimann, ils s'appliquent aux hommes libres lombards.

On oppose encore Arimann à *judex* ou *comes* (le magistrat régulier de l'ancienne constitution), pour montrer la dépendance existant entre ce juge et ses justiciables, c'est-à-dire les hommes libres, car les vassaux et les serfs doivent être considérés sous des rapports tout différents.

L. Long. Guidonis 3. « Nemo Comes , neque loco ejus posi- « tus, neque Sculdasius *ab Arimannis suis* aliquid per vim « exigat, præter quod constitutum legibus est. »

L. Long. Guidonis 4. « Si...... Comes loci ad defensionem « loci patriæ *suos Arimannos* hostiliter, præparare mo- « nuerit, etc. »

On trouve dans les lois lombardes une foule de passages semblables (*h*). Telle est aussi la définition d'un vieux glossaire (*i*) : « Arimanus, herman Miles gregalis, qui publicum « munus non habet (*k*). »

(*g*) Par exemple : Tiraboschi Storia di Nonantola T. II, N. xxxvi, p. 52. (circa a. 845)» ego petrus filius quondam petronati abitator in obstilia livero homo. » Voyez aussi N. XXXXI, p. 56 à 861.

(*h*) L. Long. Rachis 6. Luitprand, V, 15. Ce dernier passage a rapport aux esclaves fugitifs. Le comte, dans le territoire duquel se trouve un esclave fugitif, doit en prévenir le propriétaire ou le comte du district. Dans ce dernier cas, celui-ci est tenu de faire prendre l'esclave, ou de donner avis « *Arimanno suo* » c'est-à-dire au maître de l'esclave, à l'homme libre placé sous sa dépendance.

(*i*) Ducange, V, Herimanni, T. III, p. 1119.

(*k*) Trompé par la ressemblance du nom, on pourrait étendre cette interprétation à plusieurs documents allemands où se trouve le mot Armann, par exemple : « Werner Rasser von Scheffelingsheim des Reichs Armann. » — « Nun hatte einen iren Armann genant Wolfelin gefangen... den Armen « Mann wider in ir gericht zu entwurtende. » Scherz gloss. p. 59, 60. Mais la déclinaison seule indique que Armann est la contraction des deux mots *arme mann* (pauvre homme), explication confirmée par une foule de documents où le pluriel *arm leute* est pris dans le même sens. — Meusel Geschichtforscher Th. 2, p. 297. Th. 7, p. 219, 228, 235. Ces pauvres gens (*arm leute*) sont des serfs qui, par conséquent, n'ont rien de commun avec les Arimann. Grimm Rechtsaltenthümer. p. 312.

56. Les Arimann participent, comme échevins, à l'administration de la justice.

En voici quelques exemples : la relation d'un placitum tenu
à Lucques en 785 porte : « Dum in Jesu Christi nomine rese-
« dentem Allonem ducem una cum... *Haremannos*, id est
« Tusso Presbiter, Alio Presbiter etc.... Et.... justum nobis
« paruit esse una cum suprascriptos sacerdotes et *Hareman-*
« *nos* ita judicavimus (*a*). »

Dans la relation d'un placitum tenu à Mantoue, en 1126 (*b*),
et dans un autre placitum tenu à Teramo, en 1056, les échevins sont appelés *liberi homines* (*c*).

De plus, il est vraisemblable, quoique personne ne l'ait
encore remarqué jusqu'ici, que dans les documents le mot
Germani s'applique aux Arimann remplissant les fonctions
d'échevins. Sans doute au moyen-âge cette expression désigne
aussi les frères germains, et souvent la mention du père commun lève toute incertitude (*d*). Mais souvent le titre de *Ger-*
manus se trouve appliqué à un très-grand nombre de personnes,
et au milieu de l'énumération des diverses classes de citoyens,
alors on est presque forcé de lui donner le sens d'Arimann ;
il semble même que pour éviter toute amphibologie, les rédacteurs des documents indiquent le nom du père ou celui de
la résidence, selon la signification attribuée au mot *Ger-*
mani. Je vais citer les principaux passages où *Germanus* est
synonyme d'Arimann : je les emprunte aux relations des procès
où ils figurent en qualité d'échevins.

Un document de Nonantola (872), dont nous ne possédons
que des fragments, contient la mention suivante : « præsentia

(*a*) Muratori ant. It. T. I, p. 745.

(*b*) Muratori l. c. p. 732.

(*c*) Ughelli T. I, p. 352.

(*d*) Par exemple : Ughelli T. I, p. 1436, « Hugo vicecomite et Guidone
germanis, filiis bonæ memoriæ Guidonis et Albertæ de Montegrabho. » add.
ib. p. 1435, 806. Lupi T. 2, p. 1169 : « .... duos arimannos nostros fratres
germanos... dedimus » etc. On le trouve quelquefois dans le sens de conso-
brini. Tiraboschi Storia di Nonantola, T. II, p. 147, 152.

« bonorum hominum qui subter leguntur, id est Walde......
« (sic) cives regienses... Lupicino, Dando *scavinis de solaria...*
« *scavino de sorbaria*, Trasemundo, Petrus, Johannes, *ger-*
« *mani de sorbaria (e).* »

Dans un placitum tenu à Pavie, en 945, paraissent comme
échevins « judices regum, notarii sacri palatii, » enfin « Theu-
« daldus, Ingo, et Amelbertus, Adelbertus, Aldo *germani*
« de loco Castarno (*f*). »

En 898 un placitum fut tenu dans le territoire de Mantoue,
en présence d'un grand nombre d'échevins, parmi lesquels se
trouvaient « dagipertus et teccelinus, et leo de meruda et re-
« cuino *germanis* totile et eribertus *germanis. Lederado*
« filio raguerio, Warnerio, filio.... Adelperto... *germanis...*
« Johanne... adeperto *germanis de parma*, Ado et Johannes
« *germanï* de *budrio*, Benno et Azo *germani denandre......*
« Berno et Eberardo *germanis de remo et reliquorum bono-*
« *rum hominum* circum adstantibus.» La souscription du document porte : « Sign. ma. *Lederado* de regien. *genus Ari-*
« *mannorum* qui ibi fuit (*g*). » On voit qu'ici Lederadus est
appelé indifféremment tantôt Germanus, tantôt Arimannus. De
plus, il eût été bien singulier de trouver tant de frères réunis
dans une assemblée d'échevins, sans que leur père soit jamais
nommé, tandis que le lieu de leur résidence est presque toujours indiqué.

Dans un placitum tenu à Milan, en 892, siègent comme
juges : « Ursepertus et Ragifredus *judices domni Imp.* Rot-
« pertus Ragibertus... *judices ipsius civitatis Mediolanensis,*
« Petrus et Ludelbertus *germanis de Gratis...* Stadelbertus
« *judex de Curugo*, Asimundus... *notariis* et reliqui mul-
« tis (*h*). »

En 906 on voit parmi les échevins de Parme « Adelbertus...

<hr>

(*c*) Tiraboschi Storia di Nonantola T. II. N. 43. p. 57.
(*f*) Tiraboschi l. c. N. 87. p. 117.
(*g*) Tiraboschi, l. c. N. 56. p. 74. 77.
(*h*) Fumagalli, Cod. dipl. S. Ambr. p. 522.—Frisi memorie di Monza

« *Scavinis*, Oberto.... *vassis*..... Ramberto de Tuliore, Au-
« techerio de Pezenano, Ansprando et Aldeverto *germanis*
« *de Fleso*, Gariverdo, Roitichildo *germanis*, Bernardo.....
« *notariis*, et reliquis multis (*i*). »

A Lucques, en 847 : « essentque nobiscum Cuniperto *Vassu*
« *domni Imp.*, Wichelmo.... ... Hildiprando, Sichiprando
« *germanis*, Arochisi, Angalperto *germanis*; » et dans la
même ville on trouve, en 872, plusieurs Vassi et un grand
nombre de *germani* pour échevins (*k*). Ces derniers exemples
sont d'autant plus remarquables que moins d'un siècle auparavant nous avons reconnu des échevins dans les *Haremanni* de
Lucques (Note *a*).

À Milan, vers le milieu du neuvième siècle, comparaît dans
un procès « Ragipert diaconus de Retzano cum Melfrit *ger-*
« *mano et advocato suo* (*l*). » Peut-être ce dernier était-il
le frère de Ragipert, mais l'explication suivante semble préférable. « Avec le Germanus (homme libre) Melfrit son procu-
« reur. » D'ailleurs il était d'usage d'indiquer la condition de
ces procureurs des églises et des ecclésiastiques, ou les charges
qu'ils exerçaient (*m*).

Si ces preuves ne suffisaient pas, on pourrait citer une foule
d'exemples semblables, depuis le huitième jusqu'au douzième
siècle (*n*).

T. II. (Cod. dipl.). Milano 1794. 4. p. 10. lit dans ce document : Petrus la-
delbertus germanus de gratis ; mais le texte de Fumagalli semble préférable.

(*i*) Muratori Ant. Ital. T. II, p. 936.

(*k*) Muratori, l. c. T. I. p. 527. 503.

(*l*) Fumagalli, l. c. p. 222.

(*m*) Ainsi, par exemple : « una cum Jordannis scavinus, advocatus ipsius
Monasterii.» (Fumagalli, p. 375). «Ambrosius judices ipsius civitatis et
advocatus ej. monast. Nec non Gariprandus scavinus..... et advocatus eccl.
S. Johanni», (Ib. p. 522). Conf. Muratori antich. Est. P. 1. p. 134, 151.
155, 159, 170, 172.

(*n*) Voyez Ughelli, T. X. p. 262. Muratori Ant. Ital. T. IV. p. 9. (Deux
documents différents). T. V. p. 311. Muratori antich. Est P. I. C. xvi,
xviii, xix, xx, xxxii (p. 172, 193, 210, 215, 366). Fumagalli, p. 485. Thi-
raboschi Storia di Nonantola T. II. p. 21, 39, 61, 62.

Il paraîtrait même que, dans les passages cités, Germanus n'est pas synonyme d'Arimannus, mais que c'est le même mot avec une légère variante dans l'orthographe et la prononciation. En effet, les manuscrits et les documents nous montrent Arimannus écrit de mille manières différentes : Erimannus, Eremannus, Haremannus, Herimannus, Herman, etc. Or Herman et German sont absolument identiques, ainsi le mot espagnol *hermano* (frère) a pour racine *Germanus*. J'expliquerai plus bas le rapport existant entre ce nom et celui de la nation elle-même.

57. Les citoyens d'une ville s'appellent également Arimann, car ils sont aussi des hommes libres.

On voit en 819 l'évêque de Lucques instituer un curé « una cum consensu sacerdotum *et Aremannos hujus Lucane* « *civitatis (a).* »

C'est dans ce dernier sens qu'aux onzième et douzième siè-cle il est parlé des Arimann de Mantoue dans une foule de documents que je citerai bientôt pour un autre objet. D'ailleurs la signification même du mot avait changé. Lorsqu'on le trouve dans les documents. plus l'acte est ancien, et plus il est sûr qu'il désigne les hommes libres lombards.

Mais, par la suite, le mélange des différents peuples ayant effacé le souvenir de l'origine, cette expression n'entraîna sans doute que l'idée générale de liberté personnelle. Ainsi, lorsque dans les siècles suivants les citoyens d'une ville sont appelés Arimann, cette désignation n'est pas restreinte aux Lombards ; elle s'étend aux autres membres de la commu-nauté composée en grande partie de Romains.

Arimannia désigne la réunion des Arimann composant un canton ou une autre communauté. Ainsi on lit dans Mar-

---

(a) Muratori ant. It. T. I. p. 747. On pourrait rappeler ici les passages cités précédemment où le nom d'une ville est joint à *Germani*, et ce pas-sage d'un document de 715. : «per singulos Arimannos ipsius Senensis civi-tatis.» (Grandi ep. de Pandectis ed. II, p. 105), si la pièce elle-même n'était évidemment supposée.

culfe (I. 18) : « Fidelis noster veniens ibi in palatio nostro una
« cum Arimania sua (*b*). » Ce passage est peut-être le seul
où il soit fait expressément mention des Arimann hors du
royaume de Lombardie.

58. *Arimannia* désigne encore la propriété parfaite opposée à l'emphytéose, au fief, etc., semblable au *dominium
ex jure Quiritium* des Romains, droit intimement lié à la liberté personnelle, et dont les Romains étaient seuls capables
dans les premiers temps.

Voici à cet égard un passage décisif : c'est la déposition d'un
témoin dans un procès que le pape soutint en 1182, contre
l'évêque de Ferrare : « De Glazano interrogatus dicit ; quia
« partim est *Arimannia* et partim Empheteusis. Pro *Ari-
« mannia* debent facere servitium domini Papæ, sive sit ha-
« bitator Episcopi, sive alterius ; videlicet quod pro *Ari-
« mannia* debent recipere Comitem bis in anno, et una-
« quaque vice dare duos pastos. Et ibi debet tenere placitum
« generale tribus diebus. Et si aliquis *Arimannus* distulerit
« venire ad placitum usque ad horam tertiam, debet solvere
« pro banno centum et octo Blancos. Si habitat super *Ari-
« manniam*, omnem districtum, (c'est-à-dire l'amende)
« habet Comes (*a*). »

Il existe plusieurs documents des onzième et douzième siècle où l'empereur assure aux Arimann, c'est-à-dire aux citoyens de Mantoue, la jouissance de leurs droits et de leurs
libertés (*b*).

Le quatrième de ces documents, de l'an 1133, est ainsi

(*b*) Eichhorn fait observer qu'il n'est pas ici question des hommes libres
d'un bourg, mais des hommes libres attachés à un antrustion. En effet,
celui dont parle la formule vient jurer au roi «trustem et fidelitatem, » ce
que ne faisaient pas les hommes libres d'un bourg.

(*a*) Muratori, l. c. T. I. p. 725.

(*b*) Les cinq documents de 1014, 1055, 1091, 1113, et 1159 se trouvent
dans Muratori, l. c. T. IV. p. 13, 15, 17. T. I. p. 729, 731. — On voit une
Charte semblable accordée à Mantoue par Guelfe et Mathilde (1090) dans
Muratori, antich. Estensi P. I. C. 29. p. 323.

conçu : « sub hujus confirmationis sententia...... comprehen-
« dimus *Arimanniam* cum rebus communibus. » Le second,
de l'an 1055, porte : « vel de *Eremannia* et communibus
« rebus. » Le troisième, de l'an 1091 : « vel de *Hermania*
« et rebus communibus. » On pourrait élever des doutes sur
le sens de ce mot Arimannia ; mais le cinquième document,
de l'an 1169, dont le but est évidemment de confirmer les
quatre autres, porte : « cunctos Arimannos in civitate Man-
« tuæ... cum omni eorum *hereditate, et proprietate, pa-
« terno vel materno jure*, et cum omnibus rebus communi-
« bus. » Ces différentes chartes portent donc en substance :
Mantoue est maintenue dans tous ses droits; les propriétés
privées (Arimannia) et les propriétés publiques sont également
ment respectées.

59. Enfin le mot *Arimannia* a encore une dernière signification. Il désigne une espèce particulière d'impôt. Tout
homme libre devait servir à ses frais, mais pour subvenir aux
dépenses communes de la guerre, le comte levait un tribut
qui peu à peu se changea en impôt permanent. On doit probablement y joindre les amendes qui n'étaient pas adjugées à
l'offensé. La réunion de toutes ces sommes payées par les
hommes libres aux magistrats de l'ancienne constitution s'appelait *Arimannia*, et se distinguait des redevances payées aux
seigneurs fonciers par les serfs et les vassaux. Lorsque la dissolution totale de la nation eut corrompu le souvenir des idées
anciennes, ces arimannies, considérées comme propriétés particulières, furent données, vendues, inféodées (a). Ainsi
quand on voit les cloîtres, les églises déclarés exempts de *fo-
drum, arimannia*, etc., cela veut dire que leurs immeubles
ne sont pas soumis aux charges ordinaires de la propriété
libre (b). Souvent l'arimannie est inféodée. Ainsi, en 1070,

(a) Mœser Osnabr. Gesch. Th. I. Absch. v. § 39 ; au reste, il parle bien
de l'impôt de guerre, mais non pas des amendes.

(b) Voir, pour les documents, Muratori ant. It. T. I. p. 733. (a. 1177);

un évêque reçoit : « casale *cum Arimannia, et cum servitio,*
« *quod pertinet ad comitatum :* Odalingo cum omnibus Ari-
« mannis, et quod pertinet ad comitatum, etc. (c). » C'est
dans ce sens que Frédéric Ier commence par les arimannies
l'énumération des droits régaliens de Lombardie (d). Un diplôme du même empereur (1179), accordé à l'évêque de
Feltre (e), porte : « Addentes etiam præcipimus, ut nulli
« unquam personæ liceat aliquo tempore terram Hermano-
« rum emere vel violenter auferre. Et quis terram Hermano-
« rum comparaverit, unde Ecclesia Hermaniam perdiderit,
« potestatem habeat Episcopus eam recipere, unde Hermania
« publica functio exire solebat. » On voit que l'évêque réunissait en sa personne les pouvoirs d'évêque et de comte. Or, les
seigneurs voisins voulaient sans doute réunir à leurs fiefs, par
achat ou de force, les biens des Arimann, et priver ainsi l'évêque des impôts qu'il recevait en qualité de comte. C'est cette
usurpation que prévient Frédéric. De même en 701 on voit
inféodée une « Corticella *una cum reditu liberorum homi-*
« *num (f).* »

Mais nulle part la chose n'est expliquée plus clairement que
dans un acte d'inféodation de 937. « Insuper concedimus
« eidem......... ut de villa, quæ vocatur Roncho, et de om-
« nibus Arimannis in ea morantibus, *omnemque districtio-*
« *nem omnemque publicam functionem et querimoniam,*
« *quam antea publicus nosterque missus facere consue-*
« *verat.....* custodiant et observent (g). » — On trouve souvent *Arimannia* avec le sens d'impôt dans le « *liber censuum*

Ducange T. III. p. 1121 (a. 1156); et Fantuzzi monum. Ravennati T. I.
p. 209, 275 (a. 981, 1037).

(c) Muratori, l. c. T. I. p. 737.

(d) II. Feud. 56. «Regalia : *armandiæ*, viæ publicæ, flumina naviga-
bilia, » etc.

(e) Verci storia della marca Trivigiana T. I. Venezia 1786, 8. documenti
Num. 23.

(f) Muratori, ant. It. T. I. p. 741.

(g) Ducange, T. III. p. 1120.

« *ecclesiæ Romanæ* » écrit au douzième siècle (*h*). D'autres documents nous montrent les Arimann eux-mêmes revendiqués, vendus, donnés en fief (*i*). C'est pourquoi un concile de l'an 904 jugea nécessaire de défendre : « Ut nullus comitum « *Arimannos* in beneficio suis hominibus tribuat (*k*). » Mais, on ne doit voir ici qu'une expression figurée. Les Arimann étaient libres, et par conséquent hors du commerce ; il s'agit donc seulement des Arimannies, cet impôt, reste de l'ancienne organisation, et que les hommes libres payaient au comte, au missus ou au roi lui-même. Cependant cette expression a égaré quelques auteurs modernes, et dans les Arimann, ces hommes originairement libres, ces véritables propriétaires du sol, ils ont vu une espèce particulière de serfs.

60. Quant à l'étymologie du mot Arimann, Heer et Ehre se présentent naturellement (*à*). D'après la première on devrait lire Heermann, ce qui se rapporterait à l'obligation de servir dans les guerres nationales (*b*) ; d'après la seconde, il faudrait

(*h*) Cenni monum. dominat. pontificiæ T. 2. p. XXXVI; par ex. : Romana ecclesia debet habere.... « *totam Arimanniam massæ fiscalis* et totum publicum ejusdem.» Il en était de même dans beaucoup d'autres districts.

(*i*) Fantuzzi monum. Ravennati T. V. p. 268, 269. Lupi, T. II, p. 609, 1169. (Documents de 1041 et 1159.) Cf. les documents de Otton 1er et de Henri IV, cités § 55.

(*k*) Concilia ed. Mansi T. XVIII. p. 227.

(*a*) Sur la seconde étymologie, voyez (Fulda) Sammlung und Abstammung Germanischer Wurzelwœrter, publié par Meusel. Halle 1776, 4. § 152. N. 3, p. 239, § 210. N. 11. p. 309. On a observé que le mot anglo-saxon *are* signifie *honor*. Voyez aussi Wiarda über deutsche Vornamen und Geschlechtsnamen, Berlin 1800, 8. p. 46, où il donne l'étymologie de Hereman, Herman, Armin. — La racine de Arimann a-t-elle quelque rapport avec Fara (race)? Je l'ignore (L. Long. Rotharis 177; Paul. Diac. II. 9. Gibbon T. 8. p. 149), dans ce cas, les Arimann lombards seraient la même chose que les Faramann bourguignons. L. Burgund. T. 54. § 2, 3.

(*b*) J. Müller (Schweizergesch. B. 1. K. 15. Note 30) se trompe en faisant dériver ce nom du commandement militaire, et en comparant les Arimann non-seulement aux Landamman des Suisses, mais encore aux Ataman des Kosaks. Le même auteur (allgm. geschichte. B. 2. Tübingen. 1810. p. 17. Buch 11. Kap. 2) est tombé à ce sujet dans de nouvelles erreurs. Il dit, en parlant de l'organisation des Lombards : chaque bourg avait un comman-

lire Ehrenmann, et l'entendre, non pas dans le sens d'une qualité individuelle, mais dans le sens que lui donne Möser, capacité de droit (caput). Alors Arimann exprimerait la jouissance de tous les droits de citoyen, à laquelle se rattachent naturellement les idées de considération et de dignité. Contre l'opinion que j'avais d'abord émise, j'adopte la première de ces étymologies avec l'explication de Grimm (c). La racine d'Arimann est *hari, heri* (heer), d'où, suivant leur usage, les Italiens ont retranché l'aspiration. Pris dans son sens primitif, ce mot signifie foule, peuple ; ainsi un Arimann est un homme du peuple (homo popularis, plebeius). Dès lors tombent les deux objections faites contre l'étymologie de Heer pris dans l'acception d'armée, que les femmes sont aussi appelées *Arimannæ*, et que le mot armée étant un mot composé ne saurait être racine.

Le véritable caractère des Arimann a été souvent méconnu par les auteurs modernes ; j'en ai indiqué la principale cause. Ducange ne sait si l'on doit les placer au dernier rang de la société ou parmi les vassaux (d). Muratori reconnaît d'abord en eux des hommes libres, et fait même dériver leur nom de Ehre, mais bientôt il retombe dans une foule de doutes. Il se demande s'ils n'étaient pas des vassaux ou des possesseurs d'une certaine classe de terres, ou bien des nobles ou des grands de l'empire. Après avoir laissé toutes ces questions sans réponse, il se contente de combattre ceux qui en font des esclaves (e), et certes, ce n'est pas se hasarder beaucoup. Sismondi s'est également trompé ; il voit dans les Arimann des paysans libres, qui, outre leurs propres terres, tenaient celles des grands à bail emphytéotique ; et il ajoute qu'eux seuls partageaient

dant militaire Heermann ou Amann, et un magistrat pour la juridiction civile. Au-dessus de ces Heermann et de ces magistrats venaient se placer les comtes, puis les ducs, et enfin le roi.

(c) Grimm Rechtsalterthümer p. 291-293.

(d) Ducange, v. Herimann T. III. p. 1119.

(e) Muratori ant. It. T. I. Diss. 13. surtout p. 715, 716, 748, 750.

avec la noblesse l'obligation de comparaître au placitum du comte (*f*).

Liruti (*g*) dit que les Arimann formaient une classe intermédiaire entre les hommes libres et les esclaves (« ut servitutis « cujusdam honestioris jugum portaverint ») : dans un autre passage, p. 39, il les considère comme des vassaux dont le service féodal était la défense du bourg. Cette méprise vient de ce qu'il a confondu les époques, et transporté ici les changements introduits plus tard. Il prétend encore, p. 36, que les Arimann n'étaient pas juges, mais officiers de police judiciaire, armés pour la garde personnelle des juges. Cependant, l'ouvrage de Liruti renferme plusieurs documents importants. On y trouve, p. 44, un *placitum* de l'an 1419, où des immeubles sont vendus en présence de plusieurs personnes, nommément désignées (« omnes *homines Armani* Domini Patriarche »). Le *Placitum* ou *Playtum* de l'an 1551, p. 46, est un document tout semblable, excepté que le mot Armani ne s'y trouve pas. Ainsi, l'ancien usage de transférer la propriété parfaite dans les assemblées générales de canton se conserva jusqu'au seizième siècle, et le nom même d'Arimann existe dans le premier de ces documents. Liruti ajoute, p. 48 : il y a encore des Arimann dans le Frioul (« ubi adhuc Armanniæ quædam vi- « gent ») passage un peu vague, car on ne sait si cela doit s'entendre du nom même des Arimann ou seulement de leur institution, ce qui est beaucoup plus vraisemblable. La pièce sans contredit la plus curieuse que contienne cet ouvrage est la suscription d'un document de l'an 1280 (p. 48) : « Termi- « natio quod Glemonenses vocati *Arimanni seu Edelingi* non « graventur ultra quam pro CL. libris facta in 1280. 4 Julii.» Arimanni et Edelingi sont ici rapprochés l'un de l'autre comme Frilingi et Edhilingi dans Nithard, ce qui établit d'une manière incontestable la véritable signification du mot

(*f*) Sismondi T. I. Ch. 2. p. 95.

(*g*) Jo. jos. Liruti de Villafredda de servis medii œvi in Forojulii, Rom. 1752, 8. Cap. p. 33-49.

Arimann. — Dans un autre ouvrage (*h*) Liruti nous apprend
que les Arimann existent encore et avec le même nom :
« Giacchè in questa provincia vi rimane anchora in qualche
« luogo questo nome in certa corrispondenza di Formento ,
« vino et altro... noi nel nostro Dialetto li chiamiamo *Er-*
« *mann* , è nel numero di de' più *Ermanns*. »

Klüber (*i*) voit avec raison, dans les Arimann , des hommes
libres , et il reconnaît leurs droits à la propriété parfaite des immeubles , mais dans les détails je ne puis partager son opinion.
Ainsi il fait dériver comme plusieurs auteurs Arimann de
Heer et le traduit par homme de guerre. Repoussant ensuite
toute analogie entre l'Arimannie et l'Heerbann , il les considère comme deux institutions distinctes dont l'une n'existait
que chez les Lombards, l'autre que chez les Francs. Plus loin il
ajoute : dans chaque district les hommes libres Lombards formèrent pour leur défense mutuelle contre les Romains des as-
sociations appelées *Arimanniæ* (p. 5 et 37) ; hypothèse sans
fondement et contraire à tout ce que l'histoire nous apprend
sur le sens du mot Arimann. Enfin , il prétend que ces arimannies succombèrent, en butte à la jalousie des seigneurs
voisins, et que les biens libres soumis comme les biens inféo-
dés au cens et autres impôts devinrent une charge onéreuse
(p. 39, 43, 44, 45). Sans doute l'ancienne constitution des
Arimann fut violée, lorsque leurs redevances purent être données ou vendues comme une propriété privée ; mais je ne vois
nulle part que les Arimann aient été arbitrairement soumis à
de nouvelles charges, et même suivant moi les impôts ne firent
jamais que remplacer les prestations dues anciennement par
les Arimann au roi ou au comte, à cause de leurs propriétés
territoriales.

61. Je termine ici ce que j'avais à dire sur les hommes libres
Lombards. Il y avait aussi en Lombardie une noblesse indi-

(*h*) Liruti notizie delle cose del Friuli Tomo 4. in Udine 1777, 8.
p. 110-112.

(*i*) Jo. Lud. Klüber de Arimannia Comm. 1. et 2. Erlangæ 1785, 4.

gène dont les membres s'appelaient *Edelingi* ou *Adelingi* (a).

Je passe maintenant à l'examen de la condition des hommes libres chez les Francs. Là se trouve souvent mentionnée une classe de personnes appelées *Rachinbourgs*. Ces rachinbourgs me semblent être, comme les Arimann lombards, les anciens hommes libres, les membres de la tribu conquérante. On a coutume de voir en eux des échevins, ou juges spécialement désignés. Je montrerai bientôt que cette espèce d'échevins n'existait pas dans l'ancienne constitution, et que tous les hommes libres prenaient part aux jugements, mais je vais prouver dès à présent que les rachinbourgs ne pouvaient former une classe à part dans la nation. Il y a plus : si même en reconnaissant tous les hommes libres pour rachinbourgs, on prétendait que ce titre ne leur appartient que dans l'exercice de leurs fonctions judiciaires, cette opinion me semblerait encore erronée.

· La plupart des passages, où sont mentionnés les Rachinbourgs, peuvent s'interpréter différemment, et laissent la question indécise, car les Rachinbourgs y sont simplement représentés comme juges. Comment, par exemple, expliquer ces mots : « Siquidem Rachinburgii in mallo residentes..... « legem dicere noluerint (b). » Dira-t-on avec moi que les Rachinbourgs sont les Arimann, les hommes libres, désignés comme juges par l'addition « in mallo residentes, » ou bien l'idée de juge est-elle contenue dans le mot Rachinburgii, quoique tous les hommes libres fussent juges ? ou bien enfin ce mot s'applique-t-il dejà à une certaine classe de la nation, à un ordre d'échevins désignés ? Heureusement, il existe

(a) Paul. Diaconus I, 21 : Hi omnes *Adelingi* fuerunt : (Plusieurs rois dont parle l'auteur) « sic enim apud est quædam nobilis prosapia vocabatur. » (D'autres manuscrits portent *Adalingi* ou *Lithingi.*) — Document de 1280 , cité par Liruti. Voyez le § 60.

(b) L. Salica emend. T. 60. Voyez aussi, L. Salica emend. T. 59. L. Ripuari, T. 55. Appendix Marculfi C. 4. Formulæ Bignon. C. 26. Form. Mabillonii C. 49. Capit. a. 755, art. 29. a. 757. (Baluz. I, p. 176 , 180.) Une chronique dans Bouquet, T. VII, 227.)

d'autres passages plus décisifs. Je citerai d'abord ceux qui détruisent le système d'une classe de juges spécialement choisis.

On lit dans la relation d'un procès : « Tunc Grafio con-« greget secum septem Rachinburgios *idoneos* (c). » L'addition du mot *idoneos* indique que tous les hommes libres prenaient part aux jugements , excepté ceux qui en étaient notoirement incapables ; car si les Rachinbourgs eussent été des juges choisis, l'épithète *idoneos* n'aurait pas de sens.

On trouve deux exemples semblables dans le même recueil de formules (d) : « in mallo publico.... presentibus *quam plu-*« *ribus* viris venerabilibus Rachimburgis qui ibidem........ re-« sidebant vel adstabant. » — « in mallo publico ante illustri « viro illo Comite vel aliis *quam plurimis* personnis ibidem « residentibus... Et dum hæc causa apud ipso Comite *vel ipsis* « *Racimburgiis* diligenter fuit inventa.... propterea taliter ei « judicatum fuit ut de hac causa notitiam *bonorum hominum* « manibus roboratam eum accipere deberet... *His præsentibus* « *qui subter firmaverunt.* » Les expressions *quam pluribus* dans la première formule sont plutôt applicables à la généralité des hommes libres qu'à une classe particulière de juges, et dans la seconde , les *quam plurimæ personæ, Racimburgii, boni homines* , et les *præsentes* signataires sont toujours les mêmes personnes. Je donnerai plus tard de nouveaux détails sur les *boni homines.*

J'ajouterai enfin la relation d'un placitum de 918, tenu à Ausonne dans l'évêché de Carcassonne (e). « Cum in Dei no-« mine resideret Aridemandus (al. Ardemaldus) episcopus « sedis Tolosæ civitatis...... una cum abbatibus, presbyteris, « *judices, scaphinos* (al. scastrinos) , et *regimburgos* tam

(c) L. Salica emend. dans Georgisch T. 52, § 2, et dans le manuscrit de Paris T. 85. (Canciani vol. V, p. 389.) La L. Salica antiquior dans Georgisch T. 53, § 3, et le manuscrit de Wolfenbüttel T. 51. (Canciani vol. V, p. 404.) ne portent pas le mot *idoneos.*

(d) Appendix Marculfi Cap. VI et Cap. I.

(e) (Vaissette) hist. de Languedoc T. 2, preuves, p. 56. Gallia christiana T. XIII, Instr. p. 2.

« Gotos quam Romanos, seu etiam Salicos... id est Dona-
« deus monachus, Adalbertus, Jodolenus, Donatus, Rumal-
« dus, item Donatus *judices Romanorum*... (4 personnes)
« *judici Gothorum*.... (8 personnes) *judices Salicorum*. Sive
« et in præsentia Autario (16 personnes) Salvardo *sagione*,
« *et aliorum plurimorum bonorum hominum* qui cum eos
« residebant in mallo publico, etc. » Cette pièce est décisive,
car il existait depuis long-temps, à cette époque, une classe
d'échevins spéciaux appelés *scabini* ou *judices*. On y fait
d'abord une énumération générale des juges sous le titre :
1° de *judices* (sive) *scaphini* ; 2° de *regemburgi* ; et ils sont
tirés des trois nations qui habitaient le territoire. On nomme
ensuite dix-huit *scabini* ou *judices* ; viennent ensuite seize
autres personnes outre le *sagio* (huissier) *et alii* plurimi boni
homines. Les *regimburgi* se distinguent donc évidemment
des scabins ou échevins désignés, et se confondent avec les
boni homines nommés ou non nommés ; ce sont enfin les simples hommes libres, les juges populaires.

Après avoir établi l'identité des Rachinbourgs et des
hommes libres, et après les avoir distingués des juges spéciaux ou scabins, il reste à examiner si le titre de Rachinbourg comme celui d'Arimann appartenait aux hommes libres
dans toutes les circonstances, ou seulement dans l'exercice de
leurs fonctions judiciaires. Plusieurs exemples où des fonctions
toutes différentes sont attribuées aux Rachinbourgs me semblent décider la question. Ainsi la loi salique ordonne au
comte d'amener avec lui sept Rachinbourgs *idonei*, non pour
juger, mais pour veiller à l'exécution d'un contrat, et dans la
loi ripuaire on voit les Rachinbourgs jurateurs, tantôt au
nombre de trois, tantôt au nombre de sept (*f*) ; enfin un
document de Foulde (783) nous montre les Rachinbourgs
comme témoins d'une tradition (*g*).

(*f*) L. Salica emend. T. 52, § 2. L. Ripuar. T. 32, § 2, 3.
(*g*) Antiq. Fuldens. L. 2, trad. 40. in Pistorii script. rer. Germ. ed. Struv.
T. III, p. 562. « totum et ad integrum tradiderunt coram testibus et *regen-*

62, Mais voici une circonstance qui jette un nouveau jour sur la matière. Dans les passages cités , Rachinbourgs et *boni homines* sont synonymes. Or l'expression de *boni homines* se trouve bien plus souvent que celle de Rachinbourg, et toujours avec le même sens. Ainsi on appelle *boni homines* les juges qui siègent à côté du comte ou de son lieutenant. Les recueils de formules (*a*) et les relations d'une foule de procès en fournissent la preuve. Cependant, les *boni homines* ne figurent pas toujours seuls ; souvent, comme je le montrerai bientôt à l'occasion des échevins , ils sont opposés précisément de la même manière que les rachinbourgs aux échevins désignés ou scabins. Enfin , outre les fonctions judiciaires , ils paraissent comme simples témoins d'une tradition , d'un affranchissement , etc. (*b*) : l'analogie nous conduit donc à regarder les *boni homines* et les rachinbourgs comme de simples hommes libres (*c*).

D'après l'usage que les historiens francs font indistinctement de ces deux expressions, car souvent on les trouve dans le même auteur et dans le même passage, nous voyons que *bonus homo* est la traduction latine de rachinbourg. Or, le nom de Rachin-

burgis, » vient ensuite un grand nombre de signatures sans distinction des différentes classes de témoins.

(*a*) Marculf. II, 9. Appendix Marculii C. 22, 29, 32, 33, 34. Form. Sirmond. C. 30, 31. Form. Bignon. C. 7, 8, 13. Form. Mabillonii. C. 46.

(*b*) Pour les donations, traditions, etc., voyez Marculf. I, 33. II, 38. Appendix Marculfi C. 19, 21; pour les affranchissements, Append. Capit. III, a. 803. (Baluz. I, p. 395.) L. Long. Ludov. Pii 6. Il est curieux de comparer les deux passages de Marculfe , II , 33, et II , 34 ; le cas est absolument semblable ; dans le premier document, les témoins sont appelés *boni homines*, dans le second *pagenses*, ou hommes libres du canton, ce qui est précisément le sens de *boni homines*. *Pagenses*, pris dans ce sens, se retrouve fréquemment dans les capitulaires. Baluz. T. 1, p. 485, 486, 495. Voyez plus bas, § 83, *h*. — Cependant on ne saurait nier que les expressions de *boni homines* ne soient souvent prises dans leur sens littéral, et alors elles signifient bon, bienfaisant , surtout lorsqu'il s'agit de donations faites aux églises et aux cloîtres. Voyez Bouquet, T. V, p. 722, 733, 748. T. VI, p. 478, 465.

(*c*) Güte Männer, en allemand, veut aussi dire hommes libres. J. A. Bolten Ditmarsischer Geschichte, Th. 2. S. 446. Flensburg und Leipzig, 1782,

bourg dut être banni des documents et des recueils de formules, tous rédigés en latin, et voilà pourquoi on le rencontre si rarement. D'un autre côté, *bonus homo* est la traduction naturelle de Arimann (*d*), nouveau rapport qui vient confirmer l'identité que j'ai établie entre les Rachinbourgs et les *boni homines*, et de plus, nous éclairer sur la véritable étymologie de Rachinbourg. La plupart des auteurs font dériver rachinbourg de *racha* (procès) ou de *recht* (droit), de sorte que l'idée de juge en serait inséparable. Mais je préfère l'opinion de J. Muller, qui le tire de Rek (c.-à-d. grand, notable, illustre) (*e*), et par là même établit l'identité entre *bonus homo* et *Arimann*. A l'appui de cette conjecture on pourrait invoquer l'orthographe et les variantes des manuscrits : Rathimburgii, Rachimburgii, Racimburgi, Racineburgi, Recyneburgi, Racimburdi, Regimburgi, Raimburgi (*f*). Cette étymologie s'ac-

8, p. 446, cite le passage suivant d'une chronique inédite. « A. C. 1404, le « noble prince seigneur Gerhard, fils de Henri de Fer, duc de Schleswick, « comte de Holstein et Stormarn, assembla ses nobles chevaliers, esclaves, « *guden manne*, magistrats et conseillers des villes, » etc. Ici, évidemment, les *guden manne* sont les simples hommes libres, reste de l'ancienne organisation nationale, et ils forment une classe à part, distincte des nobles, des chevaliers, des esclaves et des bourgeois des villes.

(*d*) Non pas seulement d'après l'étymologie de *Ehre*, mais aussi d'après celle de *Heer*, prise dans son vrai sens. Le *Heermann*, ou homme du peuple, est le *civis optimo jure*, qualité qu'exprime très-bien l'expression de *bonus homo*.

(*e*) Müller Schweizergeschichte B. 1, Cap. 10, not. 33, cite les mots espagnols *recos hombres* qui ont conservé leur sens primitif de homme honorable, notable. Conf. (Fulda) Sammlung und Abstammung German. Wurzelvörter, § 60, S. 119. « Rek heros..... magnus eximius » et Wiarda über deutsche Namen. S. 42. Voici deux passages à l'appui de mon opinion : On lit au cinquième chapitre des assises de Jérusalem ed. de La Thaumassière, « les barons et les *autres riches hommes* ; et dans la traduction italienne, (Canciani, V, vi, p. 145.) *grandi homini*. On trouve encore dans la préface d'un petit écrit (Canciani V, p. 305), *Ricchi uomini* et altri cavaglieri. — Voyez en outre Ducange, notes sur Joinville, Paris, 1688, p. 51 et les passages qu'il cite.

(*f*) On lit Rathimb. dans la L. Sal. antiqu. (Georgisch), plus souvent Rachimb. ex : L. Sal. emend. (Georgisch), Racimb. Racineb. Recyneb.

corde parfaitement avec le sens donné aux mots par Grim (*g*).
J'expliquerai bientôt la signification de *burgi* en recherchant
celle du mot anglo-saxon *Fridurgi*. Au reste Rachinbourgs et
boni homines sont des mots particuliers aux Francs qui introduisirent l'expression de *boni homines* en Italie où nous la re-
trouverons plus tard.

63. Ainsi donc l'histoire ne nous montre pas chez les Francs
une noblesse formant comme chez les Lombards une classe distincte. Mais son existence n'est pas douteuse, et le silence des
historiens s'explique aisément. A l'époque de la conquête des
Gaules par les Francs, la noblesse s'était déjà perdue dans la
royauté, en d'autres termes, l'ancienne institution nationale
avait disparu, et les nobles, transformés en antrustions placés
sous la dépendance du roi, obtenaient à ce titre la même composition que leur noblesse leur assurait dans l'ancienne organisation (*a*). La noblesse chez les Francs est donc la même que
chez les autres tribus germaniques. Toute la différence consiste
dans la nature des renseignements qui se sont conservés jusqu'à
nous. Ainsi la noblesse lombarde, par exemple, nous apparaît
avec son ancien nom et son ancienne organisation nationale ;
et chez les Francs elle nous apparaît déjà modifiée par le régime féodal. De même au douzième siècle nous voyons les
Edelingi lombards transformés en *Capitanei*. De même en
Allemagne l'ancienne noblesse existe dans les familles princières,
qui par une suite de changements ont vu transformer leur dé-

dans d'autres manuscrits de la loi salique (Canciani vol. V, p. 389, 390,
404, 405.) Ducange, T. V, p. 1089 et Form. Bignon, C. 26. Racimburdi
Form. Mabillonii, C. 49. Regimburdi dans le placitum de 918 rapporté plus
haut, et dans le document de Foulde. Raimburgi, dans une chronique (Bouquet, T. VII, p. 227.)

(*g*) Grimm Rechtsalterthümer, 293-295. Il fait dériver la première moitié
du mot de Ragin, Rakin, qui ne sert qu'à donner plus de force à l'autre mot.
Pour la seconde moitié, il laisse le choix entre le sens d'*oppidanus* ou de
vadimonium. Grimm (p. 774, note **) propose une autre étymologie qui
donnerait à Rachimbourg le sens de *consilium ferens*.

(*a*) Möser Osnabrück. Gesch. Th. I. Abschn. 3, § 40, note *b*. Eichhorn
deutsche Rechtsgeschichte. Th. I, § 47, Grimm Rechtsalterthümer, p. 269.

pendance féodale en droit de souveraineté. Plusieurs auteurs ont pensé à tort que *Franci* désignait les nobles Francs (*b*). Dans les documents, au contraire, cette expression s'applique tantôt au corps de la nation, tantôt à la classe des hommes libres.

64. Les lois des Frisons, des Anglais et des Saxons nous montrent des *nobiles* et des *liberi*, des *adelingi* et des *liberi* (*a*), et un chroniqueur du neuvième siècle dit en parlant des Saxons : « quæ gens omnis in tribus ordinibus divisa consistit. « Sunt enim inter illos qui *Edhilingi* sunt qui *Frilingi*, sunt « qui *Lazzi* illorum lingua dicuntur : Latina vero lingua hoc « sunt Nobiles, Ingenuiles atque Serviles (*b*). » Comme nous

(*b*) Voyez par exemple : (v. Schlieffen) Nachricht von dem pommerschen Geschlechte der von Sliwin oder Schlieffen 1780, 4. S. 12, 25. Il en donne les motifs suivants : 1° La somme due pour le meurtre d'un Franc ou d'un Saxon noble est la même, circonstance que Möser a fort bien expliquée par la rareté du numéraire en Saxe; 2° les compositions sont ainsi réglées, Capit. III. a. §13, art. 2, 3. « Qui hominem *Francum* occiderit, solidos sexcentos componat.... Qui hominem *ingenuum* occiderit, solidos ducentos componat. » — Art 8. Si quis *Wargengum* (un étranger) occiderit, solidos sexcentos... componat. Comment concevoir qu'un étranger ait eu une composition si supérieure à celle d'un homme libre franc? On doit donc entendre ici par *ingenui* les Romains, et alors on comprend que les Germains étrangers leur soient préférés et aient une composition de 600 solides comme les Francs. Ainsi s'expliqueraient ces mots de l'art. 6 : Comes... sicua *nativitas* est ; » non pas selon qu'il est libre ou affranchi, mais en conservant au mot *nativitas* son sens ordinaire, selon qu'il est Franc ou Romain. Au reste, il paraît que, dans tous ces passages (art. 2, 3, 4, 5.), le tiers payable comme *fredum* ou *in dominico*, né s'ajoute pas à la somme principale, mais y est compris, de sorte que le *fidus* n'est pas de 400 sol., et le *fredum* de 33 1/3, la somme totale est de 100 sol., dont 66 2/3 reviennent à la famille et 33 1/3 au fisc. L'art. 2 s'interprète alors : solidos sexcentos componat : ad opus dominicum et (id est) pro fredo solidos ducentos componat. Ainsi donc la composition reste la même, soit qu'il s'agisse d'un Franc ou d'un Wargengus : dans le premier cas, la famille reçoit 400 sol. et le fisc 200, dans le deuxième, le fisc reçoit 600 sol., parce que la famille de l'étranger n'est pas là pour réclamer.

(*a*) *Nobiles* et *Liberi*. L. Frision. T. 1, § 1, 3 et L. Saxonum, T. 17, § 1. *Adalingi* et *Liberi*. L. Angliorum et Werin. T. 1, § 1, 2. Sur la noblesse bavaroise, voyez plus haut, § 53, *b*. Conf. Eichhorn deutsche Rechtsgesch. Th. I, § 47.

(*b*) Nithardus Lib. 4. C. 2. ap. Bouquet, T. VII, p. 29. On ne doit donc

ne possédons pas sur ces différentes tribus des renseignements aussi exacts que sur les Francs et les Lombards, il est plus difficile de marquer avec précision la place qu'y occupaient les hommes libres, néanmoins on peut croire que leur condition était semblable, non-seulement d'après l'analogie générale, mais d'après certains usages qui se sont conservés dans les temps postérieurs. Ainsi nous lisons dans un acte de donation fait en Saxe, l'an 1256 : « Cumque secundum jura terre nostre « fuisset *ab hominibus illis qui liberi vocantur*, et qui secun- « dum suam conditionem *debent hujus modi donationnibus* « *interesse*, diligentius perquisitum... hujus rei testes sunt... « milites Henricus... *alii homines liberi* Ludovicus , etc. (*c*). »

Chez les Anglo-Saxons, tout homme libre (*Freoman*) devait appartenir non-seulement à une centurie (*Hundrede*) , mais encore à une décurie, dont les membres (*Zehenmanner*) étaient unis par une garantie légale réciproque. Le serf avait son maître pour répondant ou caution (*d*). Ici encore , la capacité des droits civils est évidemment désignée et déterminée d'une manière spéciale. Chaque *freoman* est compté pour une tête

pas admettre avec Möser (Osnabr. Gesch. II, 2, § 11.), que le nom d'homme libre n'est devenu usité et honoré qu'après la suppression du Heerbann. Möser (I, 3, § 32, note *e*.) prétend encore que le mot *Liberi* n'a été employé que dans les temps postérieurs, et qu'aussi Nithard se sert du mot *Ingenui-les*. Mais j'ai cité précédemment plusieurs lois de Charlemagne où se trouve le mot *Liberi*. Eichhorn deutsche Rechtsgeschichte, Th. 1, § 144.

(*c*) Wolbrück Geschichtliche Nachrichten von dem Geschlechte von Alvensleben Th. I. Berlin, 1819, 8, p. 52. (Beckmanns Geschichte von Anhalt Th. 4, p. 550.)

(*d*) LL. Cnuti (1017-1035) deuxième recueil. C. 19, 28. (ed. Wilkins, p. 136, 139, la traduction latine dans Canciani vol. IV, p. 305, 306,) : Volumius etiam, ut quilibet homo liber (*freoman*) in Centuriam (*hundrede*) et Decemviratum (*teodunge*) conferatur, qui excusatione vel capitis æstimatione dignus esse velit... ut quilibet in Centuriam et ad fidejussionem (*borge*) ducatur, et fidejussionem ibi servet, et ad quodcunque jus ducat.—C. 28. Et quilibet dominus famulos suos in propria fidejussione habeat (*on his agenum borge*); et si quis eum alicujus rei accuset, respondeat in ea Centuria ad id, cujus accusatus sit. »

(*caput*). Le serf appartient à celle de son maître ; quelquefois, la décurie est appelée *Tien Manna Talla* (le nombre de dix hommes), mais le plus souvent *freoborges* ou *friborgus* (garantie des hommes libres), et de là les hommes libres portent le nom de *Friborgi* (e). Cette explication rend aussi compte de l'origine de rachimbourg. Ces derniers prirent également le nom d'une confédération communale semblable.

65. Je terminerai cette recherche sur les hommes libres en examinant le sens de quelques mots qui se rapportent au même sujet. Voyons d'abord ce qu'il faut entendre par Heerbann. Möser a déjà fait observer que *mannire* et *bannire* présentent la même idée, sauf une légère modification introduite après que la constitution eût été altérée. De là il conclut avec raison que Heermannie (arimannie) et Heerbann sont identiques (a). Mais il fait dériver ces deux mots de Heer, pris dans le sens d'armée, et ainsi on devrait entendre par Arimannen,

(e) LL. Edovardi (1042-1066). C. 20. (Wilkins p. 201. Canciani, vol. IV, p. 338 ; ici l'original est en latin) : «De Friborgis. Præterea est quædam summa et maxima securitas per quam omnes statu firmissimo sustinentur , videlicet ut unusquisque stabiliat se sub fidejussionis securitate quam Angli vocant *freoborges*, soli tamen Eboracenses dicunt eandem *tien manna tala*, quod sona Latine , decem hominum numerum. Hæc securitas hoc modo fiebat, scilicet, quod de omnibus villis totius regni sub decennali fidejussione debebant esse universi : Ita quod si unus ex decem forisfecerit , novem ad rectum eum haberent : quod si aufugeret…. inveniri non posset, quia in omni friborgo unus erat capitalis quem vocabunt *friborges heofod*, ipse capitalis sumeret duos de melioribus sui friborgi et de tribus friborgis sibi propinquioribus acciperet de unoquoque capitalem et duos de melioribus… et ita se duodecimo existente purgaret , se et friborgum suum (si facere posset), de forisfacto et fuga supradicti malefactoris. Quod si facere non possit , ipse cum friborgo suo damnum restauraret ?…— Ici et dans le chapitre 32, l'association elle-même est appelée *friborgus*. Mais cette circonstance est purement accidentelle. D'ailleurs le même nom pouvait bien désigner l'association et chacun de ses membres. On voit aussi dans Fleta lib. 1. C. 47. § 10. «Frichborgh est laudabilis *homo* , etc.»

(a) Möser Osnabr. Gesch. Th. 1. § 20, 21. explique le sens de *mannire* et *bannire* dans un passage d'Hincmar (ad espisc. regni pro Carolomano. § 15. T. 2. p. 224. ed. opp. Paris. 1645. f.) Voyez aussi Cap. I. a. 819. art. 12. et ed. Pistense , C. 6 (Baluz. I. p. 602. II. p. 176).

Heermanner et Heerbann, la convocation de l'armée. J'ai indiqué § 60 les raisons qui me font préférer l'étymologie de Heer dans le sens de peuple; je pense donc qu'il faut entendre par Heerbann la convocation des hommes libres (Heeren). A l'appui de cette opinion on peut invoquer les différentes leçons des manuscrits. Le Heerbann y est appelé Aribannus, Arbannum, Airbannum, Haribannum, Hairbannum (*b*), c'est-à-dire presque avec les mêmes variantes qu'Arimann. Un nouvel argument se tire du mot français arrière-ban. Faute d'en connaître la véritable étymologie, on lui donne le sens de seconde convocation ou appel d'une réserve, usage dont on n'a aucun autre indice que cette fausse interprétation même. De plus, *Halbannum*, en français haut-ban, est synonyme d'heribannum. Tantôt, comme Arimannia, il désigne l'impôt dû par les hommes libres de l'ancienne constitution, tantôt l'assemblée des hommes libres, surtout les *placita* généraux, qui se tenaient trois fois par an dans chaque comté (*c*). Or ces placita

(*b*) Les passages se trouvent dans Ducange v. Herimanni T. III. p. 1119. seq. Arribannus dans appendix Marculfi C. 31. Haribannus dans Capit. IV. Caroli M. incerti anni § 13. (Baluz. I. p. 532).

(*c*) Ducange v. Halbannum T. III. p. 1040 et surtout l'ordonnance de Louis VII, rendue en 1145 pour la ville de Bourges (Ordonnances de la troisième race, vol. 1. p. 9). Præpositus autem atque vigerius, quotiescunque volebant, *halbannum submonebant*, et vilanos sese redimere coercebant; de quo quoque præceptum ab ipso est, ut illa præceptio halbanni remaneat, et *halbannum tamen ter in anno fiat* termino competente sine ulla redemtione, rustici (leg. *ne* rustici) sua negocia amittant, et hoc consilio bonorum virorum ipsius civitatis. » Dans Ducange et dans les notes sur les Ordonnances, *halbannum* est traduit par corvée. *Halbannum*, au contraire, est l'ancien placitum où tous les hommes libres étaient tenus de comparaître, obligation devenue un moyen de concussion pour les magistrats, car les paysans, afin de n'être pas arrachés aux travaux de la campagne, devaient s'en racheter à prix d'argent. Le sens de cette ordonnance ne saurait être douteux, car elle se retrouve presque mot pour mot dans le capitulaire de Worms (de Louis-le-Débonnaire (809) Baluz. I. p. 671. Cap. 5) : «De Vicariis et Centenariis qui magis propter cupiditatem quam propter justitiam faciendam sæpissime placita tenent et exinde populum nimis affligunt, ita teneatur..... ut videlicet in anno tria solummodo generalia

étaient plutôt consacrés à l'administration de la justice et aux affaires de la paix qu'à celles de la guerre, nouvelle preuve qu'il faut entendre par heerbann la convocation des hommes libres, et non l'appel de l'armée.

66. On pourrait établir une autre analogie entre Arimann et Germain. Déjà Möser l'a indiquée, mais il donne toujours Heer (armée) pour racine commune des deux mots (*a*). A l'appui de cette analogie on invoquerait le mot espagnol Hermano, frère (germanus), et le passage suivant d'un auteur du sixième siècle (*b*) : « Anno IX. Justini Imp.. Cosdroes Persarum Imp.. « ad vastandos Romanorum terminos promovet : cui Justinia- « nus dux Romanæ militiæ... bellum parat : et... habens se- « cum gentes fortissimas, quæ barbaro sermone *Hermann* « (leg. *Hermani*) nuncupantur... superat. » Ajoutons cette circonstance remarquable rapportée plus haut (§ 56), que dans les documents les hommes libres lombards sont appelés Arimanni, Heremanni et Germani. On pourrait aller plus loin et dire que Alemanni, Aremanni et Germani ne sont qu'un même mot prononcé différemment. En effet, *l* et *r* sont souvent pris l'un pour l'autre (*c*), comme dans halbannum et harbannum (§ 65). Peut-être encore les Goths (boni, boni homines) et les Francs (Freyen) tirent-ils leur nom de la même source. Alors le nom originaire modifié par l'écriture et le langage, tantôt aurait été donné au corps de la nation, tantôt restreint à la classe des hommes libres, et alors Arimann, Rachinbourg, Frilingi, Freoman, Friborgi, Germani, Alemand Goth et Franc ne seraient que les transformations d'un même mot.

placita observent, et nullus eos amplius placita observare compellat.» Les passages semblables sont : Cap. V. a. 819. art. 14. Capit. Lib. 4. C. 57. (Baluz. I. p. 616. 788). L. Long. Caroli M. 69.

(*a*) Möser Osnabrück. Gesch. Th. I. Abschn. 3. § 2.

(*b*) Johannes Biclariensis dans Canisii lectiones ant. ed. Basnage T. 1. (Antv. 1725 f.) p. 338. Möser cite ce passage, mais d'une manière incomplète et inexacte.

(*c*) Möser a fait aussi ce rapprochement, mais il ne prend pas Halbanum pour point de départ.

Cependant je suis loin de regarder cette étymologie comme historiquement vraie et la seule admissible (d). Aussi n'ai-je pas confondu cette hypothèse avec ce que j'ai dit sur la condition des hommes libres, sujet bien moins obscur, et qui, suivant moi, appartient à l'histoire fondée sur les documents.

67. On a souvent représenté l'état des hommes libres comme devant former une opposition directe avec le nouvel ordre de choses introduit par le régime féodal, et on a cru que son importance s'étendait aux temps postérieurs du moyen-âge (a). Les propositions suivantes serviront peut-être à prévenir de semblables méprises.

A L'ancienne constitution germanique comprenait trois classes de personnes, les nobles, les hommes libres, et ceux qui ne l'étaient pas.

B Quand les Germains s'établirent sur le sol de l'empire romain, l'organisation germanique demeura la même, seulement les Romains durent y trouver place.

C Comme changement secondaire, le service personnel et féodal créa une foule de nouveaux rapports qui donnèrent naisssance à de nouveaux noms, Antrustions dans l'empire franc, Capitanei et Valvossores en Italie. Sans doute le germe de ces institutions existait déjà, mais la fondation des nouveaux états germaniques hâta et favorisa leur développement.

D Il serait donc aussi contraire à l'histoire qu'à la logique de classer ainsi les sujets des rois Francs ou Lombards, Antrustions, Vassaux, Rachinbourgs, etc., ou Capitanei, Valvassores, Edelingi, Arimann. En effet, parmi les Antrustions,

___

(d) On trouve plusieurs racines du mot German dans (Fulda) Samlung und Abstamm. Germ. Wurzelwœrter Einleitung S. 3, outre celles que j'ai données : « Har, her, illustris, venerabilis, honorificus. » Conf. Wiarda über deutsche Vornamen S. 45, 46 ; Pfister Geschichte von Schwaben B. 1, S. 59, 60, qui reconnaissaient tous deux l'identité de German et Alman. Mon étymologie s'accorde aussi bien que les autres avec le fameux passage de Tacite (Germ. C. 2.) « ob metum..... Germani vocarentur. »

(a) Cf. Guizot, *Essais sur l'histoire de France*, N. IV, ch. II, § 5, qui combat mon opinion sur ce sujet.

outre les nobles Francs, il y avait des Rachinbourgs et des Romains de distinction ; comme parmi les Capitanei, il y avait des Edelingi, des Arimann, et des Romains de distinction. Ces deux grandes classifications demeurèrent entièrement distinctes, et les individus trouvaient leur place dans chacune d'elles. La qualité de Rachimbourg ou d'Arimann n'avait rien d'incompatible avec la dépendance féodale, et si l'on en a quelquefois douté, cela tient au caractère vague du mot liberté, qui pour nous ne représente qu'une idée négative.

E Par la suite des temps, les anciennes classifications germaniques perdirent de leur importance, et s'effacèrent devant les nouvelles institutions ; mais le souvenir s'en conserva plusieurs siècles avec leurs noms et leurs diverses prérogatives.

F A ces changements dans l'état des personnes, répond un changement semblable dans la propriété territoriale. D'après l'ancienne constitution, la propriété parfaite était inséparable de l'état d'homme libre, et sous ce rapport les nobles n'avaient pas de priviléges. Les noms de *terra Salica* et *Arimannia* expriment ces idées sur la propriété. Mais le régime féodal changea bientôt toute la surface du sol, et peut-être le principe de la propriété dura-t-il moins long-temps que l'état des personnes.

Môser dans la préface de son histoire d'*Osnabruck* expose ces principes et leurs diverses modifications, et peut-être aucun auteur ne l'a-t-il fait avec autant de simplicité, de profondeur et d'originalité.

II. LES ÉCHEVINS (*a*).

68. Sous Charlemagne et ses successeurs, nous trouvons dans toute l'étendue de l'empire l'administration de la justice organisée d'une manière uniforme. Partout les jugements sont rendus par un certain nombre de *scabins* ou juges, qui

_____

(*a*) Cf. Grimm Rechtsalterthümer, p. 775-778.

ont pour président tantôt le comte ou son lieutenant, tantôt l'envoyé du roi. Les capitulaires montrent clairement ce qu'étaient les *scabins*, et comment ils étaient institués. Leur nomination, leur destitution en cas d'indignité, et leur remplacement suivant les formes prescrites, appartenaient à l'envoyé du roi, au comte et au peuple réunis (*a a*). Nous voyons aussi dans les mêmes documents que le titre de *scabins* ne leur appartenait pas seulement dans l'exercice des fonctions judiciaires; c'était un titre personnel qu'ils prenaient dans toutes les circonstances, et cela répond parfaitement à la nature d'une charge confiée à un nombre limité de personnes (*b*).

Mais il reste à rechercher si, comme on le croit communément, l'institution des *scabins* existait déjà antérieurement aux lois citées, de sorte que ces lois n'en seraient que la confirmation; ou plutôt, si, créée par ces lois, elle a été substituée à une institution plus ancienne.

Dans ce chapitre j'emploierai, pour éviter toute équivoque, le nom d'*échevins* dans son sens le plus étendu, je l'appliquerai indistinctement à tous les juges germaniques, soit que les documents leur donnent ou ne leur donnent pas la qualification de *scabins*; et mon but sera d'éclaircir cette difficulté historique : Faut-il distinguer ces juges ou *échevins* en deux classes, dont l'une n'a pris naissance qu'au temps des Carlovingiens, tandis que l'autre aurait eu une origine beaucoup plus reculée?

(*aa*) Capit. I, a. 809, art. 22. (Baluz. I, p. 467), « ut... Scabinei boni et « veraces et mansueti cum Comite et populo eligantur et constituantur. » Capit. Wormatiense, a. 829, T. II, art. 2, (l. c., p. 665.) « Ut missi nostri « ubicunque malos Scabineos inveniunt, ejiciant, et totius populi consensu « in loco eorum bonos eligant. » Capit. a. 873, art. 9. (Baluz. II, p. 232.) « Ut, sicut in capitulis avi et patris nostri continetur, Missi nostri, ubi boni « Scabinei non sunt, bonos Scabineos mittant, et ubicunque malos inve « niunt, ejiciant, et totius populi consensu in locum eorum bonos eligant. » — Le Capit. II, a. 809, art. 11. (Baluz. I. p. 472), parle aussi de leur nomination, mais avec moins de détails.

(*b*) Voyez plus haut, § 56, *m*.

Mais qu'on ne croie pas que je méconnaisse l'identité existant entre les mots *scabin* et *échevin* (c); seulement, pour plus de clarté, j'emploie le mot *scabin* tel que l'histoire et la chronologie nous le montrent dans les lois et les documents, et je donne le nom générique d'*échevin* aux juges dont je vais déterminer le caractère aux différentes époques.

Suivant moi, les *scabins*, qu'on pourrait appeler *échevins désignés*, sont entièrement étrangers à la constitution de l'ancienne Germanie. Dans l'origine, tous les hommes libres, c'est-à-dire les *rachinbourgs* ou *boni homines*, compris dans la juridiction où s'élevait le procès, étaient échevins : tous concouraient au jugement.

Depuis Charlemagne, on trouve sous le nom de *scabins* des échevins individuellement et nommément appelés aux fonctions judiciaires. Gardons-nous de croire cependant qu'ils fussent exclusivement en possession de rendre la justice. Le droit d'échevin, commun à tous les hommes libres, se maintint à côté de la nouvelle institution, mais les *scabins* ou échevins désignés étaient, comme personnes publiques, tenus d'assister aux audiences, tandis que le reste des hommes libres s'y rendaient ou ne s'y rendaient pas, selon leur caprice, excepté aux trois grandes séances annuelles où ils devaient tous paraître.

Je vais tâcher de marquer historiquement les modifications apportées à l'institution primitive des échevins (d).

(c) Ces deux mots qui n'en forment qu'un seul dérivent de schaffen ou schopfen. (Grimm, p. 775.) Plus tard schoffe ou schoppe a été la forme généralement adoptée en Allemagne.

(d) Maurer (p. 16-19, 65-70, 114-116.) a une opinion bien différente de la mienne. Il prétend que les jugements ont toujours été rendus par sept échevins, pris, dans l'origine, parmi tous les hommes libres, et, plus tard, dans une classe particulière, les scabins. Tous les autres hommes libres, dont les documents attestent la présence, n'assistent au procès que comme spectateurs, et n'ont aucune part au jugement. — Ce système me paraît difficile à concilier avec les termes si précis des documents. — Rogge (Gerichtswesen, p. 66-76) avait déjà établi ce système, sauf une modification. — Les hommes libres qui assistaient au procès pouvaient, dit-il, casser les jugements ,

69. Et d'abord une observation, sinon décisive, au moins d'un grand poids ; c'est que le nom de scabins, qui, dans les capitulaires et les autres documents de la même époque, s'applique toujours aux échevins désignés, ne se trouve nulle part avant Charlemagne ; je dis *nulle part,* car il faut rejeter comme supposés le peu de documents antérieurs où cette expression se rencontre (*a*). Il semble donc que pour exprimer une idée nouvelle, on fut obligé d'adopter un nouveau mot (*b*). Au reste, indépendamment de la différence des noms, les choses elles-mêmes apparaissent sous une face différente, dans les lois et les formules. En effet, tandis que les documents, soit de l'époque précitée, soit plus récents, distinguent ordinairement deux espèces d'échevins : les scabins et les hommes libres, les documents antérieurs ne font jamais mention que d'une espèce de juges; ils sont appelés *rachinbourgs* ou *boni homines* (*c*), c'est-

c'est pourquoi les échevins les consultaient d'avance, et voilà ce qu'on a pris à tort pour une participation directe au jugement. Cette modification, aussi bien que le système, ne repose sur aucun fait.

(*a*) On voit dans un document de 706, attribué à un duc de Bourgogne, Arnulphe : « Signum Tmusonis Scabini. » (Brequigny diplomata. T. I, N. 264, p. 379, Gallia Christ. T. XIII, Inst., p. 369.) Dans un document lombard, également supposé, portant la date de 752, et attribué à Aistulphe, on lit : « scripta per manum Ello notarii et scavini. » (Tiraboschi, Storia di Nonantola, T. II, N. 4, p. 18, note 10.)

(*b*) Les premiers documents où je le trouve, sont un placitum tenu dans la Gaule méridionale, en l'an 780, en présence de plusieurs « Scabinos ipsius civitatis aut bonis hominibus qui cum ipsis ibidem aderant. » (Gallia Christ., T. I, Instrum., p. 106.)—Dans un placitum tenu par Charlemagne en 781 (Bouquet, T. V, p. 746.), on se réfère à un jugement antérieur, lors duquel les parties avaient comparu devant « Comitem et suos *Escapinio*, » et en foi de quoi avait été dressée « notitia *bonorum hominum* manu firmata vel ipsius Comitis. » Ces expressions ne sont pas encore aussi bien précisées que par la suite. — Voyez en outre une ordonnance de Charlemagne de l'année 789 (Baluz, I, p. 250.), qui prescrit au comte Trutmann, « superque vicarios et *Scabinos*, quos sub se habet, deligenter inquirat. » Ici, de même que dans les capitulaires des temps postérieurs, les scabins sont regardés comme des personnes publiques.

(*c*) Voyez plus haut, § 61, 62.

à-dire du nom même donné plus tard aux simples hommes libres, pour les distinguer des scabins auxquels on les oppose.

Il reste maintenant à choisir entre ces deux suppositions : ou les échevins n'étaient dans l'origine que les scabins sous un autre nom, et les simples hommes libres n'ont été introduits que depuis ; ou, au contraire, tous les hommes libres étaient échevins dans l'origine, et ce ne fut que plus tard qu'on désigna spécialement certains individus qui reçurent le titre de *scabins*. La première supposition implique d'abord un changement arbitraire et invraisemblable du langage ; elle contredit en outre l'analogie historique ; car, sous tous les rapports, l'influence des hommes libres diminua au lieu de s'accroître. On est donc réduit à la dernière supposition que j'ai adoptée et déjà exposée plus haut (*d*).

On trouve rarement la relation d'un procès de ces temps reculés ; cependant il en existe une qui confirme tout-à-fait mon opinion. Dans la vie d'Amandus, écrite au commencement du septième siècle par un contemporain, nous lisons : « Comes « quidam ex genere Francorum, cognomine Dotto, *congre-* « *gata non minima multitudine Francorum* in urbe Tornaco, « ut erat illi injunctum, *ad dirimendas resederat actiones.* « Tunc... præsentatus est quidam reus, quem *omnis turba* « *acclamabat dignum esse morte* (*e*), etc. » Là, il n'est pas question de scabins, mais de la réunion d'un grand nombre de Francs, comme dans les passages des formules que j'ai cités plus haut.

70. Pour les temps postérieurs, l'existence et le caractère des scabins sont généralement reconnus ; les capitulaires ne laissent aucune incertitude à ce sujet. Mais, ce qu'on ne remarque pas toujours, c'est qu'outre les scabins, un nombre indéterminé de simples hommes libres prennent part aux jugements en qualité d'échevins. Si les capitulaires ne pres-

(*d*) A l'occasion de Rachinbourgs.
(*e*) Bouquet, T. III, p. 533.

crivent ni ne défendent ce concours, les nombreux procès de cette époque où on le retrouve ne permettent pas d'élever le moindre doute sur sa légalité. J'en ai déjà cité (§ 61, *e*) un exemple des plus remarquables ; il ne sera pas inutile d'y ajouter quelques nouvelles preuves.

Dans un *placitum* tenu à Narbonne en 783, siègent comme échevins, deux *Vassi*, six *Judices*, quatorze *boni homines* ; « cumque ibi resident præscripti missi et judices « *vel plures bonis hominibus* in Narbona civitate *ad rectas* « *justitias terminandas et causarum exordias dirimendas* « in eorum præsentia ; ibique *in supradictorum judi-* « *cio*, etc. (*a*). »

Dans un *placitum* tenu à Narbonne, en 821, on voit siéger : cinq *judices*, « vel *aliorum bonorum hominum qui* « *subter subscripturi vel signa factores sunt* ; » cinq d'entre ces *boni homines* sont nommés (*b*).

Dans un *placitum* tenu à Narbonne, en 862, huit judices (ici on les appelle judiciarii), « sive in præsentia Haccori, etc. « (treize personnes sont nommées), et aliorum *multorum bo-* « *norum hominum qui cum ipsis ibidem residebant* in mallo « publico in Narbonna civitate (*c*). »

Dans la France méridionale, en 873 ; « et *judices* qui jussi « sunt causas dirimere vel legibus definire, *id sunt quinque,* « Witesindo, Medemane, Uniforte, Argefredo, Eigone *ju-* « *dicum*, et Vulfino clerico, et Adoura saïone, *vel aliis* « *quam plures bonis hominibus qui cum ipsis in idem ade-* « *rant*, » (et dix-sept sont nommés) (*d*).

Dans un *placitum* de l'année 875 : dix judices, un sajo et

(*a*) Vaissette, T. 1, Preuves, p. 24 ; Gallia christ., T. VI, Instr., p. 1 ; et Baluz., T. II, p. 1394-1396, où le texte est très-différent, et semble préférable.

(*b*) Vaissette, l. c., p. 55.

(*c*) Vaissette, l. c., p. 113.

(*d*) Vaissette, l. c., p. 124 ; Mabillon diplomat., p. 543 ; Gallia christ., T. VI, Instr., p. 9.

dix-neuf autres personnes « vel aliorum plurimorum bonorum « hominum (*e*). »

Dans un *placitum* tenu par un évêque de Carcassonne en 883 : un Comes, un Vicecomes, deux abbés, quatre Judices, vingt-et-une autres personnes sans titres, « vel aliorum mul-« torum (*f*). »

On trouve dans les recueils de documents une foule d'exemples semblables (*g*).

71. Pour combattre ces preuves, on objectera, peut-être, que les scabins étaient seuls juges, et que la présence des *boni homines* ne faisait qu'attester la publicité des audiences (*a*). Mais cette supposition n'a point le moindre fondement. La présence et la coopération des scabins et des *boni homines* est partout mentionnée de la même manière ; ils prennent tous part au jugement, ils signent tous l'acte qui en est dressé. Ces motifs suffiraient pour établir que l'institution des scabins n'a porté aucune atteinte au droit qu'avaient tous les hommes libres de concourir aux jugements en qualité d'échevins. Mais la preuve devient complète, quand, long-temps après l'apparition des scabins, on voit des jugements uniquement rendus par de simples *boni homines*, comme dans les temps antérieurs. Ainsi, par exemple, dans un *placitum* du comte Bernhard de Toulouse, tenu en 870 : « ante bonorum virorum quam « plurimorum ; » dans un *placitum* tenu à Béziers, en 1013 :

(*e*) Vaissette, l. c., p. 128.

(*f*) Gallia christ., T. VI, Instr., p. 418.

(*g*) Voyez : Vaissette, T. I, preuves, p. 99, 118 ; T. II, preuves, p. 69 ; Baluz, T. II, p. 953, 1489 ; Mabillon, diplomat., p. 541 ; Gallia christ., T. I, Instr., p. 106, 107 ; T. VI, Inst., p. 213, 423 ; Martene, coll. ampliss., T. I, p. 322, 334. Dans ce dernier, on lit : « et aliis plus bonis hominibus, *tam satellites quam pagenses.* » Les *satellites* sont les vassaux ; les *pagenses*, les hommes libres de l'ancienne constitution. *Boni homines* et *pagenses* étaient synonymes dans l'origine ; mais à cette époque, en 984, le sens des mots et les choses mêmes étaient déjà bien modifiés. Voyez aussi les passages des documents allemands cités par Eichhorn, Deutsche Rechtsgeschichte Th. II, § 258, note *b*.

(*a*) Voyez § 68, *d*.

« notitia Wirpitionis.... qualiter vel quibus præsentibus
« bonis hominibus (six sont nommés).... et in præsentia alio-
« rum bonorum hominum qui ibidem erant ; » et dans deux
autres *placita* tenus aussi à Béziers, au onzième siècle (*b*).

Le *Capitulare Saxonum* de l'année 797 ne fait pas mention des scabins, les juges sont les *vicinantes*, *convicini*, *pagenses* (*c*) : soit que leur droit ait été maintenu à côté de celui
des scabins, soit qu'à cette époque, et surtout en Saxe, les
scabins ne fussent pas généralement établis. En tous cas, ce
passage est décisif contre l'opinion qui trouve l'origine de l'institution des scabins dans la constitution primitive des peuples
germaniques.

Des conséquences particulières de l'égalité des droits entre
les scabins et les simples échevins se retrouvent même dans
les capitulaires généraux ; par exemple, il est enjoint au comte
d'amener avec lui douze scabins aux *placita* généraux convoqués par le roi ; et s'il ne peut en rassembler autant, « *de me-
« lioribus hominibus illius comitatus* suppleat numerum duo-
« denarium (*d*). »

Quelques traces de ce droit d'échevin, commun à tous les
hommes libres, se sont conservées jusqu'à nos jours. Il y a encore à Schwitz, pour les affaires de peu d'importance, un
conseil composé des sept premiers habitants qui passent dans
la rue où siège le tribunal (*e*). Dans le Frioul ce droit subsiste
avec plus d'extension (*f*). En France, le nom de prud'homme

(*b*) Vaissette, T. I. preuves, p. 122 ; T. II., preuves, p. 167, 222, 311.
Ajoutez que par la suite les échevins continuent à être appelés *boni*; on
trouve cette expression dans une ordonnance de Louis IX, de 1254. Ducange
T. I. p. 1228.

(*c*) Capit. sax. art. 4. (Baluz. I, p. 277).

(*d*) Cap. II. a. 819, a rt. 2. (Baluz., I. p. 605.

(*e*) J. Müller, Schweizergeschichte. (B. 1. Cap. 15, p. 400).

(*f*) Cf. l'ouvrage de Liruti dont j'ai parlé § 60. *g*. On y voit cités p. 44,
46, des documents de 1419 et 1551. Quant aux temps modernes, on
lit p. 36-37 : «Quot enim in Forojulii judicaturi Tribunalibus adstant,
« vel Feudatoriorum nostrorum, vel Monasteriorum Ecclesiarum, vel

rappelle cette institution, car il ne dérive pas de *prudens*, mais de *probus*, expression synonyme de *bonus homo* (g). D'un autre côté, la mémoire de ces tribunaux populaires vit dans les anciennes poésies du Nord (h), où le soin de rendre la justice est souvent représenté comme l'affaire de tous les hommes libres.

72. Voilà donc le fait historique directement prouvé et hors de toute controverse. Je le ferai encore mieux comprendre, en montrant comment il se rattache aux autres institutions. On a vu que dans l'origine, tous les hommes libres de la juridiction pouvaient à leur gré assister aux jugements. Il est inutile de dire que ce droit était limité aux personnes non reprochables. Déjà, la loi salique exigeait des rachinbourgs *idoneos* (§ 61, c.), et les capitulaires décident qu'un criminel condamné à mort ne peut, s'il obtient sa grâce, être par la suite ni scabin ni témoin (a). Un pareil rapprochement prouve que ce genre d'incapacité ne s'applique pas seulement à la nouvelle institution des scabins, mais à toute part dans l'administration de la justice. Cette libre organisation des tribunaux ferait supposer avec vraisemblance que les parties pouvaient, même sans allé-

« Abbatum aut Capitulorum, vel aliorum a Principe juridictionem « habentium, qui ideo nuncupantur *Astantes* hujuscemodi judiciorum, « etc.»; plus loin : «Villani et Rustici illi *Astontes*, qui tales sunt « plerumque, immo omnes, » et enfin «judicaturi assident Comiti, « vel ejus vicesgerenti, cum de vita, de substantiis, de libertate, et de « fama hominum Comiti illi subjectorum lites disceptantur.»

(g) Ducange, T. 1. p. 1227. On trouve même, à la fin du treizième siècle, des jugements rendus par des prud'hommes. Montesquieu, xxviii, 42.—Il existe aujourd'hui en France cinquante-huit conseils de prud'hommes chargés de juger les difficultés qui s'élèvent entre les fabricants, apprentis et ouvriers.

(h) Voir plusieurs passages de l'ancien Edda ; par exemple, dans la prédiction de Gripir : «Tu ne dors plus ton sommeil ; tu ne prends plus part aux jugements ; tu ne t'occupes de personne, là où tu ne vois pas ton amante.» Dans le second chant de Gudrun : «ils ne pouvaient ni dormir, ni juger les procès, tant qu'ils n'avaient pas tué Sigurd.» Ces passages m'ont été communiqués par mon ami W. Grimm.

(a) Capit. I. a. 809, art. 28, 30 (Baluz., 1. p. 467-468).

guer de motifs, rejeter tous les échevins dont elles se défiaient;
alors elles auraient, par cela même, consenti à avoir pour juges les échevins non rejetés, et ceux-ci auraient été de véritables arbitres. Tout cela répondrait parfaitement aux mœurs des
anciens Germains.

Cherchons maintenant dans quel but les lois carlovingiennes
ont institué les scabins. On pourrait croire que l'incapacité des
échevins ordinaires fit sentir le besoin de juges spécialement
désignés ; mais alors, comment les *boni homines* auraient-ils
continué de juger avec les scabins et quelquefois seuls ?

L'explication suivante semble préférable. La présence de
sept échevins était nécessaire pour composer un tribunal (*b*) ;
point de difficulté à cet égard, quant aux trois grandes assemblées annuelles où tous les hommes libres étaient tenus d'assister (*echte Ding*); mais quant aux petites assemblées spécialement convoquées dans l'intervalle, il paraît que le comte
ou son lieutenant désignait les échevins selon son caprice (*c*).

Cet état de choses entraîna des abus. Le comte appelait les
échevins plus souvent et en plus grand nombre qu'il ne fallait,
à cause de l'amende à exiger des non-comparants. D'un autre
côté, les hommes libres cherchaient peut-être à se soustraire à
cette charge ; car l'esprit public et l'intérêt pour les affaires
communes s'éteignaient à mesure que l'ancienne constitution
perdait de sa pureté. L'institution des scabins vint remédier à
ce double mal ; ils furent tenus de comparaître comme personnes publiques, et le reste des hommes libres s'en trouva
dispensé. L'innovation consista seulement en ce qu'un certain
nombre d'échevins, au lieu d'être nommés pour chaque affaire
au gré du comte ou de son lieutenant, durent être désignés
d'une manière invariable et par le choix du peuple.

Le droit conservé à tous les hommes libres de prendre part
aux jugements toutes les fois qu'ils le voulaient, s'accorde par-

(*b*) L. Salica emend. T. LII. § 2. T. LX.

(*c*) Voyez plus haut , § 61. *c*.

faitement avec cette origine des scabins, et les capitulaires la mettent hors de doute. Toujours il y est question du devoir, et non du droit, d'assister aux placita; devoir auquel sont exclusivement soumis, outre les parties elles-mêmes, les scabins et les vassaux du comte (*d*); le reste des hommes libres n'est obligé de comparaître que trois fois par an, c'est-à-dire aux grandes assemblées de canton (*e*). On serait peut-être tenté de ne voir dans ces passages des capitulaires qu'une expression impropre, s'il n'existait un texte formel où sont retracées les souffrances du peuple, appelé sans cesse aux assemblées par d'avides magistrats, et forcé de s'en racheter à prix d'argent (*f*). La plupart des passages établissent en termes généraux que les scabins sont tenus de comparaître. Un seul réduit l'obligation à sept d'entre eux (*g*); ce qui ne veut pas dire que la présence de sept scabins fût indispensable pour rendre un jugement. Le tribunal pouvait se composer de scabins et de *boni homines*, ou simplement de *boni homines*, il suffisait que le nombre de sept juges fût complet; mais, pour en être sûr, il fallait appeler sept scabins, les seuls tenus de comparaître.

73. Jusqu'ici je n'ai considéré les échevins que dans l'empire des Francs, où l'on trouve en effet plus de traces de cette institution que chez aucun autre peuple. Cependant, je la regarde

---

(*d*) Cap. II. a. 809, art. 5. (Baluz. I. p. 471). « Ut nullus alius de liberis hominibus ad placitum vel ad mallum venire cogatur, exceptis Scabinis et Vassis Comitum, nisi qui causam suam quærere debet ac respondere.» add. Cap. I. a. 809, art. 13. (Baluz. I. p. 466).

(*e*) Dans les circonstances pressantes on pouvait convoquer des *placita* généraux extraordinaires; voyez pour exemple, Cap.; a. 857, 858. (Baluz. II. p. 89, 90).

(*f*) Voyez plus haut, § 65. *c*.

(*g*) Cap. III. a. 803. art. 20. Cap. a. 829. T. III. art. 5. (Baluz. I. p. 394, 671). Montesquieu (xxx. 18) prétend que chaque comte avait en général sept scabins, mais qu'il fallait douze juges pour prononcer un jugement. La première de ces suppositions est arbitraire et contre toute vraisemblance. La seconde n'a d'autre fondement qu'une ordonnance mal entendue, celle qui prescrit à chaque comte d'amener douze scabins au placitum de l'empereur. Cette ordonnance est rapportée plus haut, § 71. *d*.

comme commune aux nations qui envahirent l'empire d'Occident. Elle existait en Saxe, comme je l'ai déjà dit (§ 71, c.) ;
je ne cite, il est vrai, qu'un capitulaire de Charlemagne ; mais,
d'après ses expressions, je n'hésite pas à attribuer au droit
qu'il consacre une origine ancienne et nationale. Dans la préface des lois bourguignonnes, on trouve, outre le comte, des
judices deputati ; mais si ces derniers sont, comme je le crois,
des échevins, ils semblent avoir plus de rapports avec les scabins des temps postérieurs chez les Francs, qu'avec les anciens
échevins indépendants. Il est vrai que la loi des Visigoths, où
les matières sont souvent confondues, ne parle pas des échevins dans les passages qui traitent de l'administration de la
justice (*a*) ; mais cela ne prouve pas que cette institution n'ait
pas existé chez les Visigoths ; car leurs lois ont été changées
plus fréquemment que celles d'aucun peuple germanique.

D'ailleurs, il est dangereux de nier l'existence d'une institution uniquement d'après le silence des lois écrites ; les Lombards nous en fournissent ici la preuve. On serait tenté de supposer qu'ils n'avaient pas d'échevins, leurs lois n'en offrant aucune trace ; cependant il est certain qu'anciennement, chez les
Lombards comme chez les Francs, les hommes libres jugeaient
en qualité d'échevins, et c'est cette conformité même qui
me fait croire leur institution commune à tous les peuples germaniques.

On voit des échevins dans deux jugements rendus sous le
règne de Luitprand, en 715 et 716 (*b*), dans un jugement d'une
date incertaine, mais appartenant à la première moitié du huitième siècle (*c*), et surtout dans un placitum tenu en 715, dont
les expressions sont absolument celles des temps postérieurs :
« In Dei nomine dum residerem ego domnus Lupo, gloriosus

(*a*) L. Visigoth.., lib. 2. T. 1. C. 14-32.

(*b*) Muratori, ant. Ital., T. VI. p. 367. T. V. p. 913.

(*c*) Fumagalli, Cod. dipl. S. Ambros., p. 18. « hec nostrum judicatum
emisemus ivi mecum stante *idoneis homenis* Toto de Geperanzo Leonace,
etc.» Voyez plus haut, § 33. c.

« et summus dux gentis Langobardorum in Spoletis in pala-
« tio, *una cum judicibus nostris*, i. e. Gademarco, Arechis
« diacono, Perto sculdario, Camerino gastaldo de Valva, Im-
« mo de Reate gastaldo, *vel aliis pluribus astantibus*, etc. »
Et à la fin · « et decrevimus, deo medio, *una cum suprascriptis*
« *judicibus nostris*, etc. (*d*). » Seulement, on ne doit pas encore voir dans les *judices* une classe à part, distincte des autres
échevins. Deux documents semblent, il est vrai, établir l'opinion contraire ; mais déjà d'autres considérations les ont fait
reconnaître pour supposés. L'un est un jugement prononcé
par le majordome du roi Luitprand, seul et sans échevins (*e*) ;
l'autre, au contraire, un jugement rendu par des scabins, en
752 (*f*), c'est-à-dire sous le règne d'Aistulphe, et avant la domination des Francs : tous deux sont également inadmissibles.

74. Charlemagne et ses successeurs introduisirent en Italie
le système des scabins, tel que nous l'avons vu exister chez les
Francs. Là aussi, les scabins sont nommés par l'envoyé du roi,
le comte et le peuple réunis : sept d'entre eux doivent assister
à chaque *placitum*, et le reste des hommes libres, seulement
aux trois assemblées annuelles. Là aussi, cette organisation paraît avoir été le résultat de l'oppression des hommes libres,
qui, fatigués par des convocations continuelles, firent entendre les mêmes plaintes, et finirent par considérer leur privilége comme un cruel fardeau (*a*). Là aussi nous voyons des

(*d*) Mabillon, Annales ord. S. Bened, T. II, p. 154. (Archives de Farfa.) ;
Muratori Scrip., T. II. P. II, p. 341.

(*e*) Ughelli, T. I, p. 410. La supposition est si évidente, que Ughelli lui-
même la reconnaît.

(*f*) Tiraboschi, Storia di Nonantola, T. II. N. 4, p. 16, seq. « scripta
per manum Ello notarii *et scavini*. » Sur la fausseté de ce document, voyez
Tiraboschi, p. 18, note 10. — On trouve aussi des échevins dans un document de 715 (Grandi ep., de Pandectis, ed. 2, p. 103), qu'il faut également rejeter.

(*a*) L. Long. Caroli M. 49, 69. Lotharii, sen. 48, 49, 60, 61, 74. Sur les
trois grandes assemblées annuelles, voyez le document de 1182 cité plus
haut, § 58.

jugements rendus tantôt par les seuls scabins ou *judices*, nom plus usité en Italie que le premier, tantôt par de simples hommes libres (*boni homines, arimanni*), tantôt par une réunion de scabins et d'hommes libres (*b*). Cette conformité dans les usages des temps postérieurs permet de conclure hardiment que l'état antérieur des deux nations était exactement semblable. Dira-t-on que ce fut Charlemagne qui introduisit en Lombardie la juridiction des simples échevins, en même temps que celle des scabins? Mais un privilége accordé à tous les hommes libres ne peut guère avoir une pareille origine; et ce qui achève d'ôter à cette opinion toute vraisemblance, c'est que déjà, à l'époque où cette concession aurait eu lieu, la participation des hommes libres était tombée en désuétude chez les Francs; d'ailleurs, il est évident que l'introduction des scabins tendait précisément à la rendre inutile. On est donc forcé d'admettre que, chez les Lombards comme chez les Francs, le droit d'échevin, commun à tous les hommes libres, est d'origine nationale.

75. Je terminerai cette recherche par quelques observations générales. J'ai dit, et plusieurs exemples ont prouvé que les échevins jugeaient toujours sous la présidence du comte ou de quelque autre magistrat. Mais il faut se garder de voir en ce magistrat l'unique dépositaire de la puissance judiciaire, et dans les échevins de simples conseillers. Le magistrat-président ne prenait, au contraire, aucune part au jugement. Ses fonctions se bornaient à convoquer les échevins, à diriger l'instruction, et à faire exécuter les jugements que ceux-ci prononçaient. Les lois salique et ripuaire en fournissent la preuve. D'après leurs dispositions, les *Rachinbourgs* rendent seuls les jugements; c'est à eux seuls qu'on demande justice; et, si on

---

(*b*) J'ai déjà eu occasion de citer, § 56, les passages les plus importants. On trouve d'autres exemples dans Muratori, ant. Ital., T. I, p. 401, 475, et T. V, p. 1027; dans Tiraboschi, Storia di Nonantola, T. II. N. 25, 28, 63, 312.

ne peut l'obtenir, c'est contre eux seuls qu'on porte plainte (*a*).
La loi salique attribue expressément au comte l'exécution des
jugements que les *Rachinbourgs* ont prononcés (*b*). Les capitulaires exigent, à la vérité, du comte ou de son lieutenant la
connaissance du droit, mais ce n'est pas pour qu'ils puissent
rendre eux-mêmes la justice. c'est pour qu'ils puissent veiller
à ce que, sous leur présidence, les échevins jugent d'après les
lois (*c*). On dit même expressément, dans les capitulaires, que
le comte ou son lieutenant doivent exécuter le jugement des
échevins sans se permettre de le modifier (*d*).

Le nombre impair de sept juges (§ 72, *b*.) fait d'ailleurs supposer que la voix du président n'était pas comptée, car elle aurait
pu occasioner un partage ; or, il était si facile de prévenir cet inconvénient en changeant le nombre des votants, que l'hypothèse
dans laquelle il eût existé est tout-à-fait invraisemblable (*e*).
Enfin, un grand nombre de formules et de jugements nous
représentent les échevins comme seuls juges ; et, à l'égard du
comte, on dit seulement que tout s'est passé en sa présence (*f*).
L'autorité judiciaire était donc exclusivement entre les mains
des échevins. Non-seulement ils appréciaient le fait, mais ils
recherchaient quel était le point de droit, et appliquaient la
loi ; c'est ce qu'expriment sans équivoque les lois salique et ripuaire : « Legem salicam *seu* ripuariam dicere (*g*). » C'est en
ceci que la juridiction des échevins s'éloigne surtout de l'an-

(*a*) L. Salica emend., T. LIX-LX ; L. Ripuar., T. LV.

(*b*) L. Salica antiq., T. LIX, art. 2. (Georgisch, p. 117.)

(*c*) Appendix, Cap. III, a. 803. (Baluz., I, p. 396.) « Ut Comites vel Vi-
« carii eorum legem sciant , *ut ante eos injuste quis nemini judicare possit,*
« nec ipsam legem mutare. » add. Cap. V, a. 803, art. 19. (*ib.* p. 400.)

(*d*) Cap. II, a. 813, art. 13. « postquam Scabini eum (latronem) dijudi-
« caverint, non est licentia Comitis vel Vicarii ei vitam concedere. »

(*e*) Moser, Osnabrück. Geschichte, Th. I , Abschn. 4 , § 10.

(*f*) On trouve un grand nombre de preuves dans la Théorie des lois politiques de France, T. VIII. P. III, liv. 4, ch. 27, pag. 9-77 ; et preuves, p. 25,
où la question est traitée complètement et avec profondeur.

(*g*) L. Salica emend., T. LX ; L. Ripuar, T. LV.

cienne organisation de la justice chez les Romains ; cette organisation ayant pour base le partage des fonctions judiciaires, réservait au préteur l'examen du point de droit, et au *judex* l'examen du point de fait. Il est très-remarquable que le jury des Anglais, qui, en général, paraît si naturellement sortir de l'institution germanique des échevins, s'en écarte en ce point essentiel pour se rapprocher du système des Romains (*h*).

76. D'après le principe développé ci-dessus (ch. III.), de la personnalité des lois, les échevins devaient être de la même nation que les parties, autrement ils auraient pu ne pas connaître la loi qu'il fallait appliquer (*a*). Si les parties étaient soumises à des lois différentes, les échevins, pour en faire l'application, devaient recourir aux règles indiquées plus haut (§ 46.) (*b*). Les documents nous montrent souvent une assemblée d'échevins composée de Francs, de Goths, de Lombards, de Romains (*c*) : cette composition mixte était indispensable quand les parties étaient de différentes nations , et alors les échevins s'éclairaient mutuellement ; le Franc,

(*h*) On trouve des matériaux relatifs à cette recherche dans un traité sur l'origine des jugements par pairs et par jurés, faisant suite à l'institution au droit français par Bernardi. (Paris, an VIII, in-8.) L'auteur fait aussi dériver les jurés des anciens *jurateurs* (*Eideshelfern*, *juratores*) ; mais on ne conçoit pas qu'il ait ignoré l'existence des échevins ; cependant la disparition des échevins , ou leur transformation en jurés , fait toute la difficulté de cette recherche. Suivant Eichhorn , les jurés s'introduisirent quand le droit étant devenu une science, l'impossibilité que sa connaissance fût encore populaire rendit impraticable l'ancienne institution. On eut recours à des échevins instruits en Allemagne, à un juge instruit en Angleterre. Cf. Grimm.Rechtsalterthümer, p. 785, sq.Biener, Inquisitions prozesz, cap. 7.

(*a*) Adrevaldus , de miraculis S. Benedicti , lib. 1. P. 2. C. II, num. 8, in actis SS. Martii, T. III, 308 ; quod Salicæ legis judices ecclesiasticas res sub Romana constitutas lege discernere perfecte non possent. »

(*b*) J'ai rapporté (§ 46 *d*.) un procès entre des Romains et des Francs, jugé par des scabins romains.

(*c*) Voyez § 61 , *c*. Un *placitum* impérial tenu à Ravenne en offre un exemple encore plus remarquable. Tantuzzi, Monum. Rav., T. II, p. 28 ; « residentibus cum eis romanorum francorum longobardorum atque saxonum (a la) manorum genus. »

par exemple, expliquait au Goth les dipositions de la loi salique, s'il s'agissait d'appliquer une disposition spéciale du
droit des Francs.

Ce que j'ai dit des échevins quand les parties étaient de différentes nations, s'applique entièrement aux témoins appelés à
déposer dans le procès. D'après le droit germanique, on doit
considérer les témoins comme des échevins, sauf quelques
différences dans leurs fonctions.

77. Jusqu'ici, j'ai toujours examiné les échevins sous le
rapport de la juridiction contentieuse; la juridiction volontaire rentrait également dans leurs attributions. Aussi, quand
on lit dans les lois et dans les documents, à l'occasion d'un
acte solennel, que les parties ont comparu devant les Rachinbourgs, *boni homines*, scabins (a), ou simplement devant
les témoins, il n'y a là aucune contradiction, ce sont toujours
les mêmes personnes. Les témoins doivent être de la même
nation que les parties, sans doute afin de pouvoir attester que
les formes essentielles du droit ont été suivies. Mais cette
règle n'est pas de rigueur; bien plus, les capitulaires permettent expressément de prendre des témoins étrangers, s'il
ne s'en trouve pas de nationaux (b). On pouvait même, lorsqu'on avait des témoins nationaux, en admettre d'étrangers
concurremment avec eux, et l'on ne pensait pas que la présence des étrangers portât la moindre atteinte à la validité de
l'acte. Nombre de documents nous montrent des témoins étrangers assistant aux actes solennels (c).

78. Une institution plus obscure et plus incertaine encore

(a) L. Long. Caroli M. 94. Voyez plus haut d'autres passages, § 61.
f. g. § 62, b.

(b) Capit. I. a. 819. art. 6. (Baluz. I. p. 600). La même loi existait chez
les Lombards. L. Long. Lud. Pii 14.

(c) Par exemple, en 864, on voit des témoins de nations différentes dans
un document de l'impératrice Engelberg (Muratori, ant. Ital., T. II.
p. 241). En 885, des témoins lombards, francs, romains, sont présents à
une donation faite par un Lombard au monastère romain de Nonantola.
(Tiraboschi, Storia di Nonantola, T. II. p. 62).

que tout ce que nous avons exposé jusqu'ici, c'est l'office des *Sagibarons* ; et l'obscurité qui les entoure pourrait même se répandre sur les échevins. — Ainsi l'on pourrait croire que chez plusieurs nations les sagibarons remplaçaient les échevins, ce qui serait en opposition avec ce que j'ai dit sur l'universalité de l'institution des échevins. Mais la loi salique parle seule des sagibarons, et elle reconnaît en même temps les Rachinbourgs pour des échevins. — Quelques auteurs ont pensé que les sagibarons partageaient avec les échevins les fonctions judiciaires, qu'ils appliquaient le droit, et que les échevins (ou Rachinbourgs) jugeaient seulement le fait (*a*). Mais cette opinion ne saurait être admise ; d'abord j'ai prouvé plus haut (§ 75.) qu'il est impossible de ne pas voir dans les échevins des juges du droit (*b*); ensuite, les sagibarons devraient alors, dans les documents et les formules, être nommés à côté des échevins, et c'est ce qui n'existe nulle part. Quand on rapproche le petit nombre de passages où il est fait mention des sagibarons, on obtient les résultats suivants : 1° ce mot ne désigne pas une fonction passagère mais. une dignité permanente, car les lois leur accordent une composition égale à celle du comte (*c*), et dans plusieurs documents, le titre de *sagibaron* est ajouté au nom de quelques-uns des témoins (*d*) ; 2° cette dignité est fondée sur une fonction judiciaire.

(*a*) Eichhorn, deutsche Retsgeschichte, Th. I. p. 185.

(*b*) Voir Eichhorn, Th. II. p. 583.

(*c*) L. Salica emend., T. LVI. C. 2, 3. (antiq., T. LVII. C. 2, 3). Voir L. Angl. Inæ 6 ; «Si quis in ecclesia pugnet, 120 sol. emendet. Si in domo « Aldermanni *vel alterius Sagibaronis* pugnet, 60 sol. emendet, et alios « 60 pro wita.» Ainsi lit Ducange, T. VI. p. 46, d'après Spelmann ; mais il y a dans la traduction de Wilkins (Canciani, vol. IV. p. 236), «si quis in Senatoris domo pugnet, vel in alterius *illustris sapientis*, sexaginta sol. mulctetur ;» et le texte anglo-saxon dans Wilkins ne contient pas non plus ce mot de *sagibaron*, mais ceux-ci, *gedungenes witan*. Witan est celui qui tient des terres du roi.

(*d*) Dans un document de 648, « Actum Ascio » (al. Sithiu) dans Brequigny, diplomata, N. 122. p. 203, parmi les noms de plusieurs témoins,

D'après une leçon de la loi salique, ils rendent eux-mêmes les jugements, ce qui les assimilerait aux échevins (*e*); d'après une autre leçon, les jugements sont rendus en leur présence, comme en d'autres cas en présence du comte, et il est dit qu'on ne peut reporter devant celui-ci l'affaire qu'ils ont terminée (*f*); ces deux textes donnent à peu près le même sens. Les uns ont cru que Sagibaron est synonyme de Rachinbourg, d'autres que les Sagibarons étaient des juges d'appel (*g*); opinions toutes deux contredites par le texte cité; d'ailleurs, nous n'avons aucune raison de croire qu'il y ait eu dans l'ancienne organisation judiciaire des Germains deux degrés de juridiction (*h*). Voici l'explication qui me semble la plus probable. Quoique les échevins fussent régulièrement juges du fait et du droit, il devait se présenter quelquefois des affaires difficiles et qui exigeaient une connaissance approfondie du droit. Il y avait donc dans chaque canton des hommes instruits et considérés, les Sagibarons, auxquels les échevins recouraient en cas de difficultés. Plus tard, lorsque les fonctions des échevins devinrent permanentes, l'expérience des affaires dut leur rendre l'assistance des sagibarons de jour en jour moins nécessaire, et bientôt l'institution disparut (*i*). C'est ainsi encore que l'on trouve à côté du comte chez les Bavarois et les Allemands un

on lit ceux de : «S. Chuneberti *graphionis....* Mauriliani *Sacebaronis....* S. Radbaldi *Sacebaronis.....* Asilendi *Sac.* Signum Isberti *Sac....* S. Anschiddi *Sacebaronis.*»

(*c*) L. Salica antiqua, T. LVII. C. 4. (Georgisch, p. 113) : «Sachibarones « vero in singulis Mallebergiis plus quam tres esse non debent, et si de « causa illi *aliquid sanum dixerint*, penitus Gravio nullam habeat licen- « tiam removendi. »

(*f*) L. Salica emend., T. LVI. C. 4. (Georgisch, p. 114). «Sagibarones « in singulis mallibergiis, id est plebs quæ ad unum mallum convenire « solet, plus quam tres esse non debent : et si causa aliqua *ante illos* « secundum legem fuerit definita, *ante grafionem removere eam non licet.*»

(*g*) Wiarda Geschichte des Salischen Gesetzes p. 191.

(*h*) Je parle ici de juridictions régulières, car souvent les jugements étaient attaqués et réformés. Grimm. p. 836.

(*i*) Maurer, p. 19-22. Grimm. p. 780-785.

judex, chez les Frisons un *asega*, et un *Lagmann* chez les Scandinaves. Ce sont sans doute, sauf de légères modifications, des hommes instruits auxquels on a recours comme aux sagibarons, dans les cas difficiles. La juridiction populaire des échevins existait toujours dans ces divers pays, et ne recevait par là aucune atteinte (*k*).

Les lois Bavaroises nous montrent à côté du comte un *judex* auquel on attribue les fonctions que nous avons vu ailleurs exercées par les échevins. Mais d'après ce que je viens de dire, il est plus probable que ce *judex* doit être assimilé aux sagibarons.

LE COMTE ET SES LIEUTENANTS.

79. J'ai maintenant à parler des magistrats qui présidaient les échevins sans prendre part aux jugements. Ici encore se présente une grande analogie entre les diverses tribus. Nous trouvons dans chaque district un magistrat qui administre la justice et conduit les hommes libres à la guerre. Ce magistrat suprême, investi à la fois de la juridiction civile et du commandement militaire, je l'appelle comte (Graf) pour la commodité du langage, et sans rien préjuger sur la question de savoir quel est son véritable nom. Dans l'origine, le comte était vraisemblablement élu par le peuple (*a*), peut-être dans quel-

(*k*) Grimm. passim.

(*a*) Tacite de mor. Germ. C. 12. «Eliguntur in iisdem consiliis et *Principes qui jura per pagos vicosque reddant*.» Dans le passage suivant : «centeni singulis ex plebe comites, consilium simul et auctoritas, adsunt, » plusieurs critiques ont établi avec beaucoup de vraisemblance que *centeni* était une glose ajoutée au texte. Alors on pourrait regarder ces *comites* comme des échevins, si plus loin l'auteur ne donnait à ces mêmes *comites* tous les caractères du *comitatus*. Mais il est possible que ces deux institutions si différentes (les échevins et le *comitatus*) aient été confondues dans les renseignements dont Tacite a fait usage. Sur l'élection des magistrats, voyez Mœser Osnabr. Gesch. Th. 1. Abschn. 1. § 22. Abschn. 3. § 32. Mœser dit encore (Absch. 5. § 36) que les magistrats étaient renouvelés tous les ans, circonstance dont Tacite ne parle pas, et contre laquelle

ques districts cette dignité était héréditaire, peut-être même était-elle plus ancienne que la royauté, et plus généralement établie (*b*). Mais quand les conquêtes faites sur le peuple romain eurent affermi la puissance royale, les comtes nous apparaissent comme des employés du roi, et nommés par lui. Dès cette époque, ils sont pour chaque localité les premiers officiers civils du roi, auquel ils obéissent immédiatement. Au-dessous du comte viennent se placer plusieurs sortes d'adjoints ou lieutenants. Les uns commandent dans un certain district, les autres dans tout le comté. J'ai déjà dit (§ 53) dans quels rapports se trouvaient les ducs et les comtes.

80. On ne saurait douter qu'il existât chez les Francs un magistrat de ce genre appelé *grafio, gravio, graphio;* car la loi salique lui donne précisément les mêmes attributions, ainsi que la loi ripuaire, comme on le verra bientôt. Immédiatement après la conquête des Gaules, *comes* et *graphio* sont pris alternativement l'un pour l'autre. Il faut donc examiner quel rapport il y a entre ces deux expressions. La plupart des auteurs ont regardé le *comes* et le *grafio* comme deux personnages différents. Suivant moi, *comes* n'est que la traduction latine de *grafio.* En effet, si l'on reconnaît, comme le veut la vraisemblance, que les Francs introduisirent dans les pays conquis leur ancienne juridiction nationale, il est également naturel de croire que les Romains, pour traduire le nom du magistrat franc, choisirent parmi leurs dignités abolies le nom de celle qui y répondait le mieux. Sans doute on aurait pu prendre le titre du lieutenant civil (*consularis, corrector, præses*), mais il excluait le commandement militaire, cette partie si impor-

s'élève le témoignage d'un ancien auteur. Voyez plus bas, § 82. *a*. Le passage de Otto von Freysingen, cité par Mœser (hist. Frid. I. L. 2. C. 13) ne désigne pas les comtes, mais les consuls des villes libres lombardes au douzième siècle.

(*b*) On pourrait s'appuyer ici sur les expressions « rex *vel* princeps, » dont se sert Tacite l. c. C. 10 et 11. Voyez en outre le passage de Beda, cité § 82. *a*.

tante de l'autorité du comte. Antérieurement à la conquête, les Francs voisins des frontières orientales de l'empire y trouvèrent des *comites* ou *duces* commandant un certain district (§ 25), et ces magistrats, les premiers qu'ils connurent , pouvaient se comparer aux comtes. En effet , le *comes* des Romains réunissait, comme le comte des Francs, l'autorité militaire et la juridiction civile, quoique celle-ci fût restreinte dans des bornes étroites (§ 26). Suivant moi, ces deux mots sont synonymes et désignent le même emploi ; et d'abord je ferai observer que *Graf*, comme en latin *comes*, signifie originairement compagnon (*a*) ; mais je vais en donner des preuves historiques qui me semblent incontestables.

Il existe un chapitre de la loi salique sur le meurtre du *graphio* ; le chapitre correspondant de la loi ripuaire est également intitulé : « De eo qui *Graphionem* interfecerit (*b*). » Mais le texte porte : « Si quis judicem fiscalem, *quem Comitem vocant*, interfecerit, etc. » On trouve souvent dans Grégoire de Tours l'expression de *comites*, jamais celle de *grafio* (*c*) ; circonstance inexplicable , si les deux mots ne sont pas synonymes ; car on ne concevrait pas que cet auteur n'ait jamais eu occasion de parler de l'ancienne juridiction nationale des Francs. Cette opinion rend également compte d'un fait non moins singulier, l'omission tantôt du *comes*, tantôt du *graphio* dans les *placita* et ordonnances royales qui contiennent l'énumération des divers dignitaires (*d*). Lors de la dona-

(*a*) Grimm. Rechtsalterthümer, p. 753.

(*b*) L. Salica emend. T. 56. L. Ripuar. T. 53.

(*c*) Je me réfère aux tables de Bouquet et à celles des opp. Gregorii. Ducange ne cite aucun exemple tiré de Grégoire de Tours; au contraire, Grafio se trouve dans Fredegaire , C. 42. 74.

(*d*) Sont présents à un placitum de 692 (Bouquet T. IV. p. 671. Brequigny diplom. n. 227). 4 évêques , 3 optimates, 2 graviones, 2 sénéchaux. Ici pas de comes , car il ne faut pas confondre le comes avec le *comes ן alatii*. On voit à un placitum de 697 (Bouquet , T. IV. p. 676. Brequigny dipl. N. 238). 7 évêques , 4 optimates, 3 comites , 3 domestici, 2 sénéchaux et pas de grafio. Voici la suscription d'un præceptum de 629 (Bouquet T. IV. p. 627

tion par Charlemagne au pape, on voit que pour ajouter à la
solennité de l'acte, il fut fait en présence de tous les évêques,
abbés, ducs et graphions ; les comites ne sont pas nommés (e).

Cette opinion s'appuie d'ailleurs sur l'analogie la plus frappante que présentent les institutions et le langage des divers
États germaniques fondés sur le sol romain. En effet, les Bourguignons, les Visigoths et les Lombards n'ont qu'une seule magistrature de ce genre, et nous verrons bientôt que celui qui
est revêtu de cette magistrature unique, l'ancienne magistrature nationale, s'appelle *comes* chez les Bourguignons et chez
les Visigoths. Les Ostrogoths doivent être exclus de ce parallèle, parce que, seuls entre les peuples germaniques, ils laissèrent subsister l'organisation politique des Romains ; cependant, le magistrat national qu'ils instituèrent pour juger les
différends des Goths entre eux s'appelle *comes Gothorum.*

Quelle que soit l'identité de ces deux termes, *graphio* et
comes, je ne prétends pas dire qu'ils aient toujours été pris
indifféremment l'un pour l'autre. Je crois plutôt que chaque
magistrat s'appelait *grafio* ou *comes*, selon qu'il était lui-même
Franc ou Romain, ou plutôt encore, selon que les Francs ou
les Romains étaient en majorité dans son gouvernement. Si
l'on admet cette dernière supposition, l'un ou l'autre de ces
deux titres aurait été attaché exclusivement à chaque comté.
Les observations précédentes suffisent pour expliquer tous les

Brequigny diplom. N. 69) : «Dagobertus... *comitibus* et omnibus agentibus
nostris, Vicariis, Centenariis, etc.» Un autre præceptum de 721 porte :
«Theodericus... viris illustribus *Gravionibus* seu et omnibus Agentibus.»
etc. Une semblable mention se trouve dans un præceptum de 743 (Bouquet,
T. IV, p. 697. 710. Brequigny dipl. N. 306, 344); s'il était vrai que le *comes*
et le *grafio* fussent deux personnages différents, on ne saurait comment
expliquer l'absence de l'un ou de l'autre dans les documents que je viens
de citer.

(e) Anastasii biblioth. vita P. Hadriani, T. I. ed. Rom. 1718. f. p. 251.
«universos Episcopos, Abbates, Duces etiam *et Graphores* in ea adscribi
fecit.» Un peu plus haut, p. 248 : les commandants militaires sont ainsi
désignés «duces nempe et graphiones.»

passages où *comes* et *graphio* semblent par leur rapprochement désigner deux charges différentes. Cette distinction se trouve d'abord dans plusieurs ordonnances où sont énumérés les dignitaires qu'elles concernent (*f*), et surtout dans un *placitum* royal où figurent divers individus revêtus de chacun de ces deux titres (*g*).

L'extension des pouvoirs du *grafio* ou *comes* sur les Romains vaincus n'offre rien de contradictoire avec l'ancienneté que j'attribue à cette dignité ; en effet, le roi ayant sur les Romains une autorité bien plus grande que sur les Francs, la position de son représentant, du comte, devait varier d'après le nombre de Romains ou de Francs qu'il avait sous ses ordres, quoique l'emploi lui-même ne changeât pas de nature. Certains auteurs qui distinguent le *comes* du *grafio* mettent celui-ci au second rang (*h*), opinion tout-à-fait invraisemblable et contredite par le seul témoignage de la loi salique, où le *grafio* est représenté comme le chef de la juridiction civile, et vient immédiatement après le roi. D'autres ont pensé que le magistrat des Romains (comes) se maintint d'abord à côté du magistrat des Francs (graphio), et qu'ensuite leurs pou-

(*f*) Præceptum de 496 ou 497 (Bouquet T. IV, p. 615. Brequigny dipl. N. 2, qui en établit l'authenticité) : Quapropter notum sit omnibus Episcopis... Ducibus, *Comitibus*, Domesticis, Vicariis, *Grafionibus*, Centenariis, etc.» On trouve des exemples semblables aux sixième, huitième et neuvième siècle ; voyez Bouquet T. IV, p. 616, 716. T. V, p. 699, 733, 747, 763. T. VI, p. 506. T. VIII, p. 473, 474 ; en général le *grafio* suit immédiatement le *comes* ; quelquefois il vient encore après le *domesticus*. Le document le plus moderne que je connaisse où se trouve le mot *grafio* est un præceptum de 878 (Bouquet T. IX, p. 405) : «Ducibus, Abbatibus, Domesticis, *Comitibus*, *Grafionibus*» etc.

(*g*) Placitum de 693 (Bouquet T. IV, p. 672. Brequigny dipl. N. 229 et proleg. p. cx'. Les échevins sont : 12 évêques, 12 «Optematis,» 8 «Comitebus,» 8 «Grafionebus,» 4 «Domestici,» 4 Référendaires, 2 Sénéchaux ; plus le comte du palais, comme d'usage, et ils sont tous nommés. Un comes s'appelle *Jonatan*, un grafio *Aurilianus*, les autres ont des noms allemands.

(*h*) Par exemple : Brequigny diplom. prolog. p. ccıv.

voirs finirent par se confondre (*i*). Cette opinion, quoique plus spécieuse, me paraît inadmissible. Outre les motifs déjà exposés, la charge et le nom du *comes* n'offrent aucune trace réelle des anciennes formes romaines. En effet, si l'organisation romaine eût été conservée, le *præses* des Romains se retrouverait partout, et la juridiction civile eût été séparée du commandement militaire : or, nulle part nous ne voyons rien de semblable.

81. *Tunginus*, ou en latin *centenarius* (*a*), tel est le titre donné aux lieutenants du comte dont parle la loi salique. Leur autorité ne s'exerçait probablement que dans un ressort peu étendu; ainsi un comte avait plusieurs centeniers sous ses ordres. Au reste, on ne doit pas voir dans les centéniers des juges de première instance, dans le comte un juge d'appel. Le comte, dépositaire suprême de la juridiction, la déléguait aux centeniers, à moins qu'il ne s'agît d'un crime capital, de l'état des personnes, de la propriété d'un immeuble ou d'un serf (*b*). Outre ces lieutenants réguliers, il y en avait encore d'autres nommés tantôt pour un district, tantôt pour tout le comté (*c*), et dont la juridiction était également restreinte, comme je l'ai

---

(*i*) Eichhorn deutsche Rechtsgeschichte Th. I. § 24. Schœpflin (Alsatia illustr. T. I. p. 774) prétend aussi que le *comes* est un reste de l'organisation romaine.

(*a*) Tunginus ou Tunzinus est synonyme de centenarius. On voit Tunginium employé pour Mallus dans la L. Sal. emend. T. 46, 48, 63. (ant. T. 47, 49, 63) et dans la L. ant. T. 53, § 2. expression remplacée par celle de judex dans la Lex Salica emend. T. 52. § 2. A partir du cinquième siècle (§ 80. *f.*) et pendant les siècles qui suivent, les documents ne portent pas Tunginus, mais centenarius. Wiarda Gesch. des sal. Gesetzes, p. 186, a cru à tort que ces mots désignaient deux fonctionnaires différents.—Voici un passage curieux sur la manière dont centenarius était employé vers la fin du quatrième siècle. Vegetius de re milit. II. 8. «Erant enim centuriones, qui singulas centurias curabant : *qui nunc centenarii nominantur*. Erant decani, denis militibus præpositi : qui nunc caput contubernii vocantur.»

(*b*) Cap. III. a. 812. art. 4. Eichhorn deutsche Rechtsgesch. Th. I. § 74.

(*c*) Par exemple : «in pago Parisiaco in vicaria Buciaxinse.» Document de 855. Baluz. II. p. 1464.

déjà indiqué (*d*). *Vicarius* est le titre le plus ordinaire que leur donnent les diplômes des rois Francs, où ils paraissent à côté des ducs, des comtes, etc. *Vicecomes* se prend quelquefois dans le même sens, mais les diplômes royaux en parlent rarement comme d'une dignité permanente (*e*). *Advocatus* est le terme le plus usité chez les Saxons (*f*). Du temps de Charlemagne, et certainement dans les temps antérieurs, ces lieutenants n'étaient nommés ni par le roi ni par le comte, mais par le peuple, sous la présidence du *missus* ou du comte, tandis que la nomination des comtes demeura toujours au roi (*g*). J'ai déjà dit (§ 53) quelle était la nature de la juridiction du duc chez les Francs.

82. Il y avait chez les Saxons, avant que leur pays fût réuni à l'empire franc, outre le chef nommé pour la durée de chaque guerre, des comtes revêtus d'une autorité régulière et permanente dont le titre nous est inconnu (*a*). Vers la fin du sep-

(*d*) Je ne connais aucun capitulaire franc sur ce sujet, mais la L. Longob. Caroli M. 69, fut sans doute empruntée au droit franc et introduite en Italie par Charlemagne.

(*e*) Voyez-en des exemples § 80. *d. f.* Une circonstance remarquable, c'est que plusieurs documents des sixième et septième siècle où se trouve le titre de *vice-comes* sont évidemment supposés. Brequigny dipl. N. 7, 8, 12, 18, 19, 54, 75. A partir du neuvième siècle, il commence à être en usage, surtout dans les provinces méridionales. Bouquet. T. VIII, p. 473, 474. Ed. Pistense, C. 14. Brequigny Table T. I, p. 460, 465, 468, 486, sq.

(*f*) Mœser Osnabr. Gesch. Th. I. Abschn. 4. § 7.

(*g*) Cap. II. a. 805. art. 12. Cap. III. a. 805. art. 14. Cap. I. a. 809. art. 22. Cap. II. a. 809. art. 11. (Baluz. 1. p. 426, 432, 467, 472). Mais du temps de Louis-le-Débonnaire, Agobardus ad Matfredum dit en parlant du comte Bertmund : «quippe qui bene satis habeat ordinatum de justitiis Comitatum suum ; eo quod talem virum *pro se constituerit* ad hæc peragenda, qui... id strenue gerat.» (Bibl. Patr. Lugd. T. 14. p. 283). Il est donc probable que les usages avaient changé.

(*a*) Beda, in eccles. hist. gentis Anglorum, lib. 5. C. 11. «Non enim habent regem iidem antiqui Saxones, sed *satrapas* plurimos suæ genti præpositos, qui ingruente belli articulo mittunt æqualiter sortes, et quemcunque sors ostenderit, hunc tempore belli ducem omnes sequuntur et huic obtemperant : peracto autem bello, *rursum æqualis po'entiæ omnes*

tième siècle, on trouve en Bavière des *graviones* (*b*), dont l'institution est probablement ancienne et nationale. Quant au royaume des Bourguignons, nous savons avec certitude que le comte exerçait dans son gouvernement la première des dignités légales ; il n'avait de supérieur que le roi, et son autorité s'étendait également sur les Romains et sur les Bourguignons. En effet, on lit dans le préambule de leurs lois que les magistrats, suprêmes dépositaires de la juridiction, sont : « tam Burgun-« diones quam Romani civitatum aut pagorum *comites*. » Ce préambule est signé par trente-deux *comites*. Chez les Visigoths, la première des magistratures locales appartient au *Comes*, elle régit également les Goths et les Romains (*c*). Nous voyons sous lui une foule d'employés subalternes, mais qui peut-être étaient étrangers à l'ancienne organisation nationale, car les institutions nouvelles et compliquées sont fort communes dans le royaume des Visigoths (*d*). Mais sous ces modifications diverses se retrouve le principe général de la constitution germanique, la réunion du pouvoir civil et du commandement militaire (*e*).

fiunt satrapæ » Ici, comme chez les autres peuples Germaniques, les fonctions passagères du duc sont opposées à la charge permanente du comte. On doit donc croire que les comtes étaient héréditaires ou du moins nommés à vie.

(*b*) Paul. Diaconus, hist. Long. L. V. C. 36. (Sous le règne de Cunibert, † 700). «Hic..... cum Comite Bajoariorum, *quem illi Gravionem* dicunt.... conflixit.»

(*c*) On verra dans un des chapitres suivants le Breviarium, c'est-à-dire le Code des Romains, envoyé par le roi aux différents comtes pour être exécuté.

(*d*) L. Visigoth. lib. 2. Tit. 1. L. 26. « Dux, Comes, Vicarius, pacis assertor, tyuphadus, millenarius, quingentenarius, centenarius, decanus, defensor, numerarius.... judicis nomine censeantur ex lege.» Ici encore se trouve le dux ; mais comme les lois citées dans la note suivante attribuent toujours au comte la magistrature suprême, la juridiction du dux était sans doute de la même nature chez les Visigoths que chez les Francs.

(*e*) Outre les passages cités dans la note précédente, voyez L. Visigoth. Lib. 2. Tit. 1. L. 14, 17. Lib. 7. Tit. 4. L. 2. Lib. 9. Tit. 2. L. 1, 3, 4, 5.

Nos renseignements sur les Anglo-Saxons ne remontent pas
au-delà du onzième siècle. Dix hommes composaient une petite
communauté nommée *Friborgus*, commandée par un de ses
membres appelé *Friborges Heofod* (*f*). Dix friborgi (cent
hommes) obéissaient à un *decanus* ou *tienheofod*. Cent friborgi
formaient un *hundredum* ou *Wapentachium*, que comman-
dait un *centurio* ou *centenarius*. Le *decanus* connaissait des
affaires peu importantes, la juridiction du *centenarius* était
illimitée (*g*). Le *decanus* et le *centenarius* peuvent donc être
comparés au centenier et au comte des Francs. Au-dessus de
ces différents magistrats se placent les *comites* et *viceco-
mites* (*h*); mais la nature de leurs pouvoirs ne nous est pas

(*f*) Voyez plus haut, § 64. *d. e.*

(*g*) L. L. Eduardi, 32, 33. dans Canciani, vol. IV. p. 340.—L. 32.
«.... statuerunt justitiarios super quosque decem friborgos, quos decanos
possumus appellare, Anglice vero *tienheofod* dicti sunt, i. e. caput de
decem. Isti inter villas et vicinos causas tractabant, etc.,» et plus loin,
«.... quos supradicti sapientes super eos constituerant, scilicet super
decem decanos, quos possumus dicere centuriones, vel centenarios, eo
quod super centum friborgos judicabant.» Ordinairement on entend par
decanus et *centenarius* les magistrats qui commandent, l'un à dix hommes,
l'autre à cent; Wilkins glossarium. v. Centuria dans Canciani, vol. IV,
p. 428, et Ducange, T. II. p. 1325-1331. Mais dans le passage cité il est question des friborgi et non des individus, un friborgus se composait de dix
hommes (Voyez § 64. *d. e.*) En effet, si pour dix hommes il y eût eu un
magistrat, leur nombre eût été démesuré. — Sur les mots *centenarius* et
decanus, voyez plus haut le passage de Végèce (§ 81. *a.*). L'analogie paraît
frappante entre le *Caput Contubernii* dont parle Végèce, le Friborgus
heofod et le Tien heofod des Anglo-Saxons. Peut-être chaque Friborgus
devait-il régulièrement envoyer un homme à l'armée, de là les noms de *decanus* et de *centenarius*, tout-à-fait conformes au génie de la langue latine,
et alors le Tien heofod serait le *Caput Contubernii*.

(*h*) L. L. Eduardi, C. 12, 13, 21, 35, in f. l. c. p. 336, 339, 342. Voici
encore un passage remarquable, C. 35, init. p. 341. « Greve quoque nomen est potestatis, Latinorum lingua nihil expressius sonat quam præfectura, quoniam hoc vocabulum adeo multipliciter distenditur quod de Scyra,
de Wapentachiis... de hundredis, de burgis etiam de villis Greve vocetur.
In quo idem sonare videtur et significare quod dominus. » Ainsi, dans plusieurs parties de l'Allemagne, jusqu'aux temps modernes, greve ou

bien connue. Cette organisation est généralement attribuée au roi Alfred. Cependant, s'il y apporta de nombreuses modifications, on ne saurait y méconnaître une origine nationale. Ici encore la charge de duc est temporaire, et bornée à la durée d'une expédition (*i*).

83. Je passe maintenant à l'organisation judiciaire des Lombards, où l'on n'a vu jusqu'ici que trouble et confusion. Ainsi, l'on croit qu'il existait dans les diverses localités des *duces majores, duces minores, comites, judices*, dont les pouvoirs, comme ceux des magistrats subalternes, se heurtaient sans qu'aucune règle en déterminât l'ordre et les limites. Cette erreur, évidente au premier coup d'œil, vient de ce qu'on a voulu étudier les choses avant d'avoir précisé la signification des mots (*a*).

Examinons d'abord les lois rendues par les anciens rois lombards. Les préambules de ces lois ne parlent presque toujours que d'une espèce de magistrats appelés *judices*. Etait-ce le nom de la magistrature suprême, ou une expression générique applicable à tous les dépositaires de l'autorité judiciaire ? Quelques passages des mêmes lois ne laissent là-dessus aucun doute. Le *judex* exerce la première des magistratures locales, et il relève directement du roi. Juge et commandant militaire, ses subordonnés participent également aux deux pouvoirs. Le duc est placé dans un ordre tout différent : son autorité n'est ni permanente, ni bornée à un district ; nommé pour une expédition, il exerce sur l'armée qu'il commande une juridiction extraor-

---

grebe a désigné le magistrat d'un village. C'est le mot franc grafio dont le sens a subi diverses modifications.

(*i*) L. L. Eduardi, C. 35, § de heretochiis, l. c. p. 342.

(*a*) Muratori, ant. It. T. I. diss. 5, 8, 10, a rassemblé sur ce sujet de précieux matériaux. Souvent ses idées sont justes, mais son esprit d'incertitude les fait toujours avorter. Lupi, cod. dipl. Bergom., p. 131, 453, 561, a tout confondu, car, sans cesse, il mêle l'explication des noms et des choses ; confusion dont Muratori lui-même n'est pas tout-à-fait exempt. Canciani, vol. IV, p. 218, seq., dans sa préface des lois anglo-saxonnes, est celui qui a le mieux éclairé la matière.

dinaire. Les lois ne parlent pas du *comes* (*b*). Dans les historiens et les documents, au contraire, le *comes* se retrouve souvent, et alors le *judex* disparaît (*c*). Enfin, Paul Diacre rapporte que pendant les dix années qui suivirent la mort du roi Cleph (a. 575), il n'y eut pas de roi de nommé, mais que les ducs se constituèrent indépendants dans les trente-cinq districts dont se composait alors le royaume (*d*). L'existence simultanée de ces divers magistrats (duces majores, minores, comites, judices) est non-seulement invraisemblable, mais encore impossible, car à côté ou au-dessus du *judex*, les lois ne laissent aucune place pour le *comes* ou le *dux*. L'explication suivante semble plus probable.

(*b*) A l'armée, la juridiction du duc est illimitée, celle du *judex* ne s'étend que sur les hommes libres d'un district. L. Long. Rotharis 25 : « Si quis res suas ab alio *in exercitu* requisierit, et noluerit ille reddere, tunc ambulet ad ducem, et si *dux* ille, aut *Judex qui in loco ordinatus est a rege*, veritatem aut justitiam non conservaverit, componat, etc. » Cf. L. long. Rotharis, 6, 20, 21, 23, 24. L. Long. Luitprand, VI, 29. Pendant la paix, le *judex* est le magistrat suprême d'une *judiciaria*, il obéit directement au roi, et a sous lui plusieurs magistrats subalternes. On ne voit à côté de lui ni *dux* ni *comes*, ni aucune place qu'on pût leur assigner. L. Luitprand, IV, 7, 8, 9, 10 ; V. 15 ; VI, 31.

(*c*) Diplôme d'Aistulphe de 755, « et nullus dux, *comes*, gastaldus, » etc. (Lupi, cod. dipl. Berg. p. 437, 438.) *Comes* se trouve encore dans un diplôme du même roi, de l'an 753 ou 754. (Tiraboschi Storia di Nonant., T. II, p. 15.) Document de 752 : « in *comitatu* Motinensi vel bononiensi. » (Tiraboschi, l. c., p. 19.) Document de 753, « infra hac civitate cremona quamque et foris *per totum ipsum comitatum*. « (Tiraboschi, l. c., p. 20.) Paulus Diaconus, III, 9, (Comte Ragilo de Lagara) et IV, 53. V. 16, (Comte de Capoue.) Voyez aussi d'autres exemples dans Muratori, ant. Ital., T. I, p. 402.

(*d*) Paulus Diaconus, lib. II, T. 32. « Post cujus mortem Longobardi per annos decem regem non habentes sub ducibus fuerunt. Unusquisque enim ducum *suam civitatem obtinebat*. Zaban Ticinum, Uvaillari Bergamum : Alachis Brixiam : Euin Tridentum : Gisulfus Forum Julii. *Sed et alii extra hos in suis urbibus triginta duces fuerunt*. » Il y avait donc trente-cinq *duces* dont cinq sont ici nommés par forme d'exemple. On a coutume de voir dans cet événement une usurpation révolutionnaire, on devrait plutôt le regarder comme un retour à l'ancienne constitution nationale. (Voyez plus haut, § 79, *b*. § 82, *a*.)

Les Lombards, comme tous les peuples germaniques, avaient un comte dont le nom lombard nous est inconnu ; seulement nous savons qu'il ne s'appelait pas *grafio*, car l'historien de la Lombardie fait observer comme une singularité que ce titre appartient au comte des Bavarois (*e*). Or *judex, comes, dux*, sont les diverses traductions latines de ce mot lombard, qui n'est pas parvenu jusqu'à nous. Le titre de *judex* exprimait parfaitement l'autorité civile du comte, car même au temps de la domination romaine, le lieutenant impérial s'appelait *judex* ou *judex ordinarius* (*f*). On peut reproduire ici ce que j'ai dit § 80 sur la manière dont le titre de comes s'introduisit chez les Francs. Ces motifs expliqueraient encore l'adoption du mot *dux*, car au fond la charge du *comes* et celle du *dux* étaient la même. Le voisinage de l'exarchat offrait aux Lombards une nouvelle analogie ; en effet, il y avait là des *duces* joignant au commandement militaire une espèce de juridiction, comme les comtes des peuples germaniques. Il est probable que ces noms ne variaient pas toujours selon les historiens ou les documents, mais qu'ils furent alternativement portés par les comtes eux-mêmes, ou qu'ils se trouvèrent plus ou moins usités, selon les époques.

Les *duces majores* forment une classe à part ; en effet, deux provinces, Bénévent et Spolete, qui ne tenaient à la Lombardie que par un faible lien, étaient gouvernées par des vice-rois appelés *duces* (*g*). L'autorité de ces vice-rois, semblable à celle des ducs allemands et bavarois dans l'empire franc, est une pure anomalie, exigée par des besoins locaux, étrangère à la constitution du royaume. Pour étudier l'ancienne organisation nationale, il faut se restreindre à la Lombardie, car les lois des rois lombards ne s'étendaient pas au-delà, et Bénévent avait une législation particulière : c'est

(*e*) Voyez plus haut, § 82, *b*.
(*f*) Voyez plus haut, § 25.
(*g*) Le Frioul ne fut réuni à la Lombardie qu'après la conquête des Francs. Muratori ant. It. T. 1, p. 167.

pourquoi Paul Diacre, dans l'énumération des trente-cinq *duces*, n'a pas compris les *duces majores*, ni les commandants militaires, qui portent le même titre dans les lois lombardes.

La juridiction d'un comte s'appelait *Judiciaria*, ses habitants s'appelaient *Pagenses* comme chez les Francs (*h*). En Italie, où le gouvernement des cités était depuis long-temps établi, ces *Judiciariæ* répondaient quelquefois au territoire d'une cité dont le comte portait alors le nom (*i*). Mais cette circonstance était purement accidentelle, et ce serait méconnaître l'esprit de la constitution germanique, et se tromper gravement, que de voir dans les comtes lombards des magistrats municipaux.

84. Immédiatement après le comte venaient plusieurs *Sculdais* ou *Sculdacii*, et après eux les *Decani*. Les uns avaient une *sculdasia*, les autres une *decania*, et tous participaient comme le comte au commandement militaire et à la juridiction civile (*a*). Les *Gastaldii* ou *Gastladiones*, c'est-à-dire les offi-

(*h*) Judiciaria. L. Long. Luitprand. V. 15. Pipini 8. cf. Canciani vol. IV, p. 223. — Pagenses, L. Long. Caroli M. 67. Pipini 8. Lotharii sen. 56. Il en était de même chez les Francs. Voyez plus haut, § 62, *b*.

(*i*) Voyez par exemple le passage de Paul Diacre cité note *d*. C'est ainsi que j'explique dans le prologue des lois bourguignonnes « civitatum aut pa- « gorum comites ; » car je ne crois pas que les Bourguignons aient eu des comtes de deux espèces, les uns pour les villes, les autres pour les campagnes.

(*a*) Sur le Sculdasius et le Decanus, voyez L. Long Luitprandi V. 15. VI, 29, 31. Pipini 10. Pour Sculdasia et Decania, voyez Canciani vol. IV, p. 219, 221. — Muratori ant. Ital. T. I, p. 522, dit avec raison que le maire est le centenarius des Francs. Mais il se trompe quand il prétend (p. 506. sq.) que les maires des campagnes et les scabins des villes avaient une juridiction propre. Depuis la conquête des Francs, les scabins siégeaient dans toutes les affaires à côté du maire et à côté du comte, mais ils ne pouvaient suppléer la présence du magistrat. Muratori a cité quelques passages où les scabins semblent exercer la juridiction, mais alors ils étaient sans doute les vicarii ou les missi d'un comte. Suivant Sismondi, T. I, p. 90, 397, les Scabini des Francs étaient les Sculdæsi des Lombards. Cette assertion n'a pas le moindre fondement.

ciers de la chambre, avaient sans doute les mêmes pouvoirs
que les comtes sur les hommes libres habitant les grands do-
maines royaux. A la place des *Decani* on trouve aussi des
Saltarii qui, outre l'inspection des forêts royales, exerçaient
probablement sur les hommes libres une autorité subalterne. (*b*).

Les rois francs adoptèrent les titres lombards et introduisirent ceux qu'ils avaient connus dans leur propre pays avant la
conquête; de là une bigarrure singulière dans les noms des diverses magistratures. Le comte s'appela toujours *Comes*; mais on
trouve au-dessous de lui, outre les *Schultheissen* et les *decani*,
des *vicarii*, *advocati*, *centenarii*. Ces magistrats ont beaucoup
d'analogie avec ceux de l'empire franc, aussi leur nomination
se fait de la même manière (*c*), et la juridiction du *vicarius*

(*b*) Sur la juridiction du *Saltarius*, comme suppléant le *decanus*, voyez
les lois citées dans la note précédente. Canciani, vol. IV, p. 219, se demande
comment un simple inspecteur forestier pouvait être en même temps magistrat : pour résoudre cette difficulté il fait dériver saltarius du mot allemand
schalten (ordonner), et il compare ce *Schalter* au *compulsor exercitus*
des Visigoths. Le document le plus précieux que nous possédions sur le *saltarius* est une enquête de l'an 1218 (Tiraboschi Storia di Nonantola, N. 420,
p. 356). Le jugement, p. 355, porte que la ville de Crevalcore ne pourra
envoyer dans le bois dont il s'agit « neque *silvanos*, neque *saltarios vel
gualdumannos*. » On lit dans les dépositions des témoins : « Rolandus Ru-
beus... interrogatus quid appellatur *gualdemannia*, respondet quod illud
quod datur *Silvanis vel Saltuariis* ab incidentibus publice ligna, scilicet eo
tempore, quando datur omnibus licentia incidendi, et ipsi statum quantum
quis debeat dare pro carro lignorum. Oriolus de Crevalcore , etc. Interrogatus si est differentia inter *gualdemannos* et *silvanos* et *saltuarios*, res-
pondit, quod sic est, quia illos appellant *Silvanos* et *gualdemannos*, qui
stant in nemore et vendunt lignamina, et accipiunt certum quid de colibet
carro , *saltuarios* appellant illos qui custodiunt blavas et nemus pro communi eorum terre, et nemus est banditum pro communi sue terre, etc. »
De même il y avait au treizième siècle, dans le territoire de Ravenne, des
Saltarii dont les fonctions sont exactement déterminées dans les statuts.
Fantuzzi monum. Rav. T. IV, p. 53. Les divers pouvoirs attachés à cette
charge furent sans doute beaucoup diminués.

(*c*) L. Long. Caroli, M. 69, 22, 55. *Judex*, à cette époque, a plusieurs
significations différentes; le plus souvent celle de *Scabinus*, ainsi que je l'ai

(sans doute aussi celle des autres magistrats subalternes) est restreinte aux affaires de peu d'importance. La dignité de duc est également locale et permanente, supérieure à celle du comte , mais bornée au commandement militaire. Si quelquefois le duc exerce la juridiction , c'est parce qu'il réunit en sa personne les titres de duc et de comte , réunion dont on trouve plusieurs exemples (*d*).

85. On ne peut espérer de parvenir à une exposition complète des magistratures de l'ancienne constitution germanique, à cause du petit nombre des sources qui nous restent , mais de plus il existe de grandes lacunes qu'on essaierait vainement de combler. Pour n'en citer qu'un exemple , nous trouvons des *Schultheissen* chez les Lombards , sans que nous sachions quelle place leur assigner dans les constitutions des autres peuples germaniques. Néanmoins, comme cette charge a existé jusqu'aux temps modernes dans les villes et souvent dans les campagnes de l'Allemagne , on en conclut hardiment qu'elle n'était pas étrangère aux autres nations germaniques. Un document d'Osnabrück , de l'an 804 , nous apprend que ce pays avait un magistrat nommé *Scultetus* (*a*). Otfried emploie souvent *Sculdheizo* pour désigner un chef militaire, d'où l'on voit qu'au neuvième siècle ce titre était usité dans les pays

déjà montré, tantôt celle de magistrat en général, tantôt celle d'un magistrat subordonné au comte. Voyez L. Long. Caroli, M. 9, 99, 147. On les appelle encore *juniores comitum*. L. Long. Caroli, M. 121. Pipini, 17, 22. Cependant la plupart des charges dont parlent ces lois ne furent jamais introduites en Italie, ou n'y subsistèrent pas long-temps. Spittler (Staatengesch. Th. 2, p. 47.) prétend que le centenarius est subordonné au maire , supposition hors de toute vraisemblance. En effet, on ne trouve pas un seul centenarius dans toute la Lombardie, à l'époque dont parle Spittler. Les diplômes rapportés par Ughelli nous montrent qu'en Italie le titre de *vicarius* était remplacé par celui de *vicecomes*.

(*d*) Muratori ant. It., T. I, p. 409.

(*a*) Dux, Comes, vel vicecomes, *vel scultetus.* «Möser Osnabruck. Gesch. Th. I. Urkunden Nr. 1. On peut remarquer qu'il n'y a pas ici de centenarii chez les Saxons. » Möser Abschn. 4. § 7.

soumis à la domination des Francs (b). Enfin, des documents bourguignons et rethiques du dixième siècle parlent aussi de cette charge (c).

(b) Otfried Lib. 3. C. 3. L. 4. C. 34. Dans Schilter thesaur. T. I, p. 160, 308. Canciani a cité les passages.

(c) Scultatia dans un document rhétique de 976, et Sculdascii dans un document de Rodolphe III, roi de Bourgogne, de l'an 997. Müller Schweizergesch. B. 1. C. 12. not. 336 et 44.

CHAPITRE V.

DE L'ORGANISATION JUDICIAIRE DES ROMAINS, APRÈS LA CONQUÊTE
DES GERMAINS.

86. J'ai exposé dans les chapitres II et IV l'organisation judiciaire des Romains avant la chute de l'empire d'Occident et celle des anciens Germains ; il me reste maintenant à chercher comment les institutions des deux peuples se modifièrent dans les nouveaux États formés de leur mélange.

On peut poser en principe que dans les grands États où les barbares eurent le temps de consolider leur puissance, ils détruisirent les hautes magistratures des Romains, et le système d'organisation judiciaire qui en dépendait. Le royaume éphémère des Ostrogoths et certaines parties de l'empire franc sont des exceptions dont je parlerai plus bas. Dans tout le reste de la France et dans la Lombardie, la conquête fit disparaître entièrement les provinces romaines et leurs *rectores*. Ceux-ci furent remplacés par des comtes germains dont le pouvoir civil et militaire s'étendait à la fois sur les Germains et les Romains. Maintenant, la question est de savoir si la révolution alla plus loin, si elle détruisit également l'organisation municipale des cités, leurs sénats, leurs duumvirs ou défenseurs, et leur juridiction. Pour la France, les avis sont partagés ; mais on s'accorde à croire qu'en Italie l'ancienne constitution fut anéantie complètement. J'espère établir, au contraire, que l'organisation municipale fut généralement maintenue. Je renvoie les preuves particulières à l'histoire spéciale de la France et de l'Italie ; je vais seulement présenter ici quelques observations générales.

Si les Germains se fussent proposé d'exterminer les vaincus, ou de se les incorporer, la chute de la constitution romaine n'offrirait pas le moindre doute. Mais déjà on a vu (§ 30) que les Germains n'adoptèrent aucun de ces deux plans, et même des témoignages précis établissent que les vaincus devinrent plus libres et plus heureux qu'ils ne l'étaient du temps de l'empire (a). J'aurai aussi à examiner ce que devint la propriété territoriale ; car, si, comme le prétendent plusieurs auteurs modernes, elle eût été enlevée aux Romains, la conservation de la constitution romaine eût été, par cela seul, impossible. Pour se convaincre que l'anéantissement de la nation vaincue ne fut ni le but ni le résultat de la conquête, il suffit d'observer que l'élément romain domine dans les nouvelles langues formées peu à peu par le mélange des deux nations, et qu'enfin les Romains conservèrent la jouissance de leur droit civil. (Ch. III.) Cette dernière circonstance me paraît décisive en faveur de mon opinion, et l'établit d'une manière incontestable. Comment concilier, en effet, l'anéantissement total de l'organisation judiciaire des Romains, avec l'application du droit romain ?

87. Il y a plus : la juridiction municipale des Romains pouvait très-bien s'adapter à la constitution germanique ; au-dessous du comte, magistrat suprême de chaque localité, venait se placer le *centenarius* ou maire, etc. (§ 81, 84), avec des

---

(a) Voyez §. 30 ?c. un passage de Petrocorius sur ce sujet. Salvianus de gubernatione Dei lib. 5, après avoir peint sous des couleurs effrayantes l'administration intérieure de l'empire, la tyrannie des gouvernants et l'oppression des gouvernés, ajoute : «Nihil horum est apud Wandalos, nihil « horum apud Gothos. Tam longe enim est ut hoc inter Gothos barbari « tolerent, ut ne Romani quidem qui inter eos vivant ista patiantur. Itaque « unum illic Romanorum omnium votum est, ne unquam eos necesse sit in « jus transire Romanum. Una et consentiens illic Romanæ plebis oratio, ut « liceat eis vitam quam agunt agere cum barbaris. Et miramur si non vin- « cantur a nostris partibus Gothi, cum malint apud eos esse quam apud nos « Romani ? Itaque non solum transfugere ab eis ad nos fratres nostri omnino « nolunt, sed ut ad eos confugiant nos relinquunt.»

pouvoirs limités comme ceux des duumvirs et des défenseurs dans l'empire romain. (§ 11, 23.) Ceux-ci passèrent de la domination du *præses* sous celle du comte, et alors le comte, investi de la magistrature suprême, délégua la juridiction aux magistrats des Germains et des Romains qui habitaient son territoire, les *centenarii* ou maires, les duumvirs ou défenseurs. En admettant que, sous la domination romaine, les décurions aient pris part aux jugements (§ 26), on pourrait les comparer ou aux échevins de l'ancienne constitution germanique (Rachinbourgs ou Arimann), ou aux scabins désignés du temps de Charlemagne ; aux échevins, comme seuls citoyens véritables (§ 8), aux scabins, comme représentant tous les hommes libres. Il est même possible que l'ordre des scabins n'ait été établi chez les Francs qu'à l'imitation du décurionnat romain. On ne saurait douter non plus que l'ordre des décurions ne fût mieux traité et moins avili que sous les empereurs. J'ai déjà dit (§ 80) que le comte exerçait sur les Romains une autorité plus étendue que sur les Germains. La juridiction d'appel passa peut-être du lieutenant impérial (§ 13, 26) au comte ; peut-être aussi dans plusieurs États cette institution, étrangère aux mœurs de l'ancienne Germanie, cessa-t-elle d'exister, même pour les Romains.

Les Germains restèrent long-temps en dehors de l'organisation municipale, car ils n'avaient jamais eu de villes, et là où ils en trouvaient, ce séjour leur était odieux (*a*). Si donc ils demeuraient dans une ville, ils ne cessaient pas d'appartenir à leur organisation cantonale, dont j'ai exposé les diverses subdivisions en parlant des Lombards. (§ 83.) Voici une circonstance dont ce fait donnerait l'explication : on trouve dans plusieurs documents des huitième et neuvième siècle, *habitator*, ou un mot ayant le même sens joint au nom des Germains qui habitaient les villes (*b*). Cette mention a peut-être pour objet de

______

(*a*) Tacit. de mor. Germ. C. 16. «ne pati quidem inter se junctas sedes.» Ej. hist. lib. 4. C. 64.

(*b*) Tiraboschi Storia di Nonant. T. II. N. 7. p. 19. «ego... Ariprandus *habitator* de hac civitate Cremona... qui professi sumus ex natione nostra

distinguer les simples habitants des citoyens véritables, c'est-
à-dire des Romains (c). Néanmoins, on ne doit pas supposer
que cet usage du mot *habitator* ait été rigoureusement observé.
Peut-être les Germains des cités formèrent-ils, sur le plan des
Romains, une organisation plus étroite, où devaient figurer nécessairement un certain nombre de scabins désignés; plus tard,
enfin, naquit une nouvelle organisation, commune à tous les
habitants sans distinction d'origine, et où le collége des scabins
germaniques se confondit avec l'*ordo* des Romains. Les scabins romains ou *judices* que l'on voit dans les procès à côté des
Germains, ne sont autres que les anciens décurions ; les documents des temps postérieurs nous les montrent faisant partie
de la nouvelle organisation ; néanmoins, la différence d'origine
s'y fit long-temps sentir, et même l'on en retrouve des traces
jusque sous le régime féodal. L'existence seule de ces scabins
romains, restes de l'organisation romaine, est donc une preuve
convaincante de mon opinion.

Lorsque, aux onzième et douzième siècle, les villes d'Italie
reprirent une vie nouvelle, le collége des échevins se trouva
en dehors de la constitution, mais il subsista d'une manière
indépendante, et sans éprouver de changement, jusque dans
les temps modernes, sous le nom *collegio de' giudici*, semblable aux chapitres d'échevins en Allemagne (d). L'*ordo*, au

lege vivere *Langobardorum*.» Fumagalli cod. dipl. S. Ambros. p. 201.
Signum manus Aribaldi de ex genere *Francorum avitator* civitatis Medio-
lani. » ib. p. 233. «Halcario de ex genere *alamannorum abitator* vico
Samoriaco.» On trouve des exemples du même genre dans Fumagalli l. c.
p. 235, 263, 267, 282, 301, 323, 522. Lupi. p. 675, 781. Ughelli. T. IV, p. 339.
Muratori ant. It. T. I. p. 1011. antich. Estensi P. I. p. 117

(c) *Cives* regienses et de *civitate* Cremona , *de civitate* placentia. Tiraboschi storia di Nonantola. T. II. Num. 43, 46, 47, Documents du neuvième
siècle.

(d) Ainsi Bologne eut jusque dans les temps modernes trois espèces de
corporations juridiques; deux *Collegia Doctorum*, conférant les degrés en
droit Romain et en droit canonique, et le *Collegium judicum et Advocatorum*. L'addition du mot *advocatorum* paraît seule postérieure à la régénération des villes Lombardes. Les *Judices* au contraire sont sans doute les

contraire, ou le sénat proprement dit, entraîné dans le mouvement de la régénération, subit en peu de temps les transformations les plus arbitraires, et bientôt ne conserva plus aucune
trace de l'ancienne organisation. Si ce tableau répond à la réalité, il nous montre quelle était la vie politique des Romains
et des Germains à l'époque où, par leur mélange extraordinaire, ils commencèrent à former de nouvelles nations.

Je vais maintenant examiner les divers États qui s'élevè-
rent sur les débris de l'empire d'Occident. Cette recherche
semblerait devoir être restreinte aux États germaniques, néanmoins elle comprendra l'Italie sous la domination grecque,
qui, pour les Germains, ne fut qu'un interrègne plus ou moins
long.

I. ROYAUME DE BOURGOGNE.

88. Chez les Bourguignons, la propriété territoriale des
Romains fut réglée de la manière suivante. Aussitôt après la
conquête, le territoire fut partagé entre les Bourguignons et les
Romains, de manière que les Bourguignons reçurent la moitié
des cours et jardins (*a*), les deux tiers des terres labourées et
le tiers des esclaves (*b*). Les forêts restèrent en commun (*c*).
Les hommes libres bourguignons qui se présentèrent plus tard
ne reçurent que la moitié des terres sans esclaves (*d*), les affranchis bourguignons un tiers (*e*). On voit que ces partages
étaient définitifs (*f*), et que le premier n'avait pas épuisé la

scabins institués du temps de Charlemagne. On trouve de semblables colléges dans beaucoup d'autres villes.

(*a*) L. Burg. T. 54. § 3.

(*b*) L. Burg. T. 54. § 1.

(*c*) L. Burg. T. 13, 54. § 2, 67.

(*d*) L. Burg. addit. II. L. 11.

(*e*) L. Burg. T. 57. «Burgundionis libertus, qui..... nec tertiam a Romanis consecutus est..... » l'affranchi auquel on n'a pas encore fait la délivrance de son lot.

(*f*) L'opposition établie entre les terres cultivées et les forêts restées en
commun, ainsi que le partage des esclaves, destiné sans doute à donner

totalité du territoire, puisqu'il en restait pour les nouveaux venus, affranchis ou hommes libres. Ce fait s'explique par la nature du partage : le territoire ne fut pas pris en masse et divisé entre tous les Bourguignons présents, mais on assigna à chaque Bourguignon un héritage que le Romain propriétaire dut partager avec lui (*g*). Suivant que le nombre des possessions romaines d'une certaine étendue dépassait le nombre des Bourguignons libres, on avait des terres disponibles pour les partages futurs. On lit aussi dans une chronique que les Bourguignons, lors de leur conquête, prirent les biens des nobles Gaulois, c'est-à-dire des grands propriétaires (*h*). Le Romain, par rapport au Bourguignon, s'appelle *hospes,* et réciproquement (*i*). La propriété que le partage donnait au Bourguignon s'appelait *sors,* et son droit *hospitalitas* (*k*). Voici encore deux dispositions importantes : 1° tout Bourguignon qui avait déjà reçu des terres du roi devait abandonner sa part au Romain son hôte (*l*) ; 2° il était défendu aux Bourguignons de vendre leurs lots, à moins qu'ils ne fussent propriétaires fonciers à un autre titre, et, dans ce cas même, l'hôte romain devait avoir la préférence sur les acquéreurs étrangers (*m*).

Les lois nous apprennent peu de choses sur la constitution

aux Bourguignons les moyens de cultiver leurs terres, semblent prouver que le partage se fit en nature. Meyer institut. judic. T. I. p. 175 n'admet qu'un partage fictif.

(*g*) L. Burg. T. 54. § 1. «..... duas terrarum partes *ex eo loco, in quo ei hospitalitas fuerat delegata.*» S'il s'élevait entre deux Romains un procès sur une propriété partagée avec un Bourguignon, celui-ci n'intervenait pas, et la décision rendue pour ou contre son hôte valait également pour lui ou contre lui. L. Burg. T. 55. § 1.

(*h*) Marii chron. ad a. 456. (Bouquet. T. II. p. 13). « Eo anno Burgundiones partem Galliæ occupaverunt, terrasque cum Galliis (leg. *Gallicis*) Senatoribus diviserunt.»

(*i*) Le Romain est appelé *hospes* dans la L. Burg. T. 54, § 1, 55, § 1, 2, 84. § 2, 3, 13. Le Bourguignon. T. 55. § 1. T. 13.

(*k*) *Sors.* L. Burg. T. 14. § 5. T. 84. § 1.—*Hospitalitas.* L. Burg. T. 54. § 1. T. 55. § 1.

(*l*) L. Burg. T. 54. § 1.

(*m*) L. Burg. T. 84. § 1, 2, 3.

du royaume, et nous n'avons aucun document de cette époque. La préface des lois bourguignonnes est signée par trente-deux comtes romains et bourguignons. Ainsi, cette dignité d'origine germanique s'étendait sur les Romains dépouillés de leurs *præsides* et de leurs autres magistrats. Je ne trouve dans les lois aucune trace de l'organisation des cités ; mais, outre les preuves générales exposées précédemment, l'existence du régime municipal est attestée par un passage remarquable d'Avitus, archevêque de Vienne (§ 25). Avitus raconte un événement arrivé du temps de son prédécesseur, et il remarque qu'à cette époque la curie de Vienne se composait d'un grand nombre de citoyens nobles (*n*).

II. ROYAUME DES VISIGOTHS.

89. Les lois des Visigoths renferment, sur le partage de la propriété foncière, beaucoup moins de dispositions que celles des Bourguignons ; sans doute parce que la date en est bien plus récente, et qu'alors le partage originaire, modifié par les ventes et les successions, avait perdu une grande partie de son intérêt. Cependant, chez les Visigoths comme chez les Bourguignons, les Romains durent céder les deux tiers du territoire, et par là il ne faut pas entendre un simple prélèvement de fruits, mais une division réelle du sol (*a*). La part échue au Goth ou au Romain s'appelait également *sors* (*b*). Indépendamment des lois, nous avons encore d'autres témoignages sur ce partage du territoire (*c*).

(*n*) S. Aviti homilia de rogatione p. 152 opp. Paris. 1643, 8. « Putabatur a quibusdam Viennensis senatus, cujus tunc numerosis illustribus curia florebat » rel. Le mot *senatus* désigne ici la noblesse, et ses membres nombreux composaient alors la curie ou *ordo*.

(*a*) L. Visigoth. Lib. 10. T. 1. L. 8, 9, 16.

(*b*) L. Visigoth. Lib. 10. T. 2. L. 1. T. 1. L. 14.

(*c*) Bened. Paullini Petrocorii de vita B. Martini libri sex etc. ed. Daum

90. Quant à la constitution, nous trouvons d'amples renseignements dans le *Breviarium*, cette espèce de code rédigé pour les anciens habitants du territoire l'an 506, c'est-à-dire un siècle après la conquête (*a*).

On sait que le Breviarium se compose de deux parties principales, les passages tirés de l'ancien droit romain, et le commentaire qui les accompagne. Les passages de l'ancien droit romain sont peu importants pour qui veut connaître le véritable état du droit à cette époque; car les extraits des anciennes sources devaient nécessairement contenir des expressions et des dispositions entières relatives à des institutions abolies, le commentaire n'avait même pour but que de remédier à ces disparates. Mais ce commentaire mérite toute notre confiance, surtout lorsqu'il contredit le sens et les expressions du texte, changements qui ne sauraient être attribués à l'ignorance des interprètes, du moins s'il s'agit de droit public. En effet, le droit privé exigeait des connaissances techniques peu communes au sixième siècle, et souvent ce qui paraît une opinion particulière aux interprètes, ou un changement dans la législation, n'est qu'une fausse interprétation des auteurs anciens. Mais on ne concevrait pas l'incurie des rédacteurs du Breviarium, s'ils s'étaient trompés en parlant du droit public, dont les institutions étaient visibles à tous les yeux, accessibles à tous les esprits. Jusqu'ici, la moindre déviation du texte dans le commentaire était mise sur le compte de la barbarie ou de l'ignorance; mais une saine critique a fait rejeter ce point de

Lips. 1681, 8, p. 168. Petrocorius vivait au milieu du cinquième siècle, et il raconte (Eucharist. vers. 501, 502) que ses fils l'ont quitté.

> . . . . . . libertatis amore,
> Quam sibi majorem contingere posse putabant,
> Burdigalæ, *Gothico quanquam consorte colono.*

(*a*) Je parlerai plus bas (vol. II, ch. VIII) du Breviarium en faisant l'histoire du droit romain chez les Visigoths. Je citerai les passages tirés du code Théodosien d'après l'édition de Ritter, comme la plus connue, quoiqu'elle ne se rapporte pas exclusivement au Breviarium; et les passages de Paul d'après Schulting.

vue étroit et exclusif, qui, s'attachant aux anciennes sources de
pur droit romain, méprisait les travaux de tout autre siècle
comme indignes de notre étude.

Les détails que le commentaire du Breviarium nous donne
sur la constitution politique des Visigoths s'accordent parfaitement avec les inductions générales que j'ai déjà exposées. Le
præses romain a disparu, mais l'organisation des cités et leur
juridiction spéciale, les décurions et leur participation aux jugements subsistèrent toujours, même avec plus d'indépendance
que sous les empereurs. De grandes incertitudes s'élèvent sur
le sens du mot *judex* qui, dans le code Théodosien, désigne le
lieutenant de la province. Lorsque, dans le commentaire, *judex*
est rapproché de *provincia*, je pense qu'il s'applique au comte
des Goths (*b*) ; au *duumvir* ou *defensor* s'il est joint à *civitas* (*c*). Mais s'il se trouve seul, alors il devient très-difficile
d'en déterminer la véritable signification. Je passe maintenant
aux passages du commentaire qui traitent de la constitution politique.

91. Le commentaire s'accorde en général avec le texte du
code Théodosien sur tout ce qui regarde les défenseurs, le
mode de leur nomination, la nature de leurs fonctions (*a*), etc.
D'après le texte, le gouverneur de la province ne doit pas connaître des délits de peu d'importance; le commentaire complète
cette disposition en désignant le défenseur (*b*). D'après le texte,
les procès civils peuvent être introduits devant le gouverneur
de la province, ou devant les magistrats ayant la confection des

---

(*b*) Int. Cod. Th. 1, 12, 3. « Omnes Judices..... in *provinciam sibi commissam*....... » Et plus loin : « Postquam fuerit judex ille remotus.... sub alio Judice *de provincia* non discedat , » expressions qui ne peuvent s'appliquer à des magistrats municipaux.

(*c*) Int. Paul. I, 7, § 2. « Hoc enim, quod per Prætorem antea fiebat, modo *per judices civitatum* agendum est. »

(*a*) Cod. Th. I, 11.

(*b*) Int. C. Th. II, 1, 8. « ..... ad mediocres Judices.... id est , aut *defensores* aut assertores pacis..... » Le *pacis assertor* se retrouve aussi dans les lois des Visigoths. L. Visigoth. Lib. 2. T. 1, L. 26.

actes solennels ; le commentaire y ajoute expressément le *defensor* déjà sous-entendu dans le texte (*c*). Paul avait énuméré les cas où le préteur accorde la restitution , le commentaire nous apprend que les pouvoirs de l'ancien préteur, tels que celui d'accorder la restitution , ont été tranférés aux *judices* des villes (*d*), preuve irrécusable qu'à cette époque la juridiction municipale était plus étendue que sous l'empire, et que le comte des Goths n'avait pas hérité de toutes les prérogatives du gouverneur romain. Le texte du Code porte qu'aucun décurion ne peut être *curator*, c'est-à-dire *quinquennalis*, avant d'avoir passé par tous les emplois inférieurs de la cité (§ 15.); le commentaire, après avoir répété les mêmes dispositions, assimile, sous ce rapport , le *defensor* au *curator* (*e*). Ainsi la charge de défenseur, qu'aucun décurion ne pouvait exercer autrefois (§ 23)., était devenue une charge sénatoriale. On a vu (§ 28), que les actes solennels devaient être reçus par un magistrat, trois décurions et un *exceptor*. Ces règles sont passées dans le Breviarium, accompagnées de la remarque souvent répétée : *cette loi n'a pas besoin de commentaire* (*f*). On s'est demandé si dans les États germaniques les Romains avaient conservé leurs deux degrés de juridiction (§ 87); chez les Visigoths la chose n'est pas douteuse ; car on trouve dans le Breviarium plusieurs passages concernant les appels (*g*). Par suite de ses divers rapports avec le gouverneur romain, le comte me paraît être ce juge d'appel, quoiqu'il ne soit nommé nulle part.

92. D'autres passages s'appliquent à la curie, aux décurions

(*c*) Int. C. Th. II, 4, 2.

(*d*) Voyez plus haut, § 90, *c*.

(*e*) Int. C. Th. XII, I, 20. « ..... Nullum Curialem..... aut Curatoris, *aut Defensoris* officium debere suscipere..... »

(*f*) Int. C. Th. XII, 1, 151. « Hæc lex interpretatione non indiget. »

(*g*) Par ex. : Int. C. Th. II, 1, 6. « ..... nisi forsitan contra sententiam.... crediderit appellandum. » Int. C. Th. XI , 36, 1. « In civilibus causis, vel levioribus criminibus..... appellationi constituta legibus dilatio præstanda est. » Cette dernière disposition se retrouve fréquemment dans le texte.

ou aux citoyens en général. Ainsi, la législation sur le décurionat est passée dans le Breviarium , sauf quelques légères modifications, mais avec de grands retranchements (*a*). A propos de ces mots : fils adoptif, le commentaire nous dit que l'adoption se fait devant la curie (*b*). De même on lit dans le Gaïus visigoth que l'émancipation, qui se faisait autrefois devant le *præses*, a lieu maintenant en présence de la curie (*c*). Le texte porte qu'à Constantinople les tuteurs sont nommés par le préfet de la ville, dix sénateurs et le préteur, chargé de l'inspection des tutelles. Le commentaire substitue à ces diverses autorités le *judex* et les premiers de la ville (*d*). Suivant un passage du texte, il faut un décret pour vendre les biens d'un mineur, le commentaire ajoute que ce décret est rendu par le *judex* ou par la curie (*e*). Le texte veut que l'ouverture des testaments se fasse en présence de l'autorité qui les reçoit, c'est-à-dire l'*officium censuale* : le commentaire attribue ces pouvoirs à la curie (*f*). Le texte porte que les donations sont insinuées devant le *judex*, c'est-à-dire le lieutenant de la province, ou devant le magistrat de la ville; au magistrat le commentaire substitue la curie (*g*). Cette substitution et plusieurs expressions déjà citées nous révèlent un changement complet dans les idées.

Autrefois, d'après les principes romains, l'autorité munici-

(*a*) Cod. Théod. XII, 1.

(*b*) Int. C. Th. V, 1, 2 « adoptivum, *id est gestis ante Curiam adfiliatum*.»

(*c*) Cajus 1, 6. « Quæ tamen emancipatio solebat ante præsidem fieri, *modo ante curiam facienda est.* »

(*d* Int. C. Th. III, 17, 3. « primi patriæ cum Judice. »

(*e*) Int. C. Th. III, 1, 3. « auctoritate Judicis aut consensu Curiæ muniatur. » Le Judex, c'est le comte mis ici sur la même ligne que la curie. Un passage cité note *g* confirme cette interprétation.

(*f*) Int. C. Th. IV, 4, 4. « Testamenta omnia, vel reliquas scripturas, apud Censuales in urbe Roma voluit publicari, hoc est ut *in* reliquis regionibus *apud Curiæ viros* testamenta, vel quæcunque scripturæ actis firmari solent, gestorum allegatione muniantur. »

(*g*) Cod. Th. VIII, 12, 1. « apud Judicem *vel Magistratus.* » Interpr. l. c. « aut apud Judicem, *aut apud Curiam.* » Conf. note *c*.

pale suprême, et surtout la juridiction, étaient un droit attaché à la personne du magistrat : maintenant ce droit se rapporte moins au défenseur personnellement que collectivement à la curie. C'est pourquoi le commentaire applique à l'album de la curie tout ce que Paul dit sur l'album du préteur (*h*). Sous les empereurs, les *honorati*, c'est-à-dire ceux qui avaient passé par les hautes charges, occupaient une place de distinction à côté du gouverneur de la province rendant la justice, pourvu qu'ils ne fussent pas eux-mêmes parties au procès ; le commentaire transporte ce privilége aux *curiales* (*i*), et le passage est doublement remarquable, en ce qu'il nous montre à la fois la considération dont jouissaient les *curiales*, et les participations réelles qu'ils prenaient à la juridiction du duumvir ou défenseur, fait si difficile à établir (§ 26). Le texte du Code veut qu'un sénateur romain poursuivi criminellement soit jugé par cinq sénateurs tirés au sort ; le commentaire étend ce droit à toutes les classes de la société, et décide que chaque citoyen doit être jugé par cinq des principaux d'entre ses pairs, ce qui se rapporte sans doute à la différence établie entre les décurions et les plébéiens (*k*). D'après le texte, le *domesticus* ou *cancellarius* du *judex* est élu par les principaux membres de

(*h*) Paulus I, 13. A. § 3. Is qui album raserit, corruperit,.... *extra ordinem* punietur. » Interpr. 1. c. « In eum qui *album curiæ* raserit..... capitaliter *non expectata ordinis sententia* vindicatur. » Ces derniers mots semblent établir directement la juridiction de l'*ordo* ; mais je n'y vois qu'un méprise grossière sur le sens des expressions de Paul, « extra ordinem, » car cette explication erronée de l'ancien terme *extra ordinem* se retrouve mot pour mot dans d'autres passages.

(*i*) Cod. Th. I, 8, un. « Honorati, qui lites habere noscuntur, his horis, quibus causarum merita vel facta panduntur, residendi cum Judice non habeant facultatem. » Interpr. 1. c. « Honorati provinciarum (*id est, ex Curiæ corpore*), si et ipsi in lite sunt constituti..... cum Judice non resideant. » Sur les *honorati*, voyez plus haut, § 21.

(*k*) Int. C. Th. II, 1, 12. « Cum pro objecto crimine aliquis audiendus est, quinque nobilissimi viri judices *de reliquis sibi similibus* missis sortibus eligantur. » On pourrait trouver ici quelque rapport avec l'institution germanique des échevins.

la chancellerie ; le commentaire conserve l'élection, et il la donne à tous les citoyens (*l*). Mais il existe un passage encore plus décisif, où la juridiction civile de la curie est reconnue expressément, et comme distincte de la juridiction royale (*m*).

93. Plus tard, les rois visigoths ayant résolu de confondre entièrement les Romains et les Goths, interdirent l'usage du droit romain. Il en resta cependant des traces, car le code où cette abolition même est prononcée, compte le défenseur parmi les nombreux magistrats compris sous le nom de *judex* (*a*). On ne doit donc pas s'étonner si Isidore, qui vécut avant cette entreprise des rois visigoths, représente la charge de défenseur comme une magistrature existante (*b*).

III. ROYAUME DES FRANCS (*a*).

94. Il n'existe pas de document historique sur le partage du territoire dans le royaume des Francs, nous n'avons donc sur ce sujet aucun renseignement certain ; mais un passage de la loi salique (*b*) nous prouve que les Francs respectèrent la

---

(*l*) Cod. Th. I, 12, 3 « ..... periculo enim *Primatum officii* Cancellarios.... electos Judicibus applicari jubemus. .... » Interpr. l. c. nisi qui ei publice fuerit *civium electione* deputatus. » Cette disposition s'applique évidemment au comte (§ 90, *b*), mais, dans la pratique, elle devait donner lieu à de graves difficultés.

(*m*) Int. L. 1. C. Th. de denunciat. (II, 4.) « ex quo tutor sive curator minoris *aut* per judicem *aut per curiam intulerit seu exceperit actionem* », etc. Le texte porte : « nisi..... solenni more lis fuerit intimata », sans parler de la juridiction.

(*a*) L. Visigoth. Lib 2. Tit. 1. L. 26. Voyez plus haut, § 82, *d*.

(*b*) Isidori origines, Lib. 9. C. 4. « ...... defensores dicti, eo quod sibi plebem commissam contra insolentiam improborum defendant. At contra *nunc quidam eversores non defensores existunt.* »

(*a*) Voyez sur ce sujet les ouvrages mentionnés dans l'introduction, num. 29-37.

(*b*) L. Salica emend. T. 43. art. 6-8. J'ai traité ce sujet plus au long dans mon Abhandlung über die Römische Steuerverfassung. Zeitsch. f. gesch. Rechtsw. vol. 6. p. 369.

propriété des anciens habitants, et qu'ils conservèrent le système d'impôts établis par les Romains. Ainsi la composition due pour le meurtre d'un Romain est réglée différemment selon qu'il est : (1) *Conviva regis*, (2) *Possessor*, (3) *Tributarius*. La première de ces trois classes appartient à la cour des rois Francs, mais la seconde et la troisième existaient sous les mêmes noms dans les provinces Romaines. Les *possessores* sont les propriétaires du territoire soumis à l'impôt foncier; les *tributarii* sont les prolétaires soumis à l'impôt personnel.

95. Nous trouvons dans l'empire franc des traces nombreuses de l'organisation municipale qui survécut à la conquête. Avant de passer aux preuves générales, je vais exposer les faits et les témoignages particuliers.

En 543, deux époux, Ansemund et Ansleubana, fondent un cloître à Vienne, et le document porte que cette fondation est autorisée par le sénat de la ville (*a*).

En 573, le testament de Nicetius est ouvert à Lyon suivant les dispositions du droit romain, c'est-à-dire par les magistrats municipaux chargés de cette fonction (*b*).

On trouve également dans plusieurs procès du sixième siècle la preuve que Tours avait une juridiction municipale (*c*). Les

(*a*) Non habetur incognitum ; qualiter *fratres* (leg. sciente) *Senatu nobilis Viennensis* (leg. *nobili Viennensi*) res nostras Deo tibique tradidimus.» Ce document se trouve dans plusieurs recueils, voyez Baluz. capit. T. II, p. 1433. Brequigny diplom. N. 24. p. 49 (proleg. p. CCXLV) en a fixé la date et il a joint au texte les corrections qu'on vient de lire. — On trouve aussi dans le testament d'Ephibius, fait à Vienne en 696, la mention du sénat, le nom de plusieurs sénateurs et même celui d'un questeur. Simplicius. D'achery Spicil. T. III. p. 318. Brequigny diplom. N. 237. p. 346. (proleg. CXXIX), a prouvé la fausseté de ce document.

(*b*) Gregor. Turon. vitæ Patrum, C. 8. § 5. « Post dies autem quos lex Romana sancivit, ut defuncti cujuspiam voluntas publice relegatur, hujus antistitis testamentum in foro delatum, turbis circumstantibus, a judice reseratum recitatumque est.» Conf. Paulus Lib. 4. T. 6. § 2.—Sur la date de la mort placée en 573, Voyez Gallia christ. T. IV. p. 35.

(*c*) Gregor. Turon. VII. 47. « Dehinc cum *in judicio civium convenissent* ; le *Judex* dont il parle souvent dans la suite est sans doute le magis-

sénateurs et les familles sénatoriales, dont parle souvent Grégoire de Tours (*d*), ont quelque rapport avec notre sujet (§ 19.). En effet, si les Bourguignons et les Francs eussent entièrement anéanti le régime municipal, il ne serait resté aucune trace de la noblesse des provinces.

Bertram, évêque du Mans (615), ordonne que son testament soit ouvert en présence de la curie. Le testament de Hadoindus, évêque du Mans, renferme la même disposition (642) (*e*).

Nous avons deux testaments de Widrad, abbé de Flavigny : le premier, fait à Semur, en 721 (*f*), doit être solennellement ouvert devant la curie (*g*). L'un des trois témoins signataires est le défenseur Gerefredus. Ce petit nombre de signataires, insuffisant même pour un codicile, et la présence des autres témoins, rappelée d'une manière générale, prouvent que dès l'origine ce testament n'était pas un testament privé, mais un testament public, tenant sa validité de la présentation à la curie. Ce document, qui fournit tant de preuves de la conservation du régime municipal, est d'autant plus remarquable que Semur n'était pas une capitale, mais un simple castrum des Gaules.

Le testament de Tello, évêque de Coire en Rhétie (766), est signé par douze témoins, dont cinq *curiales*, l'un de Coire, et trois autres de différentes petites localités (*h*).

trat de la ville.—Id. V. 49. Il dit au sujet de Leudastes, comte de Tours en 580 : «Jam si in judicio *cum senioribus* vel laicis vel clericis resedisset.» rel.

(*d*) Par exemple : Gregor. Turon. II. 33. III. 9, 15, X, 31.

(*e*) Voyez vol. II. § 41.

(*f*) « Actum Sinemuro castro; » c'est-à-dire Semur-en-Auxois, près de Flavigny. Ce testament se trouve dans Mabillon act. Sanct. ord. S. Bened. Sec. 3. P. 1. p. 683, et dans Brequigny diplom. N. 305. cf. proleg. p. CL. CCXLII. Je parlerai, § 98. *c.* de la conformité qui existe entre cet acte et les formules.

(*g*) « ut.... gestis reipublicæ municipalibus titulis..... muniatur..... »

(*h*) « † Signum Præsentis *curialis* testis. † Signum Lobucionis *de Amede curialis* testis. † Signum Constanti *de Senegaune curialis* testis... † Signum Claudii *de Curialis* testis. Signum Ursecceni *de Sconovico curialis* testis. »

96. Voici un document qui nous montre bien plus clairement encore l'existence du régime municipal. Harvieh d'Angers donna en 804 plusieurs biens-fonds à l'abbaye de Prüm , et le même jour furent passés quatre actes relatifs à cette donation (*a*). Le premier est l'acte de donation même, et il porte expressément que l'insinuation sera faite en présence de la curie (*b*), puis vient un acte de tradition des immeubles par *constitutum possessorium*, où est citée la loi romaine qui ordonne la tradition (*c*). Le troisième est un mandat donné à Anganbertus de veiller à l'insinuation. Enfin le quatrième est l'insinuation même, et sa rédaction s'accorde parfaitement avec les recueils de formules et les procès-verbaux de Ravenne rapportés par Marini. L'affaire se réduit à un dialogue entre le défenseur et le mandataire, et à une copie du procès-verbal signée des *curiales*. Parmi les douze témoins fi-

Le testateur appelle souvent son père « patris mei Victoris *vel illustris Prœsidis.*» L'original se trouve dans les archives de Einsidel. Il est imprimé dans Mabillon , annales ord. S. Bened. T. II. p. 710.

(*a*) Ces quatre documents se trouvent dans Martene ampliss. collectio. T. 1. p. 54, 56, 57, 58, le second et le quatrième seulement dans Hontheim, hist. Trevir. diplom. p. 154, 155.

(*b*) Martene p. 54. sq. « Præsente vero donatione...... *gestis municipalibus alegarie curaoi* et omnino decrevi.»

(*c*) Martena, p. 56. « Cum in *libris Theodosiani et Hermogeniani seu Papiani*, per quem lex continet, scriptum est quod donatione traditio subrequatur. Igitur ego... quantum in ipsa donatione continet ei ad die præsente trado, dulgo (sic, atque transcribo»..... Le premier membre de phrase désigne vaguement le Breviarium , qui se compose en effet d'extraits tirés de ces ouvrages , mais tous les doutes sont levés par la conformité de ces mots du commentaire du Breviarium : «..... et hanc ipsam donationem.,.. traditio subsequatur. » Interp. C. Th. VIII. 12, 1. Biener, de orig. leg. Germ. P. I, p. 291-292, a, par cette judicieuse remarque, réfuté ceux qui pensent que le passage cité se rapporte à la fois au code Théodosien et aux Responsa Papiani, rapprochement fort invraisemblable et que n'établit aucun passage copié littéralement dans le Papien. — Quand on lit les deux premiers de ces documents on ne conçoit pas que Martene et Hontheim les aient pris pour de simples duplicata dont l'un devait rester à la curie et l'autre être envoyé à Prüm. Tous les actes nécessaires étaient portés sur les registres de la curie et l'on en délivrait des extraits.

gûrent d'abord le comte Nononus, puis le *curator* Risclenus, puis le *defensor* Wifredus, qualifié ici de *Vicedomus*, enfin deux *Centenarii*. Le secrétaire est appelé *Amanuensis* et non pas *Exceptor* (d). On doit remarquer ici le nouveau titre donné au défenseur, et la présence des magistrats francs. Mais par là, ils ne se mêlaient pas à la communauté romaine, ils y assistaient comme personnes étrangères, et si le comte, à cause de sa haute dignité, est nommé avant tout le monde, ce n'en est pas moins le défenseur qui préside et dirige l'affaire. On pourrait être tenté de rapprocher de ce document remarquable la chronique imprimée des consuls d'Angers (e), mais dans cette chronique, consul est synonyme de comte, l'auteur se sert alternativement des deux expressions, usage commun aux écrivains du moyen-âge (f).

97. Une donation de l'an 823 en faveur de l'abbaye de Saint-Denis parle des *Curiales* et de l'insinuation sur les registres de la curie (a).

En 868 un évêque nouvellement élu à Châlons, en Champagne, est soumis à l'examen canonique, et l'on voit figurer, à cette occasion, le sénat et le peuple de Châlons (b).

Vers la même époque Hincmar, archevêque de Rheims,

(d) **Martene**, p. 58, 59. « Adstante vir laudabile Wlfredo (leg. Wifredo) *defensore, vel cuncta curia Anse. civitate* adsistantium Aganbertus dixit. »..... et à la fin « *Defensor dixit* : gesta cum fuerit scripta, *a nobis vel a curialibus subscripta*, tibi edita ex more tradatur. Edita vero accepit. Signum † *Nonono comite*, Signum † *Riscleno curatore*, Signum † *Wifredo vicedomo*... Sig. † *Letbaudus centenario*..... Signum † *Stabula centenario*. » Les sept témoins omis ici et qui ne portent aucun titre sont donc les *curiales*.

(e) **Gesta Consulum Andegavensium** sans aucune lacune depuis le temps de Charlemagne. D'achery Spicil. T. III. p. 234. seq.

(f) **Ducange**, v. Consul.

(a) **Doublet**, Histoire de l'abbaye de Saint-Denys. Paris, 1625, 4, p. 738 : « Præsentem vero donationem nequaquam a curialium vilitate gestis municipalibus alligare curavimus. » Ces mots semblent se rapporter à la L. 8. C. Th. de donat. ; mais le sens n'en est pas clair.

(b) **Baluz. capitularia**, T. II, p. 612, 614, 615. «Ordo et plebs Catalaunica.»

écrit : « Clero, ordini et plebi in sancta Laudunensi ecclesia
« consistenti (c). »

Au onzième siècle Petrus substitue la curie au fisc mentionné dans le texte dont il fait l'extrait (Julian. CVIII. 7. 9.)
Cette substitution atteste hautement le régime existant à cette
époque (e).

En 1095, le pape Urbain II écrit à la curie, aux chevaliers et au peuple de Rheims (f).

Au douzième siècle on trouve plusieurs lettres de Manasse,
archevêque de Reims, adressées au clergé, à la curie et au
peuple de Térouanne (g).

98. Les divers recueils de formules fournissent des preuves
nombreuses de la conservation du droit romain. On y voit
différents actes, surtout des testaments et des donations insi-
nués devant la curie. Les formes sont celles de l'ancien droit
romain, d'abord un dialogue, puis un remercîment, enfin
la demande d'un extrait des registres, ainsi qu'on l'a vu
pour la donation faite à l'abbaye de Prüm. Les formules de
Mabillon (a) renferment l'insinuation d'une donation effec-
tuée par un mandataire en 578. Ces formules furent rédigées
à Angers ; la liste des membres de la curie porte le *defensor*,
le *curator* et le *magister militum*, puis le *defensor* et le
principalis. Ces magistrats ne sont sans doute nommés que
par forme d'exemple, afin que le notaire choisisse selon les
circonstances ; un diacre est *amanuensis* de la curie.

Le recueil de Marculfe, composé dans le territoire de Paris
(660), contient des formules d'insinuation de testaments et de

(c) Baluz. capitularia, T. II, p. 622.

(d) Menard, Histoire de Nismes, T. I. Paris, 1750, 4. Preuves, p. 19 :
« Unde laudamus te, vir laudabilis, defensor Fredelo, nec non et vos honorati, qui curas publicas agitis assidue, ut istam planctûriam firmare fa-
ciatis. »

(e) Petri Exceptiones legum Roman. I, 37.

(f) Baluz. miscellanea ed. Paris, 1700, 8. T. V, p. 290.

(g) Baluz. l. c., p. 313.

(a) Form. Mabillonii, C. 1. (Canciani, Vol. III. p. 469).

donations (*b*) ; l'appendice de Marculfe, des formules d'insinuation de testaments (*c*). Ces deux recueils placent le défenseur à la tête de la curie. — Les formules de Sirmond nous montrent une donation insinuée devant le défenseur, la curie et l'amanuensis de Tours ; les décurions sont appelés *curia, ordo, principales* comme dans le code Théodosien (*d*). — Un testament rapporté dans les formules de Baluze porte que l'ouverture en sera faite devant la curie, conformément au droit romain (*e*). — Dans le petit recueil des formules de l'Auvergne, publié par Baluze, il est souvent question du défenseur, de la curie et des *gesta municipalia* (*f*). — Enfin l'on voit dans les formules de Lindenbrog une adoption faite en présence du défenseur et de la curie (*g*). Tous ces documents nous montrent que sous la domination des Francs, le régime municipal se conserva dans les Gaules tel qu'il existait avant la chute de l'empire (§ 20, 26), et que même à cette époque les villes avaient des défenseurs et non des magistrats.

99. Il y a plusieurs villes de France où, d'après une tradition propagée jusqu'aux temps modernes, la constitution romaine s'est conservée sans interruption (*a*). Déjà au douzième siècle Rheims avait fondé des prétentions sur cette tradi-

(*b*) Marculf. Lib. 2. C. 37, 38 (Canciani, Vol. II, p. 241.)

(*c*) Appendix Marculfii. C. 53, 54, 55. (Canciani, Vol. II, p. 267.) Voyez surtout C. 53 « illo defensore *et il'o professore*, vel curia publica ipsius civitatis, » et, C. 54, où les mêmes expressions sont répétées mot pour mot. Dans les autres endroits, il n'est question que du défenseur et de la curie. L'addition de *professore* doit sans doute être attribuée à une erreur de copiste.

(*d*) Form. Sirmondi. C. 2, 3. (Canciani, Vol. III, p. 435.) Voyez plus haut, § 28.

(*e*) Form. Baluzii, C. 28. (Canciani, vol. III, p. 457.) Cette formule remarquable s'accorde mot pour mot avec le testament de Widrad, cité § 95, *f*; seulement on trouve de plus dans ce dernier les noms des personnes, l'indication des lieux et les signatures.

(*f*) Canciani, vol. III, p. 264, 265. Voyez sur ce recueil vol. II, § 44.

(*g*) Form. Lindenbrogii, C. 59 (Canciani, Vol. III, p. 488.)

(*a*) Voyez Raynouard, T. II, p. 177, sq. Leber, p. 150, sq.

tion (*b*); et lorsqu'au seizième siècle l'édit de Moulins abolit les juridictions municipales, Rheims trouva dans l'ancienneté de ses droits une garantie contre l'édit (*c*). Toulouse, Lyon, Boulogne, Angoulême prétendaient les mêmes droits, fondés sur une tradition semblable, mais ne les firent pas valoir avec le même succès (*d*).

On a vu (§ 87) que la justice rendue par les scabins romains est un reste de l'organisation municipale. La France nous en fournit plusieurs exemples. Un document de Charlemagne (797) parle d'un procès élevé à Aix-la-Chapelle, entre le roi et l'abbé de Prüm, sur la possession de quelques immeubles, et ajoute que l'abbé en fut évincé, d'après le droit romain, par ses scabins (c'est-à-dire scabins romains) (*e*). — Des scabins romains et saliens figurent dans un placitum de la France méridionale (844) (*f*). — A Ausonne, en 918,

(*b*) Joannis Sarisberiensis († 1180) epist. 214 domino Pictaviensi (Bibl. max. Patrum Lugd. T. 23, p. 495; » ..... in urbe Remensi orta seditio..... Et primo quidem ei (archiep.) omnem humilitatem exhibuerant parati duo millia librarum, sicut multi testantur, conferre in ærarium ejus, dum modo eos jure tractaret et *legibus* vivere pateretur, *quibus civitas continue usa est a tempore S. Remigii Francorum apostoli.* »

(*c*) Dubos établ. de la mon. Franc. VI, ii, T. 2, p. 533, 534, cite un discours de Bergier sur l'antiquité de l'échevinage de la ville de Reims, etc. « La cour, dit Bergier, ordonna par son arrêt du 25 Mai 1568, que lesdits Echevins jouiroient de leur juridiction nonobstant l'édit de Moulins, ainsi qu'ils avoient fait ci-devant, parce qu'il fut reconnu qu'il ne se devoit étendre sur les villes de cette qualité, *qui en jouissoient avant que la France fût en Royaume.* » Bergier ajoute que l'échevinage de Reims n'est autre chose que son ancien sénat qui existait même avant la domination Romaine, et dont le nom seul a été changé par les Francs.

(*d*) Dubos, l. c., p. 535.

(*e*) « Qui in conspectu nostro ac plurimorum procerumque nostrorum stans in judicio, *secundum quod lex Romana edocet, et sui Sabinii ei judicaverunt,* prædictas villas..... reddidit. » Martene coll. ampliss. T. I, p. 51. Hontheim hist. Trevir. dipl. T. I, p. 144. Voyez plus haut, § 46, 76.

(*f*) Placitum in Cadarosco villa « ante Rothbertum vicarium,..... et tam *Scavinis, tam Romanis quam Salicis....* vel quampluribus aliis qui cum ipsis aderant. » Gallia christ. T. I, Instr., p. 107, n. 4.

on voit des scabins et des rackinbourgs goths, romains et saliens (*g*); à Narbonne, en 933, des *judices* goths, romains
et saliens (*h*); même à Arles, en 968, dans un *placitum* de
Guillaume, comte de Provence, on observe que les vassaux
qui jugent sont Romains ou Saliens d'origine (*i*).

100. J'ai dit (§ 87) que la juridiction municipale était subordonnée à celle du comte, et que les affaires les plus graves
étaient seules portées devant lui. Voici une analogie frappante
en faveur de cette opinion. Souvent, sous les Carlovingiens,
des émigrations de Goths vinrent sur les frontières des Francs
implorer leur protection, et on trouve dans les capitulaires
plusieurs chartes accordées par les rois Francs dans de semblables circonstances. Une de ces chartes (844) soustrait les
Goths à la juridiction du comte, sauf trois cas, le meurtre, le
rapt et l'incendie. Tous les autres procès concernant les Goths
ou leurs serfs doivent être portés devant leurs magistrats, et
jugés d'après leur droit (*a*).

Comme les Francs ne conservèrent que l'organisation municipale des Romains, les lieutenants des provinces furent
remplacés par les comtes. Cependant la Rhétie, qui passa des
Ostrogoths aux Francs, fut, pendant plusieurs siècles, gouver-
née par un *Præses* (*b*); et les *Patricii* continuèrent long-temps
à régir les provinces bourguignonnes (*c*). On voit dans un pas-

(*g*) Voyez plus haut, § 61, *c*.

(*h*) « judices..... *tam Gotos quam Romanos vel etiam Salicos.* » Vaissette, T. II, preuves p. 69. Gallia christ. T. VI, Inst., p. 423.

(*i*) « ..... ante domino Willelmo inlustrissimo comite, et *ante vassos do-
minicos, tam Romanos quam Salicos,* una cum plurimarum personarum
diversis legibus viventibus. » Martene coll. ampliss. T. I, p. 322.

(*a*) Baluz. capit. T. II, p. 25, sq. — § 3. (p. 27.) « ..... liceat ipsis secundum corum legem de aliis hominibus judicia terminare ; et præter hæc
tria et de corum hominibus secundum propriam legem omnia mutuo definire. »

(*b*) Müller Schweizergesch. B. 1. C. 9, 10, p. 128, 161, 183. —185. Voyez
plus haut, § 95, *h*.

(*c*) Gregor. Turon. Lib. 6, C. 11. Lib. 8, C. 43. Voyez Ruinart sur ces passages et Müller B. 1. C. 9, p. 128, 141.

sage des capitulaires les *præsides* représentés comme des magistrats ordinaires établis dans toutes les villes, mais le recueil
de Benedictus Levita, où se trouve le passage, ne mérite aucune confiance, et ce texte même, emprunté à Julien, a été
rendu méconnaissable par les copistes (*d*). Il faut regarder
aussi comme suspect un autre passage des capitulaires, où sont
mentionnés des *præfecti*, des *prætores populi* et de *præsides*
romains (*e*).

101. Je vais terminer en discutant diverses opinions émises
sur le régime municipal dans l'empire Franc (*a*). Dubos, dont
j'ai déjà réfuté les hypothèses aventureuses, est un des auteurs
qui aient le mieux traité ce sujet. Il a reconnu la durée du régime municipal, mais d'après son système inadmissible de l'é-
tablissement des Francs dans les Gaules, et d'après de simples
traditions, sans s'appuyer sur des monuments historiques (*b*).
Ceux qui ont adopté la même opinion l'ont décréditée par de
vaines hypothèses et de ridicules exagérations. Ainsi le comte
du Buat s'efforce de construire une organisation compliquée et
tout-à-fait impossible pour les anciennes provinces romai-

(*d*) Capit. Lib. 5. C. 387. « In civitatibus, in quibus præsides *præsunt*,
ipsi audiant causas, seu et defensores. Qui autem episcopos vel sacerdotes
aut clericos judicare sibi maluerint, hoc quoque fieri *non permittimus*. »
Julian. Const. 69. C. 7. « In civitatibus, in quibus præsides *presto non
sunt*, adeant litigatores defensorem civitatis et ille audiat causas. Si autem
episcopum judicare sibi maluerint hoc quoque fieri *jubemus*. » Pour se convaincre que ces changements ne sont pas faits à dessein, il suffit de comparer les derniers mots avec un autre passage absolument contraire, Lib. 6.
C. 366. Je parlerai de ce recueil des capitulaires vol. II, § 35.

(*e*) Capit. Addit. III, C. 59.

(*a*) Je n'ai pu me procurer Droz, Essai sur l'hist. des Bourgeoisies du roi.
Besançon, 1760, 8. (Camus, 5ᵉ ed. N. 908.) Je ne connais pas davantage
les discours imprimés en tête de plusieurs volumes des Ordonnances, surtout du vol. XI. (Camus, T. II, 5ᵉ éd.. p. 207. Hist. de l'Ac. des Inscr.
T. 38, p. 196.) Le mémoire de Dupuy inséré dans l'hist. de l'Ac. des Inscr.
T. 38, p. 196-215, ed. 1777, 4. n'offre aucun intérêt. — J'ai parlé dans
l'introduction de Raynouard et de Leber. Comme ils n'ont proposé aucun
nouveau système, je ne les cite pas ici.

(*b*) Dubos, Etabliss. de la mon. Franç. Liv. 6, ch. 11.

nes (*c*). Moreau enchérit encore sur du Buat, car il contredit ouvertement l'histoire, confond tous les éléments de la constitution des Francs, et lui donne pour base l'organisation des cités romaines (*d*). Mably a nié formellement la durée du régime municipal; ses raisons méritent d'être sérieusement réfutées (*e*). Un grand nombre de documents et de capitulaires, dit-il, parlent souvent des autorités judiciaires, sans que jamais il soit question du sénat et des magistrats municipaux. D'abord on peut répondre que la plupart de ces documents et de ces lois concernent principalement les Francs, mais ensuite les magistrats municipaux peuvent s'y trouver inaperçus, car sans doute leurs titres avaient changé avec les temps; ainsi on a vu (§ 96, *d*.) un document dont la souscription donne au défenseur le titre de *Vicedomus*.

La conservation du régime municipal est encore niée dans l'ouvrage anonyme de mademoiselle de Lezardière (*f*). Elle s'est surtout attachée à combattre le système erroné de Moreau, mais elle-même tombe dans plusieurs méprises sur la nature des institutions romaines. Ainsi, pour expliquer les passages des formules où sont mentionnés le *defensor* et les *curiales*, elle prétend que, dans beaucoup de cas, le droit romain exigeait impérieusement le concours de la curie; qu'après la destruction du régime municipal, on suivit encore la lettre de la loi en nommant un simulacre de *defensor* et de *curiales*, pour remplacer l'ancienne curie. On voit combien cette interprétation est forcée, surtout si l'on considère que nulle part le droit romain n'exige d'une manière absolue le concours de la curie. Il était permis de faire un testament en présence de sept té-

(*c*) Les Origines, T. II, Liv. 5, ch. 27-34.

(*d*) Moreau, Principes de morale, etc. T. II, p. 70, 73, 115, 116. T. IV, p. 151, 167.

(*e*) Mably, Observ. sur l'hist. de France, liv. 1, ch. 2, not. 5. (T. I, p. 442-444. édit. de Kehl.)

(*f*) Théorie des lois politiques, etc. T. VII. Sommaire des preuves, p. 176-180.

moins, d'insinuer les donations devant la curie ou devant le gouverneur de la province, auquel avait succédé le comte franc. Il n'y eut donc jamais lieu d'évoquer ce fantôme de curie.

Montlosier, qui est parti de la fausse hypothèse de Dubos, est arrivé à des résultats très-différents. Son système peut se résumer ainsi : La noblesse, la féodalité, le vasselage ont existé de tout temps, le reste est innovation ou usurpation. Le régime féodal existait dans les Gaules avant les Romains. — Suivant Dubos les Romains, et plus tard les Francs, entrèrent dans les Gaules en amis, en alliés, et respectèrent l'ordre établi ; si donc le régime féodal se conserva et s'étendit sous la domination des Francs, son origine remonte plus haut (*g*). On le retrouve même chez les anciens Romains. Quand ils prenaient les terres des Herniques et les donnaient à de nouveaux habitants, quand ils fondaient des colonies militaires, ils établissaient le régime féodal. On le retrouve encore dans les clientelles des anciens patriciens et dans les clientelles honoraires qui s'étendaient sur des villes et des territoires entiers (*h*). Quant aux villes, elles conservèrent leur organisation municipale (*i*). Mais lorsque la plupart des Gaulois s'incorporèrent aux Francs et abandonnèrent les villes (*k*), cette organisation dut cesser pour un temps. En effet, les communautés que l'on voit dans la suite ne sont composées que d'artisans, c'est-à-dire de tributaires, elles n'ont rien de commun avec le régime des temps antérieurs, et les droits politiques qu'elles obtinrent furent usurpés sur la noblesse (*l*). Enfin M. de Montlosier arrive aux conclusions suivantes : Tous les hommes libres d'origine,

(*g*) Montlosier, *de la Monarchie française*, T. I, p. 12, 13, 340.

(*h*) l. c., p. 342, 348.

(*i*) Dans les affaires capitales, les Gaulois ingénus sont jugés souverainement par le comte assisté de ses Scabins et Rachinbourgs ! et les causes des Francs sont portées au tribunal du roi, l. c., p. 19.

(*k*) l. c. p. 21, 23, 367, 386.

(*l*) l. c. p. 159-162.

Gaulois, Romains et Francs, composent la noblesse ; tous ceux qui ne sont pas libres, les esclaves proprement dits, et les serfs attachés à la glèbe, composent le tiers-état, mais l'on peut en sortir avec des lettres de noblesse.

IV. ITALIE SOUS ODOVACAR (a).

102. On sait comment s'opéra la révolution qui consomma la chute de l'empire d'Occident. Les soldats germains, après avoir vainement réclamé un tiers de l'Italie, s'en emparèrent, déchirèrent l'empire dès long-temps énervé, et leur chef se constitua roi d'Italie.

Sa domination dura trop peu (de 476 à 493) pour changer l'ordre établi. L'ancienne constitution demeura donc telle que l'histoire nous la montre plus tard, sous la domination des Ostrogoths. Ainsi on pourrait poser en principe que le régime municipal fut également conservé ; mais, par bonheur, nous avons sur ce sujet un document historique, dont je parlerai plus bas.

V. ROYAUME DES OSTROGOTHS.

103. La domination des Ostrogoths en Italie, malgré sa courte durée, est un des événements les plus remarquables du moyen-âge. Le grand Théodoric se place à côté de Charlemagne, la poésie et l'histoire lui assurent une double immortalité.

Quant au partage du territoire, les Goths se contentèrent du tiers échu à leurs prédécesseurs (a). Ce tiers devait suffire, car chez les Hérules comme chez d'autres peuples (§ 88) il ne

(a) En 1833, l'académie de Turin mit au concours l'exposition du régime municipal en Italie, après la chute de l'empire romain. Le prix n'ayant pas été adjugé, l'académie a de nouveau proposé le même sujet. Voir le programme détaillé, dans les *Memorie della reale acc. di Torino*, T. 36. Torino 1833, 4, classe di scienze morali, storiche e filologiche.

(a) Procop. de bello Gothico, Lib. 1, C. 1. — Conf. Lupi cod. Bergom. C. 3, p. 78.

fut jamais exigé en entier, et les suites de la guerre malheureuse soutenue contre les Goths laissèrent vacants la plupart des lots déjà recueillis. Les Visigoths appelèrent *tertiæ* le tiers abandonné aux anciens habitants (§ 89) (*b*) , et les Ostrogoths donnèrent le même nom à la partie qu'ils s'adjugèrent. C'est dans ce sens que Cassiodore emploie le mot *tertiæ* dans un passage où il parle expressément d'un partage réel du territoire qui, grâce aux sages règlements de Liberius, réunit les Goths et les Romains au lieu de les diviser, et il appelle ce partage *Tertiarum Deputatio* (*c*). C'est à ce même partage que se rapporte un acte de vente fait peu avant la chute de la domination des Ostrogoths, et dans lequel le vendeur garantit la terre vendue libre de la *Sors barbarica* (*d*), c'est-à-dire que l'acheteur n'a à craindre aucune éviction relativement au partage exigé par les Goths ; sans doute cette terre y avait déjà été

(*b*) L. Visigoth. L. 10. T. 1. L. 8 et L. 16. « Judices..... *tertias Romanorum* ab illis qui occupatas tenent auferant. »

(*c*) Cassiodori Var. II, 16. « Juvat nos referre, quemadmodum in *Tertiarum deputatione* Gothorum Romanorumque possessiones junxerit et animos... gratia dominorum *de cespitis divisione* conjuncta est : amicitiæ populis per damna crevere, et ex *parte agri* defensor acquisitus est , ut substantiæ securitas integra servaretur. Necesse est enim, ut inter eos suavis crescat affectus, qui servant jugiter *terminos constitutos.* » Voyez encore, sur le partage des terres , Cassiodor. L. 18. — Le témoignage de Cassiodore est confirmé par une lettre de Ennodius , évêque de Pavie , adressée à Liberius (Ennodii epist. IX, 23) : « Quid quod illas innumeras Gothorum catervas, *vix scientibus romanis , larga prædiorum collatione ditasti?*.... et nulla senserunt damna superati. » Les Goths s'emparèrent presque exclusivement des propriétés des Hérules, et par là s'explique comment ce partage ne fut pas onéreux aux Romains.

(*d*) Marini papiri. N. 115 , lin. 6. « liberas autem inlibatas portiones duorum fundorum ab omni nexu fisci deviti populi pribative et ab here alieno litibus causis controversiisque omnibus *nec non et a sorte barbari.* » Marini, qui , dans la note 5, p. 337, n'explique pas ce mot , dit que l'original porte *barbarici* ou *barbarica.* Cette dernière leçon semble préférable d'après l'analogie que présentent les *sortes Gothicæ* dans les L. Visigoth. X. 2, 1. On pourrait aussi lire *barbarici,* comme dans ce passage de Marini, num. 86, p. 133, « a tempore hoc *barbarici,* » et le sens resterait le même.

soumise, et l'immeuble vendu ne comprenant que les deux tiers laissés aux Romains, ne pouvait devenir la matière d'un second partage.

Dans plusieurs autres passages Cassiodore donne au mot *tertiæ* un sens tout différent, et il est essentiel de bien distinguer ces deux significations du même terme. Les Ostrogoths conservèrent l'impôt foncier et l'impôt personnel, tels qu'ils les trouvèrent établis. L'impôt foncier était divisé en trois termes, exigibles le 1er janvier, le 1er mai et le 1er septembre; de là viennent les expressions de *trinæ illatio* et de *tertiæ*, dont se sert souvent Cassiodore en parlant de l'ancienne constitution romaine, ou des nombres de l'indiction qui se rapportent directement à la levée des impôts romains (e). C'est ainsi que nous voyons une ville obtenir la faveur de ne pas payer les *tertiæ* aux trois termes ordinaires, mais en une seule fois à la fin de l'année (f). Nous voyons dans un autre passage la ville de Trente autorisée à prélever sur le montant de ses impôts la somme due pour un immeuble que le roi donne à un presbytère goth, sans doute parce que les Goths n'étaient pas soumis à l'impôt foncier (g).

L'impôt personnel des Romains fut également maintenu.

(e) Cassiod. Var. XII, 2. « Possessores præcipimus admonere, ut tributa Indictionis tertiæ decimæ devota mente persolvant : quatenus *trinæ illationis* moderamine custodito, debitam reipubl. inferant functionem. (Voyez aussi XI, 7.) — *Ib.* XI, 35. « Quapropter experientia tua de illa provincia *ex illatione tertia* non pas *tertiarum* fiscalium tributorum solidos, quos Principi Augustorum provida deputavit antiquitas, sine aliqua dilatione persolvat, quos noveris tertiæ decimæ Indictionis rationibus imputandos. »

(f) Cassiodori Var. I, 14. « Et ideo præcelsa magnificentia tua, quod a Cathaliensibus inferebatur *genus Tertiarum*, facia annis singulis *in tributaria summa* persolvi.... Quid enim interest, quo nomine possessor inferat, dummodo sine imminutione quod debetur exsolvat? Ita et illis suspectum *Tertiarum* nomen auferimus, etc. »

(g) Cassiodori Var. II, 17. « cognoscite, pro sorte quam Butiliano presbitero nostra largitate contulimus, nullam debere solvere fiscalis calculi functionem : sed in ea præstatione quanti se Solidi comprehendunt de *Tertiarum illationibus* vobis noveritis esse relevandos. »

Cassiodore en parle sous les noms de *bina* et *terna* (*h*); ces mots s'expliquent par une constitution de Gratien, qui réduisit l'impôt personnel à deux cinquièmes, ainsi la capitation est la même pour deux ou trois personnes qu'auparavant pour une seule (*i*).

Cette interprétation donnée aux textes de Cassiodore est confirmée par l'organisation de l'impôt chez les Romains, organisation d'ailleurs bien connue, et que Cassiodore avait en vue dans ces divers passages (*k*). Dès lors il n'est plus besoin de supposer qu'il y eut chez les Ostrogoths, indépendamment du partage en nature, des partages fictifs, tels qu'un prélèvement d'une partie des fruits, ou un nouvel impôt en argent (*l*).

404. L'organisation du royaume des Ostrogoths diffère essentiellement de celle des autres États germaniques. L'armée n'était composée que de Goths, et leur chef était roi du territoire. Mais quant aux autres branches du gouvernement, l'organisation romaine continua de subsister; et les sénateurs, les magistrats, les gouverneurs de provinces, étaient ordinairement Romains (*a*). De là on peut conclure avec beaucoup de

---

(*h*) Cassiodori Var. III, 8. VII, 20, 21, 22.

(*i*) L. 10. C. de agric. (XI, 47). « Cum antea per singulos viros, per binas vero mulieres, capitis norma sit sensa, nunc *binis ac ternis viris*, mulieribus autem quaternis, unius pendendi capitis attributum est. »

(*k*) J'en ai donné la preuve dans mon *Abhandlung über die Steuerverfassung*, Zeitsch. f. gesch. Rechtswiss. vol. VI, p. 366-368, p. 377-378.

(*l*) Faute d'avoir rapporté le mot *tertiæ* à l'impôt foncier des Romains, j'avais supposé dans ma première édition que les Ostrogoths avaient quelquefois substitué au partage en nature un nouvel impôt en argent. L'interprétation que je donne aujourd'hui, plus simple et plus naturelle, s'accorde d'ailleurs avec l'organisation des temps postérieurs, sur laquelle il n'existe aucune incertitude.

(*a*) Mascov. Gesch. der Teutschen Th. 2 B. 11, § 12, 13, und Anmerkung XIV. Sartorius Versuch über die Regierung der Osgothen. Hamburg, 1811, 8. L'auteur qui a le mieux traité ce sujet est Manso : Ubersicht der Staats-Aemter und Verwaltungs-Behœrden unter den Ostgothen. Breslau, 1823. 8.

vraisemblance que le régime municipal fut aussi maintenu. Cassiodore y fait allusion dans plusieurs passages, souvent il parle des *Curiales* et rapporte les formules pour la nomination d'un *defensor* et d'un *curator* (*b*) ou *quinquennalis* (§ 15); s'il ne rapporte pas celle pour la nomination d'un duumvir, c'est que les formules sont relatives à la confirmation du souverain, dont le *defensor* et le *curator* avaient seuls besoin. J'ai déjà expliqué (§ 28) les passages de l'édit de Théodoric sur le régime municipal, les duumvirs et les quinquennales; mais l'existence du régime municipal ressortira plus clairement encore des documents de Marini que je citerai plus bas.

Il y a dans Cassiodore un passage décisif sur la juridiction. Les procès des Romains et ceux des Goths sont jugés respectivement par les anciens juges et par le comte. Les procès des Goths et des Romains, sans aucun égard à la qualité de demandeur ou de défendeur, sont portés devant le comte des Goths, qui doit s'adjoindre un juriste romain, et composer une espèce de tribunal mi-partie où domine naturellement l'influence du peuple conquérant (*c*).

(*b*) Cassiodor. VII, 11, 12.

(*c*) Cassiodor. Var VII, 3. Sartorius, p. 105. 298, contrairement au texte de Cassiodore, prétend que le tribunal mi-partie n'avait lieu que si le Romain était demandeur, et que les réclamations des Goths contre les Romains se jugeaient par les tribunaux romains. Sartorius a été induit en erreur par un passage mal entendu de l'édit de Théodoric, art. 139. « Auctor venditionis, etiamsi privilegium habeat sui judicis, tamen defensurus venditionem suam, forum sequatur emtoris, » dont voici le sens véritable : Lorsqu'un acheteur appelle un vendeur en garantie, on pouvait être tenté de regarder ce dernier comme le défendeur véritable, et de déterminer le tribunal d'après sa personne. Mais, au contraire, la loi ordonne que, dans ce cas, on considère la personne du défendeur originaire, c'est-à-dire du possesseur actuel, et qu'on choisisse les juges suivant le droit de sa nation et celui de la nation du demandeur, sans égard à la personne du vendeur appelé en garantie. Au reste, ce passage de l'édit de Théodoric est emprunté à Paul, dont le texte se trouve L. 49, pr. D. judic. (V. 1) ce qui met l'interprétation hors de doute.

VI. DOMINATION DES GRECS EN ITALIE.

105. Vers le milieu du sixième siècle, la domination de l'Italie passa des Ostrogoths à l'empire grec (*a*) ; mais la plus grande partie du territoire lui échappa bientôt. L'an 568, les Lombards fondèrent un nouvel empire, qui, en peu d'années, étendit au loin ses frontières. Les Grecs conservèrent seulement Ravenne et l'exarchat, la pentapole, Rome et son duché, et quelques parties de la Basse-Italie. Au milieu du huitième siècle, ils perdirent Ravenne et Rome. En parlant de la constitution de l'Italie sous les empereurs grecs, ce que je dirai s'applique pour les premières années à l'Italie tout entière, pour les deux siècles suivants à Ravenne et à Rome (*b*).

La preuve que le gouvernement intérieur de l'Italie ne changea pas, c'est que le principe de la division du pouvoir civil et militaire fut conservé tel qu'il existait long-temps avant la chute de l'empire d'Occident, et tel que nous le voyons au code Justinien. Ainsi le juge civil était seul compétent, à l'exclusion du juge militaire (le *dux* ou le *magister militum*), si les parties ou le défendeur n'appartenait pas à l'armée (*c*), et réci-

(*a*) On ne sait à quelle année placer l'accomplissement de la conquête grecque. En 553, la puissance des Goths tomba avec Tejas ; en 554, Justinien rendit la *sanctio pragmatica* sur l'administration de l'Italie ; mais son gouvernement ne fut tranquille qu'en 555, après que les derniers rassemblements de Goths eurent été vaincus et que les Francs eurent cessé de ravager le territoire. Muratori annali d'Italia, T. III, ad. a. 555. — La *sanctio pragmatica* fut publiée pour la première fois par Miræus à la suite de son édition de Julien (Lugd. 1561), et maintenant elle se trouve dans la plupart des éditions du *corpus juris*.

(*b*) Je ne parle pas de cette partie de l'Italie méridionale qui resta sous la domination grecque, parce que là rien n'a contribué à transmettre aux temps postérieurs l'organisation des Romains et leur droit.

(*c*) Sanctio pragmatica pro pet. Vigilii C. 23. « Lites etiam inter duos « procedentes Romanos, vel ubi Romana persona pulsatur, per civiles judi- « ces exercere jubemus, cum talibus negotiis vel causis judices militares im-

proquement sans doute dans le cas contraire. La *sanctio pragmatica* de Justinien nous offre un changement remarquable dans les termes : les citoyens que le Code oppose aux *milites* sous le nom de *privati*, sont appelés ici *Romani* (indigènes , habitants du territoire), et de là on pourrait conclure que les *Romani* sont opposés non-seulement aux soldats, mais à tous ceux qui vinrent de l'empire d'Orient en Italie. Alors il y aurait eu une double juridiction semblable à celle des États germaniques et fondée sur les mêmes rapports. A l'appui de cette conjecture on cite encore les corporations d'étrangers germains qui figurent à Rome dans les cérémonies solennelles aux huitième et neuvième siècle. Il y avait également des corporations grecques : celles-ci existaient à Ravenne dès l'an 572 (*d*).

« miscere se ordo non patitur. » Voyez plus haut, § 25. Le passage de l'ancien droit qui correspond à celui-ci est la L. 6. C. de jurisd. (III, 13.)

(*d*) Document de 572 tiré des archives de Ravenne : Marini, N. 120, p. 185. « Filius Leonti Medici *ab Schola greca*. » Marini, p. 351, note 24, cite une inscription romaine rapportée par Gruter, p. 632, n. 4, où on lit Schola *Medicorum*, et il en conclut que les médecins grecs formaient à Ravenne un collége spécial. Mais les exemples suivants me font croire que, dans ce passage, il est question d'une corporation composée de tous les Grecs qui habitaient Ravenne, corporation dont le médecin Leontius était membre. Pour Rome, je citerai les témoignages suivants : En 794, on y voit une *Schola Anglorum* si richement dotée par le roi Offa, qu'elle a donné naissance au grand hôpital S. Spirito existant encore aujourd'hui. (Pagi ad Baron. a. 775. Num. X.) Outre les Romains, ces *scholæ* se composaient surtout de pèlerins. — Anastasius Vita Leonis III, ad a. 709 (Muratori III, 1, p. 198.) : « Optimates et Senatus cunctaque militia... simul etiam et cunctæ *Scholæ peregrinorum, videlicet Francorum, Frisonum, Saxonum atque Longobardorum.* » — Annales Fuldenses a. 895. (Freher. Scr. rer. Germ. T. I, ed. Arg. 1717, p. 66.) « Omnis namque Senatus Romanorum nec non *Græcorum Schola* cum vexillis et crucibus ad pontem Milvium venientes Regem... ad urbem perduxerunt. — On lit dans un document Romain de 955, (Marini, p. 41.) « aquimolum molentem unum in integrum in fluvium Tyberis *justa Schola Saxonum* posit. » (Ici *schola* désigne le quartier de la ville habité par les Saxons, *vicus Saxonum*. Anastas. ap. Murator., III, 1, p. 233.) — On voit des exemptions d'impôts à Rome, au neuvième siècle, en faveur de la *Schola Saxonum*, et au onzième siècle, en faveur de la *Schola anglorum*. Hist. Anglic. Script. **X**. ed. R.

Justinien parle aussi des *duces* et autres juges siciliens
dans la Novelle où il attribue au questeur du palais de
Constantinople l'appel de tous les jugements rendus en Sicile (e).

Il serait permis de croire que la constitution étant ainsi conservée tout entière, les municipalités et leur juridiction, qui
en faisaient une partie essentielle, subsistèrent comme tout le
reste ; mais on en a la preuve immédiate et directe dans une
suite de documents écrits sur papyrus, qui commencent au
temps d'Odovacar, embrassent la domination des Ostrogoths,
et vont jusqu'à l'empire grec. Ces documents, instructifs à tant
d'égards, le sont surtout sous le rapport de la constitution politique. J'ai différé d'en parler jusqu'ici parce que la date des
premiers est impossible à déterminer, et qu'ensuite ils nous
montrent sous les divers régimes une constitution toujours la
même. De plus, leur réunion nous garantit contre ce préjugé
si naturel que chaque changement devait bouleverser l'organisation politique.

106. Marini a publié pour la première fois plusieurs de ces
documents sur le régime municipal, mais les travaux dont il a
accompagné ceux même qui étaient connus avant lui, leur

Twisden Londini, 1682, f. p. 130, 355, 469.—A partir du douzième siècle, les
villes lombardes nous montrent de semblables corporations d'étrangers, j'en
parlerai dans la suite de cet ouvrage. Il ne faut pas confondre ces corporations
d'étrangers avec les *Scholæ militiæ* dont il est question dans Anastas. ap.
Murat., III, i, p. 185. « direxit universas *Scholas militiæ*. » On peut juger
du nombre de Grecs qui vinrent en Italie après la conquête, quand on voit
cette foule de documents latins dont la souscription est écrite en caractères
grecs, parce que les parties n'en connaissaient pas d'autres. Marini papiri,
p. 253, not. 47.

(e) Nov. 75 ou 104. de prætore Siciliæ, dont la date est inconnue. Ce
texte est celui du manuscrit de Vienne, le plus complet que nous ayons :
« tribunario questori sacri palatii..... volumus ut si quando appellatum
fuerit a prætore vel *a duce vel ab aliquo judice* ejusdem insulæ appellationes
omnes ad tuum fastigium tuamque sedem remittantur..... neque ad ante-
riorem romam neque ad alium judicem hujus regiæ civitatis eatur v rel.
(Zeitschrift. vol. II. p 126. Biener Novellen. p. 498.)

donnent une valeur nouvelle (*a*). Je suivrai en les examinant l'ordre chronologique.

(1). Le premier de ces documents est de l'an 489 (*b*). Le roi Odovacar avait, entre autres choses, donné à Pierius des immeubles situés en Sicile. L'acte de donation était signé par Andromachus *magister officiorum*. D'abord comparaissent devant la curie de Ravenne des fondés de pouvoirs de Pierius, pour demander l'insinuation de la donation. L'acte est lu, transcrit en entier sur les registres, puis la curie envoie une députation vers Marcianus, notaire royal, pour vérifier l'authenticité de l'acte par lui rédigé. La députation revient, déclare l'authenticité, sa déclaration est portée sur les registres, et l'on délivre aux fondés de pouvoirs copie de ces différents actes. Alors les fondés de pouvoirs et un mandataire du roi se rendent à Syracuse munis de cette copie, la font transcrire sur les registres, et un *decemprimus* est commis pour assister à la tradition des immeubles. Le lendemain, toutes les parties comparaissent de nouveau devant la curie, certifient la tradition ; leur certificat est porté sur les registres, et enfin on délivre aux fondés de pouvoirs de Pierius copie de tous ces actes. Le document que nous possédons est cette copie officielle des registres de Syracuse, copie signée par les parties, et qui contient les actes passés devant la curie de Ravenne et l'acte de donation lui-même. Quant au régime municipal, ce document nous montre, comme tous les autres, la conservation des anciennes formalités, et de plus à Ravenne un magistrat (duumvir) agissant seul et sans collègue ; à Syracuse, deux magistrats présidant à cet

(*a*) Tous ces documents sont réimprimés dans : Spangenberg tabula negotiorum solemnium Lips. 1822, 8.

(*b*) Marini papiri, N. 82, 83. Spangenberg, n. XXVII. Le premier de ces deux morceaux du même document, inconnu avant Marini, existe à Naples ; le second, qui n'avait jamais été publié en entier, se trouve à Vienne. Marini a découvert que les deux morceaux font partie d'un seul document ; le commencement et la fin présentent des lacunes ; l'acte de donation seul est daté, mais l'insinuation et la tradition eurent sans doute lieu à une époque très-rapprochée.

acte; enfin, des *principales* à Ravenne, des *decemprimi* à Syracuse.

(2). Insinuation d'une donation devant la curie de Ravenne. La donation, et sans doute aussi l'insinuation, sont de 491, c'est-à-dire du temps où les Goths tenaient Odovacar assiégé dans Ravenne (c). Flavius Projectus, que nous voyons à la tête de la curie, qui est appelé dans le corps de l'acte *quinquennalis*, dans la souscription *quinquennalis* et *magistratus*, réunissait sans doute ces deux dignités.

(3). Insinuation d'un acte de vente fait à Ravenne en 504, c'est-à-dire du temps de la domination des Goths (d). On y voit figurer plusieurs *principales* et un magistrat, Firmilianus Ursus.

(4). Insinuation de deux actes sur les registres de Ravenne : l'un est l'acte de vente d'un immeuble situé dans le territoire de Faventia, l'autre une lettre du vendeur adressée, le 3 janvier 540, à la curie de Faventia : (« Defensori Mag. Ql. cunctoque Ordini Curiæ Civ. Faventine ») où il requiert une prompte exécution de la tradition (« Epistula traditionis »). En conséquence, la curie lui envoie des députés pour vérifier l'authenticité des actes ; à leur retour, elle achève les formalités et délivre des copies certifiées des registres (e). Faventia avait donc un *defensor*, et pour le moins un *magistratus* et un *quinquennalis* à la tête de la curie. Nous trouvons à Ravenne un magistrat, Pompulius Plautus, en outre quatre *principales* et un *exceptor*.

(5). Original d'une « epistula traditionis, » en date, à Ravenne, du 21 mars 540, adressée au défensor, etc., de Faventia, et entièrement semblable à celle dont je viens de par-

---

(c) Marini papiri, N. 84. Spangenberg, N. XXVIII. Le commencement manque.

(d) Marini papiri, N. 113. Spangenberg, N.XLVIII. Le commencement et la fin manquent.

(e) Marini papiri, N. 11. Spangenberg, N. L. Le commencement manque.

ler (*f*). Ces deux documents appartiennent donc à l'époque où les Grecs s'emparèrent de Ravenne, événement que l'on place au commencement de l'an 540. Cependant, comme cette correspondance suppose une liberté de communications incompatible avec l'état de siége, quelques auteurs ont placé l'époque de la conquête en 539 (*g*). Mais Marini a fort bien démontré que le siége a pu commencer après l'envoi de cette lettre (21 mars 540) (*h*). On a vu (§ 103, *d*.) que le premier de ces documents parle de l'exemption de la *sors barbarica*, c'est-à-dire du tiers des terres dû en partage aux Goths ; mais tout partage des terres ayant dû cesser avec la domination des Goths, comment des documents postérieurs à cette époque parleraient-ils de cette exemption ? Cette circonstance semble favorable à l'opinion de Marini ; mais elle n'est pas décisive, car nous n'avons la date que de la lettre du vendeur, et il est possible, sinon probable, que la vente remonte à une époque bien antérieure.

(6). Original d'une donation faite à Ravenne en 553, et où le donataire est autorisé à procéder seul aux actes nécessaires, suivant la déclaration que la femme donatrice dit avoir déjà faite devant les *curiales* de la ville (*i*). On voit ici les sénateurs de Ravenne appelés *curiales* et non *principales*, comme dans les autres documents.

(7). Copie certifiée des registres de la municipalité de Réate, contenant la nomination d'un tuteur (*k*). Cette copie est signée par six *curiales*, mais on n'y voit ni magistrat ni défenseur.

(*f*) Marini papiri, N. 116. Spangenberg, LI. Ce document paraît complet.

(*g*) Muratori annali d'Italia, T. III, p. 392. Gibbon, chap. 41, T. VII. p. 256.

(*h*) Marini papiri, p. 336.

(*i*) Marini papiri, N. 86. Spangenberg. N. XXXI, lin. 43-49. « ....quemadmodum et in præsenti *Curialibus hujusce Urbis* sum professa. »

(*k*) Marini papiri, N. 79. Spangenberg. N. XX.

(8). Le célèbre *instrumentum plen ariæ securitatis* (*l*). Un acte constatant la délivrance d'un héritage est passé à Ravenne en 564. Le porteur de cet acte le présente à la curie pour être transcrit sur les registres, puis une députation va vérifier l'authenticité de la signature, et enfin on lui donne copie des registres. Le document est cette copie certifiée. L'affaire se passe en présence d'un *agens magistratum*.

(9). Copie certifiée de l'insinuation d'une donation faite sur les registres de Ravenne en 572 (*m*). On y voit figurer un magistrat, Melminius Laurentius, plusieurs *principales* et l'*exceptor* Gunderit.

(10). Testament original de Manna, fait à Ravenne, en 575, et ouvert la même année, après la mort du testateur (*n*). On trouve à la suite des souscriptions une mention du magistrat Melminius Cassanius, attestant que le testament a été ouvert et lu en sa présence.

(11). Le plus précieux de ces documents est tiré des registres de la municipalité de Ravenne. L'église de Ravenne demande des copies certifiées de plusieurs actes relatifs à l'ouverture de testaments qui l'instituent héritière ou légataire. Les registres sont compulsés, les premiers mots de chacun de ces actes sont lus et transcrits dans le nouvel acte, et la fin porte qu'il en sera donné copie (*o*). Cette copie est sans doute le document que nous possédons. Le commencement ayant été détruit, on ignore combien il renfermait d'extraits : parmi les

---

(*l*) Marini papiri, N. 80. Spangenberg. N. XXI. Le commencement et la fin présentent des lacunes. Ce document avait été cité par Cujas (obss. IX, 26.) et publié par Brisson (de form. lib. 6.). Pendant long-temps on l'a pris pour le testament de Jules César. Conradi (parerga , p. 194, 427, 439) a beaucoup contribué à en compléter et à en éclaircir le texte.

(*m*) Marini papiri, N. 88 et 88 A. Spangenberg. N. XXXIII. Le commencement est défectueux , la fin complète.

(*n*) Marini papiri, N. 75. Spangenberg , N. XVIII. Le commencement est défectueux, la fin complète.

(*o*) Marini papiri, N. 72 et 74 A. Spangenberg, N. XIV, XV. Le commencement est défectueux , la fin complète.

cinq qui restent, le premier est d'une époque indéterminée, et les quatre autres appartiennent aux années 480, 474, 521 et 552. Tantôt les magistrats y figurent seuls, tantôt ils sont accompagnés des *defensores* et des *quinquennales*, quelquefois aussi des *principales*. Ce document, qui se place entre 552 et 575, est signé de deux magistrats.

(12 et 13.) Deux actes de vente passés à Ravenne, le premier en 591, le second en 616. Ces deux actes mettent hors de doute l'existence du régime municipal, car l'acheteur y est autorisé à procéder seul et sans la participation du vendeur aux *gesta municipalia* (*p*).

(14). Insinuation d'une donation faite à Ravenne, en 625. Ce document, quoique mutilé, prouve aussi la conservation du régime municipal. Sa forme est, comme d'usage, un dialogue entre les parties. Heureusement il s'est conservé une ligne où on lit le mot *magistratus* au pluriel : ce sont eux qui parlent, ce sont eux qui ordonnent (*q*).

Une remarque applicable à tous ces documents, c'est la disparition du mot *duumvir* remplacé par *magistratus*, qui a perdu son sens général, et désigne spécialement la première magistrature municipale. J'ai déjà parlé (§ 9) de ce changement du langage. J'ai aussi expliqué comment le mot *exceptor* a conservé son ancienne signification. Le sens de *notarius* n'a presque pas changé. Réservé autrefois pour la chancellerie impériale (§ 16), nous lé retrouvons employé par la chancellerie de la cathédrale de Ravenne (*r*). *Forensis* est devenu synonyme de *Tabellio*, dont le sens n'a pas varié. Je dois faire observer ici que déjà les tabellions de Ravenne, peut-être aussi ceux des

---

(*p*) Marini papiri, N. 122. lin. 67. N. 123. lin. 41. Spangenberg N. LVI. LVII.

(*q*) Marini papiri, N. 94. lin. 6. « Quæso lauu (laudabilitatem vestram) *optimi Mag.* uti eadem a me suscepi relegi actisque indi præsentibus jubeatis.» Spangenberg. N. XXXIX.

(*r*) Marini papiri, N. 74. Col. 8. lin. 1. (vers l'an 575). « Domesticus Primicerius *Notariorum* et Thomas Secundocirius idem *Notariorum* una cum Cypriano et Thomate defensoribus *Ecclesiæ sanctæ catholicæ Ravennatis.*»

autres villes, formaient une véritable corporation (schola) (*s*).

107. Un autre monument de la conservation du régime municipal au temps de Justinien est la Novelle sur la Sicile, déjà citée (§ 105, *e*). Justinien attribue au questeur du palais de Constantinople la connaissance de toutes les affaires où la confirmation de l'autorité supérieure était requise, comme la nomination d'un *defensor* ou d'un *pater civitatis* (*a*). Si la Novelle ne parle pas des anciens magistrats, on ne doit pas en conclure qu'ils n'existaient plus alors, car peut-être n'avaient-ils pas besoin d'être confirmés dans une charge dont l'origine remontait au temps de l'ancienne indépendance des cités. Cassiodore et la Novelle présentent une analogie remarquable. Cet auteur ne donne aucune formule pour la nomination des magistrats (duumvirs), qui certainement existaient de son temps, mais bien pour celle des défenseurs et des curateurs (quinquennales) (§ 15). De même Justinien passe sous silence les duumvirs, et ne parle que de la confirmation du *defensor* et du *pater civitatis*. Cette analogie nous autorise à voir dans ce *pater civitatis* l'ancien *curator* ou *quinquennalis*, nom très-convenable pour sa charge ; ce qui d'ailleurs se rattacherait parfaitement à l'ancienne organisation. Voici un fait à l'appui de cette conjecture. Une constitution de Constantin commence ainsi : « Senatores seu perfectissimos, vel quos in civitatibus duumvirilitas, vel quinquennalitas... condecorant (*b*). » Justinien

____

(*s*) Marini papiri, N. 74. p. 112. « testamentum feci, idque scribendum dictavi Domitio Johanni For. » p. 114. « Deusdedit For. Civ. Classis Rav. » — Marini l. c. N. 110. lin. 38. « Prim Scolx Forx Civ. Rav. seo Classx id est : *Primicerius Scholæ Forensium* Civitatis Ravennatis seu Classensis. » cf. Marini, p. 326. not. 9, 10.

(*a*) Nov. 74 ou 104. Suivant le manuscrit de Vienne (voyez § 105. *e*.) « non solum hec tuam jurisdictionem respicere decernimus set etiam si quid aliquid (l. aliud) civile ornatur (l. oriatur) quod confirmatione indigeat, *i. pro defensoribus vel patribus civitatum decretum* nam id quoque ad tuam sedem remitti. « Julian. const. 97. l'intitule « defensorum in civitatibus creandorum vel patrum decreta. »

(*b*) Cod. Theod. Lib. IV. Tit. 6. (Wenck p. 214), nouvellement découverte dans le manuscrit de Turin.

inséra cette constitution dans son code (*c*) ; mais il omit les mots *vel quinquennalitas,* sans doute parce que le titre de quinquennalis étant tombé en désuétude, il n'y avait pas de mot pour désigner sous cette forme le nouveau titre.

108.   Les lettres de Grégoire-le-Grand, qui occupa la chaire pontificale depuis 590 jusqu'en 604, fournissent mille preuves de la durée du régime municipal sous la domination grecque (*a*). Plusieurs de ses lettres adressées aux villes grecques « portent : ordini et plebi (*b*), » d'autres : « Nobilibus et plebi, » expressions évidemment synonymes, et qui toutes établissent que ces villes avaient conservé leurs sénats (*c*). Grégoire, en autorisant l'évêque de Rimini et celui de Tyndaris, en Sicile, à accepter des donations, n'oublie pas de leur rappeler la nécessité des *gesta municipalia* (*d*). Dans d'autres lettres adressées aux évêques de Squillacium et de Caralis, en Sardaigne (depuis Justinien, cette île faisait partie de l'empire grec), il défend de conférer les ordres sacrés à celui qui est *curiæ obnoxius* (*e*). On trouve pendant cinq années

(*c*) L. 1. C. de natural. liberis (V. 27).

(*a*) Je cite ces lettres d'après le second volume de l'édit. des Bénédictins , Paris, 1705, fol. Chacun des quatorze livres renferme les lettres d'une année. Le premier renferme celles de l'an 591 (Indictio IX) ; et le dernier celles de l'an 604 (Indictio VII). Comme à cette époque plusieurs villes du continent passèrent des Grecs aux Lombards, ce qui pourrait sucister des doutes, je me sers du meilleur auteur sur la géographie de l'Italie au moyen-âge, Beretta diss. chorographica. (Muratori script. T. X).

(*b*) Ces villes sont : Rimini. Epist. Lib. 1. ep. 58. — Naples. Epist. II. 6, 9. — Crotone. Epp. II. 39. (Beretta p. cccxi).—Albanum. Epp. III. 11. (Beretta p. ccxxvii). — Terracine Epp. III. 14. (Beretta p. ccciii. — Ravenne Epp. V. 26. —Auximum Epp. IX. 90. (Beretta p. clxxx).—Taurianum , Thurium et Consentia. Epp. X. 16. (Beretta p. cccvii. cccx). Palerme en Sicile Epp. XIII. 14.

(*c*) Lettres adressées à Ravenne et Naples. Epp. VI. 31. II. 6. X. 62. — « *Nobilibus ac possessoribus* in Sardinia insula consistentibus. » Epp. IV. 25, comme on a vu souvent *curiales* et *possessores* rapprochés l'un de l'autre.

(*d*) Epist. II. 12. IX. 84.

(*e*) Squillacium (Scyllacium). Epp. II. 37. « Nec bigamum..... *vel curiæ* vel cuilibet conditioni obnoxium ad sacros ordines permitas accedere. » Ces mots *vel curiæ* manquent dans plusieurs manuscrits , mais ils ont été à

consécutives des lettres adressées à Théodore, curateur de Ravenne (*f*), d'où l'on voit que la durée de cette charge avait été prolongée, peut-être même rendue viagère. Ailleurs il est question du *patronus civitatis* de Naples (*g*) : d'après les motifs exposés précédemment, ce ne peut être autre chose qu'un curateur.

Ainsi donc l'ancien régime municipal subsista sous la domination des Grecs, car on le retrouve encore au septième siècle, quoique depuis plusieurs années les Lombards eussent conquis une grande partie de l'Italie (*h*). J'expliquerai plus tard les changements qui vinrent modifier ce régime.

Les renseignements que nous possédons sur la ville de Rome pendant cette période appartiennent au titre suivant, où j'entrerai aussi dans quelques détails sur l'organisation militaire de cette époque.

VII. RAVENNE ET ROME SOUS LE PAPE ET L'EMPEREUR (*a*).

109. Vers le milieu du huitième siècle, les Grecs semblaient devoir être dépouillés par les Lombards de leurs possessions dans le centre de l'Italie. Ils le furent en effet, mais au

tort rejetés par les éditeurs. Sur Scyllacium, voyez Beretta p. CCCXI.—Caralis Epp. IV. 26. « Quærendum quoque est ne forte fuerit bigamus..... aut *ne obnoxius curiæ* compellatur post sacrum ordinem *ad actionem publicum redire.* »

(*f*) Epist. IX, 98, X, 6, XII, 6, XIII, 47.

(*g*) Epist. IX, 69.

(*h*) Maffei Verona illustr. P. 1. ed. Verona 1732, 8. p. 494, prétend que les Grecs, aussitôt après la conquête, anéantirent le régime municipal. Cette opinion déjà suffisamment réfutée n'est pas sans importance pour l'Italie lombarde, car le régime municipal a bien pu continuer d'y subsister, mais une fois détruit il ne se serait jamais relevé. La principale preuve de Maffei se fonde sur l'institution des *Duces.* Je montrerai plus bas comment cette institution se concilie avec l'existence du régime municipal.

(*a*) Les sources relatives à la constitution politique sont : 1° le Codex Carolinus, c'est-à-dire un recueil de 99 lettres adressées par les papes à Char-

profit du pape dont la puissance temporelle date de cette époque, et le résultat de la lutte fut la soumission des Lombards à une dynastie étrangère.

Lorsqu'en 751 ou 752 (*aa*) Rome se vit menacée par Aistulphe, déjà maître de Ravenne, le pape appela Pépin à son secours. Pépin, nommé patrice de Rome, promit au pape de lui donner Ravenne, l'exarchat et la pentapole dès qu'il s'en serait emparé (*b*). Aistulphe, vaincu, s'engage à restituer ses conquêtes; mais il manque à sa parole, assiège Rome de nouveau, et est vaincu pour la seconde fois. Alors le pape entra en possession (*c*), mais sa domination ne fut paisible qu'après trente ans. Les Lombards commencèrent par ne pas restituer complètement, plus tard ils reprirent même une partie du ter-

les-Martel, Pépin et Charlemagne. Il fait partie de la bibliothèque de Vienne et a été souvent imprimé. Je citerai, d'après l'édition la plus connue, celle de Muratori Script. rer. It. T. III. P. 2. p. 73, seq. et d'après les numéros que porte le manuscrit. Je n'emploierai que pour les passages importants les corrections d'ailleurs peu intéressantes qui se trouvent dans l'édition la plus nouvelle et la plus rare (Cenni Monumenta dominationis pontificiæ, 2. vol. Rom. 1760, 1761, 4); 2º le recueil de documents de Fantuzzi, Monumenti Ravennati, Venezia, 1801-1804, 6. vol. in-4.—Quant aux détails historiques, le quatrième volume de Muratori, Annali d'Italia, est d'une grande utilité.

(*aa*) En 752 suivant Anastase; mais on cite un document d'Aistulphe, tiré des archives de Farfa et daté du palais de Ravenne le 4 juillet 751. Muratori a cité ce document antiqu. It. T. V. p. 689, et annali, T. IV. p. 304. Fantuzzi l'a rapporté T. V. p. 203. conf. pref. p. xiii.

(*b*) En 754, Muratori, annali d'It. T. IV. p. 310. Cette première donation, quoique certaine, n'est constatée par aucun document. Fantuzzi (T. VI. p. 264. conf. pref. p. xv) en rapporte un emprunté au Codex Trevisanus de Venise. Mais il est évidemment supposé, et la preuve, c'est que la donation comprend presque toute l'Italie. Les historiens des temps postérieurs semblent favorables à cette extension, mais la suite des événements et le Codex Carolinus tout entier montrent que la première donation, bornée à Ravenne et à l'exarchat, ne comprenait pas Rome, encore moins l'ancienne Lombardie. Muratori, annali T. IV. p. 319, 330, 359.

(*c*) La première guerre eut lieu en 754, la seconde en 755. Conf. Muratori, annali, T. IV. p. 311, 312, 314.

ritoire ou le ravagèrent par leurs incursions (*d*). Souvent à
Ravenne et dans les villes voisines les archevêques et d'autres
puissants personnages s'emparèrent du gouvernement, et sus-
pendirent ainsi l'autorité du pape (*e*), mais ces querelles étaient
passagères ; les Grecs, anciens possesseurs du territoire, et qui,
après l'expulsion des Lombards, en semblaient maîtres légi-
times, étaient seuls l'objet d'une haine implacable. Aussi,
quand ils menacèrent Ravenne, les différends avec les Lombards furent bientôt terminés par une alliance (*f*). Charlemagne s'étant quelque temps après emparé de la Lombardie,
le pape cessa d'être inquiété.

110. Plusieurs auteurs ont cru que la donation de Pépin ne
comprenait, du moins dans l'origine, que le domaine utile, et
non le gouvernement politique (*a*). Mais on connaît d'une
manière certaine l'étendue de l'autorité du pape. Il envoyait
des juges et d'autres fonctionnaires dans les villes faisant partie
de la donation, et poursuivait ceux qui méconnaissaient sa
juridiction (*b*). On connaît même le point de vue précis sous

(*d*) Codex Carolinus, N. 8, 15, 17, 21. — Muratori, annali d'It. T. IV.
p. 317, 319, 322, 327, 341-347, 354.

(*e*) Codex Carolinus, N. 51, 52, 54, 75. (ed. Muratori, p. 199, 203,
205, 235). — Muratori, annali. T. IV. p. 347, 371.

(*f*) Codex Carolinus, N. 28, 30, 33, 34, (p. 151, 153, 158, 159.—Muratori, annali, T. IV. p. 329, 330. — Quelques années plus tard (770), les
Lombards étaient appelés de nouveau «perfida ac fœtentissima Langobardorum
gens, quæ in numero gentium nequaquam computatur, de cujus natione et
leprosorum genus oriri certum est. » Cod. Carol. N. 45. (ed. Muratori,
p. 179 ; ed. Cenni, p. 283).

(*a*) Spittler Staatengeschichte, Th. 2. p. 86. — Sismondi, T. I. p. 149,
150, 168, pense que la donation comprenait aussi la souveraineté, mais
qu'elle ne reçut son exécution que relativement au domaine utile. Cette
distinction ne se retrouve nulle part dans les documents originaux, et l'on
ne conçoit pas que les Lombards ou les archevêques de Ravenne aient enlevé
au pape la souveraineté sans le domaine utile.

(*b*) Cod. Carol., N. 54. p. 206. (p. 322. ed. Cenni). « Nam *et judices ad
faciendas justitias*.... in eadem Ravennatium urbe residentes ab hac Romana urbe direxit, Philippum.... presbyterum, simulque et Eustachium
quondam ducem. » Conf. N. 51, 75. p. 201, 235.

lequel on considéra't la domination du pape. La donation
porte : « au pape et à la république romaine (*c*). » Le pape
était patrice ou lieutenant avec les mêmes pouvoirs que ceux
de l'ancien exarque, et tenait le premier rang après l'empereur (*d*). Cette république romaine, dont le pape nous
apparaît comme lieutenant, n'était pas la ville de Rome,
encore moins l'empire grec, auquel on déclarait ouvertement
la guerre (*e*); mais l'ancien empire d'Occident, que l'on
commençait à rétablir, sans désigner son chef, et peut-être
en vue du renouvellement véritable qui suivit bientôt après.
Au reste, cette entreprise n'était pas dirigée contre un souverain légitime, car l'empereur grec était lui-même usurpa-
teur de l'Italie. Il ne la réclamait pas comme faisant autrefois
partie de l'empire, mais il la traitait en pays conquis, refusant
de lui rendre ses anciens priviléges et sa constitution. Tout cela
ne s'accorde pas avec la suprématie du roi Franc, suprématie
démentie par les faits (*f*). Le pape lui-même se déclarait in-

(*c*) Par exemple : Codex Carol. N. 8. p. 109, « ecclesiæ suæ, *Reipublicæ
Romanorum.....* restituere. » De même N. 45. p. 181; et dans plusieurs
passages: Muratori, annali. T. IV. p. 314, 315, 319.

(*d*) Cod. Carol. N. 85. p. 251. (p. 521. ed. Cenni). « quia ut fati esti,
honor Patriciatus vestri a nobis irrefragabiliter conservatur.... simili modo
ipse *Patriciatus B. Petri* fautoris vestri, tam a sanctæ recordationis Domno
Pipino magno rege, genitore vestro, in scriptis in integro concessus, et a
vobis amplius confirmatus, irrefragabili jure permaneat . » Charles était
patrice de Rome, le pape patrice de l'exarchat. Muratori, annali T. IV.
p. 405-409, 429, 435. Le commentaire de Cenni (p. 294) sur ce passage est
curieux. Saint Pierre, habitant du ciel, ne pouvait être regardé comme
véritable possesseur d'une souveraineté temporelle, mais bien comme patron, comme protecteur; de même le patriciat de Charlemagne est une simple protection. De sorte que le pape, dont l'autorité temporelle était (selon
Cenni) beaucoup plus ancienne à Rome que dans l'exarchat, aurait nommé
le roi des Francs pour son patrice, c'est-à-dire pour son défenseur.

(*e*) C'est ce que montre fort bien Assemani hist. Ital. script. T. III. Rom.
1752. 4. p. 394 sq.; mais il se trompe lui-même en voyant dans la république romaine, le duché de Rome, ou le patrimoine temporel du pape.

(*f*) Sans doute la protection du roi Franc était indispensable au pape,
et cette nécessité explique bien des démarches que l'on considère à tort
comme des témoignages d'infériorité. Muratori annali T. IV. p. 385.

dépendant (*g*), et lorsqu'en 784, Charlemagne voulut tirer du palais de Ravenne des colonnes et d'autres ornements, le pape, en les accordant à sa prière, ne prit pas le ton d'un inférieur (*h*). Au reste, le renouvellement de l'empire changea l'état des choses, et, à partir de cette époque, la dépendance du pape n'est pas douteuse (*i*).

Ce que j'ai dit jusqu'ici s'applique uniquement à Ravenne et à l'exarchat : nulle part on ne trouve que Rome ait été comprise dans la donation. Nous n'y voyons que le patriciat du roi Franc, et nulle trace de l'autorité temporelle du pape (*k*). Lorsqu'en 800 Charlemagne prit le titre d'empereur, tout porte à croire qu'il transmit au pape son titre de patrice (*l*). Bientôt après on voit l'empereur et le pape gouverner Rome conjointement, fait que le patriciat du pape peut seul expliquer (*m*). En 962, Othon Ier réunit la dignité impériale à la couronne d'Allemagne, et la constitution de Lothaire fut reproduite presque mot pour mot (*n*).

(*g*) Voyez plus haut note *d*.

(*h*) Cod. Carol. N. 67.p. 223.

(*i*) Ainsi en 808, nous voyons dans l'exarchat la juridiction impériale placée au-dessus de la juridiction du pape. Muratori annali T. IV. p. 469.

(*k*) Voyez plus haut note *d*. La question est traitée dans Muratori annali T. IV. p. 315, 323, 329, 332, 353, 375.

(*l*) Muratori annali T. IV. p. 440. — Spittler Staatengesch. Th. 2. p. 86. ne reconnaît pas l'autorité du pape à Rome même pour les temps postérieurs, opinion réfutée par les passages que je citerai bientôt.

(*m*) Constitution de Lothaire Ier, de l'an 824. Voyez plus haut, § 45. Cette constitution renferme sur le gouvernement de Rome les dispositions suivantes, Ch. 1er : L'empereur et le pape peuvent accorder protection. Chacun est tenu d'obéir au pape et à ses *duces* ou *judices* (disposition reproduite au ch. 9). —Ch. 4. L'empereur et le pape nomment des *missi*. Le pape peut punir les *duces* et *judices* coupables ou les renvoyer devant l'empereur.Ch. 5. La justice est rendue au nom de l'empereur et du pape. — Ch. 8. Lorsque l'empereur vient à Rome, tous les *duces* et *judices* doivent se présenter devant lui pour qu'il en vérifie le nombre, et leur recommande l'observation de leurs devoirs. — Les historiens disent aussi qu'à cette époque l'empereur envoyait des *judices* à Rome. Muratori annali, T. IV.p. 527.

(*n*) Goldast const. Imp. T. II. p. 44-46. Cenni II. 157-164. § 45. *h*. Les

111. Après ce coup d'œil général jeté sur la constitution, je vais entrer dans quelques détails. On ne doit pas s'attendre à retrouver à Ravenne les institutions des Lombards. Leur domination dura trop peu pour y laisser des traces. Au contraire, toutes les villes d'Italie soumises aux Grecs eurent et conservèrent la même constitution, comme le prouvent les noms des dignités et des fonctionnaires qui sont les mêmes partout, à Ravenne, à Rome, à Naples, etc. Voici la liste des fonctionnaires dont je vais m'occuper ici : Tabellio, Notarius, Curialis, Exceptor, Consul, Dativus, Judex, Pater civitatis, Dux, Magister militum,)Tribunus. J'ai principalement en vue dans cette recherche Ravenne et son territoire, parce qu'on ne trouve nulle part des recueils de documents aussi riches, mais ce que je dirai devra s'appliquer également à Rome, sans qu'il soit besoin de nouvelles preuves. Ces fonctionnaires peuvent se diviser en trois classes : les rédacteurs des actes, les employés civils et les employés militaires

A. Les rédacteurs des actes. — *Tabellio* a conservé son ancienne signification (§ 16.), aussi désigne-t-il plutôt un métier, une profession qu'une charge publique. Leur corporation subsiste toujours la même (*a*), ayant pour chef le *Prototabellio,* que l'on voit souvent nommé : c'est l'ancien *Primicerius* (§ 106. *r.*), le *major* du treizième siècle (*b*). — Les employés attachés à la chancellerie de l'église de Ravenne s'appellent encore *Notarii* (§ 106. *r.*), mais ils peuvent être en même temps tabellions (*c*). Peu à peu cette distinction

mêmes dispositions se retrouvent dans une constitution du roi Henri II. (Goldast const. Imp. T. I, p. 227. Cenni II. 187), mais dont l'authenticité est fort douteuse.

(*a*) Le serment des Tabellions de l'an 1200 se trouve dans Fantuzzi, V. 300. — En 1227 quelques Tabellions voulurent se rendre indépendants de la corporation, mais une décision de l'archevêque en maintint l'unité et elle continua à être régie par un *major.* Fantuzzi, IV. 347.

(*b*) « Apollenaris in Dei nom'ne *Proto Tabellio* hujus Civitatis Ravenne. » (977). Fantuzzi, I. 195.

(*c*) « Ego Ubaldus *Ravenne Tabellio,* et *Notarius Sancte Ravennatis*

s'effaça, et il ne resta plus que des *Notarii*, comme chez les Lombards (*d*). — Enfin, ce qui nous importe le plus de savoir, l'*exceptor* de la curie subsiste toujours, désigné sous ce nom ou sous un autre à peu près semblable, ordinairement sous le nom de *Curialis*; souvent l'*exceptor* est un tabellion (*e*).

112. B. Employés civils. — Il faut d'abord constater l'existence de la curie de Ravenne. On en a la preuve irrécusable dans les passages qui parlent de l'*exceptor*, et dans la mention d'un édifice appelé *curia*, nom qui désigne, comme chez les anciens Romains, le lieu où s'assemble le sénat (*a*). En voyant le sénat de Rome aboli par Téjas, en 553, et rétabli en 1142,

Ecclesie scripsi. » 1176. Fantuzzi, II. 146. On trouve plusieurs documents semblables. Le même langage était adopté à Rome dans la chancellerie du pape.

(*d*) Notarius, comme synonyme de Tabellio, se trouve à Forlimpopolo dès l'an 1043, à Rimini en 1148. Fantuz. IV. 209. II. 130, 131. Tabellio était très-usité à Ravenne pendant les treizième et quatorzième siècle. Les statuts de cette époque emploient indifféremment Notarius ou Tabellio. Fantuz. IV, 16, 65.

(*e*) A Ravenne, vers le milieu du neuvième siècle, « Moyse Tabellionem *et Exceptorem Curiæ* hujus Civ. Rav. scribend. rogavi. » Marini papiri, N. 98. lin. 47 et p. 314. — Le tabellion Dominicus porte les titres suivants : 903 Dominicum Tabellionem *Extractorem Curie publice ujus Civ. Rav*, (Fantuzzi, I. 103, deux fois dans la même page); 908. « *Exscriptor Curia...* Civ. Rav. « Marini papiri, p. 318. note 27. (Marini substitue à tort exceptor); 909 et 910, « Dominicus Tabellione, et *Curiale ujus Civitati< Ravenne.* » (Fantuz. I. 106, 107); 930, dans un document incomplet « Dominicus Superna illustrationem *Prototabellionem... Curiæ* et *exceptorem hujus Civitatis Ravenne.* (Fantuz. VI. 9 . On voit aussi à Ravenne Petrus « Tabellio et *Curialis* hujus Civ. Rav. » 939, 947, 953, 955. (Fantuz. II, 18, I, 125, 135, III, 2). — En 955, « Leo in Dei nomine ab Urbe Ravenne Tabellione *et Curialis* Provinciis Romanorum. » (Fantuz. II, 20). — A Naples, en 1065, « Scripta vero per manus Johannis *Curialis et Scriniarii* (Muratori antiq. It. I. 198). — A Rimini, au douzième siècle, deux fois « *Scriba publicus* » (Fantuz. V. 292, 299). — Peut-être le titre de Curialis donné aux employés de la chancellerie a-t-il quelque rapport avec celui de Decurialis, et avec les anciennes décuries des scribes. cf. Tit. Cod., Th. de decuriis et Fragm. Vatic. § 142.

(*a*) 978, « in regione quæ dicitur Caput porticis *non longe a curia.* » Fantuzzi, I. 202.

on pourrait croire qu'il y a eu six siècles d'interruption (*b*);
mais le sénat de Rome ne fut jamais anéanti, chaque siècle
nous offre des traces de son existence (*c*); seulement on lui
rendit, en 1142, les priviléges et les honneurs dont on l'avait
dépouillé.

Les dignités personnelles, ou charges de l'ordre civil dont
j'ai à m'occuper, sont celles de Consul, Pater civitatis, Judex,
Dativus. A Rome, à Naples (*d*) et dans l'exarchat, on trouve à
cette époque le titre de consul, si prodigué, qu'on ne saurait imaginer aucune analogie entre ces consuls et ceux qui existaient
avant la chute de l'empire (*e*). De plus, on voit souvent jointes
au titre de consul des qualifications incompatibles avec une dignité aussi élevée, telles que celle de *Negociator* (*f*) et de *Tabellio*, rapprochement dont je reparlerai plus bas. Enfin, les
consuls appelés en témoignage sont, dans les documents, con-

(*b*) Auteurs qui ont écrit sur l'histoire du sénat romain : Curtius de
Senatu Romano, Halæ, 1768, 8. — Ant. Vendettini del Senato Romano,
Rom. 1782, 4. — Fr. Ant. Vitale Storia diplomatica de' Senatori di Roma,
Rom. 1791, 4, 2. vol. — Curtius va depuis Auguste jusqu'aux temps modernes ; Vendettini s'est borné au moyen-âge ; Vitale a donné une histoire
fondée sur les documents du Senatore di Roma des temps modernes, et il ne
parle des temps anciens que dans une courte introduction —Sur l'abolition et
le rétablissement du sénat, voyez Curtius, l. c. § 115, 166, 168. Vendettini,
l. c. p. 15, 118.

(*c*) Il est parlé du sénat romain, en 554, dans Justiniani pragmatica
Sanctio ; C. 19, 27. — Plus tard, dans les lettres de Grégoire-le-Grand ;
dans le Codex Carolinus ; dans la constitution de Lothaire, en 824. (Voyez
plus haut, § 45). — On trouve plusieurs mentions semblables aux onzième
et douzième siècle, par exemple : en 1013, Henricus.... a *Senatoribus
duodecim* vallatus Ditmar. Merseb. ap. Leibnit. I. p. 400. — Le rapprochement de divers passages a été fait par Curtius, l. c. § 116, 144, 149,
160. Vendettini, l. c. p. 17-20, 34, 105-107.

(*d*) Muratori antiqu. It. T. I. p. 194. sq.

(*e*) En 1138, à Ravenne, «debent eligere communiter *tot Consules* » rel.
Fantuz. IV. 260. — En 1165, un document de Rimini nous montre dix-
neuf consuls, Fantuz. V. 292.

(*f*) « Petrus filio quondam Severus, *Consul et neg.* » 949. Fantuz. I. 127.

fondus avec les autres témoins, ce qui repousse l'idée d'une fonction importante. A cette incertitude sur l'état des consuls vient s'ajouter une circonstance remarquable. Parmi les documents que nous possédons sur Ravenne et son territoire, il n'en est aucun où se trouve le mot de décurion (*g*) ou celui de *principalis*, titre ordinaire des sénateurs de Ravenne au sixième siècle. (§ 106.) *Curialis* a perdu aussi le sens de sénateur qu'il avait dans le code Théodosien ; toujours il désigne l'*exceptor* de la curie. Ces deux faits semblent indiquer que consul est synonyme de décurion ; ainsi le vrai sens de consul se trouverait déterminé, et les décurions de cette époque reparaîtraient dans les documents, où sans cela ils ne figurent jamais.

Cette interprétation du mot consul s'appuie sur les motifs suivants. Les consuls de Ravenne sont représentés comme membres d'une assemblée (consilium) où ils délibèrent, et rendent des décrets (*h*). De même, pendant le moyen-âge, Consul est le titre habituel donné aux sénateurs ou conseillers des villes de l'Allemagne (*i*). Emprunté à l'Italie, cet usage s'explique aisément, mais on ne concevrait pas que les Allemands eussent choisi, pour traduire le mot conseiller, une expression latine qui, en Italie, n'aurait jamais eu un tel sens. L'explication précédente réfute l'opinion invraisemblable de Muratori, qui prétend que les noms de *Consul, Dux, Patricius*, signifiaient la même chose, savoir, un maître ou supé-

(*g*) Cependant on voit le mot décurion dans un édit romain de Othon Ier (996), rapporté par Goldast coll. const. Imperial. T. I. (Frf. 1615. f.) p. 225, « Qui Magistratus *aut decuriones* potestate sua publica nimis libidinose utuntur..... restibus jugulentur. » Mais cet édit, comme tant de pièces du même recueil, est d'une authenticité fort douteuse

(*h*) « Audito etiam *consilio omnium Consulum* quod omnino fuit varium et contrarium. » 1181. Fantuz. III, 56, et plus loin : « potestas cum consilio et voluntate *totius Consilii* » 1198. Fantuz, III, 64. Dans ces passages *consules* et *consilium* ont évidemment la même signification.

(*i*) Ev. Otto diss. de consulibus qui extra Romam C. 2, § 11. Dans le recueil de ses dissertations, p. 487.

rieur quelconque (*k*). A partir du milieu du huitième siècle (*l*) jusqu'au douzième sans interruption, on voit ces consuls mentionnés dans les documents. Vers la fin du douzième siècle, ils cessèrent d'exister, même à Ravenne, et là, ainsi que dans toute la Lombardie, consul fut le titre du magistrat suprême élu parmi les citoyens de la ville même, comme les anciens Duumvirs, et opposé au potestat, qui doit être un étranger (*m*).

Pater civitatis se trouve souvent dans les documents de Ravenne des dixième, onzième et douzième siècle, moins souvent toutefois que consul (*n*). Quoique les documents ne nous apprennent rien sur le sens de cette expression, on ne saurait douter que le *pater civitatis* ne soit toujours (*o*) l'ancien *curator* ou *quinquennalis*, ce magistrat électif et sans juridiction.

113. La plus importante des dignités civiles est celle du *judex* ou *dativus* qui se retrouve à Rome et dans tout l'exarchat (*a*). Là ces deux mots sont tout-à-fait synonymes, et sou-

(*k*) Muratori annali d'Italia, T. IV, p. 407.

(*l*) « Petivit Paulus *eminentissimus Consul* a Sergio Archiepiscopo. » Fantuz., I, 15. L'archevêque Sergius fut revêtu de cette dignité depuis 748 jusqu'en 769, ibid. p. 407.

(*m*) Diplôme de Henri VI de 1186. « Inde est quod nos *Potestati* Rav. tam. præsenti quam omnibus futuris, *sive consulibus qui ibi pro tempore fuerint…*, præcipimus. » Fantuz., II, 155. Pour les temps postérieurs, voyez Fantuzzi, V, 295. IV, 330 et IV, 15, 16. (dans les statuts des treizième et quatorzième siècle.)

(*n*) On trouvera aisément les passages dans les tables de Fantuzzi. Au treizième siècle on en avait formé des noms et des surnoms. Par exemple : 1292, « *Particitade de Particitadis.* » Fantuz. III, 155.

(*o*) Voyez plus haut, § 107, *a*. §. 108, *f, g*.

(*a*) Indépendamment de Ravenne, on trouve des Dativi *Sinogallienses Faventini*, de *Carpineo, Ferrarienses, Ariminenses, Imolenses*. Fantuz., I, 39, 253, 254. II, 14, 27. III, 18. V. 264, 268. Ces passages parlent expressément des Dativi et toujours dans l'exarchat. *Judex* a plusieurs significations. Dans l'exarchat il est synonyme de dativus, chez les Lombards il a un sens tout différent. Hors de Rome et de l'exarchat on voit les dativi nommés dans un placitum tenu à Ravenne en 996 : Antoninus *Dativus de Papia* et Berardus *Dativus de Milla* » (lieu situé sans doute sur la rivière du

vent ils s'appliquent à la même personne, tantôt séparément, tantôt cumulativement (*b*). On sait que les *dativi* ou *judices* étaient les magistrats réguliers investis de la juridiction ordinaire : le titre de *judices* l'indique déjà, mais une foule de documents nous montrent les *dativi* dans l'exercice des fonctions judiciaires (*c*). Si l'on objectait qu'on doit voir seulement en eux des commissaires revêtus d'un pouvoir temporaire (*d*), je répondrais que *dativus* est un titre attaché à leur personne, et qu'ils portent en d'autres circonstances, par exemple, quand ils paraissent comme témoins. La place qu'occupent les *dativi* parmi les témoins ou échevins fournit un nouvel argument en faveur de mon opinion. Souvent ils viennent immédiatement après le *missus* impérial ou les évêques ; toujours ils précèdent les consuls et les tabellions, quelquefois même les *duces* (*e*). Le rang dû à une magistrature importante explique seul cette prérogative.

même nom, dans le territoire de Bergame) et ainsi tous deux en Lombardie. Muratori ant. Estensi, P. I, p. 215. Fantuzzi, V. 263. Mais ce document était rédigé à Ravenne par un tabellion de cette ville pour qui Dativus et Judex étaient synonymes, et l'on ne doit pas s'étonner de lui voir donner à des étrangers un titre inusité dans leur patrie ; car, ni le nom ni l'office même des dativi ne s'étend pas au-delà de l'ancien territoire grec.

(*b*) Par exemple : 983, à Rome, « taliter ab omnibus *Judicibus dativis* sancitum.... Benedictus *Datibus Judex*. » Muratori antiqu. It. T. I, p. 381, 382. — Souvent *Judex* et *Dativus* sont employés l'un pour l'autre. Exemple : 996, dans le texte, Andreas *Dativus*, et dans la souscription, Andreas *Judice*. 967, dans le texte, Stefanus *dat.*, dans la souscription, Stefanus *judex*. 990, Paulus *dativus*, et plus loin, Paulus filius *jam dicti Pauli judicis*. 1005, dans le texte, Vitalis *Dativo* Imolensis, dans la souscription, Vitalis Consul et *Judex*. Fantuzzi V. 263, 264, 268, 269, II, 27, 30. I, 218.

(*c*) En 950, le *Dativus* Andreas juge plusieurs comtes, et dans un jugement de l'an 1005, Vitalis *Dativus* d'Imola figure seul comme juge et signe seul le document. Fantuzzi, IV, 176. V. 268.

(*d*) Telle est la définition que donnent des Dativi, Ducange, v. Judex Dativus, T. III, p. 1571, et Muratori antiqu. It. I, 492, 493, sans autre motif que le rapport qu'on pourrait trouver entre ce nom et la charge d'un simple commissaire.

(*e*) Par exemple : Fantuzzi, I, 218, 251, 253. II, 5, 27, 67, 70. III, 12, 17. IV, 198.

Après avoir reconnu dans les *dativi* les dépositaires de la juridiction municipale, il s'agit de déterminer le mode de leur nomination. Le titre de *dativus* semble indiquer qu'ils étaient institués non par leurs concitoyens, mais par une autorité supérieure (*f*). Le nom de *præfectus* employé comme synonyme de *dativus* ajouterait à la vraisemblance de cette supposition (*g*), s'il n'existait des monuments certains de la nomination des *judices* ou *dativi* par une autorité supérieure. En 777, le pape Adrien Ier rapporte que lui et son prédécesseur ont nommé les *judices* de Ravenne, et il considère ces nominations comme des actes ordinaires de leur autorité (*h*). En 783, Adrien nous dit que des rebelles méconnaissent la justice du pape à Ravenne (*i*). Dans les édits de Lothaire Ier et Othon Ier (824 et 962), les *judices* du territoire romain sont représentés à la fois comme magistrats et comme officiers de l'empereur et du pape (*k*). Le nom d'une ville joint à celui d'un *dativus* montre que sa juridiction comprenait cette ville et son territoire (*l*). Les grandes villes, Ravenne, par exemple, avaient plusieurs *dativi*. Si on considère qu'aucun des nombreux documents que nous possédons sur Rome et Ravenne ne parle des anciens magistrats ni des défenseurs (*m*),

(*f*) C'est ainsi que chez les Romains, du moins dans les derniers temps, le tuteur nommé par l'autorité était seul appelé *tutor dativus*. cf. Brissonnius. v. Dativus.

(*g*) A Ravenne, en 838, un jugement est rendu par Deusdedit, appelé dans le texte Dativus et dans la souscription « Deusdedit in Dei nomine **Prefectus.** « Fantuzzi, II, 5. Quelquefois encore, aux sixième et septième siècle, l'exarque de Ravenne est appelé *præfectus*; plus tard, on trouve un préfet d'Amalphi qui, comme celui de Ravenne, était un Dativus. Marini papiri, p. 364, not. 13, 14. — C'est aussi par la nomination d'une autorité supérieure qu'il faut expliquer « Benedictus Domini nutu *Dativus Judex Sacri Palatii.* » Marini papiri, N. 102.

(*h*) Codex Carolinus, N. 54, p. 206. Voyez plus haut, § 110, *b*.

(*i*) Codex Carolinus, N. 75, p. 235.

(*k*) Voyez plus haut, § 110. IX, *m. n.*

(*l*) Voyez plus haut, § 113, *a*.

(*m*) Au douzième siècle, sous Lothaire II, la chronique du mont Cassin

et que l'on résume ce que je viens de dire sur les *dativi*, on obtiendra les résultats suivants.

Les villes avaient perdu le plus beau privilége du régime municipal, l'élection de leurs magistrats. L'autorité supérieure envoyait des délégués pour administrer et rendre la justice, ainsi les villes étaient dépouillées de leur juridiction. Seul entre tous, le *pater civitatis* fut encore élu par ses concitoyens ; mais ce magistrat n'avait jamais eu de juridiction, et depuis long-temps son élection avait besoin d'être confirmée (§. 107, *a*). Les nouveaux magistrats rappelaient à la fois l'ancien gouverneur de la province et les magistrats municipaux, l'un par le mode de leur nomination, les autres par les limites de leur juridiction. Le nouvel ordre de choses assimilait les villes aux anciennes préfectures de la république, qui avaient le régime municipal sauf l'élection de leurs magistrats-juges (§ 14).

On ignore l'époque de tous ces changements : le nom de *dativus* se trouve pour la première fois dans un document de 838 (*n*), mais cette circonstance peut être accidentelle, et l'institution bien plus ancienne que le titre. La nomination des *judices* par les papes n'est constatée par aucun document avant la seconde moitié du huitième siècle. Les papes, dont la possession était si incertaine, ne tentèrent sans doute pas de grandes réformes ; il est donc probable que la nomination des *dativi* remonte au temps des exarques. Les anciens magistrats existaient encore en 625 ; leur disparition et l'origine des *dativi* se placent donc entre 625 et 751, c'est-à-dire vers l'époque de la chute de l'exarchat. L'institution des *dativi* subsista plus ou moins long-temps selon les localités. Un document romain

---

parle d'un *Dictator Tusculanensium* (Muratori Script. IV, 598.) ; mais ces comtes de Tusculum existaient long-temps avant et le mot *dictator* n'est ici qu'une traduction savante de leur titre, de même que les comtes d'Anjou étaient appelés *consules*. Voyez plus haut, § 96, *c*. *f*.

(*n*) Fantuzzi, II, 5.

en fait encore mention au treizième siècle (*o*), mais dès le douzième, les villes de l'exarchat, rendues à la vie et à la liberté en même temps que les Lombards, eurent des magistrats de leur choix, et firent disparaître les *dativi*. Ainsi Ravenne avait un *potestas* en 1181, et en 1186 (*p*) elle nommait, comme les villes lombardes, tantôt un *potestas* et tantôt des consuls (*q*).

114. L'organisation judiciaire que je viens d'exposer était aussi celle de la ville de Rome, sauf quelques modifications très-naturelles. Là s'était conservé un sénat (senatus), ombre de l'ancien sénat romain (§ 112). Placé au-dessous du sénat, le collége des consuls avait l'administration municipale, et c'est parmi eux que l'on choisissait les juges ordinaires des divers districts de la ville, appelés *Consulares*, *Dativi*, ou *Judices consulares*. Tout ce que nous savons sur l'organisation judiciaire à Rome et la mention fréquente de ces magistrats rendraient le fait très-probable; mais il nous est attesté par une relation où sont énumérés les divers magistrats portant le titre de *Judices*. Ce document remarquable et qui sans doute remonte au commencement du onzième siècle fut trouvé par hasard au milieu d'une description de l'église de Latran (*a*), et plus tard on en a découvert ailleurs deux autres manuscrits (*b*). Je vais en citer les passages les plus importants d'après le texte de Mabillon : « Judicum alii sunt Palatini, quos Ordinarios vo« camus : alii Consulares distributi per Judicatus : alii Peda-

(*o*) En 1217, Muratori antiqu. It. I, 493.

(*p*) Fantuzzi, T. III, pref. p. XV.

(*q*) Voyez plus haut, § 112, *m*.

(*a*) Johannis Diaconi liber de ecclesia Lateranensi ad Alexandrum III. pontificem, dans Mabillon museum Italicum, T. 2, p. 570. Ce document a été depuis réimprimé, avec un commentaire de Bunsen dans l'ouvrage intitulé : Beschreibung der Stadt Rom von Platner, Bunsen, etc. V. I, p. 222.

(*b*) Blume l'a réimprimé d'après le manuscrit du Vatican, N. 2037, et y a joint un commentaire (Rheinischen Museum für Jurisprudenz, T. V., p. 128-138.) On y trouve, indépendamment des variantes, un fragment inédit, mais qui ne rentre pas dans mon sujet, car ce n'est qu'une déclamation contre l'injustice.

« nei a Consulibus creati. In Romano vero imperio et in
« Romana usque hodie ecclesia septem judices sunt palatini,
« qui Ordinarii vocantur, qui ordinant imperatorem, et cum
« Romanis clericis eligunt Papam. quorum nomina hœc sunt.
« Primus Primicerius : secundus... Secundicerius... Hi dex-
« tra lœvaque vallantes imperatorem, quodammodo cum illo
« videntur regnare, sine quibus aliquid magnum non potest
« constituere imperator (c)... Tertius est Arcarius, qui prœest
« tributis. Quartus Saccellarius, qui stipendia erogat militi-
« bus.... Quintus est Protoscrinarius, qui prœest Scrinariis,
« quos Tabelliones vocamus. Sextus primus Defensor, qui
« prœest Defensoribus, quos Advocatos nominamus. Septimus
« Amminiculator, intercedens pro pupillis et viduis, pro af-
« flictis et captivis. Pro criminalibus hi non judicant, nec in
« quemquam mortiferam dictant sententiam : et Romæ clerici
« sunt, ad nullos umquam alios Ordines promovendi. Alii
« vero, qui dicuntur Consules, Judicatus regunt et reos legibus
« puniunt, et pro qualitate criminis in noxios dictant senten-
« tiam. »

Ce texte donne les résultats suivants.

A. Judices Palatini ou *ordinarii*. Ce sont de grands dignitaires ecclésiastiques ayant chacun un titre et des fonctions
différentes, mais purement administratives : ils ne participent
pas au pouvoir judiciaire et leur titre de *Judices* répond à
l'expression générique de magistrats. On les trouve souvent
mentionnés ailleurs (*d*) et ce sont toujours les mêmes personnes,
malgré les doutes que pourraient faire naître les changements
généraux de la constitution. Ainsi on les voit successivement
placés sous la dépendance de l'empereur, du pape et de la ville.

(c) Le manuscrit du Vatican porte *papa* au lieu *d'Imperator*.

(*d*) Par exemple : Le Primicerius dans le liber Pontificalis, le Secundicerius judicum dans un document de 961. (Marini Num. 102.) Il est parlé
des sept Palatini dans l'écrit anonyme intitulé : de mirabilibus Romæ, cap.
de judicibus *Imperatorum* in Roma. (Montfaucon diarium Ital. Paris, 1702,
4, p. 289.)

On ne doit pas non plus s'étonner de les voir figurer comme échevins dans des jugements rendus par l'empereur, le pape ou leurs délégués immédiats. Il n'y a là rien d'incompatible avec leur dignité, car tous les employés et même de simples jurisconsultes pouvaient être appelés aux fonctions passagères d'échevins. — Ces magistrats prenaient part à l'élection du pape, et il est probable que leur nombre de sept n'a pas été sans influence sur le nombre des sept évêques et des princes palatins de l'Allemagne (e).

B. Judices Consulares. Répartis dans les divers districts de la ville, ils y exercent la juridiction ordinaire. Ce sont les Dativi municipaux pris dans le collége des consuls et nommés d'abord par l'empereur, ensuite par le pape. D'où l'on voit que les titres de *Judices, Dativi, judices Consulares,* sont tout-à-fait synonymes.

C. Pedanei. Délégués des Consulares, ceux-ci les nomment arbitrairement pour les remplacer dans l'étendue de leur district. Ils n'ont donc pas de juridiction propre ou distincte de celle des Consulares.

Les Palatini, ajoute l'auteur du texte cité, n'exercent pas la juridiction criminelle ; elle appartient aux Consulares. Ces expressions embrassent sans doute la juridiction tout entière, car il ne faut pas croire que l'auteur ait voulu distinguer la juridiction criminelle de la juridiction civile, et attribuer l'une aux Consulares, l'autre aux Palatini. Ces derniers sont étrangers à la juridiction, et dans l'énumération de leurs fonctions nous ne voyons rien qui s'y rattache.

De nombreux passages dans les documents servent à éclairer et à confirmer ce qui précéde. Ainsi on voit des judices Palatini et des Dativi assister comme échevins à divers placita tenus vers le commencement du onzième siècle, par l'empereur, le pape ou leurs délégués immédiats. En 998, par exemple, le pape Grégoire V et l'empereur Othon III prennent part à un

____

(e) Conjecture de Niebuhr, confirmée par Blume, p. 137.

jugement, et parmi leurs échevins figurent, Gregorius Primicerius defensorum, Leo Arcarius, Adrianus dativus judex, Petrus dativus judex, Paulus dativus judex (ƒ).—On lit en tête d'un acte émané en 1130 du sénat et du peuple romain : «Hugo « præfectus urbis.. et reliquæ romanæ urbis potentes sacrique « *palatii judices,* et *nostri Consules* et plebs omnis Romana sa- « lutem (g). » Ici les Palatini sont distingués des Consulares et nommés à côté d'eux. — Ailleurs on voit les sénateurs et les Consuls romains placés sur la même ligne (h). — Enfin, en 1160, le sénat romain prend l'avis des personnes suivantes : « optimos et illustres Urbis judices Petrum primicerium, « Robertum primum defensorem, Gregorium dativum, Phi- « lippum Sacellarium, Petrum de Rubeo et Landulfum dati- « vos ad consilium nobis super hac causa fideliter sicut senatui « juraverunt prœbendum convocavimus... nos Judices... tale « consilium dominis Senatoribus damus, etc. (i). » Ici encore figurent les mêmes dignitaires, mais placés sous la dépendance du sénat auquel ils ont juré fidélité.

Des auteurs modernes, en s'appuyant sur les mêmes témoignages historiques, sont arrivés à des résultats tout différents. Ainsi Bunsen prétend qu'il y avait à Rome deux classes de juges, les juges impériaux palatins, puis les juges municipaux organisés sur le modèle des premiers (k). Blume voit dans les judices Palatini, la magistrature civile suprême, et dans les Consulares des juges criminels dont la juridiction (judicatus) embrassait Rome et son territoire. Quant aux Pedanei, il les assi-

(ƒ) Galletti del Primicero Roma. 1776, 4, p. 219. — Voyez des documents semblables de 999, 1010, 1011, 1012, 1014, ibid, p. 228, 234, 238, 241, 245.

(g) Baronius ad a. 1130, T. XII, p. 195, ed. Rom., 1607.

(h) Muratori Script. III, 1, p. 381 : « Multi Romani, *de Senatoribus ac Consulibus* aliqui. »

(i) Vitale Storia de' Senatori di Roma. Rom. 1791, 4, p. 54.

(k) Bunsen, Beschreibung der Stadt Rom. vol. I, p. 221, sq. Il s'appuie surtout sur l'avis de 1160.

mile aux Dativi (*l*). Je renvoie à ce que j'ai dit plus haut pour justifier mon opinion.

115. Employés militaires. — Je parlerai d'abord des *duces* que l'on retrouve si souvent dans les recueils de documents. La plupart des auteurs les regardent comme les lieutenants des villes, réunissant les deux pouvoirs civil et militaire (*a*). Non-seulement l'ancienne signification de leur titre indique un commandant militaire, mais l'histoire des temps postérieurs nous les montre à la tête des armées (*b*). On ne saurait douter que ce ne fût une dignité locale lorsqu'on voit un *dux* de Ravenne, de Rimini, etc. Mais leur autorité civile est incompatible avec celle du *dativus*, et même je ne crois pas, vu le grand nombre des *duces*, que leur grade militaire fût très-élevé. Ils commandent non-seulement les villes, mais d'autres localités plus petites (*c*). D'un autre côté, la juridiction des *duces* ne peut être révoquée en doute. Les édits de Lothaire Ier et d'Othon Ier, pour le territoire romain, comptent les *duces* parmi les magistrats ordinaires (*d*). Il y a plus, ces édits, en les rapprochant des *judices*, nous empêchent de les confondre avec eux, et nous forcent à reconnaître deux juridictions.

Il est une partie de l'ancienne constitution qui répond merveilleusement à cette attribution des *duces*; je veux parler de la juridiction militaire existant déjà sous l'empire, et qui, non-

(*l*) Blume, p. 132, sq.

(*a*) On a vu, § 112, *k*, quelle est à ce sujet l'opinion de Muratori. Dans un autre passage, Antiqu. It. I, 162, 167, il ne propose que des doutes. Vendettini del Senato Romano, p. 48, regarde les *duces* comme des sénateurs, explication qui n'a pas le moindre fondement.

(*b*) A. 1115, « Petrus Dux Imperator Ravennatum exercitus instauraturus bellum adversus Ferrarienses » rel. Fantuzzi, II, 123.

(*c*) Document de 896, « Faventino *territorio et ducatu.* » Plus loin, « *territorio* Liviense.... *ducati Traversarie* ; « enfin, « Comitatu Comiaclo et *in territorio et ducatu ejus.* « Muratori ant. It. I, 153. Fantuzzi, I, 96, en a rectifié le texte. Muratori, l. c., p. 157, fait observer que Traversaria n'était pas une cité, mais une villa située dans le territoire de Ferrare.

(*d*) Voyez plus haut, § 110, *m*.

seulement fut maintenue par Justinien, mais étendue probablement à tous les Grecs même non militaires habitant l'Italie (§ 105). En vain dira-t-on que cette foule de *duces* dont parlent les documents était inutile pour un territoire si borné ; l'avidité des titres, dans ces temps d'inaction, et peut-être le désir de l'autorité d'affaiblir l'influence de la juridiction militaire en la partageant, suffiraient pour expliquer cette surabondance de *duces*. Au reste il est à présumer que la plupart auront vécu inoccupés. Mais la nature primitive de cette charge paraît telle que je viens de l'exposer, et ainsi s'expliquent son origine et sa dégénération.

Les passages où il est parlé des *duces*, dans les premiers temps de la domination grecque, confirment mon opinion, quoique ces mêmes passages mal entendus aient donné lieu aux diverses erreurs des auteurs modernes. Grégoire-le-Grand (590 - 604) nous représente les *duces* comme peu nombreux et commandant des provinces entières, telles que la Sardaigne, la Campanie, ou de grandes villes telles que Naples, Rimini, etc. (*e*). La lettre adressée à cette dernière ville porte pour suscription : « Gregorius Arsicino *Duci*, clero, *ordini*, *et plebi* « Ariminencis civitatis. » Ici le *dux* semble le premier magistrat de la ville ; mais à cette époque les villes grecques avaient encore des magistrats civils de leur choix (§ 106) qui sont compris sous le mot *ordo*, et si le *dux* est nommé le premier, comme seul fonctionnaire impérial, c'est une distinction accordée à son rang plutôt qu'à la nature de ses fonctions.

On entend ordinairement par le duché de Rome le reste du territoire grec ayant Rome pour capitale. En effet, même au temps du pape Zacharie (742 - 752), Ameria, Horta, Polimartium et Blera faisaient partie du duché de Rome. On sait qu'il avait une armée et qu'il conclut un traité de paix (*f*).

(*e*) Gregorii M. epistolæ, Lib. I, ep. 58. IV, 24. X, 11, XII, 18. XIV, 10.

(*f*) Anastasii vita Zachariæ P. ap. Muratori. Script. III, 1, p. 161, 162. « ab eodem Rege ablatæ sunt *a Romano ducatu* civitates quatuor, id est Ameria, Hortas, Polimartium et Blera. »

Mais on croit aussi que ce duché était gouverné par un *dux* subordonné à l'exarque, et réunissant comme lui les pouvoirs civil et militaire (*g*). Cette méprise vient d'une fausse similitude entre le *dux* et le comte des Germains, toujours investi des deux pouvoirs, quel que soit le nom qu'on lui donne. L'ensemble de la constitution de l'exarchat repousse cette analogie; ainsi, quand on parle du duché de Rome, il faut admettre les deux restrictions suivantes. Le *dux* n'avait aucun pouvoir civil, et le territoire du duché de Rome ne resta pas long-temps intact. On a vu qu'il subsistait encore au commencement du huitième siècle, mais comme bientôt après on trouve une foule de *duces*, il est probable que le duché de Rome fut vers le neuvième siècle partagé en plusieurs petits duchés, ce qui répond très-bien à l'organisation de l'exarchat proprement dit et de la Pentapole.

Magister militum et *tribunus*. Chacun de ces titres désigne un emploi militaire, non une charge locale, mais un grade dans l'armée. Le *magister militum* était supérieur au *tribunus* (*h*). Voici comment on explique la présence d'un *magister militum* dans certaines villes comme Rome, Naples, Ravenne, Rimini, Sinigaglia (*i*), et Angers en France (§ 98.). Le *dux* de ces villes pouvait avoir à l'armée le grade de *magister militum*, et c'est ce dernier titre qu'il porte, même dans la ville

(*g*) Telle est l'opinion adoptée généralement. Beretta in Muratori Script. T. X, p. ccxvi. Spittler Staatengeschichte, Th. 2, p. 84. — Beretta, prévenant l'objection que fait naître la présence du *præfectus urbi*, pense que le *dux* n'avait qu'une autorité politique sans attributions civiles et sans juridiction.

(*h*) Danduli Chron. Venet. ad a. 737. (Muratori Script. T. XII, p. 136.) « Dominicus Leo Magister Militum præsidere cœpit a. dom. 737 quia Veneti.. annualem Rectorem sibi præesse statuerunt, quem *Magistratum Militum* appellaverunt. Quæ quidem dignitas *secundum Græcorum usum Tribunatu major*, super eos et cunctum Populum potestatem præbet. »

(*i*) A Rome, sous Louis-le-Débonnaire, suivant la chronique de Farfa. Muratori Script. II, 1, p. 643. — A Naples, Muratori ant. Ital. T. I, p. 194. — A Ravenne et Rimini, voir les documents de Fantuzzi. — A Sinigaglia, vers le milieu du huitième siècle, Fantuzzi, I, 35.

où il commande. Ainsi s'explique encore pourquoi on trouve pour la même ville tantôt un *dux*, tantôt un *magister militum*, et le second plus rarement que le premier. Au reste, le fait est établi directement par une lettre de Grégoire-le-Grand, où il parle de deux *magistri militum*, l'un et l'autre *duces* de Sardaigne à des époques différentes (*k*). *Dux* et *magister militum* soutiennent entre eux les mêmes rapports qu'auparavant *dux* et *comes* (§ 25.), et un fait digne de remarque, c'est que le titre de *comes*, autrefois si commun, ne se trouve plus, depuis la domination grecque en Italie. Sans doute les Grecs évitèrent d'employer un titre adopté par leurs prédécesseurs et leurs voisins, les Ostrogoths, les Francs, etc., ces barbares objets de leur mépris. Outre les passages déjà cités (note *i*), il est souvent parlé des *magistri militum* dans les lettres de Grégoire-le-Grand (*l*), dans les documents de Ravenne, sinon depuis le sixième siècle, au moins depuis le septième (*m*), jusque vers la fin du onzième (*n*).

Tribunus, qui se lit dans les documents plus souvent encore que *magister militum*, désigne un grade purement militaire, et inférieur à celui du magister *militum*. La *Notitia dignitatum*, Dandolo (note *h*), Grégoire-le-Grand et les constitutions impériales (*o*), ainsi que les documents du huitième

---

(*k*) Gregorii M. epist. Lib. 1, ep. 49. « Theodorum gloriosum Magistrum Militum, qui ducatum Sardiniæ insulæ suscepisse dignoscitur ; » et plus loin, « Edaacium Magistrum Militum, jam per Indictionem septimam tunc ducem Sardiniæ. »

(*l*) Par exemple : Epist. I, 76. II, 3, 29, 30. VIII, 17, 19. IX, 69, 73, 93. X, 27. XII, 19, 20, 26.

(*m*) Marini papiri, Num. 90. Num. 94. lin. 11. — Fantuzzi nous les montre, pour la première fois, sous l'archevêque Damianus (I, 11, conf. I, 407.)

(*n*) 1055, « Andreas Magister Militum. » Fantuzzi, I, 285-1067. « Signum ma † nus Divito rog. cumque scribere nesis magister Militum. » Dans la notitia testium à la suite de ce document : « Divito Ariminensis. » Fantuzzi, I, 296.

(*o*) Gregorii M. epist. Lib. 2, ep. 31. Nov. Theodosii, Tit. 14, Const. 3. « Tribuni militares. » « Tribuni qui numeros agunt. » Plusieurs autres personnes, également revêtues d'emplois publics, portent le même titre,

siècle (*p*), nous représentent les *tribuni* comme des employés militaires. Quelquefois, un *tribunus* commande une ville, fait qui s'explique par ce que j'ai dit plus haut sur le *magister militum* (*q*). A partir du dixième siècle, les *tribuni* ne paraissent plus dans les documents.

116. Les détails que je viens de présenter sur la constitution peuvent se résumer en peu de mots. Le sénat et le *pater civitatis* élu par le peuple sont les seuls restes du régime municipal ; les *defensores* et les *magistratus* ont disparu. L'exarque et plus tard le pape nomment aux emplois civils et militaires (*a*). La séparation des deux pouvoirs passe jusque dans l'administration de la justice, et l'on voit s'établir une double

(*p*) A Ravenne, en 767, on lit : Constantinus *tribunus numerum Lenon.* » Muratori ant. It. III, 889. Fantuzzi, II, 4. Au lieu de Lenon, plusieurs auteurs lisent Veron. (Marini papiri, p. 325. not. 1. Fantuzzi, II, 486.) Mais la véritable leçon semble Lenon., car, long-temps auparavant, la *Notitia dignitatum* (p. 72. ed. Labbe) nous montre des *Lenones juniores* en Italie, titre dont l'usage pouvait s'être conservé. — Marini papiri, Num. III. (Conf. p. 327, n. 3.) « Petrus ex Trib. Num. jun. » — Voir sur l'organisation militaire de cette époque, Marini, l. c., p. 297, note 10, p. 325, not. 1.

(*q*) Gregorii M. epist. Lib. 2, ep. 31. Fantuzzi, I, 6, 7, 8, 9, 10, 13. Marini Num. 127, lin. 44. Peut-être faut-il rapporter au même objet ce passage du Cod. Carol. N. 51, p. 201. « Nam et de aliis civitatibus Emiliæ, id est Faventia.... et Bobio, *seu Tribunatu decimo.* »

(*a*) Je ne prétends pas que, plus tard, long-temps après la chute de l'exarchat, les Napolitains n'aient pas élu leur *dux* ou *magister militum*, (Sismondi, T. I, chap. 4, p. 244 et suiv.) car, à cette époque, le petit nombre de villes de la basse Italie qui appartenaient encore à l'empire avaient reconquis une sorte d'indépendance. On ne saurait tirer de là aucun argument contre la proposition par moi établie que les villes avaient perdu l'élection de leurs magistrats. En effet, les *duces*, privés de toute autorité civile, n'avaient aucun rapport avec les anciens magistrats. — Dans les statuts de Tivoli (imprimés en 1522 et tirés à cent exemplaires) on voit à la tête de la république un *caput militiæ*, élu par ses concitoyens et investi de la juridiction suprême. En 1257, Tivoli s'était soumis au sénat romain, et ces statuts paraissent avoir été faits peu après cette époque, et réformés en 1305, mais seulement en quelques points. (Note communiquée par Niebuhr.)

juridiction, celle des *duces* et celle des *dativi* ou *judices*. On doit remarquer également la réunion sur une seule tête de plusieurs charges toutes différentes. Ainsi, souvent la même personne est *consul* et *dux*, *consul* et *tabellio*; quelquefois *consul* et *dativus*, ou *judex*, ou *pater civitatis*, ou *tribunus*; *tabellio* et *dativus*; *tribunus* et *dativus*, enfin *dux* et *dativus*, , et dans ce dernier cas, sans doute, elle cumule les deux juridictions (*b*). J'ajouterai que plusieurs de ces charges paraissent être héréditaires. Ainsi l'on voit des familles de consuls, de *duces* ou de *magistri militum* (*c*), jamais de *dativi*, de *patres civitatis* ou *tribuni*. Peut-être faut-il entendre par là les descendants d'un consul, etc., sans transmission de la charge. Mais il est certaines charges auxquelles cette mention ne s'applique jamais, et cependant toutes en eussent été susceptibles; d'ailleurs, les consuls n'étaient autres que les anciens décurions, et l'on sait que leur dignité fut de tout temps héréditaire (§ 8.). Quoique ces charges fussent héréditaires, il ne faut pas croire que tous les membres de la famille sans distinction pussent en être revêtus. Il paraît même que le titre de *dux* était quelquefois attaché à la propriété d'un domaine; car on trouve en 1197 un procès sur la propriété d'un *ducatus*, qui nous est représenté comme un immeuble ordinaire (*d*).

(*b*) Fantuzzi, I, 101, 116, 117.

(*c*) Par exemple : 983. « Paulus... diaconus *ex genere ducum*... Johannes et Amelricus seu Randongus *genere ducibus*, Rodalgus et Andreas *genere magistri militibus*..... Johannes paterius, et Johannes *genere consulibus*. » Fantuzzi, I, 213. — 877. « Farualdus filius Paulus *ex genere Duci atque Ducx*. » Fantuzzi, I, 197. — 973. « Andreas *ex genere Magistri militum*.» Fantuzzi, I, 185. — 1291. «Uxor Johannis *Ducis de domo Ducum*.» Fantuzzi, II, 237.

(*d*) Fantuzzi, T. III, p. 61-64. (Muratori antiqu. It. diss. V.) On pourrait croire que la terre et la charge avaient été données ensemble en fief; mais la question était précisément de savoir si cette terre était un franc alleu, un fief ou une emphytéose; tandis que les parties et les témoins étaient d'accord sur le titre de Duché, par exemple : *Duces* habere et tenere *Ducatum*. La désignation des limites et cette déposition des témoins « quod *Ducatus* est *de plebe Sancti Viti*; » indiquent assez que ce duché était simplement un immeuble et faisait partie d'une paroisse.

L'ordre de choses que je viens de décrire s'établit avec la domination grecque, et si j'ai différé d'en parler, c'est que presque tous les documents se rapportent à ces derniers temps. Sa chute date de la renaissance des villes lombardes dont la constitution s'étendit hors du territoire lombard.

Je terminerai en disant quelques mots sur le sort des Germains établis dans ces pays. Ils demeurèrent toujours étrangers, et peut-être leur petit nombre empêcha la fusion complète de s'opérer aussi vite que dans les villes lombardes. Mais quand un empereur d'origine germanique eut établi sa suprématie en Italie, ils eurent la jouissance de leur droit national. On trouve quelques *professiones* de droit franc et de droit lombard à Ravenne, pendant les neuvième, dixième et onzième siècle (*e*) ; et, en 824, le peuple romain fut tenu de déclarer le droit qu'il voulait adopter (§ 45.). Ainsi, quand par hasard on rencontre des scabins à Ravenne (*f*), cela doit s'entendre de ces habitants étrangers, et il ne faut pas croire qu'aucune partie de la constitution des Francs ou des Lombards ait été importée en cette ville, aux huitième, neuvième et dixième siècle; même à Rome, et à Ravenne dès le sixième siècle, les étrangers formaient entre eux des corporations appelées *scholæ* (*g*).

VIII. ROYAUME DES LOMBARDS (*a*).

117. Avant d'examiner la constitution civile des Romains sous la domination lombarde, je dois, comme je l'ai fait pour les autres peuples germaniques, rechercher quel fut le sort

(*c*) Fantuzzi, T. I, p. 38, 59, 101, 105, 277. On trouve deux *professiones* de droit romain faites à Sinigalia en 1155 (Fantuzzi, II, 270, 271), ce qui prouve que beaucoup de Lombards s'y étaient établis.

(*f*) 896. « tibi Gumberto *Scavino*. » Fantuzzi, I, 98. Un document d'une date incertaine nous montre aussi à Ravenne un *Scarino* et un *Castaldio*. Marini papiri N. 126.

(*g*) Voyez plus haut, § 105, *d*.

(*a*) Voir, sur ce sujet, les ouvrages cités dans l'introduction, Num. 38-43.

des vaincus et de leurs propriétés après la conquête. En effet, où trouver la constitution, si la nation tout entière fut anéantie, réduite en esclavage, ou même dépouillée de la propriété du territoire ? Mais si les Romains conservèrent leur liberté personnelle et une grande partie de leurs propriétés, le maintien de leur constitution civile apparaît comme une conséquence sinon nécessaire, du moins possible.

Il s'est élevé sur l'existence même du peuple deux opinions qui ont été soutenues avec beaucoup de chaleur et de talent. Maffei a prétendu qu'un petit nombre de Lombards avaient pénétré en Italie, et que la population actuelle sort presque sans mélange de l'ancienne population (a). De son côté, Lupi soutient que le corps de la nation fut détruit, et que les Italiens de nos jours descendent des anciens Lombards mêlés à quelques Romains (b). Ces deux opinions sont exagérées : Maffei méconnaît la grande révolution qui bouleversa la nation et le territoire, et il oublie que si les Lombards furent peu nombreux à l'époque de la conquête, ils se trouvèrent ensuite dans une position trop favorable pour ne pas se multiplier promptement. Lupi n'a vu que sa ville natale, Bergame, où les documents lui montraient partout les institutions des Lombards, nulle part les institutions des Romains. On conçoit que les rigueurs de la conquête pesèrent inégalement sur les différentes villes, et que celles qui se trouvèrent les premières sur le passage des Lombards, durent souffrir davantage. Cependant Maffei est resté plus près de la vérité que son adversaire ; car l'élément romain, qui domine dans la langue italienne, prouve d'une manière irrécusable la supériorité numérique des anciens Romains (c). Toutefois, le point de vue de Lupi présente une vérité, c'est que l'oppression qui vint accabler les vaincus frappa d'abord la tête de la société.

(aa) Maffei Verona Illustrata (ed. Verona, 1732, 8.) P. I, lib. 2, p. 584. seq. Rovelli Storia di Como P. I, p. 131, 132. P. II, p. 79.

(b) Lupi Codex diplomaticus, Bergom. Diss. 2.

(c) Maffei, l. c., p. 589 seq. Gibbon. chap. 45. (VIII, 148. ed. Lond. 1802. 8.)

118. Avant d'exposer le sort de la propriété foncière, je crois devoir préciser la question. Dans les derniers temps de la domination romaine, une très-grande partie du sol était cultivée par des colons, dont beaucoup étaient de véritables esclaves. Ceux-ci n'avaient rien à perdre à la conquête, et souvent même ils gagnèrent à un changement. La propriété du sol, exploité par les colons moyennant des redevances, appartenait aux grands de l'empire, qu'on peut appeler la noblesse de ce temps-là, et aux Décurions et *Possessores*, c'est-à-dire à la bourgeoisie des villes. Ces deux classes de véritables propriétaires sont donc les seules dont j'aie à m'occuper ici, mais d'abord je rappellerai les événements qui précédent.

Odovacar avait pris le tiers du territoire, et les Ostrogoths avaient été substitués aux Hérules. On ignore ce que devinrent les propriétés des Goths après la conquête des Grecs. Sans doute le plus grand nombre des Goths avait péri dans la lutte, et leurs propriétés n'eurent pas toutes le même sort. Une partie fut probablement vendue, une autre retourna aux anciens propriétaires romains, et le reste tomba aux mains des Grecs comme fruit de la conquête. Quelques années après, ceux-ci furent chassés par de nouveaux conquérants, les Lombards, ayant les mêmes besoins que les Goths leurs prédécesseurs et leur exemple sous les yeux. Deux passages de Paul Diacre nous montrent la conduite que tinrent les Lombards pendant les vingt premières années qui suivirent la conquête.

L'historien parle de la mort du roi Cleph et il ajoute : « His « diebus multi nobilium Romanorum ob cupiditatem inter- « fecti sunt, *reliqui vero per hospites* (al. hostes) *divisi, ut* « *tertiam partem suarum frugum Langobardis persolverent,* « *tributarii efficiuntur* (a). » J'ai déjà montré (§ 88.) comment le mot *hospes* exprime le rapport créé par le partage des terres, et comment, chez plusieurs nations germaniques, on

______

(a) Paulus Diaconus, Lib. 2, C. 32.

avait désigné individuellement le Romain avec qui chaque Germain devait entrer en partage. Dès lors tout s'explique aisément. Chaque Romain devait le tiers des fruits de sa terre au Lombard qu'on lui avait assigné pour *hospes*; et les Lombards s'étaient partagé les Romains non comme esclaves, mais comme débiteurs de la redevance.

Dans le **second** passage, Paul Diacre parle d'Autharis, qui fut nommé roi après quelques années d'interrègne. Les *Duces* lui abandonnèrent, pour l'entretien de sa maison, la moitié de leur fortune, sans doute parce qu'ils s'étaient partagé les possessions du roi Cleph. « *Populi tamen aggravati per* « *Langobardos hospites partiuntur.* Erat sane hoc mirabile in « regno Langobardorum : nulla erat violentia : nullæ strue- « bantur insidiæ : nemo aliquem injuste angariabat : nemo « spoliabat : non erant furta : non latrocinia : unusquisque « quo libebat, securus sine timore pergebat (*b*). » Voici le sens de ce passage : Le roi est doté par les grands. Chaque Romain est l'*hospes* d'un Lombard ; et ce n'était pas pour lui une condition nouvelle, mais la continuation de l'état de choses que je viens d'exposer, comme le prouve la ressemblance des mots. Le bonheur et la tranquillité dont Paul Diacre nous fait la peinture n'offrent rien de contradictoire, car il n'y avait là aucune charge que le caprice du vainqueur fît peser sur les individus, mais l'application uniforme d'un principe général auquel les Romains étaient accoutumés depuis la domination des Hérules et des Goths.

Si l'on prend les expressions de l'historien dans ce sens aussi naturel que simple, on verra que les Lombards et les Goths étaient arrivés au même but, sauf une différence importante : le Lombard prenait le tiers du revenu brut, tandis que le Goth avait à suppporter pour sa part les frais d'exploitation (*c*).

(*b*) Paulus Diaconus, Lib. 3, C. 16. (al. 15.)

(*c*) Un exemple va rendre la chose sensible. Supposons qu'un possesseur romain eût affermé sa propriété à des colons, qui, suivant un usage encore généralement adopté en Italie, lui donnaient la moitié des fruits ou du revenu

Néanmoins le sort des Romains s'améliora sous les Lombards. En effet, les Goths avaient conservé la constitution politique des Romains, et probablement tous les anciens impôts auxquels ils ajoutèrent les *tertiæ*, autrement ils n'auraient pu subvenir aux frais d'une administration aussi compliquée, et satisfaire à la fois les chefs Goths et Romains dont l'influence était à ménager.

Sous les Lombards tout prit une face nouvelle ; les guerres entre les Goths et les Grecs avaient presque détruit l'aristocratie romaine, du moins elle ne figure plus dans les institutions des Lombards. La partie supérieure de l'administration romaine a disparu avec les dépenses qu'elle entraînait, de sorte que les charges publiques devaient être peu onéreuses. D'un autre côté, les possessions des Romains devenues vacantes et le paiement des *tertiæ* suffirent aux besoins des Lombards ; tout porte donc à croire que les anciens impôts des Romains furent abolis. Cette supposition admise (*d*), les Romains payaient plus à l'état sous les Ostrogoths, plus aux particuliers sous les Lombards : différence qui s'explique aisément, car les besoins de l'état, la puissance et l'éclat de la royauté, n'étaient pas les mêmes chez les Lombards que chez les Ostrogoths.

Les lois de Rotharis, rendues vers le milieu du septième siècle,

brut, le Goth, en s'attribuant le tiers des colons, aurait eu le sixième des fruits. Dans les mêmes circonstances, le Lombard aurait pris le tiers des fruits, c'est-à-dire une part double de celle du Goth ; mais la position des colons restait toujours la même.

(*d*) En fait, il n'existe aucune trace certaine de la conservation des impôts romains, là même où l'on devrait les trouver naturellement ; par exemple, dans les capitulaires concernant l'Italie, et dans l'énumération des droits régaliens, 2, Feud. 56. — Le seul texte que l'on pourrait citer en faveur de l'opinion contraire, est la L. Long. Ludov. Pii 31, où il est question d'une *terra tributaria*. Mais ces mots sont peut-être synonymes de *terra censualis* que l'on trouve dans la loi suivante, et signifient ou bien une terre soumise à des charges réelles, ou au tiers du prélèvement des fruits, ou, ce qui est encore plus vraisemblable, une terre soumise à une arimannie. (Voyez plus haut, § 59, *h*.) Le texte cité ne se rapporte donc pas nécessairement à l'impôt foncier des Romains.

ne parlent pas des *tertiæ*, et de là Gibbon (*e*) conclut que cet impôt n'existait plus, soit que les Romains eussent été dépouillés de la propriété du territoire, soit que les Lombards eussent, comme autrefois les Goths, procédé à un partage en nature. Si la vraisemblance repousse l'idée d'une spoliation tardive, on concevrait que les Lombards établis en Italie, s'accoutumant à un genre de vie paisible, eussent peu à peu substitué le partage en nature aux *tertiæ* (*f*). Néanmoins ce ne sont là que des présomptions fort douteuses comme toutes celles que l'on tire du silence des lois germaniques.

119. Le résultat le plus important pour le but de mon ouvrage, qui ressorte de cette recherche, c'est que la conquête des Lombards n'enleva pas aux Romains la propriété territoriale, quel que soit d'ailleurs le nombre des spoliations particulières que l'on pourrait citer. L'histoire fournit plus d'une preuve à l'appui de cette vérité. Ainsi Grimoald († 671), qui régnait cent ans après la conquête, punit les Romains d'Opitergium en confisquant leurs propriétés foncières (*a*). Ils les avaient donc conservées jusque-là. De même encore, long-temps après la conquête, on voit un grand nombre de Romains riches et honorés, chose impossible s'ils eussent été anéantis ou dépouillés de leurs biens par la conquête (*b*).

L'exposition que je viens de faire du sort des propriétés romaines sous la domination lombarde ne s'accorde pas avec l'opinion généralement établie. Lupi et Fumagalli prétendent que les Lombards enlevèrent aux vaincus jusqu'à la propriété de leurs habitations, et qu'ensuite ils se partagèrent les Romains

(*e*) Gibbon, l. c., p. 150.

(*f*) On pourrait citer à ce sujet ces mots d'un document de Bergame de 'an 948 (Lupi, II, 211.) : « susciperet de rebus suis *de sua sorte* pecia una. » Mais on ne doit pas attacher grande importance au mot *sors*, à cause de la date de ce document.

(*a*) Paulus Diaconus, V. 28.

(*b*) Pagnoncelli (T. II, C. 1, 2, et additions, p. 274-281.) a rassemblé soigneusement les faits relatifs à cette question.

eux-mêmes et les logèrent chez eux, soit pour les asservir, soit pour mieux les surveiller en les divisant. Les partisans de cette opinion singulière se fondent sur l'interprétation littérale d'un des passages que j'ai cités (*per hospites divisi*) (c); mais ils ont oublié que dans les lois des autres tribus germaniques *hospes* a un sens spécial, et se rapporte toujours au prélèvement des *tertiæ*. Spittler reconnaît en quelque sorte deux partages, l'un qui se serait fait en nature, sans autre règle que le caprice du vainqueur, l'autre qui établit les *tertiæ* sur les terres que conservèrent les Romains (d). Sans doute dans les premiers moments de la conquête il y eut une foule de Romains dépouillés de leurs propriétés, mais Spittler a trop généralisé ce fait, en le regardant comme un établissement destiné à l'entretien des Lombards, tandis qu'effectivement ceux-ci n'établirent jamais d'autre impôt que celui du tiers des fruits. Sismondi a imaginé un système encore plus simple. Suivant lui, les Romains dépouillés de toute propriété furent réduits en servitude, et les Lombards se partagèrent ce vil troupeau d'esclaves avec le territoire ; enfin, il compare la conquête de l'Italie à celle du Pérou ou du Mexique (e).

Pagnoncelli (f) a reconnu que les Romains conservèrent une grande partie du territoire, et qu'après les premiers ravages de la conquête, la domination des Lombards fut plus

(c) Lupi, l. c., p. 123-125, 175. (Fumagalli) antichità Longobardico-Milanesi, T. I, p. 13, 106. Pour expliquer le second passage de Paul Diacre ; Lupi dit que les Romains avaient cessé d'être mis en quartier chez les Lombards; Fumagalli, que les Lombards commençaient à prendre part à la charge des impôts. Tout cela est forcé et arbitraire.

(d) Spittler Staatengeschichte, Th. II, p. 47.

(e) Sismondi, T. I, p. 76, 77, 79. Son erreur vient évidemment de la fausse interprétation donnée au passage « per hospites *divisi*, » qu'il entend d'une propriété exercée sur les personnes. Je m'étonne qu'on n'ait pas rapproché ces expressions de Paul Diacre, *divisi* et *partiuntur*, du fameux passage de la loi des XII Tables : « partes secanto, si plus minusve secuerunt se fraude esto. » Au Mexique on a fait bien pis encore.

(f) l. c., T. II, C. 1, 2.

douce et plus équitable qu'on ne le croit généralement. Mais ce qu'il ajoute rend l'éloge difficile à comprendre. En effet, s'il faut l'en croire, les Romains auraient été soumis aux charges suivantes : 1° le partage du sol en nature, dont les Lombards, comme les Visigoths, auraient eu sans doute les deux tiers (p. 27-28); 2° les anciens impôts romains pour le tiers par eux conservé (p. 25-26); 3° le prélèvement du tiers des fruits ; 4° le logement et la nourriture de leurs hôtes lombards (p. 22-24). Seulement le roi Autharis les aurait exemptés de cette dernière charge, et le passage : «populi tamen aggravati per « Langobardos hospites partiuntur,» signifierait : «Les Romains « furent délivrés de leurs hôtes lombards, dont l'entretien les « accablait. » — Indépendamment de la fausse interprétation du passage cité, on se demande ce qui serait resté aux Romains, et comment Pagnoncelli pourrait concilier ces assertions avec la domination douce et équitable des Lombards telle qu'il la représente lui-même. De toutes les charges ci-dessus énumérées, le prélèvement du tiers des fruits est sans doute la seule qui ait été régulièrement établie.

Leo partage les opinions que je viens de réfuter (g). Suivant lui tous les hommes libres Romains furent bientôt anéantis ou dépouillés de leurs biens, et le petit nombre qui survécut fut réduit à la condition de colons, de sorte qu'il n'y eut plus pour les Romains ni liberté ni propriété. Au reste Leo parle seulement du nord de l'Italie, mais les raisons alléguées précédemment et le sens naturel des textes de Paul Diacre combattent aussi ce système. Ainsi Opitergium (Oderzo), où l'on sait que les Romains conservèrent leurs propriétés, fait partie de la marche Trévisane, et ce pays, envahi l'un des premiers, dut supporter toutes les rigueurs de la conquête. En voyant dans les historiens contemporains tant d'exemples d'oppression, Leo a donné de l'état de la nation un tableau infidèle et démenti par les faits.

(g) H. Leo Entwickelung der Verfassung der Lombardischen Städte. Hamburg., 1824, 8, p. 4, 5, 19-24, 36-39, 91. — Geschichte der italienischen Staaten. B. I. Hamburg, 1829, 8, p. 80-82.

120. Après avoir montré que les Romains ne perdirent ni leur liberté personnelle ni leurs propriétés sous la domination lombarde, il est permis de rechercher s'ils conservèrent également quelques parties de leur ancienne constitution, surtout en ce qui touche l'administration de la justice. J'ai déjà dit que les hautes magistratures romaines avaient été anéanties; la question doit donc se restreindre à l'existence du régime municipal, qui n'avait encore reçu aucune atteinte lors de la conquête des Lombards (§ 108). A cette question s'en rattache nécessairement une autre, celle de l'origine des républiques que l'on voit fleurir au douzième siècle. En effet, suivant l'opinion qu'on adoptera sur la conquête des Lombards, on devra considérer ces républiques comme la continuation, le développement de l'ancien ordre de choses, ou comme une création toute nouvelle. Cette dernière opinion a été généralement adoptée, même en Italie.

Sigonius reconnaît d'une manière implicite l'abolition du régime municipal, car il place l'origine des républiques sous le règne de Othon Ier, ce qui rentrerait encore dans la période dont je m'occupe. Quelques auteurs, ajoute-t-il, les font commencer sous le règne de Henri IV, mais c'est un problème que nul ne peut résoudre (a). Maffei pense que les Grecs détruisirent le régime municipal (§ 108), et les Lombards ne l'eussent sans doute pas relevé. Muratori, dont l'opinion a entraîné la plupart des auteurs modernes, prétend que les Lombards anéantirent le régime municipal, et que la renaissance de la liberté date du onzième siècle. Cependant, fidèle à sa méthode de multiplier les objections contre ses propres opinions, il finit par ne rien décider (b). Voici les principales difficultés qu'il se propose : 1° la nomination des scabins par le peuple, d'après la loi lombarde de Lothaire. Mais les scabins ne se

(a) Sigonius in hist. Bonon. Lib. 2, init. et ad a. 1076. opp. T. III, p. 62, 73.

(b) Muratori antiqu. Ital. T. I, Diss. 18, p. 983, 984, 1007, seq. et T. IV, Diss. 45, p. 5.

trouvent que dans les cantons (Gau, pagus) germaniques et non dans les villes romaines : si plus tard ils s'y introduisirent, c'est la suite du mélange des deux peuples et de leurs institutions. 2° La participation du peuple à l'élection des évêques. Mais les lois religieuses et les lois civiles n'avaient entre elles rien de commun, et les Romains pouvaient bien, malgré ce privilége, n'obéir qu'à des magistrats lombards. 3° La mention de l'*ordo* des cités, fait sur lequel Muratori a passé trop légèrement (c), et dont je parlerai plus bas.

Suivant Lupi, les Lombards détruisirent complètement le régime municipal. Long-temps après, les habitants des villes formèrent des espèces de communes ayant un sénat aristocratique, et telle est l'origine des républiques italiennes (d). Fumagalli ne pense pas que le régime municipal ait subsisté sous la domination lombarde, mais il laisse indécise la question de savoir si les Romains étaient admissibles aux magistratures des cités (e). Sismondi prétend que le régime municipal, autrefois aboli, fut rétabli par Othon Ier. Ainsi au dixième siècle Pise et d'autres villes auraient eu non un commencement d'indépendance, mais le régime de liberté qu'on voit au douzième siècle, des consuls, des magistrats électifs, des pouvoirs se balançant mutuellement, et même une sorte de législature (f). Spittler reconnaît aussi l'abolition du régime municipal par les Lombards (g). Rovelli pense qu'il a bien pu se conserver

(c) Il élève des doutes non fondés sur le sens du mot *ordo* (l. c., p. 1009), et il prétend que Grégoire-le-Grand emploie cette expression pour les villes grecques et non pour les villes lombardes. (ibid.) J'établirai le contraire par des exemples, § 122, *a*.

(d) Lupi, vol. I, p. 133, 134, 563.

(e) (Fumagalli) antichità Longob. Milanesi, vol. 1, p. 105.

(f) Sismondi, T. I, p. 113, 117, 118, 332, 351. Il s'appuie principalement sur l'autorité de Sigonius ; mais Sigonius n'est pas un auteur contemporain, et l'on a vu plus haut qu'il ne donne pas ce fait comme certain, mais comme possible.

(g) Spittler Staatengesch. Th. 2, 46, 47. « Le régime municipal, qui s'était conservé sous les Goths et même sous les Grecs, fut alors totalement aboli. »

quelque trace d'organisation municipale, mais sans magistratures, ni juridiction (*h*).

Pagnoncelli s'est proposé d'établir que les constitutions des cités italiennes ne datent pas du onzième ou du douzième siècle, mais n'ont jamais cessé d'exister, et il appuie son opinion sur plusieurs faits. — Après la conquête des Lombards on voit encore des Romains de distinction posséder des immeubles (§ 119.). — Dès les premiers temps de la conquête une grande partie de la noblesse lombarde vint s'établir dans les villes, et leur donner une vie nouvelle (T. I Cap. 10. 11. T. II. Cap. 3. — 5. Cap. 12. 13.), de sorte que les vainqueurs mêlés aux vaincus formèrent peu à peu un seul peuple. Quant aux cités, dès le onzième siècle elles font des guerres, des alliances, ce qui suppose un ordre de choses déjà ancien (T. 1. Cap. 1—3.). — De tout temps les cités ont eu leurs propriétés, leurs charges et leurs dépenses communes, l'administration de leurs affaires, toutes choses qui impliquent l'existence du régime municipal. Pagnoncelli le prouve en résumant l'histoire de la domination grecque (T. I. Cap. 20.), de la domination lombarde (T. II. Cap. 6.) et enfin des dixième et onzième siècles (T. II. Cap. 14.). Dans le chapitre sur la domination lombarde, il faut observer que les Lombards de distinction, qui avaient une si grande influence sur les affaires politiques, ne pouvaient être sans influence et sans autorité sur les affaires bien moins importantes de l'administration municipale. — Ce point de vue est juste et en grande partie nouveau, mais l'auteur n'a pas assez distingué l'origine et la constitution si différentes des deux nations. Sans doute elles se sont confondues, mais la fusion pouvait ne pas se faire, ou se faire différemment. Or, ces deux classes de faits, la distinction originaire et la fusion qui s'ensuivit, ne ressortent pas assez de son ouvrage.

Leo prétend que le régime municipal, entièrement aboli

(*h*) Rovelli Storia di Como P. I, p. 136, 142, P. 2, p. XII, XXII.

dans le nord de l'Italie, continua de subsister au midi et au centre. Cette opinion est intimement liée à celle qu'il a adoptée sur la propriété foncière (*i*). Il fait sortir les républiques du moyen-âge des immunités épiscopales, et en place ainsi l'origine au temps des Othon.

121. Sur cette importante question, je ferai d'abord observer que nous n'avons aucune preuve qu'un changement essentiel ait été apporté à la condition des villes pendant les cinq premiers siècles qui suivirent la conquête des Lombards. Si donc on s'en tient aux témoignages historiques, tout porte à croire que, depuis la conquête des Lombards jusqu'au douzième siècle, l'Italie demeura dans le même état de liberté ou d'oppression. Pour moi, je pense que ce fut un état de liberté obscur, il est vrai, et sans gloire, moins fait pour amener la prospérité des contemporains que pour préparer celle d'une postérité plus heureuse. Je vais rassembler les monuments qui établissent la conservation du régime municipal romain sous la domination lombarde.

J'invoquerai d'abord l'analogie que présente l'établissement sur le sol romain des autres peuples germaniques, tels que les Bourguignons, les Visigoths et les Francs. Tous, comme on l'a vu, conservèrent le régime municipal, et les Lombards durent agir de même, d'autant plus que leurs institutions ne présentent aucune trace d'un système politique antérieur rigoureusement suivi. Il est donc probable qu'ils imitèrent autant que possible les Ostrogoths, leurs prédécesseurs immédiats, et l'on doit se rappeler que les Ostrogoths respectèrent la constitution romaine plus qu'aucun autre peuple germanique.

La seconde preuve se trouve dans l'existence des républiques

(*i*) Voyez § 119. — Les opinions que j'ai adoptées dans ma première édition ont été combattues par Leo, mais il passe sous silence la plupart des preuves que j'en donne. Sur l'*exceptor* de Plaisance, il dit que le mot d'*exceptor* désigne simplement là un scribe ordinaire. Il entre dans quelques détails sur les lettres de Grégoire-le-Grand. J'y reviendrai dans l'addition placée à la fin de ce volume.

du douzième siècle. Une création toute nouvelle, si semblable aux municipes romains, se concevrait difficilement, surtout si l'on examine les circonstances. Cinq siècles d'intervalle se seraient écoulés entre les républiques nouvelles et les anciens municipes. Comment les peuples auraient-ils conservé de ce régime un souvenir assez vif pour le réaliser partout et en même temps? L'influence de la littérature ancienne était également incapable de produire un pareil résultat dans ces temps d'ignorance. Peut-être croira-t-on que les Lombards empruntèrent aux villes voisines de l'exarchat le modèle du régime municipal. Mais cette partie si importante du régime municipal, la juridiction exercée par des magistrats électifs, elles-mêmes l'avaient perdue depuis plusieurs siècles (§ 113). Il faut donc chercher ailleurs l'origine des républiques italiennes.

Au contraire tout s'explique aisément si l'on reconnaît que les municipes romains n'ont jamais cessé d'exister, et que seulement au douzième siècle ils reprirent une vie nouvelle. Le fait une fois admis, on conçoit facilement que cette tradition se soit transmise d'âge en âge. Quels que fussent la décadence et l'avilissement des cités, l'institution du sénat était un point fixe auquel pouvaient se rattacher les souvenirs. Je citerai à ce sujet la comparaison qu'un écrivain du douzième siècle établit entre les républiques lombardes et les anciens municipes romains (a). Suivant moi, l'auteur ne fait pas ici un parallèle purement historique, mais il dit que l'habileté des anciens Romains s'est transmise d'âge en âge jusqu'aux républiques modernes.

Enfin l'existence déjà constatée du droit romain, inexplicable sans une juridiction romaine (§ 86), prouve que la constitution fut conservée. Il suffira de rappeler à ce sujet tous les *placita* où parmi des échevins figurent des *judices* romains ou

____

(a) Otto Frisingensis, Lib. 2. C. 13. « In civitatum quoque dispositione, ac reipublicæ conservatione, *antiquorum adhuc Romanorum imitantur solertiam.* »

judices civitatis. Ces expressions, réservées autrefois pour les décurions des villes romaines, passèrent plus tard dans les villes formées du mélange des Romains et des Lombards (*b*) ; mais alors *scabinus* est employé même en Italie, et souvent il a *judex* pour synonyme (*c*). Or, les documents lombards parlent fréquemment de ces *judices civitatis* ou *Romanorum*, tantôt sans autre désignation, tantôt, et cette circonstance est décisive, en les opposant à d'autres juges (*d*). Mais cet usage ne s'étend pas au-delà des villes lombardes, car dans l'exarchat les *dativi* sont appelés *judices civitatis* ou *Romanorum* (*e*).

(*b*) Sur ce sujet et sur le collegio de'gindici, voyez plus haut, § 87.

(*c*) Dans la relation d'un placitum tenu à Crémone, en 842 (Muratori ant. Ital. II. 977. Lupi I. 697) on lit : « Ambrosius et Rumualdus *Pergo-* « *matus judices* ; » dans les souscriptions : Ego Romaldo *Scavino* interfui. « † Signum manus Ambrosii *Scavino Bergomatis* in his actis interfui. » — On voit les Scabins de plusieurs villes mentionnés dans Muratori Ant. It. T. III. p. 167, 1033. T. I. p. 461, 463, 481, 495, 497, 502, 529. Ughelli, T. X. p. 313. Mabillon, de re diplom. p. 544. Fumagalli, cod. dipl. N. 52. A propos de ce changement opéré dans l'organisation municipale, voyez ce que j'ai dit, sur les arimann des villes, § 57.

(*d*) Ainsi on lit dans un placitum de Milan, vers la fin du neuvième siècle (Fumagalli, cod. dipl. N. 131 ou plutôt 130) : «..... Ursepertus et Ragifredus *judices domni imperatoris* Rotpertus Ragibertus Aginaldus Hilderatus *judices ipsius civitatis Mediolanensis.* » Parmi ces *judices* les uns sont évidemment des magistrats impériaux, les autres des magistrats municipaux. Les mêmes expressions se retrouvent fréquemment, voyez Fumagalli, l. c. N. 102, 106, 120, 121, 133. Muratori, ant. Est. P. 1, 179, 193. Ej. ant. Ital. T. 1. p. 359, 717. T. II. p. 933. T. VI p. 367. Ughelli, T. I. p. 799. T. V. p. 287. — Je ne dois pas dissimuler que l'expression de *judex*, dans les documents lombards, offre toujours quelque incertitude. L'explication que je donne ici est généralement vraie, mais nous verrons dans la suite que les magitrats électifs s'appelaient aussi *judices* (voyez § 125. *c.*), et souvent on ne sait laquelle de ces deux significations choisir.

(*e*) Par exemple : A Ravenne, Ancône, etc. Dans un placitum de Othon III, à Ravenne, a. 996. Muratori, ant. Est. P. 1. p. 215. (voyez § 113. *a. b.*) On voit des *judices* romains dans deux placita concernant le cloître de Farfa, à Rome, a. 1014. Mabillon, annales ord. S. Bened. T. IV. p. 239, 704. Enfin un placitum de Ferrare, en 1015, donne les noms de six *judices*

Ces arguments généraux, et les faits que je citerai tout à l'heure, réfutent l'opinion communément adoptée de l'anéantissement du régime municipal par les Lombards , soit qu'on en place le rétablissement sous le règne d'Othon-le-Grand , ou seulement au douzième siècle. Néanmoins, la première de ces deux opinions pourrait , jusqu'à un certain point, se concilier avec la mienne. Ainsi , Othon, dans le but politique d'affaiblir la puissance des seigneurs Lombards , aurait pu faire de la municipalité romaine une institution nouvelle, commune à tous les habitants des villes et de leurs territoires. Dès lors il aurait accru , sinon fondé, l'indépendance municipale et préparé l'établissement des républiques du douzième siècle (*f*). Au reste, je ferai observer que cette opinion n'a pour elle aucun témoignage historique, mais seulement sa vraisemblance , et une tradition encore subsistant en Italie, qu'Othon a exercé une grande influence sur la condition des villes.

122. Je passe maintenant aux preuves qui établissent directement l'existence du régime municipal. Le plus ancien des monuments de ce genre sont les lettres de Grégoire-le-Grand , qui vont depuis l'an 590 jusqu'à l'an 604, et dont j'ai déjà fait usage en parlant de la domination grecque (§ 108). Les lettres adressées aux villes lombardes telles que Perusium, Mevania (Vivania) , Nepet , Ortana , Messana et Tadina (*a*),

romains et de deux *judices* lombards. Muratori, Script. rer. Ital. **T. I. P. 2.** præf. p. 11.

(*f*) Cette opinion a été adoptée par Niebuhr, Römische Geschichte B. I. p. 355. 3e ed.

(*a*) Perusium Epp. lib. 1. Ep. 60 (a. 591); cette ville était alors lombarde. Bientôt après elle retomba sous la domination grecque. (Beretta ap. Muratori Script. T. X. p. ccxiv. — Mevania. Epp. I. 81. (a. 591). (Beretta, p. cclvii). — Nepet. Epp. II, 11. (a. 592) qui alors appartenait aux Lombards (Beretta. p. ccxx). — Ortona. Epp. IV, 41. (a. 594). (Beretta , p. cclxxvii). — Messana. Epp. IX, 76. (a. 599). (Beretta, p. ccxcix). — Tadina. Epp. IX, 88. (a. 599). (Beretta , p. cclvii). — Leo a prétendu que ces villes n'étaient pas à cette époque sous la domination des Lombards. Voyez l'addition placée à la fin de ce volume.

portent pour suscription : « Ordini et plebi ; » et l'on sait que le sénat (ordo) était la base du régime municipal des Romains. De même Grégoire autorise l'évêque de Firmum à accepter une donation d'un des habitants de son diocèse, et il lui enjoint de faire transcrire l'acte sur les registres publics (*b*). Firmum avait donc conservé ses registres publics, son ancienne constitution. On doit remarquer que Grégoire, en s'adressant aux villes grecques, écrit indifféremment *ordini* ou *nobilibus*, mais qu'il n'emploie jamais cette dernière expression pour les villes lombardes, sans doute parce que dans les terres soumises au gouvernement lombard, la noblesse n'était considérée que comme noblesse.

Un document de Plaisance est transcrit par l'*exceptor* de la ville (*c*). Or l'*exceptor* n'étant autre que le secrétaire de la curie, ce seul fait prouve l'existence de la curie de Plaisance (*d*). Une lettre du pape, de 890, nous montre aussi Plaisance comme une ville indépendante (*e*).

On lit dans un document milanais de l'an 789 : « *Una et* « *populo* pleno favente animo ; » et dans un autre document milanais de l'an 880 : « pro qua Petrus Abbas a venerabili

(*h*) Epist. Lib. 12. Ep. 11. « gestisque municipalibus alligata. » Firmum appartenait au duché de Spolète. Beretta, p. cclxiii.

(*c*) Fumagalli, cod. diplom. N. 1. « scripsi ego Vitalis ur subdiaconus *exceptor civitatis placentinæ.* » Plaisance appartenait encore aux Lombards. Beretta, p. cxxi, clxi. — Fumagalli avait déjà publié ce document (Antich. Long. Milan, Vol. I. p. 257) ; mais n'ayant pas pu lire ces mots exc. civ. Plac., il les avait remplacés par des points. Au reste, le manuscrit ne permet pas le moindre doute.

(*d*) Voyez plus haut, § 16. III. Une circonstance moins décisive est la mention souvent répétée de *Notarii* civitatis Mediolanensis, etc. Fumagalli, cod. diplom. N. 48, 121, 128. Muratori, antiqu. Ital. T. II. p. 973. Notarius est ici synonyme de Tabellio et désigne une profession, non une charge publique. Cependant leur présence semble indiquer l'existence d'une organisation municipale.

(*e*) « Stephanus..... sacerdotibus atque omnibus judicibus Clero et populo *seu universæ generalitatis* Placentiæ commorantibus. » Fantuzzi monum. Ravenn. T. VI. p. 2.

« antistite Anspertum seu comite Alberico , seu cuncto clero
« *et populo* devotissime petiit (*f*). »

Une lettre du pape Jean VIII († 882) à la ville lombarde de
Valva (*g*), et une autre lettre de l'archevêque de Bénévent à la
ville lombarde Alifa (988) (*h*), portent toutes deux pour suscription : « *ordini et plebi.* »

Une donation faite en 998 par l'archevêque de Modène
porte : « cum consensu... canonicorum ejusdemque civitatis
« militum *ac populorum* (*i*). »

Un décret du concile de Pavie, tenu en 1022 , condamne,
d'après une novelle de Justinien , le prêtre qui se marie à entrer dans la curie de sa ville. Cette preuve est décisive , car la
novelle est reproduite avec un léger changement de rédaction,
d'où l'on voit que ce n'est pas là une loi inutile copiée sans réflexion (*k*).

On trouve dans la vie de Lanfrancus († 1089) des preuves
incontestables que Pavie, sa ville natale , avait depuis long-
temps une organisation indépendante (*l*) : « Hic Papia civitate
« oriundus fuit. Parentes illius, ejusdem urbis cives, magni et
« honorabiles habebantur inter suos concives. Nam , ut fer-
« tur, Pater ejus *de ordine illorum qui jura et leges civitatis*
« *asservabant*, fuit. » Et plus loin : « In ipsa ætate senten-
« tias depromere sapuit, quas gratanter Jurisperiti *vel præ-*
« *tores civitatis* acceptabant. Meminit horum Papia. »

La constitution du Frioul et de l'Istrie, qui sous Charlemagne faisaient partie de la Lombardie, et avant dépendaient de
Bysance , est surtout remarquable. Dans un placitum de 804

(*f*) Antichità Langob. Milanesi I. 242.

(*g*) Johannis VIII. ep. 4. Muratori, ant. Ital. T. I. p. 1010. — Sur la ville
de Valva , voyez Beretta , p. ccliv.

(*h*) Muratori , ant. Ital. T. I. p. 1014. — Sur Alifa, voyez Beretta ,
p. cclxxxiii.

(*i*) Tiraboschi memorie Modenesi T. I. Cod. diplom. p. 158. et Muratori
antiqu. I. 374, mais avec la date de 996.

(*k*) Voyez vol. II, § 99, où ce décret est rapporté et commenté.

(*l*) Vita Lanfranci en tête de ses Opp. Paris. 1648. f. Cap. 1, 5. p. 1, 6.

on voit mentionnés des *Tribuni*, *Vicarii*, *Locoservatores*, et un *Hypatos*. Quelques-unes de ces charges sont représentées comme encore existantes. En 815, Louis-le-Débonnaire permet aux habitants d'élire, suivant la *lex antiqua*, *Rectorem et Gubernatorem*, *atque Patriarcham*, *Episcopos*, *Abbates*, *seu Tribunos et reliquos Ordines*. En 932, Justinopolis traite avec Venise, et est représentée par un *Locopositus*, quatre *Scavini*, et un certain nombre d'autres personnes. Un des quatre scabins a le titre de *Advocatus totius populi* (*m*).

On pourrait être tenté de citer ici les nombreux passages où se trouve *respublica*; mais cette expression désigne en général le trésor du roi, et n'a aucun rapport avec le régime municipal (*n*).

123. Le monument le plus authentique et le plus complet que nous possédions sur la condition des Romains Lombards est le *Codex Utinensis*. Ce manuscrit, qui faisait suite à l'épitome des Novelles de Julien, a passé des archives de la cathédrale de Aquileja dans celles de la cathédrale d'Udine, et a été imprimé sous le titre de « Lex Romana » dans le quatrième volume du recueil de Canciani (1789) (*a*). Ce manuscrit n'existe plus à Udine, et est probablement perdu (*b*). Mais, en 1825, Hänel a découvert à la bibliothèque de Saint-Gall (Cod.

(*m*) Carli antichità Italiche P. IV. Milano 1790, 4. p. 113-120. p. 130 et appendice p. 5, 12, 13.

(*n*) Ce sujet est traité avec profondeur dans Muratori, antiq. Ital. T. 1. p. 384, seq. Conf. L. Long. Caroli. M. 121, 123, 157. Lotharii sen. 22.

(*a*) Canciani, vol. IV. p. 463, parle de ce manuscrit. Il paraît que ce recueil n'avait aucun titre particulier et que celui de Lex Romana lui a été donné par Canciani. Ce Breviarium commence par ces mots : « In nomine Sanctæ Trinitatis incipiunt Capitula libri primi Legis » Plus loin : « Incipit Theudosiani Legis liber primus. » Julien et ce Breviarium ne semblent pas réunis par hasard, mais paraissent former un tout. Il est à regretter que Canciani n'ait publié que ce Breviarium, car sans doute le Julien a été aussi recomposé. Ce recueil remarquable est devenu accessible aux jurisconsultes allemands, car il a été imprimé dans : Walter, corpus juris Germanici antiqui. T. III. Berolini, 1824. 8. p. 691-755.

(*b*) Blume Iter Italicum B. I. p. 200.

722) un autre manuscrit de ce recueil, et dont le texte est conforme à celui de Canciani (c).

Cet ouvrage est un extrait, une refonte totale du *Breviarium* visigoth, où le commentaire et le texte ont été mis à contribution. Le manuscrit d'Udine s'arrête au titre 17 de Paul (19 suivant Shulting). Le manuscrit de Saint-Gall va jusqu'à la fin de Paul, ainsi donc nous n'avons ni les codes Grégorien et Hermogénien, ni le petit fragment de Papinien. Il s'agit maintenant de déterminer dans quel pays et à quelle époque a été composé ce recueil.

Un manuscrit trouvé, non dans une bibliothèque, mais dans les archives d'une ville d'Italie, pourrait, avec vraisemblance, être regardé comme italien, si la forme italienne d'un grand nombre de mots ne le prouvait suffisamment (d). D'un autre

(c) Voici la description de ce manuscrit qui m'a été communiquée par Haenel. pag. 3-15, extrait des chapitres sur les matières canoniques de l'épitome de Julien. Cet extrait ne faisait pas partie du manuscrit originaire et y a été ajouté postérieurement. Pag. 16-268. S. Hilarii expositio, en petits caractères romains du sixième siècle. Le commencement et la fin de ce manuscrit (p. 16-18, 257-268) sont complets; mais depuis la page 19 jusqu'à la page 156, notre Lex Romana a été au neuvième siècle rescrite sur le texte d'Hilarius. En voici le commencement : In Nomine Scē Trinitatis Incipiunt Capitula Libri Primi Legis. I. de constitutionibus principum. Les passages que je cite, et notamment les mots écrits en lettres italiques, ont été conférés par Haenel sur le manuscrit de Saint-Gall, et sont parfaitement conformes au texte donné par Canciani.

(d) *Con* pour cum. Cod. Theod. I. 3. p. 469. — *da* pour de C. Th. II, 25, II, 27, III, 1, 4, III, 10. p. 474, 475, 476, 478. — *Essere* C. Th. IV, 20. p. 484. — *Cosi* pour quodsi. Cajus. tit. 8. p. 505. — *Scusare*. Paul. I, 12. p. 507. — *Stimatione*, Cod. Th. I, 2, 4. p. 469. — *Patronem*, Cod. Th. IV, 10. p. 482. — In conjugio *prese* pour uxorem ducebat. Cod. Th. IV, 8, 3. p. 482. — Per suam *tema* (crainte). Nov. Valent. 9. p. 502. — Male *favellant*. Cod. Th. X, 4, 1. p. 495. — Quelques expressions, telles que *casa*, *strata*, etc., ne prouvent rien, car on les voit employées dans d'autres pays. — Je vais encore citer quelques autres expressions remarquables, bien qu'elles ne servent pas à déterminer le pays où a été fait ce recueil : *Ornongus* pour Spurius. Cod. Th. IV. 6. p. 481. — *Ato* (*Atus*) *Ata*, pour Avus, Avia. Cod. Th. V, 1, 4, V, 1, 5, VIII, 10. p. 485, 489. — *Traballio*, *Treballio*, torture. Cod. Th. IX, 1, 4, IX, 10, Cajus. tit. 3. Paulus. I, 13, 3. p. 490,

côté, certaines expressions fréquemment employées, telles que *admallare* (ammallare) et *fretum* (e), servent à marquer la date de sa composition. Les mots francs *admallare* et *fretum* n'ont été employés en Lombardie qu'après la conquête de Charlemagne; il est donc certain que ce recueil n'a pas été rédigé sous les rois lombards, comme Canciani le suppose (*f*), mais à une époque plus rapprochée de nous. Or, *mallus* et ses dérivés ne furent usités en France qu'au neuvième siècle; au dixième ils commencèrent à disparaître. Quand donc on voit un auteur italien s'en servir constamment, on doit conclure qu'il vivait au huitième ou neuvième siècle, tout au plus au commencement du dixième.

Si maintenant on examine les dispositions du *Codex Utinensis* et la forme du gouvernement dont il nous présente l'idée, on pourra préciser encore mieux l'époque de sa rédaction. Dans le code Théodosien, l'empereur est souvent appelé *princeps*, et quand il parle en son nom, c'est à la première personne, *nos*. L'ancien commentaire porte partout *princeps*, et l'on sait qu'il désigne sous ce titre le roi des Visigoths. Le *Codex Utinensis* substitue *princeps* ou *principes* dans tous ces passages, et dans une foule d'autres où les textes anciens n'offrent rien de semblable. Outre l'emploi du pluriel, les circonstances accessoires nous montrent qu'il ne s'agit pas ici d'un empereur ou d'un roi, mais de plusieurs grands vassaux, ducs ou comtes, indépendants (*g*).

491, 504, 507. (cf. trabale judicium dans Ducange, VI, 1207). — *Samardecare* pour sollicitare. C. Th. V, 9, 2. p. 486. — *Robustura, Rebustura*, trésor. Cod. Th. X, 9, X, 10. p. 491. Canciani, p. 464, 467, a parlé de ces traces d'italien que présente notre recueil, mais d'une manière incomplète et sans citer les passages.

(*e*) Admallare se trouve fréquemment. Voyez Cod. Th. II. 1, 2, II, 5, 4, IX, 1, 4. etc. pour Fretum, voyez Cod. Th. IV, 15, 2, IV, 19, II, 18, 2.

(*f*) Canciani, l. c. p. 467.

(*g*) Cod. Th. II, 1, 7. (Godefroy, II, 1, 9) p. 471. « milités qui in obsequio *Principum* sunt. » — Cod. Th. II, 1, 19. (II, 1, 11). p. 471. « *In domos Principum* si Judex provincialis qualecumque malefactorem ibidem invenire potuerit..... » — Cod. Th. II, 1, 6. (II, 1, 8). p. 471. « majores vero causas..... ante *seniores Principes* definiantur. » — Cod. Th. I, 9, 2. (I, 10,

La chose est d'autant moins douteuse que l'on trouve quelquefois *rex* opposé à *princeps* (*h*).

La forme de gouvernement que l'auteur avait sous les yeux est facile à déterminer, du moins en théorie. L'autorité attribuée à l'empereur dans le code Théodosien est partagée d'une manière fort inégale entre le roi et les ducs, qui en outre exercent plusieurs droits autrefois délégués, tels que le gouvernement des provinces. L'avilissement de la puissance royale et l'emploi fréquent du mot *mallus* nous montrent que nous ne sommes plus au temps de Charlemagne ou de ses successeurs immédiats. Ainsi la date du *Codex Utinensis* se place dans l'intervalle qui s'écoule entre la chute des Carlovingiens et le règne des Othon, ou depuis le milieu du neuvième siècle jusqu'au milieu du dixième. Les mots *rex* et *principes* prouvent aussi qu'il ne fut pas rédigé dans l'exarchat (*i*), mais dans l'Italie lombarde.

2). p. 470. « licentiam habeant, si voluerint, ubi *sui Principes* fuerint, ambulare, et ipsorum causatores *ante ipsos Principes* cum eos ambulare faciant. » — Voici un passage décisif, Cod. Th. II, 23, p. 474 : « Quod si *quiscumque Princeps* vel Judex..... tollere voluerit..... XX. *libras auri componat.* » (Le texte et l'ancien commentaire condamnent à une amende celui qui portait devant le *princeps* une affaire qui n'était pas de sa compétence). Le troisième passage que j'ai cité (Cod. Th. II, 1, 6) attribue aux *principes* le droit qui, dans le texte et l'ancien commentaire, appartient au gouverneur de la province. Voyez aussi Cod. Th. X, 4, 1. (X, 10, 2) p. 495. Au contraire le quatrième passage (I, 9, 2) transporte aux *principes* un des pouvoirs de l'empereur. Voyez aussi XI, 8 (XI, 36), p. 496, X, 4, 2. (X, 10, 15). p. 495 et I, 2, 4. (1, 2, 5). p. 469.

(*h*) Cod. Th. X, 6 (Godefroy, X, 15), p. 495. « qui fiscum *Regis* exigunt. » (Le texte porte : « Fisci advocatus, » l'ancien commentaire : « qui fisci nostri commoda tuentur). » Les passages où se trouve *Rex* sont : Cod. Th. VIII, 4, 1. (VIII, 11, 5), p. 487. Cod. Th. X, 1, 1. (X, 1, 2). p. 494. Cod. Th. X, 5, 1. (X, 14, 1.) p. 495. Paulus, I, 7. (dans Schulting. 1, 4.) p. 506. L'expression de *Rex* est particulière à notre recueil. L'empereur dans le code Théodosien, le roi dans l'ancien commentaire, parlent à la première personne, *Nos.*

(*i*) On pourrait être tenté d'invoquer ce passage, Cod. Th. IV, 4, 4. p. 481 : « Omnis testamenta et alias cartas *in urbem Rome* apud curiales

Voici encore d'autres témoignages en faveur de mon opinion : 1° *cancellarius* employé comme synonyme de *notarius* (*k*), mot qui, plus tard, n'a plus le même sens ; 2° une forme de droit civil qui, selon moi, est particulière aux Lombards. En effet, on lit dans quatre passages différents que la puissance paternelle cesse : 1° par le mariage du fils ; 2° par la recommandation au roi ou à un autre patron (*l*). J'ignore à quel principe de droit se rattache cette première forme d'émancipation, mais la seconde me paraît être évidemment d'origine lombarde. La puissance paternelle des Lombards ne ressemblait nullement, il est vrai, à la puissance paternelle des Romains (*m*); mais ayant seule admis l'affranchissement des esclaves par trois ventes successives, l'émancipation des enfants emprunta la même forme (*n*), comme autrefois chez les anciens Romains. Si maintenant on se demande dans quel but fut rédigé le *Codex Utinensis*, la réponse est facile : sans doute un comte ou un ecclésiastique français apporta le Breviarium en Italie, où les manuscrits du droit romain étaient fort rares. Mais faute de pouvoir l'appliquer directement, il fallut le refondre et le remettre en harmonie avec l'état et les besoins du pays.

124. Pour me résumer, je dirai que ce recueil contient le droit public et privé des Romains sous la domination lom-

---

viros volumus presentare ; » mais ces mots copiés de l'ancien commentaire n'offrent ici aucun sens.

(*k*) Cod. Th. I, 11, 2. (I, 12, 3.) p. 470.

(*l*) Paulus, I. 7 , 1 et I , 7 , 2. (I. 4). p. 506. Paulus , II , 8. (II, 9). p. 509. Cajus, I, 6. p. 505. Le premier passage est conçu en ces termes : « De filios familie , hoc est si filius sine uxorem fuerit , aut si ad Rege , vel ad alterum patronum commendatum non fuerit..... »

(*m*) Carolus de Tocco ad Lombardam , II, 35, 7. Ex hoc nota quod filius non est in potestate patris *isto jure*, » (c'est-à-dire d'après le droit lombard). Andr. de Barulo , Comm. in Leges Long. Tit. 8, « De jure autem Long. filius non est in potestate patris. »

(*n*) L. Long. Rotharis, 225. Luitprand. II, 3, V, 22. Aistulph. 2.

barde, à la fin du neuvième siècle ou au commencement du dixième (*a*).

Je n'ai à m'occuper ici que du droit public, car le droit privé appartient à l'histoire particulière du droit de l'Italie lombarde. Quant à la confiance que mérite ce recueil, je ne puis que répéter ici ce que j'ai dit plus haut (§ 90) sur l'ancien commentaire du Breviarium. On ne doit pas s'arrêter à la transcription littérale de l'ancien texte ou de l'ancien commentaire, car souvent l'auteur copie sans comprendre. Mais toutes les fois qu'il abandonne ouvertement le sens, ou qu'il change les expressions, ce n'est jamais sans intention ou par négligence, et l'on doit y voir la preuve authentique d'un changement survenu dans la constitution. J'ai encore deux observations à faire sur ce recueil : —1° la barbarie et l'ignorance de l'auteur sont si extraordinaires, que l'ancien commentaire du Breviarium semble, en comparaison, une composition classique (*b*). Canciani, ne pouvant nier tant d'ineptie, a voulu la justifier. Les tribunaux, dit-il, ayant adopté un style semblable, l'auteur a été sage et bien avisé de le préférer au style classique : apologie que l'auteur du recueil n'eût pas même comprise (*c*). Au reste, comme je l'ai déjà dit en parlant de l'ancien commentaire, l'ignorance du rédacteur explique ses méprises sur les principes scientifiques du droit civil ; mais le droit public était visible à tous les yeux , accessible à l'intelligence la plus grossière, et l'on ne peut pas croire qu'il se trompe en signalant une innovation , car il lui eût été plus facile de copier le texte ou d'omettre le passage. — 2° Il existe une grande différence entre

(*a*) Ainsi donc le régime municipal, dont ce recueil atteste l'existence, n'a pas été établi au douzième siècle ni sous Othon Ier, mais se rattache à l'ancienne constitution des Romains et a été conservé par les Lombards.

(*b*) Quand je ferai l'histoire du droit privé. (vol. II, § 85), je multiplierai les citations, une seule ici suffira. Paulus, II, 13, 4 (II , 17 , 10), p. 510 : « Mutus homo et emere et vindere potest ; nam furiosus hoc est furiosus, qui multum senex est, qui in nimiam etatem est, jam nec emere nec vendere non potest. »

(*c*) Canciani , l. c. p. 464, 467.

les deux ouvrages, l'ancien Breviarium et le nouveau recueil. Nous connaissons parfaitement l'origine du premier ; l'histoire est muette sur l'origine du second : d'où l'on pourrait conclure que ce qui se trouve de neuf et de particulier dans ce dernier n'a rien de réel, et est le fruit de l'imagination de l'auteur. Pour repousser cette supposition, il suffit de rappeler l'incroyable stupidité de l'auteur et la peine qu'il éprouve à exprimer ses idées. Un tel homme n'écrit que par nécessité, et ne songe pas à se jouer de ses lecteurs. Ainsi donc ce recueil me paraît mériter toute confiance en ce qui touche l'organisation politique. Je vais en donner la substance.

125. *A*. Les villes ont une juridiction, ceux qui la méconnaissent sont condamnés à une amende au profit de la ville (*a*).

B. Les villes ont des décurions (*boni homines*) (*b*), qui nomment un ou plusieurs juges pour administrer la justice (*c*). Ce juge s'appelle tantôt *judex*, tantôt *judex provinciarum* ou

(*a*) Cod. Th. II. 18, 2, p. 474. « quinque partes facultatis suæ de illas res, que sub illo Judicem habet, *ad illam civitatem* det, in cujus finibus res, de quo agitur, fuerit constituta. » Le texte et l'ancien commentaire prononcent également l'amende au profit de la ville, mais le texte ne lui accorde qu'un cinquième de l'objet litigieux, l'ancien commentaire un cinquième de la fortune du coupable, notre recueil, cinq parties de la fortune, c'est-à-dire cinq sixièmes; peut être aussi dans le style barbare de ce recueil, *quinque partes*, est-il mis pour *quinta pars*.

(*b*) Je me réserve de montrer à la fin de ce chapitre que les *boni homines* sont les anciens décurions.

(*c*) Cod. Th. I, 10, 1. (I, 11, 1). p. 470, « Quicumque *Judex*, qui in patria constituitur, per consensu eorum qui in ipsa patria sunt ipsa judiciaria recipere debent ; quod sub se Judex illa Judiciaria *sine consensu bonorum hominum de ipsa patria* per sua cupiditate prendere presumpserit, secundum legem V. libras auri fisco solvere cogatur. » Le texte et l'ancien commentaire parlent des défenseurs. On ne doit pas voir dans la substitution du Judex une simple altération des sources, mais une preuve nouvelle que ce recueil a été rédigé en Italie et non en France. L'institution et le nom des défenseurs s'étaient conservés en France jusque dans les temps modernes (§ 95, 96). En Italie il y avait partout des magistrats qui remplaçaient les défenseurs, ainsi donc un auteur italien pouvait seul être tenté de remplacer l'expression de défenseur par une autre.

*provinciali*s (*d*). Ses pouvoirs sont égaux à ceux de l'ancien magistrat ; peut-être même sont-ils plus étendus. Il a, outre la juridiction, l'intendance des biens et des revenus de la ville, et il nomme les fonctionnaires chargés de les administrer : ceux-ci, soumis aux mêmes obligations que les administrateurs du domaine de l'État ou fisc royal, sont, en cas de forfaiture, punis par le juge et les citoyens (*e*). Chaque ville avait encore, comme autrefois sous l'empire, plusieurs *judices*, probablement deux (*f*). On ignore la durée de leurs fonctions (*g*).

C. Cependant le *judex* ne prononce pas seul : les décurions siègent à côté de lui, comme échevins (*h*) : et ils exercent les

(*d*) Ces dénominations se retrouvent fréquemment, par exemple : I, 6, 4. (I, 7, 5). I, 6, 5. (I, 7, 7). p. 470. Ce titre, un peu vague, semblerait convenir aussi bien à un magistrat subalterne, à un magistrat municipal qu'à un fonctionnaire plus élevé. Mais tous les doutes sont éclaircis par deux passages du code Théodosien. L'un rapporté plus haut § 123. *g.* (Cod. Th. II, 1, 9). oppose le *Judex provincialis* aux *principes*. L'autre (Cod. Th. I, 6. p. 470) est ainsi conçu : « Judex provinciarum hoc scire debent.... ut nullum hominem per suam potentiam et *pro gratia de suo seniore* pauperes opprimere non presumant. » *Provinciarum* est mis ici pour *provincialium*, ce titre désigne donc un magistrat romain.

(*e*) Cod. Th. I, 6, 4. (I, 6, 7). p. 470, « Judices provinciarum opera dare debent, ut *per singulos agros et loca* tales ordinet *actores* ut *sicut de puplica causa* cura habeant..... Si hoc facere neglexerint, pœnas *Judicis et civium* in se noverint esse vindicandum. » (Actor, id est exactor. Ducange, v. actor. T. I. p. 110). Ce passage n'existe que dans notre recueil. Le texte et le commentaire ont un objet entièrement différent ; ils parlent de l'obligation imposée au gouverneur de la province de punir les exactions des receveurs, et non pas de la nomination ou des devoirs de ces employés.

(*f*) Cod. Th. III, 11, p. 478, « ad alios Judices, si *in ipsa civitatem et loca sunt* ; » passage qui ne prouve pas du tout la généralité de cette coutume.

(*g*) Quelques passages semblent indiquer que ces fonctions conférées pour un temps indéterminé, duraient tant qu'il n'y avait pas de réélection. Cod. Th. I, 11, 2. (I, 12, 3.) III, 11. Mais ces passages méritent peu de confiance, car ils reproduisent mot pour mot les dispositions du texte et du commentaire sur le gouverneur de la province.

(*h*) Cod. Th. I, 6, 2. (I, 7, 2.) p. 470, « neque solus judicium donet, sed *cum bonis hominibus.* » (Ces derniers mots ne sont pas tirés des anciennes

mêmes fonctions quand les Romains comparaissent devant un juge supérieur (*i*).

D. Le demandeur doit assigner le défendeur devant le juge de sa résidence, si tous deux sont Romains, mais n'habitent pas la même ville (*k*). Cette règle s'observe également lorsque l'un d'eux est Romain et l'autre Germain (*l*).

126. *E.* Mais cette juridiction municipale était inférieure et bornée. On distinguait deux espèces de *judices*, les uns *publici* ou *fiscales*, les autres *privati* ou *mediocres*. Tout ce qui tenait à la constitution des conquérants germains portait l'épithète de *publicus*, et par opposition celle de *privatus* s'appliquait à toute corporation particulière. Ainsi on nommait *judices publici* les magistrats investis de l'autorité judiciaire chez les anciens Germains, le comte et ses lieutenants, qui étaient en même temps officiers du roi. Du moins voilà ce que nous montrent les lois écrites et les documents les plus anciens que nous possédions (*a*). Tant que la constitution germanique domina, le service féodal fut considéré comme une organisation particulière comprise sous le titre de *privatus* (*b*). Mais quand

sources.) Cod. Th. IV, 8, 1, p. 482, « per pactionem Judices *et bonorum hominum… revertatur.* »

(*i*) Cod. Th. XI, 8. (XI, 36.) Voyez plus bas, § 126, Num. 4.

(*k*) Cod. Th. II, 1. 4, p. 471. Nov. Marciani, 1, p. 503.

(*l*) Cod. Th. II, 1, 2, p. 471, « Si inter patrianum privatum, et militem « qui cotidie in servitium principes adstat, si inter eos de qualecumque rem « causam advenerit, si ille milex illum privatum patrianum ammallaverit, « judex de ipsa patria exinde inter eos justitiam faciat ; et si forsitan ille « privatus homo illum militem accusaverit, ille, cui militat, ipse de eo jus- « titiam faciat. » Le texte et l'ancien commentaire ne font cette distinction que pour les procès criminels ; le juge civil connaît de tous les procès civils, sans égard à la qualité des parties. Dans notre passage le *Miles* n'est pas Romain, membre de la commune (privatus patrianus), mais Germain. On voit aussi qu'à cette époque le régime féodal avait grandi et pesait sur la nation. On lit dans un autre passage : « Milites qui in obsequio Principum sunt. » (Voyez plus bas, § 126, *g*.)

(*a*) Ducange, v. Judex publicus, T. III, p. 1571.

(*b*) Document de 844. Gallia christ. T. VI. Instrum. p. 6. « ut nullus *judex publicus* neque quislibet ex judiciaria potestate, *aut ullus ex fidelibus*

la féodalité eut remplacé l'ancienne constitution, l'épithète de *publicus* fut appliquée au nouveau régime; ainsi, dans notre recueil, les *judices publici* sont les ducs *(principes)*, ou ceux de leurs vassaux qu'ils ont investis de l'autorité judiciaire. La charge du *judex publicus* n'est donc pas en général d'un rang très-élevé. Il n'exerce même pas toujours des fonctions judiciaires, car *judex*, dans un sens plus étendu, désigne une espèce d'intendant. Nos renseignements sur le *judex publicus* se bornent donc à la nature et à l'origine de ses pouvoirs. Le nom de *judex fiscalis* désigne également tout officier du roi. Ducange nous le représente comme l'intendant d'un domaine royal, y exerçant l'autorité judiciaire (c). En effet, ce titre fut donné à l'intendant, mais non pas d'une manière exclusive; car ordinairement le titre de *judex fiscalis* désigne le comte (d).

Voyons maintenant quelles sont les limites de la juridiction municipale. Elle embrasse à ce qu'il paraît toutes les affaires civiles des Romains, et les petits délits commis dans les classes inférieures de la société. Les affaires capitales et les délits commis par des Romains de distinction sont portés devant le *judex publicus*. Je vais citer les passages du *Codex Utinensis* qui établissent cette double juridiction telle que je viens de l'exposer.

nostris. » (Voyez aussi un document de 843, ibid. p. 5, et plusieurs autres du même genre.) Ici le *Judex publicus* est ordinairement le comte, les autres officiers *ex judiciaria potestate* sont le *centenarius*, etc. — Au reste, les mêmes expressions se retrouvent chez les Visigoths; ainsi on lit dans Interpr. Pauli V, 12, § 5. « Officium fiscale, id est judiciariæ potestatis. » Le texte porte seulement officium fiscale.

(c) Ducange, v. Judex fiscalis, T. III, p. 1572.

(d) L. Ripuar, T. 53. « De eo qui *Grafionem* occiderit. Si quis *judicem fiscalem. quem Comitem vocant.* interfecerit, sexcentis solidis multetur. » Tit. 51. « De eo qui *Grafionem*...... invitat. Si quis *judicem fiscalem*..... invitare præsumpserit..... » Ducange lui-même cite ce passage décisif. Il n'est pas vrai que le *Judex fiscalis* soit inférieur au *grafio* et aux autres fonctionnaires. (L. Ripuar. T. 88, 89.) Les deux titres de la loi ripuaire n'ont entre eux aucune dépendance. La même personne désignée dans le titre 88 sous les noms de *Domesticus, Comes, Grafio,* etc., est appelée dans le titre 89 du nom général de *Judex fiscalis.*

1. Cod. Th. I. 8. (I. 9.) p. 470. « Nulli penitus in cibi-
« libus causis militaris vel tuitio et executio tribuatur; simi-
« liter omnes Judices, *aut fescales sint aut privati*, hoc sciant,
« ut ad nullum hominem non liceat aliud facere, nisi inter
« ipsos de recta justitia judicare. »

Ainsi donc, il n'y a en général que deux espèces de juges, les *judices fiscales* et les *judices privati*. Au reste, je ferai observer que la fin du passage, depuis « similiter omnes, etc. » n'existe que dans notre recueil, et qu'elle ne se trouve ni dans le texte ni dans l'ancien commentaire.

2. Cod. Th. II. 18. 2. p. 473. « Si quicumque homo ad
« duos Judices, *ad puplicum et ad privatum* (hoc est priva-
« tus, qui actor ecclesiarum est)..... »

Ici encore on voit des *judices publici* et *privati*. Ce passage, rapproché du précédent, nous montre que *judex fiscalis* et *publicus* sont synonymes. Les mots *ad puplicum et ad privatum* ne se trouvent également que dans notre recueil. Le texte porte *diversos judices*, et l'ancien *duos judices*. L'exemple cité de « actor ecclesiarum » est aussi très-remarquable. Il ne s'agit pas ici d'un tribunal ecclésiastique, mais de la juridiction que le défenseur d'une église exerçait sur ses vassaux. Au reste, il ne faut pas croire que ce défenseur soit le seul *judex privatus*, car les magistrats municipaux sont aussi des juges privés et ceux dont ce recueil devait s'occuper principalement. Le défenseur d'une église, comme le magistrat municipal, n'était pas officier du roi et avait une juridiction privilégiée ou d'exception.

3. Cod. Th. II. 1. 6. (II. 1. 8.) p. 471. « *Minores causas*
« inter privatos, *Judices ipsi privati* discutiant et judicent,
« de furtivo cavallo aut de modice terre, aut de vaso domi (e),
« de istas aut de alias minores causas, *mediocres Judices* de-
« finiant : *majores* vero causas *inter alias personas* (f), qui

(e) Ce non-sens s'explique par ces mots de l'ancien commentaire « seu domus invasæ. »

(f) Voilà comme j'entends ce passage : 1° Toutes les affaires capitales

« per scripta in accusationem veniunt, *ante seniores Prin-*
« *cipes* definiantur : et si forsitan privati Judices alciores cau-
« sas ad Principes fraudare voluerint, quinque libras auri sol-
« vant. »

Ici *judices privati* et *mediocres* sont évidemment synonymes. Le texte n'en parle pas. L'ancien commentaire les appelle
« *mediocres* Judices..... id est aut defensores aut assertores
« pacis. » Le texte les oppose aux gouverneurs des provinces,
l'ancien commentaire aux comtes goths, notre recueil aux *se-*
niores principes, c'est-à-dire aux *judices publici seu fiscales*
mentionnés dans les passages précédents (*g*). Autrefois, il
était défendu, sous peine d'amende, de porter les affaires peu
importantes devant les gouverneurs de provinces; ici, au contraire, l'amende est dirigée contre le magistrat municipal qui
usurpe la juridiction supérieure. Plusieurs expressions de ce
passage, et le rapprochement d'autres textes déjà cités (§ 125.
l. § 126. *g.* § 127. *a.*), prouvent qu'il s'agit ici de la justice
criminelle.

4. Cod. Th. XI. 8. (XI. 36) p. 496. « Si quicumque per-
« sona de criminale causa accusatus fuerit, aut de homicidio,
« aut de magnis criminibus, de ipso crimine *a Principem* di-
« cendum est, *ut bonorum personarum judicia* (leg. *judicio*)
« *ante Principe* finiatur. »

(disposition renouvelée dans le passage suivant) ; 2º les délits commis par
les Romains de distinction, ne sont pas de la compétence du magistrat municipal. Ces mots *altas personas*, comme *Milites* dans le § 126, *g.* désignent
peut-être les Lombards. L'opposition du mot *privatus* au commencement du
passage semble confirmer cette présomption.

(*g*) Le passage qui suit immédiatement (Cod. Th. II, 1, 7.) porte : « Qui-
« cumque homo, qui *suos Judices, qui in sua provincia commanent,*
« postposuerint, et ad *milites, qui in obsequio Principum sunt,* suas cau-
« sas agere presumpserint.... in exilio deputetur.... » Ici les vassaux des
principes sont appelés *judices publici* et opposés aux magistrats municipaux, tandis que dans le passage précédent les *Judices publici* sont les
principes eux-mêmes. Cependant il n'y a là aucune contradiction. Les
vassaux exercent une juridiction déléguée de la même nature que celle des
principes.

Ce passage confirme et étend les dispositions précédentes. Le code Théodosien permettait l'appel devant l'empereur dans les affaires capitales, si le point de fait était douteux, mais non pas si l'accusé avait confessé son crime, ou s'il existait des preuves irrécusables. L'ancien commentaire autorise de plus un rapport au roi dans tous les cas. Nous retrouvons auprès du *princeps* les mêmes *boni homines* que nous avons déjà vus, dans une semblable circonstance, siéger comme échevins à côté du magistrat municipal (*bonorum personarum judicio* (*h*).

127. *F*. Les magistrats municipaux jugent en dernier ressort les affaires de leur compétence, par exemple, toutes les contestations civiles des Romains entre eux (*a*). Les mineurs, les veuves et les malades (*b*), et celui dont le magistrat municipal traîne l'affaire en longueur (*c*), peuvent s'adresser au *princeps*. On ignore si les *duces* étaient régulièrement juges d'appel, quoique nous voyions un magistrat municipal rendre

(*h*) Ces passages sont ceux qui parlent le plus clairement des deux classes de juges. En voici d'autres fort vagues ; Cod. Th. V, 5, in f. (Judex puplici.) Cod. Th. IV, 12, 1 et XVI, 1, 4. (fiscales Judices.) On trouve l'expression de *judex publicus* employée pour *actor publicus* au Cod. Th. XII, 1, 1. VIII, 1, 1. (cf. ibid. XIII, 2, 1.) On lit dans un document du roi Dagobert, relatif au cloître de Saint-Denis : « Et ut ab omnibus Optimatibus nostris, et *Judicibus publicis ac privatis*, melius ac certius credatur. » Ducange, v. Judices privati, T. III, p. 1572. Ces mots *Judices privati* pourraient bien , comme dans notre recueil, désigner les magistrats municipaux romains, en France les défenseurs.

(*a*) Cod. Th. II. 1. 7. (II, I, 9.) Voyez plus haut, § 126, *g*. Cod. Th. IV, 13. (IV, 16, 1.) p. 483 : « In causas inter privatos homines, quod publice actiones non sunt nemini liceat ad extraneum Judicem ipsa causa in judicio mittere ; nisi ante *suum privatum Judicem* eam liberet. »

(*b*) Cod. Th. I, 9, 2. (I, 10, 2.) p. 470. Voyez plus haut, § 123, *g*.

(*c*) Cod. Th. II, 1, 5. (II, 1, 6.) p. 471 : « Ad nullum hominem liceat ad extraneum judicem suam causam agere ; nisi forsitan si ei suus judex suam causam dilatare voluerit, *postea liceat eis suas causas ad Principem reclamare.* » Le texte et l'ancien commentaire ne parlent pas de cette évocation, mais rendent le *Judex* responsable.

compte à un *dux* des motifs d'un de ses jugements (*d*). Le duc prononce lui-même une amende contre le magistrat municipal qui violerait ses arrêts (*e*).

G. La juridiction ecclésiastique a reçu les extensions suivantes. D'après le code Théodosien et l'ancien commentaire, l'évêque accusé d'un crime est jugé par les évêques. L'évêque connaissait des matières religieuses, tout le reste était du ressort des tribunaux séculiers. Ici le privilége est restreint aux affaires criminelles. Les contestations civiles des ecclésiastiques entre eux sont vidées par l'évêque assisté de quelques autres ecclésiastiques (*f*).

H. Le décret confirmant l'aliénation faite par un mineur est prononcé par le *judex publicus* (*g*). La déclaration de majorité a lieu devant les *principes* (*h*).

I. Quant à la juridiction volontaire, il est souvent question des *gesta* (*i*). Mais on remarque, dans le passage connu qui en traite, l'omission d'une partie des formalités, par exemple, l'absence du magistrat et de l'*exceptor* (*k*).

128. J'ai supposé jusqu'ici que l'ancienne constitution aristocratique s'était maintenue; ainsi que le sénat avait conservé sa puissance, et que les anciens *curiales*, sous le nom de *boni homines*, nommaient toujours les magistrats et prenaient part aux jugements comme échevins. Or, il se présente une difficulté qui mérite d'être éclaircie. En effet, on voit les *cu-*

(*d*) Cod. Th. II, 18, 1, p. 473. « .... .ille Judex per ordine exinde ad suum Principem rationem donet, quomodo inter eos judicavit. »

(*c*) Cod. Th. I, 2, 4. (I, 2. 5.) p. 469   « Omnis Judex, qui hæc non custodierit *quod Principes per legem judicant* ad stimatione Principis ipso judice damno condempnetur. » Le texte et l'ancien commentaire ne parlent pas des jugements, mais des rescripts du prince.

(*f*) Cod. Th. XVI, 1. 3. (XVI, 2, 12.) XVI, 4. (XVI. 11, 1.) p. 499.

(*g*) Cod. Th. III, 1, 3, p. 476. Voyez plus haut, § 92, *c*.

(*h*) Cod. Th, II, 17, p. 473.

(*i*) Par exemple : Cod. III, 5, 1. III, 5, 2. VIII, 5, 1.

(*k*) Cod. Th. XII, 1, 7. (XII, 1, 151.) p. 498 : « Gesta, hoc est, omnis carta, sic firma esse potest, si cum aliis testes III, curiales eo firmaverint. »

riales mentionnés plus souvent encore que les *boni homines*, d'où l'on pourrait croire que le mot *curialis* n'a pas changé de signification, et que le titre de *boni homines* comprend le peuple tout entier. Cette opinion, que plusieurs passages semblent justifier(*a*), aurait de graves conséquences; elle donnerait à l'ensemble de la constitution un caractère démocratique. — On pourrait encore admettre que la constitution n'a pas changé de forme, et que *boni homines* et *curiales* sont synonymes. Cette seconde opinion se rapproche davantage de la mienne; je vais les examiner toutes deux.

Pour établir l'identité des *boni homines* et des anciens décurions, je citerai d'abord l'exemple des Germains, chez qui l'expression de *boni homines* désignait les citoyens exerçant tous les droits civils et politiques (§ 62.). Or, dans les villes romaines, avant la chute de l'empire, il n'y avait de citoyens véritables que les décurions (§ 8.). Le titre de *boni homines* ne convenait donc qu'à eux seuls; pour le rendre applicable à tous les habitants, il eût fallut bouleverser la constitution, fait dont je montrerai bientôt l'invraisemblance. Les recueils de formules chez les Francs, et surtout l'appendice de Marculfe, nous montrent dans les temps anciens les *boni homines* et les décurions investis des mêmes droits. Dans les diverses formules des actes solennels où ils figurent, ils jouent toujours le même rôle, les uns sont les Rachinbourgs francs, les autres les sénateurs romains, et ces deux classes sont mises sur la même ligne. Plus tard on retrouve le nom de *boni homines* donné aux sénateurs des villes; ainsi, par exemple, ce titre est donné à Florence à douze d'entre les sénateurs (*b*), et en 1207 au

---

(*a*) Cod. Th. VIII, 5, 1. (VIII, 12, 1.) p. 488. « ..... gesta apud *bonos homines vel curiales* testes firmatas esse debent. » L'ancien commentaire porte seulement : «apud Judicem *aut apud Curiam.*»—Cod. Th. XII, 2, 1. (XII, 6, 20.) p. 498, « ad electionem *multorum bonorum hominum vel de alios curiales.* » Ce passage serait décisif s'il ne nous apprenait en même temps que *Curialis* a, dans notre recueil, un tout autre sens que dans l'ancien commentaire.

(*b*) Ducange, v. Boni homines, T. I, p. 1228.

corps entier du sénat composé de cent membres (*c*). Un traité de paix fait à Lucques, en 1124 (*d*), une ordonnance de Louis VII, roi de France, en 1145 (*e*), et une charte de Salamanque, dont la date est inconnue (*f*), emploient l'expression de *boni homines*.

129. D'un autre côté, les *curiales* dont parle le *Codex Utinensis* sont tout autres que les anciens décurions. Si donc on s'obstine à comprendre tous les habitants sous le nom de *boni homines*, il faut admettre que les décurions ne paraissent nulle part dans notre recueil, supposition des plus invraisemblables. En effet, les *curiales* sont les Romains préposés aux recettes du fisc, ceux que le code Théodosien et l'ancien commentaire appellent *Exactores, Susceptores*. Voici mes preuves :

(1.) Cod. Th. XII. 2. 1. (XII. 6. 20.) p. 498 : « De sus- « ceptores prepositis et arcariis.... *Curiales, qui fiscum aut* « *publicum actum exigent,* non in occulto eos elegant, sed « ad electionem multorum bonorum hominum, vel de alios « curiales, ipsum ministerium, accipiant. »

Le texte porte : « Exactores vel Susceptores ; » l'ancien commentaire : *Exactores* et *Susceptores.*

(2.) Cod. Th. III. 1. 8. p. 476 : « Quicumque *curiales qui* « *fiscum dare debet,* si propter ipsum fiscum aut pupli- « cum debitum fugire voluerit........ ad servitia puplica revo- « cetur.... »

(*c*) Storia di Giov. Villani Lib. 5, C. 32. : « ..... infino allora (a. 1207.) s'era retta la Città per Signoria di Consoli Cittadini de' maggiori e migliori della Terra col consiglio *del Senato, cioè de' cento buoni huomini.*

(*d*) On lit dans un traité de paix : « Audiat me, quæso, universus Consulatus, *ceterique eidem boni homines assiden'es.* » Muratori, antich. Estensi, P. 1, C. 17, p. 182.

(*e*) Voyez plus haut, § 65, *c*, « consilio *bonorum virorum* ipsius civitatis. »

(*f*) Un manuscrit de l'Escurial porte : « Carta quam *boni homines civitatis Salmantic.* fecerunt ad utilitatem ejusdem civitatis. » membr. in-8. Büsching hist. Magazin Th. 5, p. 121.

Le texte et l'ancien commentaire parlent de ceux qui veulent se soustraire à la curie, et éviter non pas un devoir présent, mais les charges et services éventuels qui pourraient leur être imposés au nom de la ville ou de l'État.

(3.) Cod. Th. III. 1. 3. p. 476 : « ante Judices puplicos « *aut curiales publicos*. »

(4.) Cod. Th. XVI. 1. 4. (XVI. 2. 39.) p. 499 : « inter « ipsos curiales *officium publicum* faciat. »

J'ai déjà expliqué (§ 126.) ce que l'on doit entendre par *publicum*. Au reste, cette expression est ici toute nouvelle, et ne se retrouve ni dans le texte ni dans l'ancien commentaire.

(5.) Cod. Th. V. 2. p. 485 : « Si curiales *qui fiscales* « *causas per....t* » (probablement *peragunt*).

(6.) Nov. Theod. Tit. 8. p. 500 : « Quicumque curiales « *qui fiscales est constitutus* ad nulla alia causa suus senior « eum non debet promovere ad agendum ; nisi tantum in sola « *fiscale et curiale causa* permanere debet. »

(7.) Nov. Theod. Tit. 11. p. 500. « ..... si forsitan eos cu- « riales, *aut in fiscale actione* mittere voluerit. »

(8.) Nov. Valent. Tit. 9. (Tit. 10) p. 502. « curiales « vero *pro fescale debita* suam facultatem vendere pos- « sunt. »

(9.) Nov. Valent. Tit. 11. (Tit. 12) p. 502. « curiales *pu-* « *blici, qui fescales acciones habent*. »

Dans tous ces passages l'expression de *curialis*, désignant un employé du fisc, est nouvelle, et ne se retrouve ni dans le texte original, ni dans l'ancien commentaire ; d'où il me paraît évident qu'à cette époque *curialis* ne désigne plus les décurions, mais les employés du fisc ; peut-être aussi les décurions étaient-ils principalement chargés de la perception de l'impôt, et alors l'ancien titre de décurion serait devenu synonyme d'agent du fisc. Cependant il ne faudrait pas croire que *curialis* n'ait jamais un autre sens dans notre recueil. Souvent l'auteur, par négligence, l'a copié des textes anciens. Ainsi, quand il nous dit que les actes solennels étaient reçus par les *curiales* (a), on ne doit pas entendre les employés du fisc, mais les décurions ou *boni homines*.

130. La participation des *boni homines* comme échevins à la juridiction municipale (§ 125) confirme encore mon opinion. En effet, notre recueil a été écrit long-temps après Charlemagne, à une époque où l'institution des scabins désignés était généralement établie (§ 74), et où l'on trouve souvent des scabins romains. Si l'expression de *boni homines* comprend tous les habitants, comment expliquer leur titre d'échevins et l'absence des scabins spécialement désignés? Si, au contraire, les *boni homines* sont les décurions, ils occupent précisément la place des scabins désignés chez les Germains, ou plutôt ce sont les scabins romains désignés alors sous un autre nom (§ 87).

Un passage de notre recueil prouve que les *boni homines* formaient une classe particulière et non la masse des habitants. Il dit, en parlant des mauvais avocats : « Nec *inter bonos ho-* « *mines*, nec inter alios judices locum habere debent (a). »

Enfin, l'histoire tout entière dépose en faveur de mon opinion. Lors de la chute de l'empire, on sait que l'organisation municipale était aristocratique; lors de la renaissance des villes lombardes au douzième siècle, leur constitution était encore aristocratique, ainsi que je le montrerai dans la suite de cet ouvrage (b). A Bologne, par exemple, une classe de citoyens exerçait, sous le nom de commune, la souveraine puissance,

---

(a) Voyez plus haut, § 127, *k.* D'autres passages nous montrent les *gesta* reçus par les *curiales*, Cod. Th. III, 5, 1. IV, 4, 4, p. 476, 481. On trouve la preuve que les *boni homines*, et non les employés du fisc, recevaient les *gesta*, au Cod. Th. VIII, 5, 1. (Voyez plus haut, § 128, *a.*)

(a) Cod. Th. II, 10, p. 472. Le texte et l'ancien commentaire portent : « honestorum cœtus judiciorumque conspectus, » c'est-à-dire qu'ils ne peuvent plus exercer les fonctions d'avocat ; le mot « honesti » désigne les autres avocats. — De même l'inventaire de tutelle doit être scellé par les *boni homines*, Cod. Th. III, 19, 4, p. 480. Le texte et l'ancien commentaire attribuent ces fonctions aux *Senatores, Primates civitatis*, etc.

(b) Voyez vol. III, ch. XIX, XX.

comme les curies dans l'ancienne Rome, et ce ne fut qu'au treizième siècle que les plébéiens (*populus*) conquirent d'abord l'égalité, et plus tard le pouvoir. A l'époque de la chute de l'empire et au douzième siècle, la constitution était aristocratique ; comment dans l'intervalle, changeant de caractère, serait-elle devenue démocratique, alors que la vie politique des villes était presque éteinte ? La continuation sourde et obscure de l'ancien ordre de choses est bien plus vraisemblable qu'un pareil changement.

131. Cependant, je ne veux pas dissimuler les raisons qui pourraient être alléguées en faveur de l'opinion contraire : 1° le peuple (*plebs*) est souvent mentionné, et paraît assimilé aux *boni homines*. Mais pendant le moyen-âge *plebs* ou *plebes* voulait dire le plus ordinairement diocèse, paroisse, église paroissiale (*a*), et même, dans un passage de notre recueil, *plebs* a évidemment cette signification ; on ne saurait donc y attacher aucune idée politique (*b*) ; 2° les *boni homines* figurent souvent comme témoins ou comme *jurateurs*, ce qui paraîtrait mieux s'appliquer à la masse des habitants qu'à la classe des décurions (*c*). Mais les *boni homines* étaient éche-

(*a*) Ducange, v. Plebes, T. V, p. 559.

(*b*) Cod. Th. IV, 7, p. 481. « De manumissionibus in ecclesia.... Quicumque homo servos suos ingenuos dimiserint, *in Bassilica* presente sacerdotes *et plebem* dimittat. » Cajus, Tit. 1, p. 504, « in ecclesiam *ante plebem.* » Cod. Th. V, 1, 2, p. 485. « adoptivum, hoc est qui ante curiales *vel plebe* gistis fuerit adfiliatus. » (Le texte porte seulement adoptivum, l'ancien commentaire n'y ajoute que la curie : voyez plus haut, §. 92, *b.*)

(*c*) Cod. VIII, 5, 1. (VIII, 12, 1.) p. 488, « traditionem faciat non absconse sed presente bonos homines. » Cod. Th. IV, 16. (IV, 19.) p. 483. « bonos homines in testimonium suum ducat. » Ici se place un des passages les plus remarquables de notre recueil, où pour décider un procès, les voix des *boni homines* sont comptées comme autrefois celles des jurisconsultes célèbres. Cod. Th. I, 4, p. 469. (après un passage tout-à-fait ininteligible , on lit : « ... si unus de illis habuerit amplius homines, qui ejus causam tenéant, quam ille alius ; qui majorem numerum habuerit *de bonos homines*, ipse in judicio secundum legem suam causam vincat. » On se convaincra qu'il s'agit ici des *jurateurs*, en comparant Paulus II, 1, 1, et Cod. T. XI, 13, 1. p. 509, 497.

vins, et l'influence de la constitution germanique avait établi
tant d'affinité entre le caractère d'échevin et celui de témoin
(§ 77), que je ne vois là aucune objection sérieuse contre mon
système.

132. Telle est l'histoire des villes romaines dans les nouveaux États qui se formèrent après la chute de l'empire d'Occident, histoire féconde en instruction. Quand on voit tous ces
pays soumis par les Germains, excepté une petite partie de l'I-
talie où la domination de l'empire d'Orient ne fut interrompue
que pendant quelques années, on peut croire que les Grecs
conservèrent les institutions romaines, et que les Germains les
détruisirent. Tout au contraire, l'indépendance des villes, res-
pectée par les Germains, put attendre, pour se développer, des
temps plus heureux, tandis que les villes grecques perdirent
le plus beau privilége de l'organisation municipale, l'élection
de leurs magistrats ; et quand l'Italie reprit une vie nouvelle,
elles durent emprunter aux Lombards le modèle de la liberté.

CHAPITRE VI.

133. Plusieurs auteurs pensent que divers pays éurent, pendant toute la durée du moyen-âge, des écoles de droit romain. J'examinerai bientôt les témoignages invoqués à l'appui de cette opinion ; mais je dois d'abord jeter un coup d'œil général sur l'enseignement du droit avant et après la chute de l'empire d'Occident.

Du temps d'Ulpien, quoiqu'il n'y eût nulle part d'écoles publiques pour le droit, et encore moins de priviléges exclusifs, Rome était le siége de l'enseignement. Les professeurs de droit jouissaient à Rome de quelques prérogatives refusées aux professeurs des provinces (*a*). Plusieurs fragments des Pandectes nous montrent que l'enseignement s'étendait au-delà de Rome (*b*). Mais ces exceptions étaient rares, et nous voyons qu'on venait de toutes les parties de l'empire étudier à Rome la science du droit (*c*).

L'école publique de Constantinople fut organisée en 425 ; elle avait vingt-huit professeurs pour la littérature grecque et romaine, un pour la philosophie, deux pour le droit, tous salariés (*d*). Nous n'avons pas de renseignements sur l'organi-

---

(*a*) L. 6. § 12. D. de excusationibus.

(*b*) L. 1. § 5. D. de extraord. cognitionibus.

(*c*) Les preuves de ce fait se trouvent rassemblées dans Conring diss. ad L. 1. C. Th. de stud. lib. § 12.

(*d*) L. 3. Cod. Th. de studiis liberal. urbis Romæ et Constant. (XIV, 9). avec le commentaire de Godefroy. Ce passage a été reproduit dans le Code Justinien L. un. C. de studiis liberal. urbis Romæ et Constant. (XI, 18). J'en reparlerai plus tard.

sation de l'école de Rome à cette époque (*e*); mais on sait que
du temps des Goths il existait à Rome une école publique où,
entre autres choses, on enseignait le droit. Cassiodore nomme
les professeurs de droit en rapportant une ordonnance d'Athalaric rendue vers 534, et qui réprime des abus relatifs au paiement des professeurs (*f*). A la même époque (en 533), Justinien rendit la fameuse constitution : « ad Antecessores, » où
il abolit comme illégales toutes les écoles de droit, excepté celles
de Beryte et des capitales de l'empire (*g*). Ces dernières expressions ne peuvent s'entendre que de Rome et de Constantinople.
Justinien semble donc parler aussi de Rome, mais il faut attribuer
cette locution irréfléchie à la théorie encore confuse du nouvel
ordre de choses introduit par la chute de l'empire d'Occident (*h*). Avant la guerre contre les Goths, Justinien n'exerçait

(*e*) D'après ces mots du titre de la loi citée dans la note précédente
Romæ et Constant., quelques auteurs ont cru que Rome était comprise
dans ces règlements. Mais ce titre du Code contient plusieurs lois différentes;
la première et la seule applicable à Rome, parle seulement de l'inspection
sur les écoles, et des étudiants en général sans nommer les étudiants en droit.

(*f*) Cassiodori Var. IX, 21. «... ut successor scholæ liberalium literarum,
« tam grammaticus quam orator, *nec non et juris expositor*, commoda
« sui decessoris ab eis, quorum interest, sine aliqua imminutione perci-
« piat. » Ces abus avaient lieu lors de l'installation des nouveaux professeurs
que l'on dépouillait quelquefois de leur traitement. On a coutume de conclure de ce passage que l'école de Rome avait trois professeurs. Mais Conradi
or. de scholæ juris civ. Rom. fatis p. 383, 386, (faisant suite à Eisenhart
inst. hist. jur. lit. ed. 1763), a prouvé la fausseté de cette interprétation.
Le passage doit se traduire ainsi : chaque nouveau professeur (successor),
soit de grammaire, d'éloquence ou de droit, etc.; leur nombre reste donc
indéterminé. Ces mots qui se trouvent dans la même ordonnance, *doctores
eloquentiæ*, *grammaticorum schola*, montrent qu'il y avait plusieurs
professeurs d'éloquence et de grammaire. — Au reste, Athalaric régna de
526 à 534; cette ordonnance est une des dernières rendues en son nom
peu de temps sans doute avant sa mort. Tiraboschi, Storia della let. Ital.
T. III, Lib. 1. C. 1. § 18. .

(*g*) Const. *Omnem* § 7. « tam in *regiis urbibus*, quam in Beryticnsium
pulcherrima civitate » et plus loin « extra *urbes regias* et Beryticnsium
metropolim. »

(*h*) Cette explication semble préférable à celle de Ritter præfat. T. 2.

aucune autorité à Rome, et d'ailleurs la constitution, dans son ensemble, ne dispose que pour Constantinople et Beryte (*i*). Quand Justinien eut conquis l'Italie, il confirma l'école de Rome et conserva les anciens traitements (*k*).

134. On voit, d'après cet exposé, que dans toute l'étendue de l'empire d'Occident, Rome seule eut des écoles publiques de droit. Tout porte donc à croire qu'il ne s'en établit pas de nouvelles dans les états germaniques à une époque où les besoins intellectuels des Romains ne s'étaient certainement pas accrus. D'un autre côte, la chute de l'empire rompit tous les liens entre les provinces et la capitale, par exemple, entre les Gaules et Rome, d'où l'on peut conclure que ces

---

Cod. Th. qui regarde tous ces passages comme interpolés ou corrompus. Asti, usu e autorità della ragion civile Lib. 2. C. 7. étend l'expression de *regiæ urbes* à toutes les capitales des provinces, opinion insoutenable et réfutée par les textes. Voyez entre autres L. 6. C. de adopt. « nec in regia « urbe, nec in provinciis. »

(*i*) Const. *Omnem* § 9. « neque in hac splendidissima civitate, neque in Berytiensium pulcherrimo oppido. » § 10. « Et hæc omnia in hac quidem florentissima civitate.... præfectus urbis.... In Berytiensium autem civitate.... præses.... » Ainsi se trouve contredite l'opinion de Conradi qui prétend l. c., p. 384, que des huit professeurs dont. parle la constitution, quatre appartenaient à Constantinople, deux à Beryte, et deux à Rome. On cite il est vrai un titre du Code (XI, 18) ayant pour rubrique : de studiis liberal. *urbis Romæ* et Constantinopolitanæ. Mais la seule constitution que ce titre renferme est empruntée au code Théodosien, et ses dispositions sur les écoles de droit ne concernaient que Constantinople (voyez notes *d. e*); d'ailleurs lors de la rédaction du Code, Rome n'était pas au pouvoir de Justinien. Ce titre du code Théodosien fut comme tant d'autres copié sans réflexions par les compilateurs du nouveau Code, sans changer la rubrique qui avait cessé d'être applicable. D'autres auteurs ont pensé que Justinien avait voulu étendre cette constitution à Rome, supposition dont ils avouent eux-mêmes l'invraisemblance. Ritter ad Heinecc. hist. jur. P. 1. § 320. Tiraboschi Storia T. III. L. 1. C. 1. § 18.

(*k*) Justiniani Sanctio pragmatica (a. 554) C. 22. « ..... annonas, quæ « grammaticis ac oratoribus vel etiam medicis, vel juris peritis ante dari « solitum erat, et in posterum suam professionem scilicet exercentibus « erogari præcipimus, quatenus Juvenes liberalibus studiis eruditi per nos- « tram rempublicam floreant. »

pays n'eurent plus aucune école de droit qui leur fût ouverte. Reste maintenant à déterminer comment fut remplacé l'ancien état de choses. Je ferai d'abord observer que ce serait se tromper étrangement que de prendre pour terme de comparaison les institutions des temps modernes, où tous les juges et tous les avocats sortent des écoles. En effet, quand on voit dans l'immense étendue de l'empire romain trois écoles et un petit nombre de professeurs (*a*), on ne peut croire qu'elles fussent établies pour préparer exclusivement à la pratique des affaires. Leur abolition n'offrait donc aucun inconvénient sensible, du moins à une époque où les besoins intellectuels étaient bornés.

Cependant ce que je viens de dire ne doit s'entendre que d'écoles particulières destinées à l'enseignement du droit. En effet, on réunit le droit romain aux autres objets de l'enseignement, sans doute en le rattachant à la dialectique. Voici les preuves qui attestent l'observation de cette nouvelle méthode.(*b*).

135. Pour la France. Saint Bonitus d'Auvergne, qui vivait à la fin du septième siècle, nous est ainsi représenté dans sa biographie écrite par un contemporain (*a*) : « Grammaticorum « imbutus initiis, nec non Theodosii edoctus decretis ceteros « coœtaneos excellens a Sophistis probus atque prœlatus est. » — Un passage de la vie du pape Léon IX († 1054), écrite par un contemporain, parle d'une école établie à Toul: « Nempe « ut primum competit rudibus, decurso artium trivio, non « solum claruerunt prosa et metro, *verum et forenses contro-* « *versias acuto et vivaci oculo mentis deprehensas expedie-* « *bant, seu removebant sedulo.* Denique quadruvium naturali « ingenio vestigantes degustarunt, atque non minimum in ipso « quoque valuerunt (*b*).

(*a*) En 425 il y en avait deux à Constantinople, (§ 133. *d.*) ; plus tard il y en eut quatre. Hugo Rechtsgeschichte , p. 1095. onzième éd.

(*b*). La connaissance du droit possédée par quelques individus, ne pouvait rien ici, mais j'en parlerai au second volume.

(*a*) Cap. I. N. 3. in Actis Sanctorum Januarii T. I. Antverp. 1643 f. p. 1070.

(*b*) Mabillon, Acta Sanctorum ord. S. Benedicti, sec. VI P. 2. p. 54.

Ici l'étude du droit est mise après le trivium, c'est la place qu'occupe la dialectique. — On peut citer enfin des anciennes gloses du Breviarium, tirées des auteurs classiques qu'on expliquait dans les écoles de grammaire au moyen-âge (c).

En Italie, nous avons un renseignement remarquable sur l'éducation de saint Lanfranc († 1089.). Né à Pavie, il fut de bonne heure instruit dans les belles-lettres et la jurisprudence, *selon la coutume de sa patrie*, et bientôt il se fit une grande réputation par ses discours au barreau (d). — Wipo nous montre la liaison qui existait en Italie entre les arts libéraux et la jurisprudence, lorsqu'il supplie l'empereur Henri III d'établir en Allemagne la même institution (e).

En Angleterre, au septième siècle, saint Aldelme parle de

(c) Voyez vol. II. § 20.

(d) Milonis Crispini vita Lanfranci, Cap. 5. (Lanfranci opp. Paris, 1648, fol. p. 6). « Ab annis puerilibus eruditus est in scholis liberalium artium, *et legum sæcularium ad suæ morem patriæ*. Adolescens orator veteranos adversantes in actionibus causarum frequenter revicit, torrente facundiæ accurate dicendo. In ipsa ætate sententias depromere sapuit quas gratanter Jurisperiti aut Judices vel prætores civitatis acceptabant. Meminit horum Papia.» Ces *sententiæ*, qui ne sont autres que les principes de droit contenus dans ses harangues judiciaires, ont donné lieu à une singulière méprise (Hist. litt. de la France, T. 7. p. 151) : « Il entreprit un recueil de sentences choisies du droit alors en usage, qui fut de grande utilité aux jurisconsultes et aux magistrats qui rendaient la justice. » — Plus tard, Lanfranc fut à la tête de la célèbre école du Bec en Normandie où Ivo l'entendit, « de secularibus et divinis literis tractantem. » (Robert. de Monte, à la suite des Guiberti opera ed. Paris. 1651. f. p. 750). On ne dit pas si Lanfranc enseignait aussi le droit, mais la connaissance du droit que possédait Ivo rend le fait assez vraisemblable. Sur les rapports de Lanfranc avec Irnerius voyez Vol. IV. Ch. XXVII.

(e) Wipo in paneg. ad Henric. III (Canisii. lect. ant. T. IV. p. 167).

> « Tunc fac edictum per terram Teutonicorum,
> « Quilibet ut dives sibi natos instruat omnes
> « Literulis, Legumque suam persuadeat illis.
> « Ut cum principibus placitandi venerit usus,
> « Quisque suis libris exemplum proferat illis,
> « Moribus his dudum vivebat Roma decenter ;
> « His studiis tantos potuit vincire tyrannos,
> « *Hoc servant Itali post prima crepundia cuncti.* »

la difficulté de l'étude du droit, et il ajoute que la métrique et la musique sont plus difficiles encore (*f*). — Alcuin († 804.) parle de l'école d'York, et nomme parmi les objets de l'enseignement, la grammaire, la rhétorique et la jurisprudence (*g*). — On lit dans une chronique normande du douzième siècle, au sujet de Vacarius (*h*) : « Suggestione « pauperum de Codice et digesta exceptos IX libros compo- « suit, qui sufficiunt ad omnes *legum lites quæ in scolis* « *frequentari solent* decidendos. » — Voici un passage encore plus décisif d'un autre écrivain du douzième siècle (*i*) : « Su-

(*f*) S. Aldelmi epistola , dans Wharton Anglia sacra , P. 2. p. 6, Londini, 1691 f. « Neque enim parva temporis intervalla in hoc lectionis studio pro- télanda sunt ei dumtaxat , qui sagacitate legendi succensus legum Roma- narum jura medullitus rimabitur , et cuncta Jurisconsultorum secreta imis præcordiis scrutabitur. » Fossi rapporte ce passage aux Pandectes (Con- jetture sopra una carta papiracea , etc. p. xxx), mais on peut aussi bien le rapporter au Breviarium. — Cette lettre de S. Aldelmus se trouve parmi celles de Bonifacius (ed. Serrarii , Num. 68, ed. Würdtwein Mogunt. 1789 fol., N. 143) avec les variantes que voici : studio (sans lectionis) ..... qui *solerti* sagacitate..... jurisconsultorum *decreta* (au lieu de *secreta*). Decreta est une leçon évidemment préférable à celle de secreta et s'applique bien mieux aux Pandectes qu'au Breviarium. Quant au véritable auteur de cette lettre ce n'est pas Bonifacius , mais Aldelmus ; car (Dans Wharton) son biographe Guillaume de Malmesbury qui écrivait au douzième siècle nous dit que cette lettre fut adressée par Aldelmus à son maître Hedda.

(*g*) Alcuini poema de pontificibus et sanctis ecclesiæ Eboracensis. vers. 1433-1435. (opp. T. II. vol. I. p. 256. ed. Froben. Ratisb. 1777. f.).

« His dans grammaticæ rationis graviter artes,
« Illis Rhetoricæ infundens refluamina linguæ :
« *Illos juridica curavit cote polire.* »

(*h*) Vol. IV. Ch. XXXVI.

(*i*) Thomæ Cantuariensis epistolæ ed. Lupus, Bruxellis 1682, 4. Lib. 3. ep. 91. p. 617. Le passage que je cite est tiré d'une lettre de Henricus, évêque de Vigorne, adressée au chapitre de Cantorbéry. — On pourrait encore citer ici une lettre adressée, dit-on , par Henri Ier à l'université de Cambridge en 1102. Mais cette lettre est évidemment d'un temps bien pos- térieur, car elle suppose l'organisation moderne des universités , et dis- tingue les étudiants en droit romain des étudiants en droit canon. On

« per his omnibus, quæ Dilectioni vestræ scribere studui,
« cum in Scholis vestris, Caussidicorum more, Themata
« inde elicueritis, et juxta Oratoriam vel Legitimam institu-
« tionem Quintilianum vel Papianum fueritis in argumentis
« et allegationibus imitati, merita caussarum, ex incude et
« malleis vestris exilientium, nobistanquam desideratum an-
« tidotum renunciate, etc. »

136. Cependant il y a plusieurs auteurs qui admettent des écoles spéciales de droit, même dans les premiers temps du moyen-âge. Pour prouver l'existence de ces écoles, on allègue surtout des prétendues mentions de professeurs de droit sous le nom de *legis doctor* ou tout autre nom semblable. Là où l'établissement d'une école n'est pas douteux, le titre de *doctor* s'applique aux professeurs pour les distinguer des autres juris-consultes, comme on le verra dans la suite de cet ouvrage, quand je parlerai de l'école de Bologne. Mais le mot de *doctor* a une seconde signification tout aussi naturelle : en effet, *legem dicere*, expression souvent employée dans les textes à propos des échevins, voulait dire appliquer le droit (*a*). De là vient l'expression synonyme de *legem docere*; ainsi *legis doctor* s'applique aussi bien aux échevins qu'aux professeurs. La mention de *doctor* ne suffit donc pas pour prouver l'exis-tence d'une école. Je vais citer plusieurs passages qui confir-ment mon opinion et l'établissent d'une manière presque ex-clusive.

En 689, Alanus, roi de Bretagne, charge trois de ses con-seillers de porter remède aux maux de ses sujets ; deux d'entre eux dont les noms sont parvenus jusqu'à nous étaient *profes-sores utriusque juris*. Ici mon explication semble inadmissi-ble, car ce passage prouve l'existence de deux écoles, l'une

---

sait d'ailleurs que cette lettre est effectivement du roi Henri V. Cf. Duck, de usu et auth. II, 8. § 36.

(*a*) L. Salica, T. 60. Par exemple : « Dicite nobis Legem Salicam » , et de même dans le reste du titre.

pour le droit romain, l'autre pour le droit canon (*b*). Ce seul
fait montrerait que le document est entièrement controuvé, si
d'autres circonstances ne le prouvaient d'une manière incontestable. Un document authentique du maire du palais Pépin
(750 ou 751) en faveur de l'abbaye de Saint-Denis porte :
« sicut Proceres nostri seu Comitis palacii nostri, *vel reliqui*
« *Legis Doctores* judicaverunt (*c*). » Ici la signification du
mot *doctores* n'est pas douteuse, car le document parle du jugement des grands et autres *doctores*. Or, on conçoit que ces
grands aient été échevins, mais personne ne s'avisera de voir
en eux des professeurs. — On doit expliquer de la même manière ce passage d'un auteur du neuvième siècle, relatif à un
placitum d'Orléans, passage d'où l'on a conclu faussement
que cette ville avait une école de droit. Les membres qui composent ce placitum sont : « plurimi *legum Magistri* et Judices, » et plus loin : « aderant namque *legum Doctores tam*
« *ex Aurelianensi quam ex W astinensi provincia*..... qui-
« dam Vastinensis regionis *legis Doctor*...... (*d*). » Les fonctions attribuées aux *doctores* et la désignation de leur résidence prouvent qu'ici encore *doctor* est synonyme d'échevin.
En effet, ces *doctores* n'appartiennent pas à Orléans ou à une
autre ville, mais à diverses provinces. Si donc on voulait voir
en eux des professeurs, il faudrait reconnaître à cette époque
un plus grand nombre d'écoles que dans les siècles postérieurs,
supposition inadmissible dans tous les systèmes.

(*b*) « Alanus..... rex dilectis et fidelibus consiliariis nostris Magistris
Marinano de Fago et Briaciano de Fontenayo, *utriusque juris professo-*
ribus ».... Brequigny diplom. N. 210, p. 311 et proleg. p. cvii.

(*c*) Bouquet Script. T. IV. p. 717. Brequigny, diplom. N. 362, p. 501.

(*d*) Adrevaldus de miraculis S. Benedicti, Lib. 1. P. 2. C. 2. N. 8. (Acta
Sanct. Martii, T. III. p. 308). J'ai déjà cité, (§ 40. *c*.) un autre passage de ce document où il est question du droit Romain. Givez, Mena-
giana, T. I. p. 178, a conclu de ce passage qu'Orléans avait une école de
droit. — On trouve un passage absolument semblable dans un historien du
neuvième siècle : Alteserra rer. Aquitan. III, 9. p. 199. « miseratque in
Martiliacum Robertum *legis doctum*. »

137. Les mêmes expressions et d'autres semblables se retrouvent fréquemment en Italie. Ainsi, à Milan, en 853, un notaire s'intitule : « Ego Hilderatus scriptor hujus livelli et « *juris magister......* post tradita complevi ac dedi (*a*). » Ici *juris magister* signifie évidemment homme de loi, car nous ne voyons nulle part qu'il ait jamais existé d'école de droit à Milan. — A Florence, en 1075, *Ubertus legis doctor*; dans le territoire de Bergame, en 1079, *Rodulfus legis doctor* (*b*) sont des échevins et non des professeurs.

Un autre synonyme de *doctor* est *legislator* (*c*), que certains auteurs modernes ont pris à tort pour un titre adopté par vanité. *Legem ferre*, comme *legem dicere*, signifie appliquer le droit, ainsi *legislator* veut dire échevin, c'est ce qu'on prouve par des exemples (*d*). — Un troisième synonyme d'échevin, *causidicus*, a trompé également les auteurs qui l'ont traduit par avocat (*e*). Ce mot a plusieurs significations ; souvent il désigne les échevins, c'est-à-dire ceux qui, dans les procès, connaissent du fait et appliquent le droit (*f*). Souvent

(*a*) Tiraboschi Storia di Nonantola, T. II. N. 38. p. 54.

(*b*) Muratori ant. Ital., T. I. p. 969, 448. — On trouve aussi dans un privilége du Pape de 1049 : « judicibus legisque doctoribus. » (Ughelli T. IV. p. 446), mais ce document est supposé.

(*c*) En 1047, à Imola : Albertus et Dominicus Legislatores de Faventia Fantuzzi, T. VI. p. 29. — Raymundus de Gena et Jacobus, portaient ce titre au douzième siècle. (Sarti) de claris archigymnasii Bonon. profess. P. 1. p. 28, 47.

(*d*) Caroli M. Capit. addita ad L. Long. a. 801. (Baluz, T. I. p. 345) : « pleraque.... sententia terminata sunt, quædam vero in nostri examinis arbitrium ad tempus dilata, quorum *judicialis sententia a legislatoribus...* penitus omissa est. » On lit dans la relation d'un placitum impérial tenu à Rome, en 1404 (Mabillon, ann. Bened., T. IV. p. 705), « cum venerabilibus abbatibus ac ordinariis et *legumlatoribus judicibus*, tam Romanis quam Langobardis. » — Mœser Osnabr. Gesch., Th. 1. Abschn. 5. § 30, fait la même remarque sur un passage de Meginhard. translatio S. Viti : « qui sedem Legislatorum (échevins) implebant. »

(*e*) Par exemple : Muratori, ant. It. T. I. p. 491. (Sarti)de claris arch. Bonon. profess. P. 1. p. 64.

(*f*) On lit dans un placitum de 1108 (Ughelli, T. I. p. 354) « Seden-

aussi il désigne un homme distingué par son éloquence (*g*).
Enfin, dans quelques passages, *causidicus* semble offrir les
premières traces d'une institution plus tard très-générale, les
Collegia advocatorum (*h*).

L'expression employée le plus fréquemment est celle de
judex, qui a reçu une foule de significations, et a désigné
successivement tous ceux qui prennent part à l'administration
de la justice. Je vais passer en revue les plus importantes de
ces significations. Dans les premiers temps de la république
romaine, *judex* était le titre des magistrats supérieurs (*i*).
Plus tard, et jusqu'au siècle des grands jurisconsultes, le citoyen qui, dans les procès, examinait le fait et appliquait la
décision du préteur, s'appelle ordinairement *judex* ; quelquefois encore ce nom est aussi donné aux magistrats (*k*). Depuis
Constantin, *judex* fut le titre légal des gouverneurs de provinces (§ 25.) Dans les anciennes lois lombardes, le comte est
appelé *judex* (§ 83); plus tard, ce titre passe aux magistrats électifs des Romains-Lombards (§ 125.) Il s'appliquait également
aux échevins et surtout aux scabins désignés des Lombards et
des Francs. (§ 87.) Dans l'exarchat, les *judices* sont les *dativi*,
c'est-à-dire les magistrats nommés par l'autorité supérieure.
(§ 113.) On trouve aussi, chez les peuples germaniques, le
nom de *judex* donné à des personnes privées, comme synonyme des titres ci-dessus énumérés, ou d'autres plus généraux encore (*l*). Ainsi les hommes de loi sont souvent appelés

teque cum eo Corvone judice et Guidone judice *cum aliis causidicis*;» ils sont
donc tous *causidici*. En d'autres termes *causidicus* est synonyme de *judex*,
et *judex* d'échevin. — Voyez encore deux placita de 1099. Ughelli, T. I.
p. 816, 817. T. III. p. 87.

(*g*) Particulièrement en Angleterre. On trouve à ce sujet des exemples
dans Wenck magister Vacarius p. 26.

(*h*) Voyez plus haut § 87, et Vol. III. ch. XXI. N. I.

(*i*) Livius III, 55.

(*k*) L. 1. D. de judiciis, L. 14. § 1. D. de religiosis.

(*l*) Les hommes de loi sont appelés en général Jurisperitus, Jurispru-

judices, et cette signification n'est pas nouvelle, elle rentre dans celle d'échevin ; car ces hommes de loi appartenaient à la classe des scabins désignés, ou étaient juges supérieurs, par exemple, les scabins nommés pour les placita royaux (*m*), ou du moins avaient figuré comme échevins dans un jugement.

138. J'ai cru nécessaire de déterminer ici le sens de ces expressions que l'on a coutume d'appliquer aux professeurs, ou aux jurisconsultes comme distincts des professeurs, pour prouver l'existence des écoles. Au reste, j'adopte, pour les temps modernes, l'opinion que j'ai tâché de réfuter pour les temps anciens. Depuis la fondation de l'école de Bologne, les professeurs s'appelèrent *doctores*, et les autres titres demeurèrent aux hommes de loi non professeurs.

Cependant, tout ce que j'ai dit sur ce sujet ne s'applique, même pour les temps anciens, ni à Rome ni à Ravenne. En effet, il est probable que l'école de droit existant à Rome sous Justinien (§ 133) ne fut pas détruite. On peut invoquer en témoignage une tradition dont parle Odofredus, écrivain du treizième siècle, que les écoles de droit passèrent de Rome à Ravenne. Nous avons des preuves certaines qu'au onzième siècle Ravenne avait une école de droit, et l'on conçoit aisément qu'une ville voisine, Bologne, ait adopté cette institution. Je reviendrai plus tard sur ces événements qui précédèrent

---

dens, legis lector., etc. (Sarti) de clar. arch. Bon. prof. P. 1. p. 29. Muratori, ant. It. T. I. p. 401. T. V. p. 267.

(*m*) Ils sont appelés Judices Domni Regis, Imperatoris, Sacri Palatii. Muratori, ant. It. T. I. p. 501, a voulu établir des distinctions subtiles entre ces différents titres, mais les documents nous les montrent comme synonymes. Voyez Fumagalli, cod. dipl. S. Ambr. p. 486-487 où Natalis est d'abord appelé *judex sacri palatii*, ensuite *domni regis;* ibid. 489, 492, Leo est appelé *judex sacri palatii*, puis *domni imperatoris.* — Muratori, l. c. p. 496, 495, distingue les *Judices* des Scabins et prétend que ces derniers étaient seuls élus par le peuple, mais lui-même cite un document signé par un *Scavinus domni Imperatoris.* Les *Judices*, comme les Scabins de l'empereur ou du roi, formaient la partie instruite du tribunal. L'assistance des grands dignitaires était purement honorifique. — Il n'en était pas de même des sept judices permanents à Rome. Voyez § 114.

l'établissement de l'école de Bologne. On lit dans un traité
conclu à Rome, en 964, entre Othon-le-Grand et Léon VIII :
« synodum constitutum a pluribus viris catholicis, Episcopis
« et Abbatibus insuper judicibus et *legis Doctoribus* (*a*). »
Il est probable qu'à cette époque Rome avait une école de
droit ; ainsi ces docteurs peuvent être des professeurs , mais
on peut y voir aussi des échevins comme dans les documents
français et lombards rapportés précédemment. Ce passage ne
saurait donc être considéré comme une preuve de l'existence
des écoles de droit.

139. Jusqu'ici j'ai montré comment, dans les premiers
temps du moyen-âge, l'enseignement avait contribué à conserver la science du droit chez les Romains. Chez les Germains,
la connaissance et l'application du droit se lient intimement à
l'organisation judiciaire dont j'ai tracé l'histoire dans le chapitre IV. Tant que le peuple rendit la justice, la connaissance
du droit demeura populaire. Quand une partie des affaires
passa aux scabins désignés , ceux-ci devinrent dépositaires de
la science, et les chapitres d'échevins connurent de tous les
cas difficiles jusque dans les temps modernes. Ainsi l'idée du
droit ne se séparait jamais de son application, et l'on ne songeait pas à un enseignement théorique distinct de la pratique.
Le sénat des villes romaines , dont les membres siégeaient à
côté des magistrats, s'ils n'étaient magistrats eux-mêmes, formait depuis long-temps une classe à part où la science du droit
se transmettait par une suite de traditions et d'exemples comme
chez les scabins germains.

140. L'institution du *notariat* servait aussi, chez les Romains comme chez les Germains, à conserver et à répandre
la connaissance du droit. La rédaction des actes extra-judi-

(*a*) Goldast. const. Imp. T. I, p. 221 et T. IV, p. 34. — Voici un passage
encore moins décisif, car il y est question d'une école, mais non d'une école
de droit , « direxit in ejus occursum..... universas Scholas militiæ una cum
patronis, *simulque et pueris qui ad discendas literas pergebant.* » Anastasius in vita Hadriani I. (Muratori III, 1, p. 185.)

ciaires, dont la validité tenait à l'observation rigoureuse des
anciennes formes, était, sous la république, une fonction honorable réservée à une classe de citoyens distingués, aux
jurisconsultes. Après la chute de la liberté, cette fonction perdit son caractère, et, devenue travail purement manuel, fut
abandonnée aux Tabellions. (§ 16, 106.)

Le nom de tabellion s'est conservé long-temps dans l'exarchat. Chez les Francs, etc., il fut bientôt remplacé par celui
de *notarius*. Ces notaires travaillaient d'après des modèles
dont ils suivaient la forme et copiaient les expressions, autant
que le permettait la variété des espèces. Il existe en France
plusieurs recueils de semblables formules dont je parlerai en
faisant l'histoire du droit français. Cet usage mit beaucoup
d'uniformité et de régularité dans les actes ; il servit à conserver et même à propager, non-seulement les formes extérieures, mais encore les principes du droit. Ainsi s'explique
l'observation de certaines règles dans des pays et à des époques
où l'on s'étonne de les rencontrer (*a*).

Cependant, ces sources ne doivent être consultées pour
l'histoire du droit qu'avec beaucoup de discernement. En
effet, telle formule répétée dans les documents et dans les
recueils ne prouve pas la conservation des principes qu'elle
exprime ; souvent c'est une lettre morte dont le sens est perdu
depuis plusieurs siècles, et que l'on applique d'une manière
ridicule (*b*). Je vais en citer quelques exemples, me réservant
d'y ajouter plus bas.

Autrefois le contrat de vente d'un immeuble portait pour
désignation : « Inter affines fundum N. etc., » et l'on indi-
quait ordinairement les quatre propriétaires limitrophes.
Peu à peu ces mots *inter affines* se changèrent en ceux de *in
terra fines*, et l'on employa, pour exprimer la contenance
d'un domaine, la formule suivante : « cum suis justis ac

(*a*) F. C. Conradi pararga. p. 487.

(*b*) Muratori, antiq. Ital. T. I, p. 666, Marini papiri, p. 315.

« certis *in terra finibus (c)*. » Il était aussi d'usage, après la désignation des quatre propriétaires limitrophes, de prévoir le cas où cette désignation serait inexacte : « et si qui **alii** « **affines sunt et qua quemque tangit et populum**, » c'est-à-dire : que le voisin véritable soit un particulier (ager privatus) ou le peuple romain (ager publicus) (*d*). Cette formule, dont on ne citait ordinairement que les initiales (Q Q T E T P P.) s'est conservée jusqu'au onzième siècle ; personne alors sans doute ne songeait à un *ager publicus* romain. Souvent même ces initiales ont été remplies de manière à n'offrir aucun sens : « quidquid est in perpetuum, » ou : « quotquot ex po-« blicis (*e*). »

(*c*) On en trouve des exemples aux neuvième et dixième siècle : Fantuzzi, T. I, p. 86, 92, 105, 122, 129, 130, 222, 224. — Marini papiri, p. 315, note 6, prétend que les notaires ont fait de *inter affines* le substantif *interaffines*, et qu'ainsi on doit lire : « cum..... Interaffinibus. » Mais cette opinion est contredite par les documents, à moins qu'ils ne soient tous mal imprimés. D'ailleurs « cum justis in terra finibus » paraît encore moins dépourvu de sens que « cum justis Interaffinibus. »

(*d*) Marini, p. 305, note 4, remplace *et populum* par *via publica* ou *limes publicus;* mais à l'époque où fut composée la formule, le voisinage d'un *ager publicus* était bien plus commun et bien plus important. Marini lui-même cite quelques inscriptions où le peuple est un des propriétaires limitrophes. Or, comme *limes publicus* et *via publica* se trouvent dans d'autres passages, j'en conclus que chacune de ces mentions avait un sens différent.

(*e*) Marini papiri, p. 294, not. 6, p. 305, not. 4, où il cite la formule telle qu'elle est dans les inscriptions. La formule est rapportée exactement dans les documents de Marini, Num. 93, 113, 114, 120, 122 ; elle est défigurée dans les documents, Num. 89, 130, et dans les documents qu'il cite, p. 294, N. 6 ; le plus récent (1015) porte *qq.* termm. ppli. tang.

ADDITION AU § 122, NOTE *a*.

Dans le cinquième chapitre, j'ai tâché de montrer que l'organisation municipale romaine s'était conservée sous la domination des rois Lombards en Italie, et qu'elle avait seulement été subordonnée aux magistrats lombards. J'en ai donné pour preuve que Grégoire-le-Grand, dans plusieurs lettres adressées à des villes lombardes, parle de leur sénat. Leo, qui partage l'opinion généralement adoptée jusqu'ici de l'abolition du régime municipal, a combattu l'argument que je tire des lettres de Grégoire-le-Grand, tout en passant mes autres preuves sous silence (*a*). Je vais examiner ici la critique de Leo, critique, si elle était fondée, qui ne prouverait encore rien tant que mes autres arguments subsistent.

Parmi les villes lombardes auxquelles Grégoire-le-Grand donne un sénat, j'ai cité Perugia, Mevania, Nepi, Ortona, Messana et Tadina ; et pour prouver que ces villes étaient sous la domination lombarde, j'ai invoqué l'autorité de Beretta. Leo nie que ces villes fussent lombardes, et il ajoute que la mention seule du sénat doit les faire regarder comme romaines, tant qu'on ne produira pas de preuve directe et positive qu'elles étaient lombardes.

Quant à la ville de Nepi, Leo fait observer que Grégoire parle de l'*utilitas reipublicæ* (l'empire romain), et que la fierté de son langage se concevrait difficilement, si Nepi eût appartenu aux Lombards. Mais je répondrai que les empereurs n'ont jamais reconnu la domination lombarde, et qu'une occupation violente pouvait bien ne pas déterminer le pape à

(*a*) Voyez plus haut, § 119, 120, et surtout le texte cité § 20, *a*.

humilier son style. Quant aux effets de ce superbe langage,
c'est là toute une autre question. Des considérations aussi générales ne me paraissent donc rien avoir de décisif.

Pour ce qui touche Perugia, voici les expressions de Leo :
« Perugia n'appartenait pas aux Lombards, mais aux Romains,
à l'époque où écrivit Grégoire, car sa lettre est de l'an 591.
Authari mourut en 591 ; or, avant sa mort les Romains avaient
conquis Perugia, et ils en restèrent maîtres jusqu'à ce qu'A-
gilulphe la leur enlevât de nouveau. »

Il s'agit ici de bien déterminer les dates. Authari mourut
en septembre 590, au rapport de Paul Diacre (Liv. III.
34) (*b*). Quant à l'expédition du patrice de Ravenne, et à la
prise de Perugia, Paul Diacre n'en parle pas avant la mort
d'Authari, mais beaucoup plus loin, liv. IV. 8, et il ajoute
qu'à cette nouvelle Agilulphe quitta Pavie et vint reprendre
Perugia. Les historiens les plus exacts s'accordent très-bien
avec Paul Diacre, lorsqu'ils mettent la prise de Perugia en 592,
et sa reprise en 593 (*c*). Ainsi donc, à l'époque où Grégoire
écrivait, en 591, Perugia était encore aux Lombards. En admettant même que Grégoire eût écrit dans le court intervalle
de la domination romaine, son témoignage n'en subsisterait
pas moins, car sans doute le vainqueur avait des soins plus
pressants que le rétablissement du sénat, en supposant que
les Lombards l'eussent aboli.

Muratori a tâché d'établir, et avec plus de vraisemblance,
que quelques années plus tard (en 595) Perugia était au
pouvoir des Romains (*d*), et il cite ce passage d'une lettre de
Grégoire (V. 40. al 36.), écrite en 595 : « Deinde corrupta
pace, de Romana civitate milites ablati sunt. Et quidem alii
ab hostibus occisi, alii vero *Narniis et Perusii positi, et ut
Perusium teneretur*, Roma relicta est. » Muratori s'est mé-

(*b*) Muratori annali, vol. VI, p. 47, ed. Milan, 1819. 8. Lupi, vol. I, p. 190.

(*c*) Muratori, l. c., p. 54, 60. Mascov Geschichte der Deutschen, Liv. 14,
§. 27.

(*d*) Muratori, l. c., p. 66, 87.

pris sur le sens et sur le but de cette lettre adressée par Grégoire à l'empereur Maurice. Grégoire ne parle pas du moment actuel, il rappelle plusieurs événements antérieurs, afin de s'excuser lui-même et d'accuser ses ennemis. Ainsi l'envoi de troupes dont parle Grégoire se place en 592, ce qui s'accorde très-bien avec l'arrivée d'Agilulphe. — Muratori conclut d'une autre lettre de Grégoire (X. 6.), qu'en l'an 600 les Romains étaient maîtres de Perugia ; c'est une lettre adressée à Théodore, curateur de Ravenne. La femme du préfet de la ville, Johannes, était à Ravenne et voulait aller à Rome. Grégoire écrit à Théodore de faciliter son voyage en lui donnant une escorte jusqu'à Perugia, chose impossible, dit Muratori, si Perugia eût appartenu aux Lombards. Mais il ne faut pas croire que les Romains et les Lombards fussent perpétuellement en état de guerre ouverte. Les hostilités se succédaient de loin en loin, et dans l'intervalle, il y avait sans doute des espèces de trèves, pendant lesquelles on pouvait voyager avec sûreté dans le territoire ennemi. Cette supposition admise, les Lombards ne se seraient pas offensés de voir une escorte militaire protéger un voyageur contre les brigands des Apennins.

Je persiste donc à regarder les lettres de Grégoire-le-Grand comme favorables à mon opinion, mais je le répète, nullement comme indispensables.

FIN DU TOME PREMIER.

TABLE DES MATIÈRES

CONTENUES DANS CE TOME.

REMARQUE : Cet ouvrage se divise en deux parties principales, les temps antérieurs et les temps postérieurs à la fondation de l'école de Bologne vers l'an 1100. Les deux premiers tomes, ayant la première partie pour objet, sont ainsi divisés : le premier contient les généralités, le second les détails, c'est-à-dire les traces de la durée du droit romain existant dans les différents états et chez les différents peuples avant le douzième siècle. Les quatre derniers tomes forment la seconde partie.

CHAPITRE IV.

CHAPITRE V.

CHAPITRE VI.

FIN DE LA TABLE DES MATIÈRES DU TOME PREMIER.